# 强国之翼

## 中国民航"十四五"新航程

《强国之翼——中国民航"十四五"新航程》编委会 编

中国民航出版社有限公司

**图书在版编目（CIP）数据**

强国之翼：中国民航"十四五"新航程 /《强国之翼——中国民航"十四五"新航程》编委会编 . —北京：中国民航出版社有限公司，2022.8

ISBN 978-7-5128-1239-0

Ⅰ.①强… Ⅱ.①强… Ⅲ.①民用航空–交通运输业–经济发展–规划–研究–中国–2021–2015 Ⅳ.①F562.3

中国国家版本馆 CIP 数据核字（2023）第 135442 号

**强国之翼：中国民航"十四五"新航程**

《强国之翼——中国民航"十四五"新航程》编委会 编

---

责任编辑 王迎霞 赵 益

出 版 中国民航出版社有限公司 （010）64279457

地 址 北京市朝阳区光熙门北里甲 31 号楼 （100028）

排 版 北京合华观世文化交流有限公司

印 刷 北京建宏印刷有限公司

发 行 中国民航出版社有限公司 （010）64297307 64290477

开 本 889×1194 1/16

印 张 22.25

字 数 473 千字

版 印 次 2023 年 8 月第 1 版 2023 年 8 月第 1 次印刷

---

书 号 ISBN 978-7-5128-1239-0

定 价 298.00 元

# 序

一元复始，万象更新。

党的二十大胜利召开后的第一个春天，中华大地处处蓬勃向上、充满生机，中国经济的强大韧性再一次引来全球瞩目。

"十三五"期间，深化民航改革共出台10个专项改革工作方案、18个专题改革工作方案，指导批复7个改革方案，确定1574项改革工作任务，完成率达93.27%，《关于进一步深化民航改革工作的意见》确定的40项改革工作任务全部完成。5年共完成改革成果制度建设210项，其中164项是各部门根据形势变化和工作进展提出和新制定的，占全部已完成制度建设成果的78.1%；共组织实施34个改革试点项目（1项已关闭），8个试点已顺利完成并形成了制度成果，其余25个试点持续深化开展并取得了良好成效，标志着民航"十三五"改革工作圆满收官。

"十四五"是乘势而上开启全面建设社会主义现代化国家新征程、向第二个百年奋斗目标进军的第一个五年，民航高质量建设也将跨入交通强国民航新篇章发展阶段。按照民航局党组"十四五"期间改革与发展深度融合、高效联动的工作要求，必须科学研判、深刻认识"十四五"深化民航改革面临的新形势新任务，强化改革工作的问题导向，聚焦应对风险、突破瓶颈、开拓新局，精准理解和切实把握"深化民航改革作为实现途径和治理手段"的功能定位，将改革与规划作为新阶段民航建设的双引擎，努力形成"十四五"民航高质量发展双轮驱动新格局。

《强国之翼——中国民航"十四五"新航程》一书充分总结民航"十三五"所取得的经验与成果，向社会宣传民航在国民经济和社会发展中所做出的贡献。站在"十四五"新起点上，谋划新的总体工作思路，为"十四五"民航高质量发展提供智慧力量。

本书在编辑出版过程中，得到了民航局相关部门的高度重视和关心指导，以及行业各单位的大力支持，在此一并表示衷心的感谢。

《强国之翼——中国民航"十四五"新航程》
编委会

# 目　录

## 成就篇

# 规 划 篇

# 展望篇

# 围绕中心践使命　服务大局谋发展

中国民航科学技术研究院

中国民航科学技术研究院（简称航科院）作为民航局直属事业单位，是国家科技部批准的综合性科研机构，以科研助力中国民航事业发展为已任，始终坚持面向世界科技前沿、面向经济主战场、面向国家重大需求、面向人民生命健康，秉承"团结、奋进、求实、创新"的文化理念，肩负为民航安全和发展提供科技支撑的使命任务，为民航局的决策和监督管理工作提供技术支持，向民航企事业单位和航空产品制造厂（商）提供科技服务，不断向民航科技创新的广度和深度进军。

## 一、高举旗帜铸党魂 勇担使命促发展

### （一）坚持党建引领 深化机制融合

航科院党委高度重视党的政治建设，始终坚持以习近平总书记关于党的建设、民航工作和科技创新工作重要指示批示精神为根本遵循，全面贯彻习近平新时代中国特色社会主义思想，深刻领悟"两个确立"的决定性意义，不断增强"四个意识"、坚定"四个自信"、坚决做到"两个维护"，以强有力党建强基铸魂、固本培元，精准聚焦"围绕中心抓党建"，持续推进"党建+管理效能""党建+科研攻关""党建+提质增效"的"党建+N"工作新模式，努力使党建工作与业务工作在谋划上凝心聚力、在部署上相互配合、在落实中相得益彰、在检查中提质增效，不断推动党建与业务工作的深度融合发展，始终保持航科院各项工作正确的政治方向。

航科院院长、党委书记李郁带领党员干部重温入党誓词

### （二）强化队伍建设 培育人才高地

航科院全面践行民航局党组"十四五"时期总体工作思路，立足"建设四型院所，服务高质量民航"的宗旨，坚守民航安全底线，锚定智慧民航建设主线，落实"出人才、出成

果、出效益"目标要求，以"四型五基地"建设为抓手，以改革创新为根本动力，坚持科技自立自强导向，汇聚了一大批专业覆盖广、科研能力强、享誉行业内外的专家和技术骨干。目前，已有国务院政府特殊津贴专家11人，民航国际化人才库专家6人，省部级科技创新拔尖人才3人，省部级科技重点领域创新团队4个，其他各类人才专家库人选60人，副高级以上科研人员209人，博士、硕士以上学历人才占比81.9%，人才高地优势有效凸显。

（三）全面从严治党 强化作风建设

航科院党委始终坚持以习近平新时代中国特色社会主义思想为指导，坚决贯彻党的自我革命战略部署，扛起全面从严治党主体责任，聚焦党内监督深入开展，政治巡察，建立党建"三单两制"模式，实现党建工作科学化部署、规范化推进、标准化检查；持续加强党员干部理论修养，以党的创新理论武装头脑、指导实践、推动工作；弘扬党的优良传统和作风，准确把握党内政治生活的政治性、时代性、原则性、战斗性，坚持以高质量联学联建为抓手，深入促进党建与业务融合式发展，坚决筑牢航科院各党支部战斗堡垒。民航局党组派驻航科院纪检组自2018年10月派驻以来，深刻把握"两个确立"，坚决做到"两个维护"，紧紧围绕"国之大者"持续推进政治监督具体化、常态化，始终坚守"监督保障执行，促进完善发展"职责定位，严格落实民航局党组和驻交通运输部纪检监察组工作部署要求，积极履行全面从严治党监督主体责任，坚持问题导向，紧盯"关键少数"、重点事项、重点岗位，以精准监督、严格执纪确保民航局党组和上级各项决策部署在航科院落地落实。坚持"4+2+N"工作机制，结合航科院实际积极探索建立了上下联动工作模式，坚持以案代训、实战练兵，充分发挥基层党支部纪检委员作用，激活监督末梢，打造过硬干部队伍，持续推进全面从严治党向基层延伸。深化运用监督执纪"四种形态"，不断完善制度机制，依规依纪依法正风肃纪反腐，推动完成航科院首轮政治巡察任务，一体推进不敢腐、不能腐、不想腐。高度重视党风廉政建设和警示教育，研究创建了《清风航科》党风廉政电子月刊，有力推进党风廉政教育无死角、全覆盖，引导全体党员干部严守纪律规矩，筑牢思想防线，持续营造、巩固维护风清气正的良好政治生态。

## 二、民航安全守底线 创新发展立新标

面向国家战略和民航安全发展重大需求，航科院紧盯全球航空技术前沿，组织开展重大科技攻关，掌握关键核心技术，统筹做好对局方技术支持和对行业的科技服务，提升科技研发能力、实验验证能力、成果转化能力和智库服务能力，努力打造综合科研能力强、核心竞争力突出的国际一流民航科研机构。在民航安全、事故调查与应急处置、危险品运输管理、飞行品质监控、飞行图形仿真、记录器译码、失效分析、基于性能导航（PBN）等方面的技术能力跨入国际先进行列；北斗卫星民航应用、无人机适航审定、航空公司智慧运控、空域及机场容量评估、机场智慧运行、航空安保等领域技术处于国内领先水平。

（一）提高安全技术能力 提升民航安全水平

在民航安全领域，着力建设一体化、系统化的安全服务体系，为民航安全发展提供有力的科技支撑。配合民航局开展安全政策、安全体系、安全生产规划等方面安全管理顶层设计研究。依托中国民航飞行品质监控基站，实现对我国全部运输航空公司、4000余架飞机的快速存取记录器（QAR）数据接收、处理和分析，并汇聚民航安全、运行、经济等数据，开展每日航班监控、事件调查支持、统计趋势分析、风险评估预警、安全专题研究、专项监控分析、数据共享共用等工作，实现对行业安全运行趋势的总体掌控和对典型事件的持续监控，对行业安全问题进行综合分析并提出解决方案。参与航空器事件调查，不断提升调查工作对航空安全的贡献率。长期致力于民航危险品运输管理的政策、规章和标准研究以及新技术和装备的研发，积极参与国际标准制定，为全球供应链安全提供中国智慧和中国方案。积

极组织研发通航综合数据记录器（GAIDR）、快速获取驾驶舱语音记录器（eCVR）及驾驶舱录音数据综合分析处理系统（舱音大师）等安全科技产品，为民航安全提供技术支撑，研制的特性材料拦阻系统（EMAS）取得标准建设与工程应用双突破，实现中国民航EMAS行业标准的国际化，目前已在国内13家机场铺装14套，为复杂地形机场提高安全裕度提供了有力保障，为冲出跑道飞机建立最后一道屏障。

EMAS拦阻系统真机实验

中国民航飞行品质监控服务平台

指导宁德时代等企业开展锂电池航空运输

在航空安保领域，航科院牵头承担的国家重点研发计划项目相关成果由科技部选送参加国家"十三五"科技创新成就展。研制的航空器消防救援真火实训系统入选民航局机场新技术名录，推动民航局依托我院建立了全国民航首家航空器消防救援真火实训基地，为机场消防指战员提供高质量的实战培训。航科院拥有民航安保领域唯一的CNAS检测实验室，共建了民航智慧安检工程技术研究中心，积极开展民航安保理论研究、技术开发、标准制定、实验验证和检测评估，持续推动我国航空安保领域科技进步。

民航首家航空器真火实训基地

航科院拥有民航安全工程技术研究中心、北京市民航安全分析及预防工程技术研究中心、航空安全技术分析和鉴定实验室等省部级科技创新平台，在事故调查、危险品运输、航空安保等领域建有20余个专业实验室，建立较为全面的民航安全科技创新体系，为民航安全科技创新提供有力的平台支撑。2021年10月18日，我国民航首个国家级大型综合科学实验条件项目——航空安全实验基地正式投入运行，进一步提升了航科院在民航安全领域的研发、测试、验证、评估、分析、认证等能力，巩固了国家级综合性实验验证机构的地位。

民航首个国家级大型综合科学实验条件项目——航空安全实验基地

（二）坚持科学规划 统筹协调发展

聚焦国家战略需求和行业发展重大问题，航科院在民航发展规划、人才队伍、政策法规等多个领域建设了高水平的技术政策和服务智库体系。

航科院是民航发展战略规划研究的核心智库。近年来，积极协助交通运输部完成《交通强国建设纲要》《国家综合立体交通网规划纲要》等重大国家战略规划的编制。全面支撑民航局编制《新时代民航强国建设纲要》《民航第十四个五年发展规划纲要》《智慧民航建设实施路线图》等引领行业发展的顶层规划制度，深度参与长三角、大湾区、成渝双城经济圈等区域民航发展战略规划，高水平完成乌鲁木齐、昆明、成都、郑州（货运）、西安等国际航空枢纽战略规划，全面开展民航经济运行监测分析、绿色民航、航空经济、财经政策、空管规划等专项研究，为各级政府和民航企事业单位提供全链条全方位的高端咨询服务。

支撑服务综合交通和民航领域重大战略规划

在运输航空、通用航空、航空物流领域，开展发展战略和管理政策研究工作，服务推动落实国际化战略，持续推进国际民航研究及交流合作，与国际民航组织、境内外多家民航机构建立了良好的合作关系，深度参与"一带一路"建设，全力打造中国民航"外交新名片"。

人才队伍建设是民航高质量发展的基石。航科院聚焦人才强业战略，深入开展民航人事人才发展政策研究和企事业单位人力资源管理咨询，大力推动民航从业人员职业技能鉴定和职业能力提升，着力打造知识型、技能型、创新型民航人才队伍，有力夯实民航人才队伍基础。

职业技能鉴定培训教材

聚焦民航政策法规的理论研究与实践应用，航科院统筹推进行业法治支持与法律服务工作，积极建设国家技术标准创新基地和全国航空运输标准化技术委员会，承办中国民航标准化国际论坛，对接国际标准化组织，统筹推进行业标准化和计量工作。

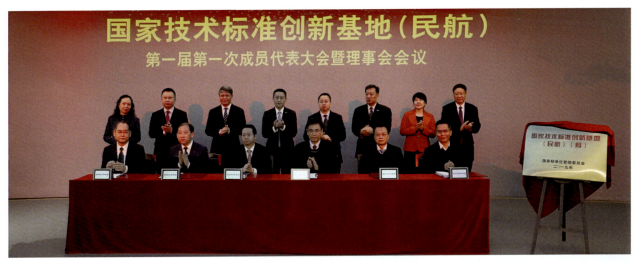

国家技术标准创新基地（民航）（筹）

## 三、运行效能再优化 品质服务践初心

航科院是民航系统科学研究和科技创新的中坚力量，承担着为民航安全和发展提供科技支撑的光荣使命，正加速推进民航高水平科技自立自强，大幅提高原始创新能力，全力服务高质量民航战略平稳实施。当前，航科院围绕民航重点领域和产业技术自主可控的现实需要，努力抢占未来航空科技创新和产业发展制高点，在安全运行体系建设、机场安全管理、导航飞行程序设计、无人机适航审定及民航消费者服务等方面踔厉奋发，全方位助力智慧民航建设，为推动构建民航事业发展新格局贡献力量。

（一）助力智慧民航 强化自主创新

航科院围绕智慧民航建设目标，加快推进以国家战略需求和重大科技产出为导向的"四型五基地"建设，深入开展民航多领域新型基础设施研发，为智慧安全、智慧航司、智慧机场、智慧空管、智慧监管、智慧安保等场景的实现提供高质量的技术支持和科技服务。

为国产民机C919功能和可靠性试飞阶段AEG相关工作开展审查

聚焦国产民机运行需要，航科院积极参与国产民机C919适航评审相关工作，通过核心技术优势和精锐科研力量，在适航取证过程研究、特定风险事件及运营故障分析、材料标准件适航符合性验证程序研究、MOC8试验平台性能确认与验证，以及证后管理研究等方面发挥了积极作用，为国产民机发展进程增添了浓墨重彩一笔。

航科院依托"民航卫星应用工程技术研究中心"，实现国产自主可控卫星数据和技术对行业运行及安全的支持。聚焦智慧民航建设，研制基于区块链技术的民航链应用体系，推进人工智能、虚拟现实等前沿技术在民航的创新应用。同时，拥有业内第一家取得CNAS资质的无人机检验中心，具备国内领先的民航电子认证服务、RFID应用开发、无人机检验和模拟机验证能力。

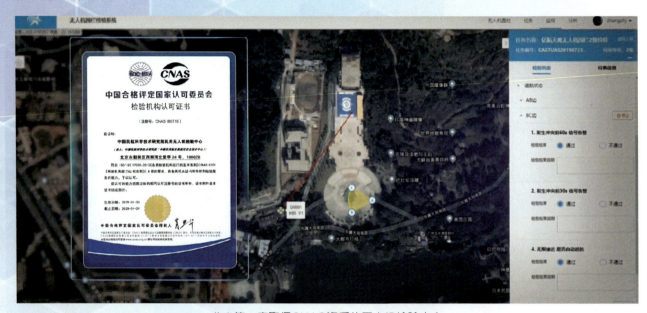

业内第一家取得CNAS资质的无人机检验中心

通过运行模拟仿真技术，航科院全面助力提升空管和机场的运行效能和安全水平；基于性能的导航飞行程序设计，实现了中国民航RNP AR程序设计零的突破；导航数据校验技术占据国内航司95%以上市场份额。

中国民航服务质量监督平台

承担无人机适航审定规章程序及相关标准的研究起草以及无人机适航审定工作，全面开展适航审定技术研究；积极承担民用机场运行安全和运营管理的政策法规和标准研究工作，针对机场安全管理体系、机场运行安全开展专项评估、机场设施设备安全标准验证。

正在建设的地空宽带通信系统（ATG）将实现飞机飞行数据实时下载和航行资料上传，在飞机健康监控、飞行安全风险实时监测和预警防控、航空应急处置等方面发挥重要作用，为民航飞行监控和管理提供前所未有的系列应用。

（二）站稳人民立场 做好真情服务

航科院人坚守真情服务理念，长期开展航空客货运输服务质量管理研究，负责12326民航服务质量监督电话及监督平台的建设和运行，多渠道受理旅客投诉，进行服务大数据收集分析，并提供信息化、智慧化"一站式"服务；助力实现"人便其行、货畅其流"。

在民航局大力支持下，航科院深度指导消费者事务中心建设与发展，在高端急需人才引进、制度建设、场地改拓建等方面采取一系列措施举措。经多方共同努力，消费者事务中心坚定站稳人民立场，致力于解决旅客投诉和困难，通过12326中国民航服务质量监督平台为旅客与行业、政府架起了"沟通桥梁"，搭建了倾听民声、畅通民意、汇集民智、排解民忧的重要途径。面对人民对美好出行的需要，消费者事务中心将继续当好旅客的"连心桥"、民航局的"参谋部"，为提升民航"真情服务"水平发挥更加积极作用。

全球航班追踪监控与预警关键技术研究及应用

科技成就梦想，创新引领未来。回首三十余载，航科院不断刷新民航事业发展新高度，勇于攀登民航科学技术新高峰，不忘初心、砥砺前行，实现"四型五基地"民航科技创新战略布局。迎接未来，航科院将深入学习宣传贯彻党的二十大精神，立足职责定位和使命任务，聚焦加快实施创新驱动发展战略、加快实现高水平科技自立自强的要求，持续加大原创性、引领性科技攻关力度，深入开展具有战略性、全局性和前瞻性民航科技项目研发，充分发挥航科院在坚决打赢民航领域关键核心技术攻坚战的主力军作用，奋力书写新时代中国民航科技创新事业的崭新篇章。

# 航向"十四五" 信步新征程

中国民航信息集团有限公司

　　诞生于1979年的中国航信，在中国共产党的领导下，随着中国民航业的高速发展而不断壮大。特别是党的十八大以来，作为中国民航信息化的先行者和领导者，中国航信坚持以习近平新时代中国特色社会主义思想为指引，坚决贯彻落实党中央决策部署和民航局工作要求，自觉从党和国家工作大局中找准定位、履行使命、发挥作用，持续推动行业信息化发展，加快推动智慧民航建设，切实为保障国家信息安全和助力民航高质量建设作出重要贡献。

## 提升民航业信息化水平

　　中国航信坚决贯彻落实习近平总书记关于发挥信息化对经济社会发展的驱动引领作用等重要指示批示精神，紧紧围绕行业发展需要，积极挖掘数据价值，努力打造数据流、业务流、信息流等各类资源要素有机融合的民航生态圈，提升民航信息化运行水平和服务保障能力。

　　在不断提升订座、离港、分销、结算等核心系统效能的同时，搭建机场协同决策系统（A-CDM），实现空管、航司、机场之间数据的互联互通，提升机场协同指挥能力，大幅提高了航班正点率；"行李全流程跟踪系统"和"中转旅客服务平台"被民航局认定为行业公共信息服务平台并推广使用，解决了民航旅客行李丢失、中转时间长等痛点难点问题，提升了民航运营效率；开发中国航空物流信息服务平台，有效解决物流信息传输、货物查询跟踪、全程运输质量监控、行业级数据交换等问题，为航空公司、机场货站和货运代理提供一站式服务。

　　新冠感染疫情暴发后，中国航信与外交部领事司合作推出"健康行"国际旅客健康信息

中国航信机场协同决策系统

民航旅客行李全流程跟踪系统

一体化自动校验平台，实现对国际旅客健康信息的在线一体化自动校验，大幅减少了航空公司在国际旅客健康查验过程中的人工干预，极大提升了健康查验工作效率和准确性。

## 夯实民航信息安全基石

中国航信时刻牢记"安全是民航业的生命线"，始终从讲政治的高度将民航信息安全工作作为头等大事来抓，大力推进关键核心技术攻关，全面加强安全保障体系和能力建设，不断打造安全工作新格局。

中国航信后沙峪数据中心

在浙江嘉兴建设中央企业的共用信息（灾备）服务中心，在北京顺义建设新数据中心，打造中央企业的共用信息服务基地，以较低的边际成本为民航企业和中央企业提供数据服务，建设运营的后沙峪数据中心被工信部等六部委评定为"2021年度国家绿色数据中心"。

开展主机系统用户工作号认证强化工作，落实"双因素认证"要求，实现实名运营；持续完善数据安全管理流程制度，优化数据加密传输平台，全面加强网络安全攻击防护能力；通过"饱和式"检查、专项整治行动等方式，深入开展安全问题隐患治理，连续十五年保持安全生产态势平稳。

建设国际运价计算系统等核心系统，使中国民航摆脱了在运价领域长期受制于人的问题；自主研发的新一代航班管理系统在国内所有航空公司投产使用，标志着中国民航在航班管理方向实现技术全面自主可控，推动民航信息系统的安全保障水平再上新台阶。

### 打造民航旅客智慧出行体验

中国航信深入践行"人民航空为人民"的行业宗旨，坚守真情服务底线，把满足人民群众对美好航空出行的新需要作为民航事业发展的根本目的，先后推出了民航旅客无纸化便捷通关项目"航信通"、民航旅客行李全流程跟踪平台"航易行"、民航旅客出行服务应用"航旅纵横"等一系列产品，打造智能出行新体验。

积极投身中国民航"智慧机场"建设，智慧出行解决方案在北京大兴、成都天府、长沙黄花、青岛胶东等机场投入使用，多项自助服务产品有效提高了旅客服务效率和质量。

为实现智慧民航"出行一张脸"的建设目标，中国航信基于国际航协One ID理念，构建了业内最先进的机场One ID生物识别平台，为旅客航空出行提供了一套基于人脸识别技术的身份识别和认证服务平台，在确保数据合规、安全的前提下为旅客全流程通关和服务赋能，大幅度提高旅客的通关效率和服务体验，最新的One ID平台解决方案已在广州白云、深圳宝安等多家大中型机场投产上线。

同时，中国航信还积极推动"易安检""一码通关"等方案试点和落地，打造"行李到

参与北京大兴国际机场建设

大力推进"智慧机场"建设

家"服务产品，充分发挥信息化、智能化在智慧民航建设中的作用，助力行业协同发展，推动民航旅客服务从"量优式发展"向"质优式发展"转变。

## 科技创新赋能高质量发展

中国航信深入贯彻创新驱动发展战略，紧紧围绕国家发展大局和行业发展需要，牢固树立科技创新观念，加大研发投入力度，加强科技成果管理，充分挖掘创新潜力，促进企业高质量发展。

航旅纵横荣获中国交通运输协会科技进步一等奖

整合总部研发技术能力，优化区域研发资源分布，初步构建起布局合理、资源优化、统筹管理的分布式研发体系。成立中国航信研究院，并与多所高校和科研机构协同，聚焦行业关键领域和核心技术，着眼行业前沿和科技发展趋势，实施重点攻关行动。

获得北京市企业技术中心、民航科技创新应用技术开发基地等认定，获批建立民航旅客服务智能化应用技术等重点实验室。通过软件能力成熟度模型最高级（CMMI 5级）认证，公司的软件综合开发能力达到业界领先水平。入选国家区块链创新应用试点名单，在"贸易金融"领域位列全国第二。

北京2022年冬奥会和冬残奥会期间，自主开发的抵离信息系统为各奥运保障单位和业务领域提供数据服务，自主开发的行业级行李跟踪平台"航易行"有力保障行李全流程跟踪工作，对确保涉奥人员"好来快走"发挥了重要作用，实现了以高质量供给引领和创造新需求，塑造了企业独特价值。

搭建北京2022年冬奥会和冬残奥会抵离信息系统

## 推进数字产业化辐射多元

中国航信大力推动数字经济这一国家战略在民航领域的落实落地，通过把握新一轮科技革命和产业变革新机遇，面向民航数据应用创新，结合公司长期信息服务的丰富经验，积极构建"民航+数字产业"共同体。

深化与交通、旅游、金融、商贸等多领域用户的数据交互、共享和融合发展，构建"航空+""+航空"服务产品，加快培育壮大数字化服务产业，打造优势领域产业集群。

与中国人民银行数字货币研究所、交通银行、航空公司、机场集团等开展合作，全力构建机场数字人民币消费生态圈，加快推广数字人民币在民航领域的广泛应用。随着2022年数字人民币在长沙黄花机场中转旅客服务场景的应用试点，标志着中国民航机场全方位可应用场景推进数字人民币试点取得阶段性进展，为今后数字人民币在全国机场推广和民航全方位场景普及应用奠定坚实基础。

依托人才、技术、服务等综合优势，积极助力行业企业和区域经济数字化转型，提供产业数字化咨询及整体解决方案，推进形成产业数字化生态体系。同时拓展产业数字化外延，以安全可靠的数据中心增值服务为重点，强化对客户的市场服务，总结提炼中国航信在民航数字化领域的实践经验，构建跨行业、跨领域的产业数字化赋能方法和应用体系。

## 助力"大交通"信息化建设

中国航信深刻领会"交通运输是国民经济的基础性、先导性、战略性产业和重要的服务性行业"的重大意义，在深耕主业的同时，积极参与运输、物流等领域信息化建设，与社会共享民航信息化发展成果。

与中国交通通信信息中心共同成立中交信有限责任公司，将民航领域积累到的经验和技术，移植至道路、水路等领域，大力推广道路客运和水路客运联网售票，推行公铁、空巴、公水等联程运输服务。

京津冀道路客运联网售票一体化服务推介会

深化与通航各运行主体合作，建设行业级通用航空综合信息服务平台，推动通用航空快速发展。助力远洋运输企业建设海啸预警系统，为船舶运营调度和安全运输提供有力的科学保障，为智慧航运增值赋能。协助港务集团港口业务容灾体系建设。与中国邮政、圆通集团等企业合作，进一步推动航空业与物流业衔接联通，加强运输资源整合和集约利用，提升综合交通运输整体效率，为推动跨行业交通运输高质量发展，畅通国内国际双循环作出更大贡献。

站在"十四五"新起点，中国航信将坚持以习近平新时代中国特色社会主义思想为指导，牢记"国之大者"，主动担当实干，认真履行党和人民赋予的新时代职责使命，服务保障国家重大战略落实，筑牢民航信息基石，努力成为行业信息化建设的主力军、信息服务领域的国家队、国际一流的信息服务企业，为人民提供日益美好和智慧的出行体验，努力创造无愧于时代、无愧于人民、无愧于历史的新业绩。

# 白云机场 | 中流击水 踔厉奋发
争创世界一流国际航空枢纽

广州白云国际机场股份有限公司（以下简称"白云机场"）坚持以习近平新时代中国特色社会主义思想为指导，践行民航"一二三三四"要求，"十三五"以来，始终坚持围绕中心抓党建、抓好党建促发展，奋力争创世界一流国际航空枢纽，在推动民航高质量建设、搭建"空中丝绸之路"、促进粤港澳大湾区协同发展中发挥积极作用。

## 回首"十三五"，高质量发展再出新实绩

"十三五"以来，白云机场在上级统一部署和有力领导下，加强党建、争创一流，凝心聚力拓市场、促生产、提品质、强管理，实现党建引领全面强化、保障能力有效提升、枢纽功能逐步增强、安全生产保持平稳、服务品质持续改善、运行效率大幅提高、绿色环保成效显著、信息建设快速推进、改革创新成效初显、发展效益稳步提升。与国内、东南亚主要城

市的"4小时交通圈"、与全球主要城市的"12小时交通圈"基本形成，2020年白云机场旅客吞吐量问鼎全球第一，2021年旅客吞吐量蝉联全国第一，圆满实现争创世界一流机场规划第一阶段目标。

### "党建引领"新高度

"十三五"期间，白云机场围绕中心抓党建，抓好党建促发展，不断强化党建的规范性、严肃性和创新性，充分发挥各级党组织战斗堡垒作用与广大党员先锋模范作用。实现党建体制更加完善，党建引领更加突出，党建与业务融合更加紧密，基层党组织更加有力，文化建设更见成效，员工幸福感不断提升，为白云机场高质量发展提供强有力的思想、政治、纪律和组织保证。2020年面对疫情，白云机场上下一心，奋勇向前，坚决守护人民群众生命安全和身体健康，全力保障畅通医护人员和防护物资空中绿色通道，为中国抗疫贡献"白云力量"，荣获"全国先进基层党组织"和"全国抗击新冠感染疫情先进集体"两项最高荣誉称号。

### "秒级运行"新标准

"十三五"期间，白云机场围绕"一个中心"，打造最强大脑，全面推进运控中心建设。构建运行决策、危机管理、运行信息、资源管理、机坪管制五大管理中心，实现全区域覆盖、全流程控制、全风险预控。依托"两个平台"，提高协同效率。建立A-CDM协同决策平台与运管委平台，完善空地协同，率先实现空管放行排序与地面保障信息融合计算。紧

"春风服务"品牌建设

白云机场"易安捡"

白云机场地勤使用清洁能源电动特种车

白云机场消防安保管理中心大练兵

白云机场飞行区

抓"标准建设"，提升保障精度。围绕"端到端"运行全流程，明确节点与标准，细化保障颗粒度，率先推行航空器"同进同出"和"航班推出预管理"。2021年，白云机场放行正常率达到91.66%，平均滑入时间7.44分钟、滑出时间15.81分钟，达到行业领先水平。

### "四型机场"新标杆

"十三五"以来，白云机场全面提升运营品质，在"四型机场"各领域均入选民航局示范项目。"三个向"打造平安机场。一是向体系要安全：树牢"五个结合" 抓安全理念，健全"五级规范" 安全制度体系，完善"五级监管" 隐患排查体系。二是向标准要安全：制定运行安全保障关键评价指标，推进保障标准与国际接轨，成为国际航协ISAGO审计新模式下中国首个通过全模块审计的地面服务商。三是向文化要安全：树立"严、实、精"的安全作风，相关措施在行业内推广。2021年，白云机场连续实现29个安全年。"三融合"打造绿色机场。着力推进能源、环境、碳排放三体系融合，形成"一个体系、一套制度、一个流程、一起评审、一同纠正"的"五个一"模式。获得能源管理体系认证、环境管理体系认证，在内地机场中率先取得国际机场碳排放三级认证，获评"民航打赢蓝天保卫战先进单位"。"四个一"打造智慧机场。"十三五"期间，白云机场"一朵云、一张网、一幅图、一个身份"建设取得实质成效。全面实现"一证通关"，率先推出One ID服务和易安检刷脸过检，自助出行服务获IATA"FAST TRAVEL"最高荣誉白金标奖，千万级机场技术要素应用率位列全国第二。"春风服务"打造人文机场。践行"润无声、暖人心"的"春风服务"，获评SKYTRAX"全球五星航站楼""全国学雷锋活动示范点""中国品

白云机场2号航站楼打造音乐航站楼

牌太阳花奖""中国机场服务质量优秀奖"、2020年ACI服务测评排名全球第一（并列）等荣誉。建成国内首家常旅客机场端平台"机场通"，截至2021年底会员数量突破500万，月活用户达20万。

**深化改革新动力**

近年来，白云机场股份有限公司强化本部"七大中心"功能，实施"区域化管理、专业化支持"模式，推进非核心业务市场化。构建"一类一策""一企一策"相结合的负面清单式授权体系。以科技企业为试点推动机制创新，实施增量激励。白云机场旗下信息公司成功引入战略投资者并实施员工持股，入选国务院国资委"科改示范企业"。大力推进人才兴企，系统推进领军人才、管理人才、技能人才建设，打造七大专业技能培训基地。内部专家队伍达37人，高技能人才占比接近20%。在现场管理上，实施"走动式管理"，各级管理者深入一线"巡现场、找问题、想对策"。建立"四必"巡查机制，夯实现场管理能力。推广"三人组"微组织模式，有效激发基层首创精神。

## 展望"十四五"，"四大战略"擘画全面发展新蓝图

"十四五"时期是我国民航全面开启多领域民航高质量建设的战略起步期，是新时代民航高质量建设"转段进阶"的关键阶段。白云机场将切实贯彻中国民航"十四五"发展规划要求，全面落实广东机场集团"加强党建 争创一流"部署，坚持党建引领、强根骨固魂，激发活力、提升能力、增强动力，推动争创世界一流国际航空枢纽规划第二阶段任务走深走实，争当中国机场高质量发展探路先锋。

牢牢把握"三期叠加"的阶段性特征，白云机场将由"速度规模"追赶为主向"质量效益"优化升级为主转变，着力推动枢纽建设、四型机场、价值创造及管理提升"四大战略"。根据战略规划目标，到2025年，白云机场将建成具有全球竞争力的世界一流国际航空枢纽，成为安全可靠、生态和谐、运行智慧、体验一流的四型机场标杆与运营高效、价值突出、品牌卓越的世界一流机场管理公司。到2035年，白云机场世界一流国际航空枢纽运营成

熟，竞争力位居全球前列，成为全球知名的机场运营管理服务商。

## 提升航空枢纽能级

规划提出，白云机场将聚焦"六个力"建设，打造集多种交通方式于一体的现代化综合交通枢纽。拓展设施保障潜力，推动三期扩建等重大工程。保持国际战略定力，持续拓展"广州之路"，提升"经广飞"品牌知名度，加快恢复国际及地区通航，完善国际网络中枢功能。激发国内市场活力，培育"精品快线"，优化国内中转，服务构建国内大循环格局。优化空地衔接能力，完善综合运输体系，强化空铁联运，实现机场30分钟直达中心城区、1小时通达珠三角城市、3小时联通泛珠三角城市。锻造高效运行实力，以"中枢集控、秒级管控、智慧运控"为主要特征的枢纽运行更加高效。凝聚协同发展合力，强化客货协同、航司协同、机场协同和政策协同，共同推进"规模强、连通优、效率高、体验佳"的枢纽品质升级。

## 打造四型机场示范

以"建白云标准、创白云品牌、强白云文化"为主线，白云机场将打造安全可靠、生态和谐、运行智慧、体验一流的四型机场标杆。平安机场方面，着力夯实安全管理体系，抓好安全专项工作，保持一流的安全保障能力和管理水平，保持国际先进的地面运行安全标准体系。确保责任事件发生率在同级别机场中处于最低行列，连续实现安全年。绿色机场方面，立足完善绿色运营管理体系，推动能源、环境及碳排放三体系深度融合。加强资源集约节约利用，积极构建生态和谐环境，优化低碳高效运行模式，打造绿色机场特色品牌。智慧机场方面，推动数字化转型有效落地，实现"机场一朵云、运行一张图，安全一张网、出行一张脸"，促进全集团"管理一盘棋、产业一条链"，协同决策更加高效，安全管控更加智能，旅客出行更加便捷，商业生态精准互动，与智慧城市更加融合。人文机场方面，将建设高水平服务管理体系，实现高质量服务产品供给。打造"春风畅享"准点机场、"春风悠享"便

捷机场和"春风悦享"友善机场，传递"感动客户"人文关怀，建设"繁花如画，印象广州"特色文化空间。

## 培育价值卓越机场

未来，白云机场将以优化业务体系、优化营收结构、优化成本管控为主要路径，有效建立结构更为科学、收益更有保障、管控更加精细的营收体系。做实区域管理业务，做优生产保障业务，做精经营管理业务，拓展战略潜在业务。落实落细降本创效要求，充分释放资源价值，提升以流量经济、非航收入、综合回报为重点的枢纽收益。切实履行社会责任，持续提升社会效益。

## 完善现代管理体系

白云机场聚焦"一个引领、三个驱动、一个保障"，推动实现管理体系和管理能力现代化。坚持"一个引领"，以"加强党建、争创一流"为目标，以完善上下贯通、执行有力的组织体系为重点，以提高基层党建工作质量为主线，持续强化党的全面领导，推动党的建设向"更严标准、更高质量、更大效能"转变，以高质量党建引领企业高质量发展。实现改革驱动、管理驱动和人才驱动"三个驱动"。白云机场坚持改革驱动，落实全面深化改革三年行动方案，增强改革系统性、整体性、协同性，聚焦核心主业，优化业务布局。完善以负面清单为基础的授权管理，搭建全面、全员、全过程、全体系的风险防控机制。坚持管理驱动，切实聚焦薄弱环节，夯实管理基础，创新管理模式，创建管理标杆企业。坚持人才驱动，深入推动三项制度改革落地，建立内部"活水机制"，畅通外部"引流机制"，创新考核"激励机制"，聚焦系统"育才机制"，实现人才赋能、人才兴企。以"一个保障"托底，不断加强幸福工程保障。实现员工"困有所助、忧有所解、住有所居、食享其味"，增强基层创新活力，打造外包员工与内部员工共同的企业之家，建设企业发展共同体，培育持久发展动能。

# 逐梦空天　守护光明

### 国网电力空间技术有限公司

国网电力空间技术有限公司是国家电网全资子公司,其前身国网通用航空有限公司成立于2009年12月,总部设在北京。成立十余年来,公司不断发展壮大,作业区域覆盖29个省(市、自治区)、92%的国土面积,年航巡作业能力达40万千米。2022年7月,服从服务于国家电网工作大局,作出了顺应航空航天技术融合发展新趋势、调整公司发展定位的重大战略选择,正式更名为国网电力空间技术有限公司,定位于国家电网航空航天技术在电力领域应用服务专业平台,迈入了全新的发展时代。

忠诚担当谋转型,求实创新提质效。在新战略的引领下,务实高效统筹发展和安全,将提质增效贯穿生产经营全过程。提升安全质效,面对复杂严峻的行业安全形势和重大政治年万无一失的安全要求,坚决以"两个不飞"原则强化现场风险管

融合亚米级高分卫星影像,更新频率较谷歌影像提升4倍,提升输电线路设计规划、电力设施状态监测、通道巡视效率

接入气象卫星数据，及时展示电网运行相关的10类气象专题图，更新频率最高可达分钟级

控，系统性梳理、整体性重构安全管理体系和专业管理体系，全力确保了安全稳定良好局面。提升创新质效，坚持创新是第一动力，持续积聚创新动能，拥有电网工程航空遥感与线路智能巡检联合实验室，突破了换流站（特高压变电站）无人机抗电磁干扰、电网三维重构、气象灾害精准预警等核心关键技术。近期取得专利34项，编制行业标准、团体标准10项，获得国家电网公司第六届青创赛一等奖以及行业科技进步奖14项，取得互联网地图服务和摄影测量遥感甲级测绘、ISO 27001信息安全管理体系资质。提升资源质效，在运营35架直升机、35架大中型无人机和北京定陵、湖北仙桃、浙江德清、甘肃白银、安徽庐江等作业基地的基础上，牵头建立了产业资源共享联盟，可及时灵活调用1400多个临时起降点、580多个通用机场以及业内航空器资源。

追求卓越向空天。瞄准最新前沿空天技术和数字技术，坚定不移抢抓战略先机、矢志不渝抢占技术制高点，统筹推进空天融合技术电力应用的全局性谋划和前瞻性布局。多源空天数据的感知获取、处理分析和应用服务能力全面处于国内领先、国际先进水平。可见光、

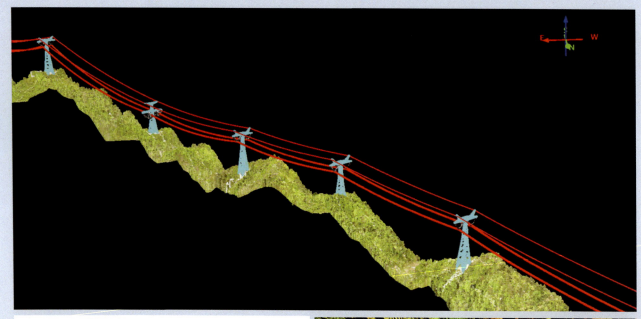

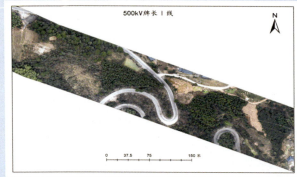

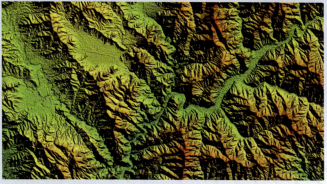

具备年度4万公里输电线路高精度点云、高分辨率地形及影像数据生产能力，为电网数字化建设提供了强有力的数据支撑

结合多光谱卫星影像，采用缓冲分析方法，可反映输电通道山火风险情况，支撑山火监测及预警

红外、紫外、激光点云、InSAR遥感等空天数据获取速度和精度均为国内最优，可实时获取48颗卫星数据资源，实现全国覆盖，气象卫星数据更新频率提高至5分钟级，积累了60万张线路本体缺陷样本和17万千米厘米级精度线路激光点云数据。开发了点云自动分类、智能三维建模、隐患自动分析等算法，缺陷自主识别率达到85%。布局建设了国内唯一的数字电网三维地理信息平台和空间数据云平台，基于多源空天数据，精准开展雷击、山火、台风、覆冰、暴雨、地质形变等灾害预警预测进入实用化推广，在川渝和湖南山火、"梅花"台风保

2021年12月，国网空间技术公司与国网西藏检修公司联合开展大中型无人机高高原巡视作业，实现国内首次中大型无人机搭载大型应用设备载荷夜航作业，标志着国家电网公司已具备中大型无人机高高原全天候的巡视作业技术实力

2022年1月，国网空间技术公司调集中大型无人机开展±800kV锦苏线应急山火巡视，充分体现公司中大型无人机应对突发灾害的响应能力及精准作业能力

2021年5月，宁夏海原，国网空间技术公司首次利用Bell429直升机吊索法在±1 100千伏输电线路上开展直升机带电作业，刷新了直升机吊索带电检修作业电压等级

2021年6月，浙江丽水，国网空间技术公司使用H215直升机开展线路基础混凝土浇筑作业，大幅提高了施工速度，减少对自然环境的破坏

供攻坚战中彰显了不可替代的技术优势。全景三维重构数字孪生技术已在华北、甘肃电网和新能源运维、重载货运铁路等领域全面推广应用。攻克了无人机全天候作业、远距离通信、自主航线规划等技术难题，完全具备同步开展无人机和反无人机、运行和防护一体化作业能力。空天立体化应急指挥作业体系全面升级，建成了基于航空器平台的高通量卫星音视频远程指挥系统，创新了应急检修作业的方法、技术和装备，可有效满足极端情况下电网应急通信、线路消缺、铁塔组立、物资吊运等特种作业需求。在浙江湖州顺利实施国内首次±800千伏特高压密集通道直升机带电作业；迅速响应、成功实施四川雅安500千伏光缆70%截面断股危急缺陷带电检修；有力支撑了四川泸定抗震抢险和灾后重建。

奉献光明创价值。充分发挥电网铁军精神，在急难险重的关键时刻拉得出、顶得上、打得赢，圆满完成北京冬奥、党的二十大等重大政治活动保电支撑服务工作；常态化、规模化开展川、藏、青、甘高高原航巡任务，创造了海拔5500米的航空电力作业世界纪录。坚持党的领导、加强党的建设，深入学习宣传贯彻党的二十大精神，以高质量党建引领保障公司高质量发展。扎实推进"旗帜领航"和"党建+"工程，推动党建工作与业务工作深度融合，突出空天专业特色党建，在外出作业机组建立临时党支部，确保工作开展到哪里，党组织就覆盖到哪里。紧跟总书记足迹，在西藏林芝嘎拉桃花村开展主题党日活动，让党旗在"电力天路"高高飘扬，让"人民电业为人民"的红色基因、电力传承历久弥新。

国网空间技术公司"雄鹰"机组执行西藏高高原航巡任务，创造了5357米的高海拔航巡世界纪录，直升机电力巡线作业创造了飞行高度最高、高高原巡线作业量最大世界纪录

国网空间技术公司"雄鹰"机组执行西藏高高原航巡任务，实现了±400千伏及以上高海拔输电线路航巡全覆盖，有力支撑了藏区电网安全和经济社会发展

　　新时代画卷锦绣壮丽，新征程篇章气势恢宏。聚焦国家电网"一体四翼"发展布局，立足支撑服务功能定位，我们迎风展翼，逐梦空天，守护光明，踏上充满光荣和梦想的新征程，努力创造更加灿烂的明天！

# 相融互促聚合力
# 着力构建大党建工作格局
### 深圳航空有限责任公司

## 摘要

习近平总书记指出："坚持党的领导、加强党的建设，是我国国有企业的光荣传统，是国有企业的'根'和'魂'，是我国国有企业的独特优势。"高质量党的建设是国有企业高质量发展的根本保障，深航党委高度重视企业党建工作，深入贯彻党的十九大、十九届历次全会精神，以习近平新时代中国特色社会主义思想特别是习近平总书记关于国资国企改革发展以及党的建设重要论述为指导，不断提高党的建设质量。在上级党组织的坚强领导下，深航党委主动开展党建创新实践，不断提高党的建设质量，打破传统条块分割模式，通过以党建引领推动中心工作，在推动中心工作中锻造党员队伍，在党建与中心工作融合发展中优化党组织体系，持续构建大党建工作格局，使得企业党的全面领导得到进一步加强、党建融入生产抓手进一步明确、"两个作用"发挥进一步彰显；党建工作呈现重点突破、全面推进良好态势，为深航深化改革和高质量发展提供了坚强保证。

党的十八大以来，习近平总书记就国有企业改革发展和党的建设作出一系列重要指示批示。特别是2016年党中央召开全国国有企业党的建设工作会议，习近平总书记出席会议并发表重要讲话，为国有企业改革发展和党的建设指明了前进方向、提供了根本遵循。近年来，深航党委在上级党组织的坚强领导下，以习近平新时代中国特色社会主义思想为指导，深入贯彻党的十九大和十九届历次全会精神和习近平总书记关于国资国企改革发展和党的建设重要论述，按照坚持和加强党的全面领导要求，不断提高党的建设质量，主动开展党建创新实践，打破传统条块分割模式，持续构建大党建工作格局。

深航党委始终把党的政治建设摆在首位，将旗帜鲜明讲政治的要求全面融入各项工作，通过深化落实"第一议题"工作机制、持续完善党委议事规则、建立健全党建工作责任体系，充分发挥党委"把方向、管大局、促落实"领导作用。始终坚持以思想政治、班组建设、作风建设和安全文化建设等工作为抓手，持续健全基本组织、建强基本队伍、落实基本制度，着力提升基层党组织凝聚力、向心力、战斗力，切实将党的政治优势、组织优势和群众工作优势有效转化成企业的创新优势、竞争优势和高质量发展优势。

## 一、以党建引领推动中心工作

深航秉承党建工作与中心工作"一盘棋"理念，将党建和业务深度融合、相互促进，充分释放红色引擎无限动力。抓好一线班组、党小组建设，发挥"双组"战斗堡垒作用；打造"先锋工程"，激励党员比能力、比服务、比业绩，使党员从"作用不明显"到"带着群众干"，从被动的"要我干"到主动的"做示范"。

党建引领促经营。近两年来，民航业受疫情冲击、市场乏力、油价攀升等因素的影响，面对生产和防疫的双重考验，深航始终坚持党建引领，大力发挥国有企业的政治优势、组织优势，于困境中寻找机遇、于逆境中寻求发展。2021年，成立精准营销创新办公室，依托信

息技术和场景创新手段，以客户为中心，探索和构建针对C端市场的航空营销新模式，2021年累计销售35.2万人次，贡献收入2.53亿元；成立"中长期航线航班效益优化"项目组，充分发挥党员先锋模范作用，圆满完成了换季、暑运、季中优化等重大任务，通过结构、效率、成本、效益等方面改善，全年完成增收节支6210万元；通过落实"高检维修效能提升先锋工程项目"，截至目前公司高检维修总架次较2021年增加56.14%，自修架次在机队C检架次占比从47%提升至89.9%；通过落实"深航快线维修保障提升先锋工程项目"，将公司快线航班延误率降低至0.27%，受维修原因影响未靠桥率降低至1%。

党建引领保安全。强化各级党委抓安全的引领作用，创新搭建"飞行作风教育百组研讨"平台，深航总裁王杰、党委书记周治伟等公司领导及各分公司基地负责人深入基层参加研讨活动，2021年至今累计开展2692场百组研讨，针对作风建设、安全建设、隐患排查等各类飞行队伍关注的热点问题进行讨论研究，解决落实相关问题及建议92项，进一步夯实公司安全基础；疫情期间，深航在生产运行的核心——AOC（Airlines Operations Center）设立了总值班经理党员先锋岗，率领AOC全体党员时刻紧跟最新防疫政策，及时评估疫情对生产保障的影响，力保航空运行安全；开展安全"吹哨人"行动，建立完善"吹哨人"相关制度，通过"安全大检查""安全隐患排查治理""我为安全献一策"等系列活动，党员干部带头示范，充分调动广大一线员工参与安全管理、报告安全隐患的积极性，推动落实全员安全生产责任制，有力促进公司安全文化建设；强化飞行员队伍作风建设，发挥基层党支部主体作用，通过每月每人至少两次的一对一面谈，"八小时以外"管理等，全面落实对飞行员"思想，技术，生活"的三摸底以及"思想作风，技术能力，生活状况，训练，运行风险，航班派遣"的六把关，有效提升飞行员队伍整体的思想建设及飞行技能水平。

党建引领凝人心。开展"下基层、抓落实"专项工作，统筹公司各级党组织，构建多层次多形式的常态化下基层工作机制并形成问题清单闭环管理，大力开展形势教育、推动解决员工急难愁盼问题，持续抓好新形势下员工思想动态工作，确保员工队伍稳定。结合飞行部、维修工程部等一线队伍实际，创新开展EAP+党建培训，2021年至今共180余名基层党支部书记参训，从具体岗位和实际情景入手，通过科学实用的方法技巧和工作策略，为各基层党组织党建思政及组织管理工作提供科学指导；充分发挥党建带群团引领作用，深入推进班组建设，推动公司1600余个基层一线班组通过持续完善管理机制、夯实作风建设、队伍能力建设、班组文化建设，增强一线班组凝聚力、战斗力、执行力，打通执行最后一公里，进一步夯实公司管理基础，确保公司各项重点工作落实到基层。

## 二、在推动中心工作中锻造党员队伍

深航近5000名党员汇聚了大量优秀骨干，党员干部召之即来、来之能战，为企业发展集聚起强劲动能。为坚决打好安全生产和疫情防控攻坚战，深航党委发出"致公司基层党组织及全体党员的倡议书"，党员干部冲锋在前、迎难而上，在关键岗位上发挥表率作用。

为党员创新搭平台。深航大力推进党员劳模及技能人才创新工作室创建工作，目前已创建公司级创新工作室21个，由各部门一线党员模范牵头，围绕公司安全生产、效益效率、服务创新等中心工作，针对本单位业务流程、设备技术、服务创新、管理提升等方面的难点、痛点，进行改造创新。通过打造一批公司创新工作室，为党员模范及技术骨干搭建了交流学习、能力提升及实现自我价值的平台，充分发挥他们的业务专长和"传帮带"作用，着力打造公司高素质人才队伍。其中，深航"吴海能"劳模创新工作室，围绕公司运行中心核心工作，通过业务技能研究及多项创新举措落实，有效提升公司运行监控整体能力，夯实了公司飞行安全，2020年，工作室荣获第五批深圳市劳模创新工作室荣誉称号；客舱服务部"云栖"创新工作室，结合机上产品配备情况，创新研发系列客舱服务产品，将读书、茶苑、品酒、咖啡与专业客舱服务相结合，用服务诠释品牌内涵，为旅客呈现客舱服务品质，为乘务

员搭建交流学习平台，有效提升公司乘务员综合素质和专业技能。

为党员奉献供保障。2020年1月，深航保障首个支援武汉包机任务，面对较高的染疫风险及较长时间的隔离，各部门一线优秀党员骨干主动请战，顺利保障139名医护人员抵达武汉。2021年，因公保障航班隔离机组654人次，隔离地面员工360人次，乘务员单人累计隔离最长达80天。2021年6月深航党委组织成立志愿者服务队，志愿者由各单位的党员、团员以及入党积极分子、优秀青年等组成，负责开展支援一线生产、应急突发协助、重大活动保障和内部公益等志愿服务活动。2021年全年，志愿者服务队共开展核酸检测协助、疫苗接种协助、卫星厅演练等志愿活动1 079项，踊跃参与志愿服务4 225人次，贡献志愿服务13 000小时；2022年，在深圳、泉州等地疫情防控紧要关头，深航志愿者服务队一夜成军、星夜出征，奔赴当地重点区域支援一线抗疫工作，他们不畏艰险、无私奉献，以实际行动诠释了深航的社会责任与担当。

通过推动中心工作，党员们真正做到了在平常看得出来、关键时刻站得出来、危急关头豁得出来，也锻造了一支信念坚定、作风过硬、敢于担当的新时代党员干部队伍，成为深航事业发展的中流砥柱。

### 三、在党建与中心工作融合发展中优化党组织体系

优化设置建堡垒。习近平总书记指出，严密的组织体系，是马克思主义政党的优势所在、力量所在。面对复杂多变的外部环境，为适应形势任务的发展变化，深航党委及时调整和优化基层党组织设置。深航党委目前下辖20个二级党委、17个党总支和超过200个基层党支部，全面建强基层党建战斗堡垒，尤其注重在重大工作、任务、斗争中充分发挥组织优势和政治优势。针对因疫情而被调整的飞行员外派点，深航党委及时组建临时党支部，确保在任何时刻、任何地点，都能有效提高飞行队伍作战软实力，让航班的运行始终走在正常的轨道，把旅客的安全职责扛在肩上；推进内部联合监督检查工作，成立监督检查小组临时党支部，不断增强检查组的战斗力、凝聚力、执行力，确保检查成效过硬。

配强干部抓安全。习近平总书记强调，安全是民航业的生命线，任何时候、任何环节都

不能麻痹大意。深航始终把安全工作当作头等大事来抓，着力构建党政齐抓共管的安全工作格局，尤其注重加强重点一线队伍基层党组织抓安全生产的引领作用。继在客舱服务部设立专职基层党支部书记后，2021年，公司在飞行部、维修工程部新设专职基层党支部书记岗位，新增近50名专职书记，进一步完善了基层党组织体系建设，为落实好一线队伍思想政治、安全文化、作风建设、班组建设工作提供了坚实的组织保障。

发挥作用强管理。各基层党组织结合自身业务和疫情防控实际需要，纷纷成立抗疫志愿者先锋队和临时党支部，打造建在抗疫一线的红色堡垒，确保党旗始终飘扬在疫情防控的第一线……在推进党建与中心工作融合发展的过程中，不断优化提高党组织系统适配性，始终确保基层党的组织体系是科学、完整、开放的多维结构的系统工程。

深航党委始终坚持以政治建设为统领、以党建质量提升为目标、以落实党建工作责任制为抓手，致力推动党建工作与中心工作相融互促，党的全面领导得到进一步加强、党建融入生产抓手进一步明确、"两个作用"发挥进一步彰显；党建工作呈现重点突破、全面推进良好态势，为深航深化改革和高质量发展提供了坚强保证。

（作者：王东 黄丽萍 图片：谷强）

# 山航集团 "十四五" 发展展望

山航集团成立于1994年3月。自成立以来，山航集团始终坚持"扎根山东、服务山东"的立身之本不动摇，努力在服务山东省经济社会发展中把准定位、抓住机遇、体现价值，经过二十多年的发展，形成了集航空客货运输、飞机维修、航空培训、航食生产保障、酒店餐饮旅游、广告传媒服务、汽车服务等业务为一体的上下游业务配套发展的经营格局，为山东省的民航发展做出了突出贡献。

山航集团深入贯彻落实习近平总书记关于民航工作的重要指示批示精神，统筹安全和发展，积极融入、服务于新发展格局，截至2021年底，山航集团已连续保持了27年的安全飞行纪录，累计安全飞行468.85万小时，安全起落248.18万架次，运输旅客2.52亿人次，货邮217.91万吨；连续20年无责任原因发动机"空停"事件，先后四次获得民航局安全最高荣誉"金雁杯"和"金鹰杯"，2019年荣获中国民航"飞行安全四星奖"；在济南、青岛、烟台、厦门、重庆、北京、乌鲁木齐、贵阳等地设有分公司和飞行基地，经营国内、国际、地区航线共290多条，每周4300多个航班飞往全国80多个大中城市，并开通韩国、日本、泰

国、印度、柬埔寨等周边国家及中国台湾、中国香港等地区航线。

山航集团始终坚持提升服务品质，品牌影响力和社会美誉度不断增强，多次被评为"用户满意服务单位""全国质量效益型企业""全国青年文明号"。2015年至2020年集团本部连续六年被评为"全国文明单位"；2005年以来航班正点率一直名列行业前茅；2017年荣获"全国质量奖"，成为中国民航首家也是目前唯一获奖航司；连续八年获得CAPSE"最佳航空公司奖"；连续14年获评"中国500最具价值品牌"，2021年品牌价值达到638.32亿元，排名第98位。

山航集团始终坚持绿色发展，持续落实"双碳"战略，推进节能减排和污染防治工作。扎实推进民航局"打赢蓝天保卫战"各项决策部署，在APU替代设备使用、车辆尾气改造、新能源车辆使用、充电设施设备建设、塑料污染治理、节能减排等重点工作方面取得明显成效，荣获民航局"民航打赢蓝天保卫战先进单位"荣誉称号。

山航集团积极履行国有企业社会责任，相继选派优秀党员、干部参与省委组织的各项帮扶工作，开通至绵阳、万州、武隆、陇南、安顺、喀什、大同等地区的扶贫航线，以"最优先级"保障执行疫情防控运输，在"大战大考"中体现了勇毅和担当。

"十四五"期间，山航集团将以习近平新时代中国特色社会主义思想为指导，全面贯彻党的路线、方针、政策和决策部署，增强"四个意识"、坚定"四个自信"、做到"两个维护"，坚定不移推进全面从严治党，深入推进党风廉政建设和反腐败斗争，一体推进不敢腐、不能腐、不想腐，营造风清气正、干事创业的良好政治生态。牢记"三个走在前"，以"服务国家发展战略、服务山东经济社会文化发展"为己任，围绕国家"一带一路"倡议，深入贯彻落实黄河重大国家战略等国家、区域战略，统筹企业生存发展和履行社会责任的需要，积极融入、服务于新发

展格局，深度融入国航系千架飞机规模的航线网络，持续加大山东主基地投入力度，更好地提升服务山东省经济社会发展的能力。

"十四五"期间，山航集团将统筹发展和安全，坚守安全生产底线，持续推进安全管理体系建设，增强安全管理合力，强化安全生产专业队伍建设，提高职业化素养，有效管控安全风险，确保安全形势持续平稳。持续完善运行管控体系，巩固提升航班正常性优势，为高质量发展创造有利环境。

"十四五"期间，山航集团将深入贯彻落实黄河重大国家战略等国家、区域战略以及"交通强省"战略，积极融入、服务于新发展格局，坚持聚焦主业，客货并举，加密山东主基地至各区域中心城市和重点商务城市的干线、高频航线，不断丰富拓展国际和地区航线，提升航班中转能力，统筹推进全货机运营，建设以山东为基地的面向日韩的区域枢纽航线网络，助力山东省构建多层次、一体化的综合交通枢纽体系。

"十四五"期间，山航集团将积极推进数字化转型，打造数字山航。紧密围绕提升旅客体验、提高数字资产使用效率、增强员

工能力的目标，加强整体设计和规划引领，统筹平衡各领域信息化系统建设，着力打破系统孤岛和数据孤岛，以系统的整合、流程的优化加强各业务工作场景的串联贯通，着力做好员工赋能，更好地发挥数据对生产经营管理的支撑作用，为高质量发展提供更强的数据驱动。

"十四五"期间，山航集团持续做优做强航空维修业务，巩固和提升山航集团航空产业服务能力。山东太古公司将建设以飞机客改货为中心的飞机改装、零部件制造、工程设计产业，发展以国产飞机为核心的维修改装服务能力，打造集干线、支线、通航为一体的一站式维修改装产业链。山东翔宇公司将坚持科工、民机业务双核驱动，加强深修能力建设，打造飞机部件研发制造和维修测试中心、救生项目国内深修中心等，努力争做业内一流的航空高新技术服务企业。航食生产保障、航空培训、酒店餐饮旅游、广告传媒服务、汽车服务等业务，将持续推进高质量发展，提升服务山东省航空产业发展的能力。

# 鲲鹏展翅翔九天
# 多元发展业兴隆

## 厦门翔业集团
## 深度融入
## 区域发展新格局

1980年10月，国务院批准设立厦门经济特区，这片土地翻开了开放发展新篇章。"没有厦门机场，就没有厦门经济特区。"时任国务院副总理万里同志的一句话，打破了特区发展的交通瓶颈。厦门机场1982年1月开工建设，1983年10月正式通航，自此一直是民航改革的试点，创造了多项国内民航先例，被业内誉为"厦门机场现象"。从厦门机场起步，翔业集团发扬特区精神，敢闯敢试，披荆斩棘，稳步发展成为一家跨地域、多元化的大型国有企业集团。

翔业集团立足于发展以客货流服务为主导的关联产业，深度开发并合理配置资源，形成元翔、佰翔、万翔和兆翔四大品牌，着力打造机场、酒店、物流与供应链、临港经济片区开发运营管理、食品、快线、建筑智能以及传媒等八个产业，产业布局深耕福建、上海、南京、青岛、拉萨等地。创新体制，稳健经营，各项业务正逐步在相应行业及区域形成主导地位，连续多年入围"中国服务业500强企业""中国500最具价值品牌"。2017年，第九次金砖国家领导人会晤在厦门举行，翔业集团以"零差错""零失误"圆满保障完成此次保障，并得到了有关单位的高度评价。2020年新冠肺炎疫情发生后，翔业集团旗下厦门、福州、龙岩、武夷山四地机场担负起守护属地"空中门户"的防疫重任。面对巨大的疫情防控和生产经营压力，翔业集团仍然连续两年保持盈利，成为疫情期间国内少数盈利的机场集团之一。

如今，翔业集团改组国有资本投资公司，旗下投资超过600亿的厦门新机场和福州机场二期扩建项目开工建设。再一次站在创业的新起点上，翔业集团将抓住机遇，拥抱变革，不断砥砺前行，为国家实现第二个百年奋斗目标作出更大贡献。

## 传承特区"敢为人先"的改革基因
## 缔造中国民航多个"第一"

1982年1月厦门机场正式动工，但建设资金是个大问题。政府相关部门经过多方努力，争取到科威特阿拉伯经济发展基金会提供的优惠贷款530万第纳尔（约合1,800万美元），这笔资金占到当时机场首期建设总投资的近一半，厦门机场也成为国内第一个运用外国贷款建设的机场。厦门机场建设得到省市以及中国民用航空总局（现中国民航局）的大力支持，仅用22个月建成通航，充分彰显"特区速度"。

厦门机场积极抓住民航改革机遇，于1988年正式下放地方，成为国内第一个下放地方政府管理实施企业化经营的机场。厦门机场早早开始了"少年当家"，国内率先建立现代企业制度，扩大了企业的自主权，为机场的发展创造了有力条件。

80年代的特区奏响了飞速发展最强音，也带来了客货流的激增，通航刚6年的厦门机场迎来饱和，机场扩建迫在眉睫。1987年，时任厦门市常务副市长习近平担任"厦门机场扩建工程科威特贷款领导小组"组长，经过艰辛努力，争取到了科威特政府1800万美元的贷款。

厦门机场二期扩建总投资达到23亿，厦门机场总资产当时还不到2亿。公司率先提出并实践了"依靠客流、货流两大资源带动机场多元化发展"的主张，通过机场资源的挖掘和共享，建立关联型多元的基础格局，在探索中完成了产业架构的第一轮优化，并走出了高负债的困境，奠定了集团长期发展

厦门机场股票上市 召开首届股东大会

的坚实基础。

1995年，厦门机场完成企业的集团化改组，更名厦门国际航空港集团，开启多元化经营，建立现代企业经营机制。1996年，"厦门机场"A股在上交所上市，厦门机场股份公司成为中国内地民航系统第一家机场类上市公司。此举不仅缓解了机场二期扩建的资金压力，还使集团在推动所有制结构调整、按现代企业原则转换经营机制等方面率先改革实践，亦为集团的后续资本运作提供了广阔的平台。1998年，集团首次实现非航空业务收入超过航空业务收入，成为国内第一个非航业务超过50%的

机场集团。

2003年，集团在国内民航第一个以"商业化"的模式实施机场重组，进驻福州长乐国际机场，打破旧体制，输入"新血液"，仅用三年福州机场扭亏为赢。后续集团相继接手龙岩冠豸山机场和武夷山机场，形成集团机场业务在福建区域四足鼎立的局面。

此外，集团还创下第一个十年内八次获得民航机场服务最高奖，第一个牵手台湾地区民航界成立空运货站，第一个采取中外合作办学成立中新机场管理培训学院，第一个开放第五航权等中国民航多个"第一"。

## 改组国有资本投资公司
## 以港聚产 以产兴城 以城聚人

翔业集团一方面推动航空业务稳步成长，精耕细作，一方面加强布局非航业务，有效

延伸集团的产业服务链，并与航空业务形成了相互支撑、协同促进的发展格局。2012年，

厦门国际航空港集团更名为翔业集团，初步定位为投资公司，进一步确立四大品牌、

八个产业架构。经过多年发展，集团已形成较强的产业核心竞争力，市场化程度高，具备良好的管理基础。2019年，翔业集团被确定为厦门市国有资本投资公司四家试点单位之一，定位为现代化、国际化、综合性的国有资本投资集团，重点布局机场业、物流与供应链、旅游酒店、临港经济片区开发运营管理四个板块，以依托机场的派生资源为起点，沿着客货流为主导的链条延伸，以港聚产，以产兴城，以城聚人。国有资本投资公司改组进一步推动集团"纵向一体、横向协同"的关联多元化产业格局打造，发挥投资引导和结构调整作用，推动产业集聚和转型升级，培育核心竞争力和创新能力。

## 两翼齐飞展宏图
## 两大机场建设项目总投资超600亿

翔业集团旗下的厦门机场、福州机场构成海峡西岸经济区两翼齐飞的双引擎。

2019年，厦门机场年旅客吞吐量达到2741.3万人次，福州机场年旅客吞吐量达到1476万人次，两地机场构建起通达欧洲、北美洲、大洋洲，面向东南亚、东北亚及港澳台地区的全球客货航线网络。

厦门高崎国际机场T3候机楼

厦门高崎国际机场T4候机楼

福州长乐国际机场候机楼

随着区域经济的高速发展，现有两地机场容量已难以满足发展需求，特别是厦门机场长期以来都是国内最繁忙的单跑道机场之一，处于高饱和运行状态。2022年，厦门新机场建设和福州机场二期扩建两个重点工程均已获批开工，两个项目总投资超过600亿元，这标志着集团再次站在战略制高点，开启第三次创业新征程。

厦门新机场位于翔安大嶝岛机场片区核心区，本期工程将建设面积55万平方米的主航站楼、196个机位的站坪、2条远距跑道。北1跑道按飞行区最高标准4F建设，能够满足民用空客A380等大型飞机的起降要求；同时将新建8万平方米综合交通中心、18万平方米的停车楼以及空管、航油、航司基地等配套工程，计划投资530多亿元。建成投运后，厦门新机场可保障飞机起降38万架次/年，旅客吞吐量4500万人次/年，货邮年吞吐量75万吨/年。厦门新机场作为我国重要的国际机场、区域性枢纽机场及两岸交流门户机场，将在优化综合交通体系结构、促进区域经济发展等方面产生巨大的社会和经济效益。

福州机场二期扩建工程按照近期满足年3600万人次、

厦门新机场效果图

福州机场二期扩建效果图

货邮45万吨吞吐量的目标进行设计，将新建一条3600米跑道及相应的滑行道、25.5万平方米的T2航站楼以及停车楼、综合交通中心、60个机位站坪等设施。二期工程建成投用后将进一步完善区域综合交通运输体系，构建福州区域航空枢纽，提升机场综合保障能力和服务水平，满足航空业务量增长需求，促进地方经济社会高质量发展。

如今的翔业集团，以投资建设经营厦门、福州两地机场为抓手，围绕着"双轮驱动、连环提升、数字转型、平台发展"的战略主导原则，将不断推动产业生态圈构建，提升专业化投资经营能力，深度融入国家区域战略，服务当地经济社会发展，扎实推进共同富裕。

翱翔天际
鸿业远图

# 开新局　谋发展
## 长龙航空谱写数字化高质量发展新篇章

　　"十三五"以来，长龙航空在民航局和浙江省各级政府的领导下，积极应对国内外环境的复杂多变和各种风险挑战，确保持续安全，坚持稳中有进，规模效益持续增长，航线网络不断完善，服务品质逐步提升，品牌效应快速扩大，实现了量质并举发展。"十四五"时期，长龙航空将在传承长龙速度与长龙品质的基础上注重升级与创新，在构建枢纽网络、提升盈利能力、延伸产业链条上升级，形成合力，打造星级长龙；在智慧运行与智慧出行上创新，打造智慧长龙，为客户提供智能化的美好旅行体验。

### 规模效益快速增长　运行品质稳步提升

　　作为浙江省唯一的本土总部型客货综合运输航空公司、省重点培育的"雄鹰企业"与航空领域龙头企业，2022年杭州亚运会唯一的官方航空客运服务合作伙伴，长龙航空自2011年4月19日成立以来，以"打造浙江人自己的航空公司"为己任，快速做强做大，至今机队规模67架，达中大型航司规模，累计开通国内外客货运航线600余条，是业内发展最快、品质最优的航空公司。

　　公司党委充分发挥领导核心作用，整体推进党的思想建设、组织建设、作风建设、反腐倡廉建设和制度建设，全面提高党的建设科学化水平。长龙航空连续7年获得萧山区"突出贡献企业"荣誉；安全、运行、服务品质等民航局"五率"指标连年名列全行业前茅；不断加大资金与人才投入，行业再就业名列前茅，成为民航专业就业佼佼者；将作风建设引向深入，制定专项排查和帮扶计划，实现思想认识与作风建设双向互促，加快作风建设长效机制落地。公司先后多次被团中央、交通运输部、全国妇联和浙江省授予"全国青年文明号，全国交通运输行业文明单位，全国交通运输系统、浙江省抗击新冠感染疫情先进集体、先进基层党组织和个人"等荣誉，长龙航空董事长刘启宏荣获"全国脱贫攻坚先进个人"。

### 发展格局初步形成 创新航空帮扶新模式

　　长龙航空航线网络形成省内"一主两翼"格局，以杭州为主基地，宁波、温州为副主基地；国内"东西南北"战略，相继在成都、西安、广州成立西南、西北、中南分公司；国际"一带一路"发展布局；覆盖全国并通达日韩、东南亚、中亚等"一带一路"沿线国家和地区的 160 个城市，初步构筑以杭州为中心的"全国4小时交通圈、全球12小时交通圈"。

　　特别是按照浙江省杭州市对口帮扶工作需要，投入数亿元开通阿克苏、凯里、恩施等老少边红及帮扶航线230余条，实现了"十三五"期间浙江省所有对口援建省市扶贫航线的全覆盖；按照中央新一轮部署，浙江结对帮扶四川省，公司积极响应政府要求，于今年3月31日引进空客A319高高原飞机，开通浙川高高原航线，逐步实现浙川对口协作及对口支援地区机场航线的全覆盖。

### 继往开来 谱写数字化高质量发展新篇章

　　成绩属于过去，未来任重道远。民航行业"十四五"发展规划正式印发，为行业发展指明了方向。2021年，浙江省相继发布《浙江省民航发展"十四五"规划》《浙江省航空航天产业发展"十四五"规划》，明确"高水平打造杭州机场国际枢纽"，打造"全国航空航天产业新高地"和"民营经济融航发展先行省"，为浙江省民航发展提供了政策支持。

　　在自身机遇上，长龙航空顺应数字化、智能化、智慧化时代潮流，把握"智慧民航"与浙江数字经济"一号工程"发展契机，以数字化为顶层战略，牵头组建民航智慧航空大脑产业技术创新战略联盟，被民航局列为行业试点联盟，致力于打造全行业第一家数智航空。

　　"十四五"期间，长龙航空将全力构建航空运输、航空高端制造、航空服务"三位一体"的航空全产业链，打造航空生态圈，加快推进单一航空运输主业向集团多元化发展，增强发展内生动力。其中，创新智能维修保障主基地一期机库及航材库、附件楼、研发楼均已落成，整体建成后将填补浙江省和杭州机场没有大型维修机库的空白。加快主运营基地二期

开工建设、维修公司成立、机库投运，促进航空运输主业与MRO基地产业链融合发展；持续完善长龙·天空之城、航空再制造中心、杭州·航空智谷、国际航空培养基地规划方案及可研；加快推进发动机维修厂、国际航空数字创新中心、国际航材交易平台等重大投资项目及民航智慧航空大脑产业技术创新战略联盟落户等重点工作项目。

新时代的壮美画卷等待着长龙人奋力绘制，"十四五"期间公司将依托集团发展，以服务保障杭州亚运会为重要契机，持续健全安全管理体系，建立全链条式航空高端服务，创新"航空+数字"运营模式，探索多元化超值航旅产品，深入推进数字化战略落地，打造"智慧航空大脑"，加快"航空+数字""航空+文旅""航空+金融"融合发展，真正在安全运行、服务品质、经营管理、转型发展等各方面打造行业高质量发展新样本。

### 升级创新  打造高质量发展新样本

长龙航空将在提升盈利能力、构建枢纽网络、延伸产业链条上升级，形成合力，打造长龙强势品牌。实施网络"双循环发展战略，优化国内点对点航线网络，做大国内大循环；以服务保障亚运为契机，以杭州为核心，西安、成都、广州、北京等为基点，围绕国内国际双循环，大力拓展"一带一路"沿线周边国家及地区航线，构建"一核多极"辐射型航线网络，为旅客提供高频率、广覆盖、国际化、精品化的空中出行体验，圆满完成杭州亚运盛会服务保障工作。

实施主营辅营"双轮驱动"战略，提升盈利能力。一是优化升级传统商业模式，通过资源整合与外部合作为旅客提供"机票+酒店+景点+接送机"的一站式智慧出行服务，以巩固和吸引休闲旅客市场，拓展公商务市场，充分满足多层次客户需求；二是创新"航空+N"新商业模式，融合杭州亚运与数字经济，创新"航空+亚运"系列产品，打造智慧航空，为客户提供特色化、智慧化的航空精品服务。实施产业化发展战略延伸产业链条，基于行业发展趋势和客户需求，在现有的航空运输、飞行训练、航空维修业务的基础上，拓展航空制造、航空教育、航空科技、航空金融等航空高端服务产业，为客户提供全链条的航空服

务，打造航空生态圈。

　　"十四五"期间，长龙航空以市场为导向，坚持"稳中求进""客货并举"的发展思路，全面提升航空安全、服务品质、运行保障、经营水平"四大能力"，稳步扩大机队规模，初步构建"一核多极"轴辐式网络、为旅客提供优质的一站式智慧出行服务；综合竞争优势，把握浙江建设国家级临空经济区与自贸区的发展机遇，加快基地建设，初步构建航空全服务链，为客户提供多元化、全链条的航空高端服务，发展速度与品质保持行业领先，打造全国第一家数字航空公司，铸就国际化、现代化、智慧化的亚太知名、品质一流的航空集团。

# 抢抓时代机遇　提升办学层次
# 争创高水平、高质量民航职业院校

上职院徐汇校区景色

　　"十四五"时期是我国向第二个百年奋斗目标进军的第一个五年，民航进入了强国建设的新阶段。上海民航职业技术学院将立足新发展阶段，以习近平新时代中国特色社会主义思想为指导，贯彻落实党的二十大精神，围绕"十四五"时期"一二三三四"民航总体工作思路，按照"立足华东，服务民航，特色鲜明，社会满意"的办学定位，贯彻落实新时代党的教育方针，围绕立德树人根本任务，抢抓发展机遇，对标一流，为建设高质量民航、服务"一带一路"和打造上海具有世界影响力的"五个中心"培养更多德智体美劳全面发展的高素质技术技能人才。

　　推动学院到2030年前后，实现由外延发展为主转向内涵发展为主，高水平专业（群）格局和教师队伍基本建成，高素质技术技能人才培养质量全面提高，行业认可度和社会声誉快速提升，主要办学核心指标达到或接近国内一流职业本科高校水平，努力打造成华东地区民航高技能人才培养的重要基地和产学科研中心。紧抓"局市共建"机遇，积极申办本科层次职业学校，力争学院发展实现新突破。

## 一、全面加强党建和思想政治工作

　　坚持党对高校的全面领导，始终坚持以马克思主义基本原理和方法论指导各项工作，不断强化中国

上海民航职院航空制造系党支部与上海飞机制造公司培训中心党支部签约党建共建

特色社会主义大学的政治属性，以习近平新时代中国特色社会主义思想武装头脑，增强"四个意识"、坚定"四个自信"、做到"两个维护"，切实把思想政治工作贯穿于办学和管理育人全过程，作为学院教育教学的根本支撑点。坚持党委的核心领导地位，在办学实践中不断深化和完善党委领导下的校长负责制。加强干部日常管理监督，建立干部轮岗交流和挂职锻炼机制。选优配强二级学院党政领导班子，努力建设一支忠诚干净担当的党政干部队伍。实施教师党支部书记

上职院教师带领学生开展实训教学

"双带头人"培育工程，把党建工作和教学、科研和育人工作紧密结合。深入推进党风廉政建设和作风建设，积极构建内部控制和外部监督联动的廉政防控网络。

## 二、全面推进高水平人才队伍建设

牢固树立人才是第一资源的理念，注重师德师风建设，实施人才强校战略。人才引育取得重要进展，结构更加合理，持续扩大专任教师规模，专任教师数量超过450人，"双师型"教师占比不低于60%，高级职称教师占比达到30%以上，正高职称专任教师不少于30人。将"双师"素质提升和"一专多能"作为教师个人专业发展重点，建立教师实践培养培训基地。优化岗位设置和人才队伍结构，深化人事制度和绩效工资改革，提升人才队伍整体水平。逐步建立起以高端人才培养和引进工作为核心的资源配置机制，畅通青年教师成长通道，加强骨干教师的教学科研能力建设，打造"教授工作室""技能大师工作室"等平台。推进专职思政课教师和辅导员队伍建设，建立"辅导员工作室"制度，实施能力提升工程。争取在职在岗教师或教学团队获得国家级奖励取得突破，培养造就一批具有行业影响力的领军人物和教学团队。

## 三、全面提高素质人才培养质量

加快人才培养模式创新，推进1+X证书和现代学徒制试点工作，加强"专业知识、IT知识、管理知识"三类复合知识，"职业技能、工程能力、创新思维"三类专业能力和"安全意识、服务意识、民航精神"三类职业素养的综合素质培养，建立产教融合育人新机制。深化招生制度改革，构建高质量就业保障体系，努力培养具有工匠精神的高素质复合型技术技能人才。完善"五育并举"协同育人机制，重点关注"准民航人"的全面培养，创新融合育人评价新模式。把立德树人作为贯穿教育全过程的核心和生命线，加强学生思想道德教育以及当代民航精神、英雄机组精神、劳模精神、工匠精神以及"三个敬畏"意识培

全国职业院校技能大赛飞机维修项目上海选拔赛在上职院举办

民航乘务学子开展机上紧急撤离实训教学

养。加强高质量就业保障体系建设，积极拓宽就业渠道和市场，实施多样化的就业指导和服务工作，充分利用信息化等多种手段，搭建起学生与企业之间的双选平台。

## 四、全面加强高水平专业和学科建设

加快以重点专业为龙头、相关专业为支撑的特色专业群建设，优化专业布局，努力打造5个特色鲜明的优势专业群，力争申办部分本科层次专业，申报1～2个专本贯通和中外合作专业，力争申办部分职业本科专业，专业（方向）控制在25个左右。重点推进一流专业（群）和学科建设，以当前列入市级一流建设专业"飞机机电设备维修""空中乘务"为牵引，集中优势资源将一流专业做大做强，培育长远稳固的专业竞争优势。构建贯通培养体系，通过深化产教融合、校企合作和高水平实训基地建设等途径深化内涵建设，重塑专业建设逻辑，提升复合型技术技能人才培养质量。科研规模及市级以上教学成果获奖取得突破，实质性运行的产教融合、校企合作项目达到3～5个。加快产教融合型实训基地建设。

参照现代民航企业的技术标准、行业规范和企业生产运行环境，在浦东校区打造以航空工程训练中心和空港运输实训中心为核心的大型综合实训场所，新建超过2万平方米的飞机维修机库和停机坪，超过1.5万平方米的模拟候机楼、廊桥、模拟塔台等设施，成为融教学实训、技能大赛和综合演练、职业技能鉴定考核为一体的产教融合型示范实训基地。

## 五、全面提升教科研能力和水平

努力增强学院科研整体实力，提高科研成果质量。完善科研管理制度，提高教师开展科研的积极性和学术水平，加快科研管理信息化平台和科研团队建设，坚持开放融合、"借船出海"和"利用外脑"，打破封闭发展模式，加强与重点高校、研究院（所）、行业协会以及企业合作，走"产学研"发展道路，促进科研和教学协调发展。坚持以问题为导向开展应用研究，引导教师关注行业发展动态和相关企业实际技术服务需求，培育学术研究共同体，通过开展产学研项目、技术技能培训、技能鉴定等活动，培养行业内有影响力的领军人才和团队，打造一批创新性成果。

上职院校内教学设施

## 六、全面提高学院国际化办学水平

树立开放办学的理念，做好新形势下国际合作化办学的顶层规划，大力引进国外优质教育资源，拓宽国际交流渠道，丰富国际交流合作形式，创新国际化师资培养和人才培养模式，满足学生多元发展需求。建立中外合作办学与专业建设发展的协同运行和保障机制，学习借鉴国外职业教育经验与标准，以培养国际化人才为目标建设核心课程。探索国际联合质量认证，鼓励和保障学生获得国际通用的职业资格证书。拓展与欧美科教发达国家高水平应用型高校的合作办学渠道，力争在骨干专业中新申办1~2个中外合作办学项目，可灵活采用"2+1"（2年国内，1年国外）或"3+0"（3年国内）学制，通过优质的合作办学模式与质量吸引生源。增强教师国际视野和可持续发

上职院与东航技术公司合作开设"订单班"开班

展能力，鼓励教师积极参与民航国际化人才选拔项目，丰富国际合作与交流形式。

## 七、全面提升大学文化建设水平

坚持以社会主义核心价值观为引领，凝练学院文化内涵，加快精神文化建设；构建完备的制度文化体系，满足转型升级的发展需求；营造健康向上的文化氛围，创建学院特色文化品牌；优化学院文化环境，发挥环境育人积极作用；增强思想政治工作实效，提升文化软实力，打造具有民航特色的校园文化生态系统。围绕"加强特色鲜明学院文化培育建塑，构建全体师生的精神高地和文化家园"这一总体目标，重点推进公寓文化、社团文化、创新创业文化和校园网络文化建设，有力有序推进学院文化建设各项任务落细落小落实，着力营造健康向上的校园文化氛围。

## 八、全面加强办学支撑保障能力

加强两校区基础设施改造力度，改善办学条件，力争"十四五"末，基本实现符合各校区功能定位的校园建设，学院建筑总面积将达到38.03万平方米。加快智慧校园建设和图书馆藏资源建设，充分利用大数据、物联网、人工智能、云计算等新技术，全面推进智慧校园建设。重点加强浦东校区信息化基础设施建设，构建有线网、无线网、物联网以及5G网覆盖全校，建设新的数据中心，基于大数据分析以及云计算服务，打造数据中台，推进数据治理，将现有应用系统数据打通，实现一站式综合服务，升级教务管理系统和传统教室多媒体硬件，完善标准化考场建设。加强优质数字教学资源建设，探索建立以学习者为中心的智慧教学资源系统。以改扩建浦东校区新图书馆为契机，加强图书资源采购和文献保障能力建设。

"十四五"时期是学院提升办学层次，确保高质量发展的关键时期，学院将增强历史责任感和紧迫感，以提高教育质量为核心，以培养民航高素质复合型技术技能人才为己任，为党育人，为国育才，抢抓机遇、开拓进取，勇担使命、主动作为，为把学院建设成为国内一流和特色鲜明的民航高等院校而努力奋斗！

2021年12月29日，上职院浦东校区修缮改扩建工程开工

# 广州民航职业技术学院

## 一、学校简介

广州民航职业技术学院直属中国民用航空局，是民航业内最早一所独立设置实施高等职业教育的全日制公办普通高校。学校乘着改革开放东风而生，随着国强民富而盛，迎着双循环新格局而上，是国家职业教育示范校、全国优质高职院校、"中国特色高水平高职学校和专业建设计划"建设单位，被誉为"中国民航高技能人才培养的摇篮"。

学校位于粤港澳大湾区重点建设区域之广州，毗邻深珠，雄视港澳，辐射东南亚。学校现有机场路、白云机场、花都赤坭三个校区，共占地1112亩。

学校面向31个省（直辖市、自治区）招生，现有23个专业32个专业方向，覆盖了民航维修和服务的关键岗位，在校生1.3余万人，毕业生总体就业率和专业对口率一直保持高位，培养的毕业生已成为民航企事业单位和通航产业不可或缺的人才。

学校拥有国家级教学团队、交通运输部青年科技英才、民航局中青年技术带头人、广东省职业教育"名师工作室"主持人、广东省教学名师、广东省高等职业教育专业领军人才等多名。

机场路校区

白云机场校区

　　"十四五"期间，学校始终坚持党的全面领导，贯彻党的教育方针，为党育人，为国育才，以生为本，立德树人，传承中国民航"红色基因"和当代民航精神、工匠精神、劳模精神，抓住国家大力发展职业教育、抓住智慧民航建设和大湾区建设的新机遇，深入推进学校"13455"发展战略——以建设高水平职业大学为目标，依托行业，服务民航；依托产业，服务地方；依托新格局，走向世界；控规模，调结构，提质量，增活力；打造智慧、平安、绿色、人文、廉洁的"五型"校园，建成学生、家长、用户、局方、社会满意的"五满意"大学，为服务民航安全发展底线、智慧民航主线，培养思想过硬、素质过硬、技能过硬、作风过硬的"准民航人"。致力于开展本科层次职业教育，打造中国民航职业教育品牌，成为我国民航职业教育的一面旗帜，并最终建设成为具有世界影响力的"高水平职业大学"。

## 二、教育教学改革

学校顺应智慧民航和现代大湾区产业结构调整，按照"突出优势、强化特色、创新机制、打造一流"的要求，坚持产教融合、特色办学，建立起以民航特有专业为主、其他专业为辅的专业结构布局，使学校专业特色更加鲜明，综合实力明显上升，社会声誉不断提高，有力支撑新时代高质量民航、粤港澳大湾区和广东空港经济建设。

**"十三五"以来，学校专业建设成果丰硕，获标志性成果一批**

完成12个民航特有专业国家专业教学标准制订工作，承接新一批16个专业教学标准/专业简介修制订

第三批国家级现代学徒制项目1个

国家级教学成果奖1项，省级教学成果奖34项

国家级职业教育专业教学资源库建设项目1个

中国特色高水平专业群建设项目1个，广东省高水平专业群建设项目3个

国家示范专业点1个，国家骨干专业3个

国家级虚拟仿真实训中心1个

国家精品在线开放课程（高职）1门，省级精品资源共享课10门

教育部首批"1+X"证书制度试点院校，截至目前共获得"1+X"试点16个

**1.国家级教学资源库辐射强，数字化资源建设获新突破。**

我校以飞机机电设备维修国家级专业教学资源库建设为抓手，持续推进现代信息技术与教育教学深度融合。资源库涵盖12门课程，已建成资源素材7000余条，注册用户15000多人，成为服务全国民航维修领域在校生、教师和企业员工的在线学习平台，实现了优质教学资源的共建共享，全面提升了信息化教学的质量。

**2.国家级虚拟仿真实训中心，信息技术与实践教学融合。**

学校主动适应国家战略和数字经济发展要求，紧盯产业转型升级，打造集教学、实训、培训、竞赛、科普等功能为一体的虚拟仿真实训中心，推动现代职业教育高质量发展。

飞机机电设备维修专业教学资源库页面

机务维修虚拟仿真实训界面

安检专业学生在虚拟仿真实训室上课

**3. 创新产教融合办学机制，筑牢校企命运共同体。**

学校主动对接智慧民航和大湾区建设人才要求，持续加大与行业领头企业合作，通过深化校企共同育人、创新产教融合体制机制等途径，共同制定人才培养方案、教学标准，共同开发教材和教学课件，实施课程互通、学分互认，协同育人。不断打通产业创新链、人才供给链和教育培养链的互动联合，充分发挥民航职业教育对新时代高质量民航、粤港澳大湾区空港经济建设的人才和技能支撑作用。

学生在"粤港澳大湾区航空运输、通用航空联合实验室"上课

## 三、培训与社会服务

实施学历教育与培训并举是职业院校的法定职责。学校坚持学历教育和继续教育双轮驱动，以服务民航"基层建设、基础工作、基本训练"为目标，以新技术应用和民航核心技能培训为抓手，紧扣行业持续安全理念，面向民航产业发展和空港经济建设急需紧缺人才和智慧机场生态圈建设，设计实施了多类型、多层次培训项目，打造了覆盖飞机维修、航空安全、机场安全及运行指挥、通航航务、无人机等领域的民航技能人才培训品牌。

**1.政校企深度融合，共建CCAR-66R3执照培训体系。**

2020年学校被民航局飞标司确定为全国7所CCAR-66R3执照试点院校之一，成为全国第一批CCAR-66R3执照改革试点单位。在民航局飞标司、中南局适航处、广东监管局的指导下，学校主动联合中国南方航空股份有限公司、广州飞机维修工程有限公司等，共同开发执照实作培训工卡，共建、共享执照培训教学资源库。学校执照培训量已连续两年超过1000人，已成长为全国最大的CCAR-66R3执照培训机构，民航中南地区CCAR-66R3执照实作评估示范单位，强有力地支撑了CCAR-66R3执照改革和我国飞机维修高素质技术技能人才培养。

**2.安全理念贯穿培训，校企助力民航航空安全。**

民航空中保卫专业学生参加航空安全员初任训练局方考核

2017年以来，学校持续获得民航局公安局授权的航空安全员训练机构资质和局方考核点。围绕建成与民航持续安全和民航高质量建设相匹配的教育和培训体系的目标，依托民航空中保卫专业优势，通过"校企合作、产教融合"的培养模式，以"训纪律、训作风、训思想、训业务"为核心，与航空公司紧密合作，开展初任训练和定期训练。至今总计为南方航空、中国国际航空、厦门航空等五家航空公司实施总计29期训练、5000多人次，局方考核平均通过率超过98%，深受受训单位好评。

**3.发挥优势对口支援，助力西藏民航跨越式发展。**

学校作为对口支援的行业院校，援藏十年来，通过与民航西藏区局建立联合人才培养基地等形式，组建调研组多次赴藏现场调研，结合学校优势专业和培训资质，围绕西藏民航关键岗位专业技术人员资质和能力建设这一核心，为其设计和实施了以飞机维修人员基础执照、机务故障模拟、机务英语、机坪运行安全管理、地勤服务等急需的专项培训，培养了来自拉萨机场、昌都航站、林芝航站、阿里航站、日喀则航站等十几个部门的多名业务骨干，总计培养了497位员工，其中藏族学员170人。有力地支持和促进了西藏民航事业的持续发展。

## 四、国（境）外交流

学校发挥民航职业教育特色和学校区位优势，积极响应"一带一路"倡议，深入推进大湾区民航职业教育合作与交流，牵头筹备组建"粤港澳大湾区民航职业教育产教联盟"，加快推动中国民航职业教育对外开放，为国（境）外航空企业培养具有国际竞争力的高素质技术技能人才，提升民航职业教育影响力。

与加拿大卡纳多学院和加拿大航空学院开展飞机维修、空中乘务专业专科层次教育合作。

与加拿大圣力嘉学院和美国西敏学院开展机场安检、机场运行专业本科层次教育合作。

2010年开始斯里兰卡留学生项目，累积有77名留学生毕业。

自2015年开始承办国台办对台重点交流项目。

与香港职业训练局联合培养人才。

与澳门航空合作，学生实习就业。

与马来西亚吉隆坡建设大学开展会计专业本科层次教育合作。

# 夯基固本、守正创新
# 奋力谱写高质量发展的新篇章

## 民航医学中心（民航总医院）

民航医学中心（民航总医院）是民航局直属事业单位，是一所设备先进、服务优良、具有航空医学特色的发展中的三级综合医院，是全国民航唯一一家三级综合医院、三级航空人员体检鉴定机构，国际航空航天医学会的唯一一家中国委员单位，是通过国家教育部评估的北京大学临床教学医院，是中国民用航空医学的主要研究机构和教育培训机构。医学中心下设临床医学部、航空人员体检鉴定所、航空医学研究所和培训部（民用航空医学系），设有民用航空医学重点实验室、民用航空体检医师培训基地、民用航空医师临床进修基地，承担着北京市东部地区居民和民航在京干部职工医疗保健、全国民航系统航空人员体检鉴定、航空医学研究及全国民用航空医学培训工作。

"十四五"期间，医学中心以"践行一个理念、推动两翼齐飞、坚守三条底线、开拓四个局面，构建五大保障，完善六个体系"为总体工作思路，坚持以习近平新时代中国特色社会主义思想为指导，深入贯彻习近平总书记关于民航安全工作的重要指示批示精神，"坚持人民至上、生命至上"，加强民用航空领域安全隐患排查，狠抓责任落实，确保航空运行绝对安全，确保人民生命绝对安全。围绕"服务民航，面向社会"的办院宗旨，医学中心坚持"民航医学中心发展以员工为中心，航卫保障以空勤人员为中心，医疗服务以病人为中心，临床教学以学生为中心"的办院理念，力争建设成为"以临床医学为基础，以航空医学为引领的三级甲等综合医院"，为周边居民提供优质高效的医疗服务，为人民群众日益增长的医疗卫生服务需求做出贡献。

## 着力构建五大保障体系，探索民用航空医学新发展道路

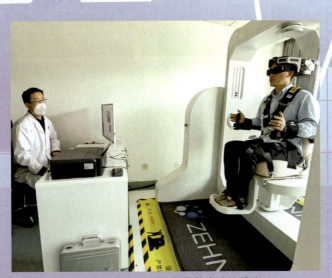

体检医生正在进行飞行员前庭功能检查

"十四五"期间，医学中心将继续立足民用航空医学特色，依托临床医学基础，强化特色专科医疗，突出重点学科建设，"保障飞行安全，持续健康飞行"。要构建五大保障体系：一是航空人员临床诊疗和体检鉴定体系，二是航空人员心理测评和健康促进体系，三是航空人员安全用药监测和指导体系，四是航空环境卫生及有害生物防护体系，五是航空医师学术交流和继续教育体系。通过体系建设，杜绝因航空人员医学失能而导致的重大航空事故，关注降低因病停飞比例，缩短因病停飞时间，努力使航空人

员持续健康飞行。

医学中心体检鉴定所开展行业内医疗资源的整合和协作，整合航空体检与健康体检资源、整合体检机构与行业内医疗资源，持续探索"航空体检—疾病诊疗—健康管理"的新模式，探索"体检鉴定中心"向"健康管理中心"转变。目前，医学中心航空毒理药理和航空环境两个实验室获得了中国合格评定委员会（CNAS）认可、国家认证认可委员（CMA）认证和司法鉴定机构的资质认定。

## 加强民用航空医学平台建设，提升产学研创新能力

目前，医学中心已获批民用航空医学研究重点实验室，针对民用航空医学的关键问题开展前沿研究，这标志着医学中心科研工作正式进入民航科研主系列，迈上新的高水平起点。截至目前，医学中心已获批纵向科研项目120余项，科研经费总额达3431.43万元。发表论文507篇，其中被SCI收录28篇，出版论著7部，参译著作3部，获批国家发明专利4项，实用新型专利3项。其中，"航空器消毒与病媒生物控制关键技术的开发研究"荣获中国航空运输协会民航科学技术奖二等奖；"微创手术机器人关键技术及应用"荣获中国机械工业科学技术一等奖。部分研究成果被列入"十四五"国家重点研发计划"生物安全关键技术研发"重点专项指南、国家自然科学基金民航联合基金指南。

医学中心不断加强民用航空医学创新，持续完善产学研相结合的科技创新体系，促进科研成果转化，使科技创新产品与市场紧密结合。航研所自主研发飞机含氯缓蚀消毒剂荣获中国发明专利授权，成功转化上市后，补齐了我国民航缺少高效消毒剂的短板，保证航空器消毒效果的同时，还保护航空器金属不受消毒剂腐蚀。

飞机含氯缓蚀消毒剂

同时，医学中心也在不断提升临床诊疗和科研能力，实现民用航空医学和临床医学资源的有效融合，促进民用航空医学、临床医学、科研教学协同发展。经过临床医技重点学科的遴选，确定消化内科、泌尿外科、检验科为重点学科。

自2007年成为北大医学部临床医学院以来，医学中心多年一直承担着北京大学医学部临床医学专业六年制本科生教学工作。同时，作为北京大学医学院来华留学生培养的主力临床医学院，医学中心承担了一半以上本科临床医学专业来华留学生的临床理论课，以及见习、实习阶段教学任务和2/3以上来华留学进修生的培养任务。截至目前，已有357名来华本科留学生顺利完成学业，奔赴全球各个区域守护人类健康。2022年，医学中心主任彭定琼荣获"北京大学来华留学教育70周年重大贡献奖"。

彭定琼荣获"北京大学来华留学教育70周年重大贡献奖"

## 坚持以患者为中心，加强医疗服务体系建设

"十四五"期间，医学中心坚持以患者为中心，把发展卫生健康事业作为满足人民美好生活需要的重要内容，统筹推进压实责任，全员齐心协力，上下联动，共同创建三级甲等综合医院。不断提升医疗服务水平，成为北京市防治卒中中心，并被国家卫健委授予综合防治卒中中心；成为中华预防医学会糖尿病预防与控制专业委员会副主任委员单位、国际航空航天医学委员单位；荣登北京市首张心脑急救地图。不断改善就诊环境，航空医学大楼启用后，扩大了工作空间，保障了运营效率及品质，学科发展潜能逐步得到释放。积极落实北京市医改政策，减轻国家医保负担，将国家的药品政策惠及于民。

在保证医疗工作有序开展的同时，加强医疗质量管理，力争医疗质量稳中有升，不断提高危重患者救治能力。急性心脑血管疾病的救治水平在疫情期间得到进一步提升，溶栓、取栓工作近2年在北京市乃至全国名列前茅，被评为北京市缺血性卒中"静脉溶栓"与"动脉取栓"双优单位，获批北京市"综合防治卒中中心"，2020年11月被国家卫健委脑卒中防治工程委员会认定为综合防治中心，心内科被授牌为国家心源性卒中建设基地。

## 积极履行社会责任，用心诠释民航担当

2020年初新冠感染疫情暴发以来，医学中心第一时间成立新冠疫情防控工作领导小组，下设医疗救治组、疫情防控组、预检分诊组、后勤保障组、宣传教育组、纪检监察组等6个工作组。三年多来，医学中心始终把疫情防控作为最重要的政治任务，坚持因时因势优化调整防控政策措施，全院上下迎疫而上、同心抗疫，最终在党的领导下，在民航局的指导下，取得医学中心疫情防控重大决定性胜利。

支援核酸检测工作

疫情伊始，医学中心扩建核酸检测实验室，改建发热门诊"三区两通道"，改造小儿发热门诊、增建急诊隔离病房，力保发热患者应查尽查、不漏查、不漏诊，严防新冠病毒在院内扩散。充分考虑普通患者就医需求，始终保持医院门诊分时段预约诊疗，急诊24小时接诊，急诊胸痛、卒中、危重孕产妇等五条绿色通道畅通。开发手机流调系统，实现流调码、健康宝信息及个人行程码三码合一，既方便患者就医，又减少院内人员聚集。

积极响应北京市及朝阳区卫健委号召，长期分批外派核酸采样队、疫苗接种队前往大兴区、朝阳区、顺义区等地，执行抗疫任务。2022年5月，北京市疫情防控形势复杂严峻，朝阳区不断出现新增病例，多地被调整为高风险地区，北京市先后开展多轮大规模及部分区域核酸检测筛查，在保证医院日常门急诊、住院患者诊疗工作正常开展的基础上，医学中心全体干部职工火线出击，支援朝阳区管庄、八里庄、左家庄、劲松、建外街道等街乡的核酸检测工作。

医学中心还长期承担交通运输部、民航局等相关单位的核酸采样和支援任务。2022年8月，西藏发生本土疫情，西藏民航疫情防控力量严重不足，形势一时紧张告急。接到民航局支援号召后，医学中心第一时间积极响应，连夜组建好了一支功能完备的24人援藏抗疫医疗队，凌晨紧急出发驰援疫情防控工作。在66天的支援时间里，援藏抗疫医疗队以高度的政治责任感和历史使命感圆满完成了民航局交办的重大任务，实现了"有效控制西藏民航疫情，确保医疗队全员零感染"的预定目标。

援藏抗疫医疗队

保危重症及时救治

2022年底，我国新冠疫情防控进入新阶段，工作重心由"防感染"转向"保健康、防重症"，抗疫主战场转到了医疗救治上。医学中心全体干部职工坚决贯彻落实党中央、国务院决策部署和民航局党组要求，面对医护大面积感染减员和病人大量涌入的双重压力，举全院之力做到"保医护人员安全、保医院正常运行、保危重症及时救治"，全力以赴守护人民健康防线。

同时，医学中心也长期积极落实健康扶贫政策，连续6年派遣医疗队跋涉4000多公里赴于田县、策勒县开展医疗扶贫工作，并通过学科帮扶、人才培养、技术帮建、设备支持、远程服务等方式，助力于田、策勒两县全面提高常见疾病的防治能力，助推脱贫攻坚任务的如期完成。

奋进"十四五"，迈向新征程！民航医学中心将深刻认识发展面临的新形势新要求，继续紧密团结在以习近平同志为核心的党中央周围，强化政治建设，努力开创各项事业发展新局面。围绕保障民航飞行安全和行业健康发展、深化医药卫生体制改革、持续改善医疗卫生服务、防控新冠感染重大疫情、保障人民群众生命安全和身体健康等五大方面，以昂扬的斗志、稳健的步伐，勇毅前行、勠力同心、笃行不怠，在高质量发展中展现更大作为，着力建设国际一流的民用航空医学中心和朝阳区东部区域医疗中心，为健康中国助力！为交通强国民航篇章添彩！

# 龙腾九天筑大梦

## ——中国飞龙通用航空有限公司侧记

CHINA FLYING-DRAGON
GENERAL AVIATION
CO., LTD.

　　"四十载惊涛拍岸，九万里风鹏正举"中国特色社会主义进入了新时代，改革开放也进了新时代。正在举国欢庆改革开放四十周年之际，在千里戈壁、万里海疆，在巍峨雪域、莽莽林海，一架架印有中国飞龙通用航空有限公司的航空器，以飞行的方式表达着航空报国的赤子之情。

　　1980年一支运十一农业航空服务队，乘着改革发展的东风一飞冲天。40年栉风沐雨、40年春华秋实，这家以"中国"冠名的通航公司，伴随不同时期的民航改革，完成了从单一机型向多机种、多梯队建设的转变，从单一业务转向多元化发展的转换，从单一基地运营向全国战略布局的转移，从专注自身发展向寻求合作、协同发展的转型，秉承"恪守使命、自信自强、攻坚克难、敢为人先"的企业精神，破茧成蝶、一飞冲天，成为国内通航中具备通航全部运营资质的"领头雁"。

## 使命在肩　终日乾乾

　　保护"绿水青山"、筑牢"中国饭碗"、建设美丽中国、维护平安中国，中国飞龙始终把国家利益放在首位，用大写的忠诚践行国有企业的责任和担当。

　　从成立至今，每年由中国飞龙执行的航空护林面积超过我国国土面积的10%；航空物探累计总飞行长度达到302万公里，相当于绕地球赤道98圈；降雨消雹、抗击干旱，从事人工影响天气任务超过20年的中国飞龙在保障民生福祉的同时，圆满完成了北京奥运会、南京青奥会、APEC会议、杭州G20峰会、国庆和"9.3"阅兵等国家重大活动气象保障任务。

　　作为应急救援的国家队和示范军，2008年"5.12"汶川地震灾后救援中，中国飞龙Mi-26直升机第一时间飞赴灾区，峡马口空投、清平大营救、解救唐家山堰塞

运 11 飞机开始农林市场作业

国王飞机在青藏高原执行
航空物探作业任务

米 26 直升机执行航空护林任务

湖危机，历时 10 天，飞行约 48 小时、吊运推土机、挖掘机 29 台、油罐 7 个、集装箱 6 个，各类装备设备共计 60 余吨。三十年间，中国飞龙先后执行包括各类应急抢险救援任务十余次、各类森火救灾任务百余次。

警用直升机反恐演练、中俄博览会、哈尔滨马拉松等重大活动，"零点行动"春节空中巡航、延寿抓逃、珍珠山乡抗洪抢险，执行城市治安巡逻，为各地警用航空队伍培养、训练飞行员 700 余人次。在一次次重要节假日和重大警航任务面前，中国飞龙用敬业为党和人民的"安全卫士"做好了保障。

2012 年 12 月，由中国飞龙执飞的运 –12 B–3837 海监飞机与海监船密切配合，顺利完成我国首次钓鱼岛海域海空立体巡航，宣示中国领土主权。自 1987 年以来，中国飞龙通过托管、执行海监、海警飞机参与海洋监测、海洋执法，年平均飞行近 2000 小时，在祖国的东海、黄海、渤海、南海等近海海域，中国飞龙用正义和勇敢捍卫国家的尊严。

建立飞行学院，开展飞行驾驶员培训。十几年来，中国飞龙为国内各大民航、通航企业输送了大量的飞行人才，为公安部、交通运输部救助打捞局培养了一批批优秀的飞行中坚力量，中国飞龙用专业为来自五湖四海怀揣飞行梦想的人们，插上了飞行的"翅膀"。

## 披荆探路　敢为人先

39 年砥砺奋进，40 年改革不息，70 年长歌未央。在改革开放的大潮中，飞龙人坚持秉承"安全运营，稳中求进"的运营方针，在众多领域先行先试，将作业版图覆盖了中国大陆全境，为通航运营摸索、积累了大量的成功经验，推动行业向前发展。

1986 年直 9 直升机首次执行林业部春季航空护林机降灭火试验任务，国内

中国飞龙是国内少数可同时进行飞行和直升机飞行培训的机构之一

通航服务首次向护林防火拓展；1987年成功进入塔里木盆地和"死亡之海"罗布泊地区执行物探任务，打破国外专家"中国人不可能完成任务"的断言；1987年开辟"大连－长海"短途支线运输航线，成为国内首家CCAR-135运营企业；自1999年起，三赴北极、六赴南极，是国内首家进入极地作业的通航企业；2007年首次试水航空医疗救援市场，开通了东北首条空中急救通道；2007年为西堠门大桥架设引导索，开创国内外直升机跨海架桥先河；2010年首飞黄岩岛，进行海洋维权；自2013年起，在国内通航率先推行SOP飞行标准化程序；2015年在拉萨贡嘎高高原机场起降执行物探作业，成为首家在高高原机场起降的通航企业；2016年开发了哈尔滨首个直升机低空游览项目；2017年配合保障"我们的侣行"主创张昕宇、梁红夫妇完成中国制造的运12飞机首次环球飞行；2018年响应"军民融合"战略，与科研院所共同研发"航空林火探测预警指挥机"……一个个首次，一个个第一，中国飞龙在国内通航发展的不同时期，积极扮演着重要角色，在不同阶段的通航变革与发展中，都代表通航发出了改革者的强音。

中国海监运12飞机B3807、B3837首次巡航钓鱼岛海

作为推动民航发展的两翼之一，通用航空的繁荣将促使国家航空产业得到协同发展。站在新的历史起点，中国飞龙将在习近平新时代中国特色社会主义思想指引下，继续做新时期通航发展的探路者、试金石，继续继承老一辈航空人的开拓创新精神，不忘初心，继往开来，为行业发展、为民航事业持续贡献力量。

中国飞龙参与极地科考项目

# 砥砺奋进谋发展 蓄势扬帆再启航

## ——中国民用航空飞行学院"十三五"工作综述

　　"十三五"期间，中国民用航空飞行学院党委始终坚持以习近平新时代中国特色社会主义思想为指导，认真贯彻党的十八大、十九大精神，严格落实民航"一二三三四"总体工作思路，致力打造民航工程技术人才培养高地，全球通用航空运行及安全管理典范。学院上下与党同心、与祖国同行、与民航事业共奋进，以真抓实干、奋勇争先的姿态，在各方面取得了显著成绩。

### 拓主业，训练品质高位求进

　　五年来，学院始终坚持"以飞为主"，拓展训练资源，创新教学训练方法，全面推行飞行技术专业改革，做大做强飞行主业，不断提升训练能力和品质。

　　大力拓展训练资源、积极改善训练条件。学院充分挖掘飞行分院潜力，深化"分院+基地"训练组织模式，拓展南北训练网络，陆续建立自贡、永川、西华等辅助运行基地，加强与中航通飞（梧州）和北大荒航校（哈尔滨）等国内141训练学校的深度合作，建立梧州、哈尔滨合作训练基地，拓宽学院训练渠道，实现资源共享，进一步扩大训练能力。

"十三五"期间，学院实施了199架飞机、4台模拟机、24台练习器的购置，进行了绵阳机场空管设施、广汉机场空管设施、洛阳机场空管设施改造等项目，改善了训练条件，提高了训练保障能力。

近五年飞行训练时长（单位：小时）

持续推进训练创新，不断提高训练品质。发扬"帮思想、教技术、带作风"的"九字经"优良传统，完善飞行作风量化管理制度。开发了体系化的飞行人员训练监控评价系统，深度挖掘训练参数，把握训练质量，实现飞行教学评价全面、客观、公正。开展基于飞行员核心胜任能力的飞行训练研究及实践，提出飞行培训理念的"三个转变"，开发了基于核心胜任能力的《高性能训练大纲》，初步建成支撑有力、协同高效、开放创新的新时代中国特色飞行训练体系。实施ACPC和大型机型别训练等高端课程，使学院成为全球领先的可提供从飞行员初始养成到大型机型别训练一揽子解决方案的培训机构。

培养规模逐步扩大、飞行训练量稳步提升。"十三五"期间，飞行专业年录取人数由2048人最高增至2820人，累计培养飞行学生8663人。全院总训练时间177.2万小时，较"十二五"增长8%，年训练量由32.8万小时最高增至37.8万小时，真机年训练量由26.1万小时最高增至30.3万小时，培养体量位居全球第一。

## 树典范，航空安全严把不懈

五年来，学院贯彻落实总体国家安全观和民航持续安全理念，始终坚持"安全第一、预防为主、综合治理"的总方针，以最高标准防范安全风险，以最严要求实施安全监管，牢牢守住安全底线。

优化安全管理机构，落实安全责任。狠抓"三基"建设、坚持"三个敬畏"、厘清"四

个责任"。完成安全管理体系（SMS）组织架构的调整，确保安全监管独立于运行体系，构建安全管理和训练管理各司其职、双管齐下的新格局。加强安全信息管理工作，建立安全人员信息数据系统，加大风险防控和隐患治理力度、落实安全监督主体责任、大力开展各类安全教育活动。在全球通航领域率先开发SD卡数据分析系统，对飞行训练进行全程监控，实现安全关口前移。

安全水平始终保持行业领先地位，"十三五"期间，全院安全起落224.33万架次，实现连续安全飞行300万架次，以优异的安全业绩再次荣获中国民航"飞行训练安全五星奖"，

保持着行业通航安全最高纪录。

## 上台阶，教学体系大幅优化

五年来，学院坚持特色发展，不断调整和优化专业结构，着力发展优势特色学科，顺利通过本科教学工作审核评估，启动博士学位授予单位建设，为行业发展提供强有力人才支撑。

专业建设不断加强。本专科专业由26个增加至36个，基本覆盖民航各领域所需，形成了飞行、空管、机务和机场4个特色专业群，飞行技术和计算机科学与技术两个专业入选国家级一流本科专业建设点，交通运输、飞行器动力工程、电子信息工程三个专业入选省级一流本科专业建设点。《空中领航》等6门课程被评为省级一流本科课程，《飞行中的人为因素》等10门课程评为四川省"课程思政"示范课程。"民航交通运输新工科多方协同培养育人模式改革与实践"和"航空油料储运安全专业建设探索与实践"入选教育部首批"新工科"项目。6个专业申请工程教育专业认证，交通运输专业的申请已被受理。获省部级以上教学成果奖11项。

学科建设成效显著。从1个一级学科和1个专业学位授权点增至4个一级学科和3个专业学位类别硕士学位授权点，学位授权点总数达到7个，涵盖飞行、空管、维修等民航关键领域，交通运输工程、航空宇航科学与技术、安全科学与工程3个一级学科成为四川省优势特色学科。加强学科建设顶层设计，理顺学科专业隶属关系，逐步开展了根据学科调整二级学院设置。正式启动博士学位授予单位建设，学科建设引领学院发展的理念深入人心，2020年学院已被四川省列为博士学位授予立项建设"重点培育"单位。

# 近五年在校生规模构成（单位：人）

# 近五年毕业生就业率

# 近五年毕业生就业去向（单位：人）

在校学生规模由"十二五"末17174人增至24811人，年增长率约7.6%，民航专业学生人数超过在校生总数的93%。实现4省地面本科专业全一本招生，5省部分特色专业一本招生，13省地面本科专业超一本录取。年毕业学生规模由3598人增至4695人，累计培养学生21538人，学生就业率保持高位稳定，毕业生在民航单位就业占比稳定在96%以上，为行业发展输送了大量人才。

## 增质效，科研能力不断提升

五年来，学院认真落实民航局科技创新要求，按照"出成果、出人才、出效益"的要求，平台建设、重大项目、成果转化取得进步，初步形成适应高水平特色大学目标的科技创新体系，不断提升学校在民航行业和其他领域的影响力。

完善科研管理制度，改善科研工作环境。学院根据高教改革和科研创新发展需求，结合自身实际情况，先后制定并发布《科研项目管理办法》等15个规范性文件，不断完善科研管理制度体系、优化科研创新管理平台、提升科研管理服务效率。积极改善科研条件，获批新建11个科研实验室及1个医学研究中心，投入400余套设备系统，打造5万余平方米科研实验新环境。

积极推动科研项目开展，有效促进科研成果转化。"十三五"期间，学院共获得国家、省部级、民航局等各级各类项目2200余项，到账科研经费近30000万元。主持国家重点研发计划、自然科学基金、社会科学基金和软科学等国家级科技计划项目37项、承担政策制定咨询、技术合作（委托）项目224项、组织科研验收941项、纵向项目结题及科技成果鉴定135项、发明专利等知识产权568项、获省部级科学技术奖、哲学社会科学奖共21项。

## "十三五"期间科创立项情况

搭建高规格科研平台，培育高水平创新团队。学院有省部级重点实验室/工程技术研究中心4个、学院重点实验室13个、校企联合实验室2个、参加产业技术创新联盟6个。牵头组建"四川省通用航空产业技术创新联盟"。获批"中国民用航空飞行学院（德阳）协同创新与科技成果孵化中心"。获得民航基础技术研究型、应用技术开发型、技术政策暨服务智库型科研院所与基础技术研究基地、创新人才发展基地。建立航空器防火救援院士工作站并获德阳市认定。评审新一轮研究中心12个、研究所24个，获得学术和技术带头人、领军人才、拔尖人才、科技英才、青年托举工程人才和重点领域创新团队（个人）称号共计12个。

### 夯基础，人才队伍日益壮大

五年来，学院高度重视人才队伍建设，通过实施"五大工程"人才战略，在人才队伍建设方面已经取得阶段性成果，人才队伍总量稳步增加，人才结构持续优化，"四少一低不稳定"的局面有所改善。

　　围绕"十三五"人力资源规划目标，学院积极试点、实施各项人力资源管理改革，从岗位、绩效、薪酬、人才引进、劳动用工等方面多措并举、创新突破，加大力度深化推进人事制度改革，基本实现了规范用工、公开引才、积极竞争、正向激励、促进流动等目标。2017年底全院启动绩效管理改革工作，实施岗位管理，全面建立聘用制度。2019年开始深化校院两级管理，试点分院劳动用工管理改革。

　　制定并完善了《中国民用航空飞行学院高层次人才引进管理办法（试行）》，为学院高层次人才引进工作提供了有力的支持，人才引进实现突破，共全职引进一层次人才2人，柔性引进二层次人才2人，引进博士123人。截至"十三五"末，全院共有高层次人才55人，专业带头人27人。

　　成立教师发展专门机构，负责教师培训及师德师风建设，提升师资质量。学院专任教师队伍由"十二五"末938人增至1148人，其中具有博士学历的教师由69人增至192人，增幅为178%，人数在专任教师中占比达到16.72%。具有高级职称的专任教师由317人增至352人，占比为30.66%。

## 促交流，国际合作卓有成效

五年来，学院坚持开放式、国际化办学之路，开拓进取、锐意创新，借"西部计划""澜湄合作"等项目加强国际交流、提升国际影响力，为国家"一带一路"建设添砖加瓦。

搭建国际交流平台，促进师生访学活动。"十三五"期间，学院建立包括国际组织、国外知名高校在内的10余个交流平台，出国（境）交流、学习的教职工共计500余人次、学生达1000余人次。同时，顺利完成了老挝、马里、厄立特里亚、柬埔寨等国家16名学生的来华留学工作。

积极参与国际会议，国际赛事大放异彩。学院先后组织参与《飞机复杂状态预防及处置技术国际研讨会》《国际民航组织下一代航空人才计划（NGAP）深圳会议》等多项国际会议、承办《全球无人机大会》、完成包括国际民航组织理事会主席在内的170余批次外宾接待任务。在MODEL ICAO活动中获得了四个小组大赛中的三个冠军和唯一全球总冠军。

## 担使命，服务行业回报社会

五年来，学院始终牢记作为行业特色高校的使命。以行业需求为导向，主动拓展服务民航的领域。以社会需求为己任，积极响应党和国家的号召，全力承担院校责任。

为推动民航治理能力提升，加强"三基"建设，进一步提高民航监察员队伍的专业素质和监管能力，成立了民航监察员培训学院，成批次开展民航监察员培训，新建109门培训课程，完成11个班次461名监察员培训。为聚焦民机发展战略，提升国产民机运行工程能力需求，加强校企合作，成立大飞机学院。同时，为解决民航适航审定及试飞技术等关键领域"卡脖子"的问题，高质量完成首期民航试飞培训。五年来，学院全力保障行业培训需求，共组织民航专业短期培训608班次，完成培训29034人次，学历继续教育累计培养9758人，培训国外飞行学生37人。

在与四川航空、北大荒航空、昂际航电、中商飞、中电科等行业相关企事业单位达成合作伙伴关系的同时，积极参与地方经济建设和民航发展，和地方政府达成战略合作协议。脱贫攻坚、抗震救灾、森林灭火、承办航展，学院勇担责任、全力支持、大力拓展服务社会的

职能与空间。助力脱贫攻坚，连续4年获评四川省定点扶贫先进单位、四川省扶贫记功单位和民航系统扶贫先进单位。

"十四五"时期是国家在全面建成小康社会的基础上朝着社会主义现代化强国目标迈进的关键时期，是高校内涵、特色、差异化发展的关键转型期。乘势谋局加油干，厉兵秣马再出发。"十四五"期间，学院将努力建设成为适应教育现代化及新时代民航高质量建设战略要求的应用型高水平特色大学，落实"以飞为主，全面高质量发展"要求，坚持以飞为主的办学特色、坚持多学科协同发展的办学格局、坚持人才为本的办学路径、坚持特色人才的培养体系、坚持科技创新的强校之路、坚持红色基因的传承发扬、坚持开放合作的办学理念、坚持服务社会的根本目的，统筹学院事业发展的规模、结构、质量和效率，使飞行训练能力及安全继续保持全球领先，人才培养质量进一步提高，治理体系不断完善，治理能力不断提升，力争成为博士学位授予单位，推进学院高质量发展，早日建成世界一流飞行大学。

# 成就篇

# 抓好落地落实：深化民航改革的鲜明底色

中国民航报

绘就一张中国民航5年发展的地图，北有北京大兴国际机场金凤展翅，南有海南自由贸易港开放第七航权，西有通用航空"低慢小"在山川高原飞起来，东有上海民航完成国产大飞机C919适航审定……

取得这些成绩背后的强力引擎，是自"十三五"以来，民航对中央改革工作决策部署坚定而全面的贯彻落实。5年来，民航局党组把落实党中央各项改革部署作为政治责任，全面彻底地完成七个方面改革部署涉及民航任务，包括中央深化"放管服"改革、中央空管体制改革、中央民航公安管理体制改革、中央深化国有企业改革、中央事业单位改革、中央行业协会改革以及中央鼓励社会资本投资。改革成效显著，行业运转更加灵活，行业管理更加高效，为民航"十四五"开局夯实了基础。

## 锚定改革方向，肩负改革责任

2019年9月25日，举世瞩目的北京大兴国际机场正式通航。大兴机场的建成运营代表着"十三五"时期民航的突出成绩，也从一个侧面折射出，5年来民航深入贯彻落实习近平总书记关于民航工作重要指示批示精神和中央改革工作部署的缩影。

这一世纪工程，是习近平总书记亲自决策、亲自推动、亲自宣布投运的国家重点项目。2017年2月23日，习近平总书记在考察建设中的北京新机场时强调，新机场是首都的重大标志性工程，是国家发展一个新的动力源，必须全力打造精品工程、样板工程、平安工程、廉洁工程。2019年9月25日，习近平总书记再次要求："要把大兴国际机场打造成为国际一流的平安机场、绿色机场、智慧机场、人文机场。"同时还要求"既要高质量建设大兴国际机场，更要高水平运营大兴国际机场"。习近平总书记两次亲临大兴机场，并作出重要指示批示，为大兴机场的建设运营提供了根本遵循，也为我国机场业的改革发展提供了行动指南。

2015年，《京津冀协同发展规划纲要》正式通过。为贯彻落实这一国家战略，2017年，民航局深化民航改革领导小组印发《推进京津冀民航协同发展实施意见》。2020年，民航局十大专项改革方案之一《提升枢纽机场运行质量和效率工作方案》，围绕以北京首都机场和大兴机场为核心，整合京津冀地区机场资源，打造京津冀世界级机场群的重点任务，在规划、建设、运营方面提出具体改革任务，着力打造北京"一市两场双枢纽"，发挥大兴机场"新动力源"作用，推动京津冀协同发展。

大兴机场是"四个工程"标志性工程。民航局党组全面把握"四个工程"的深刻内涵，明确四大类39个关键性指标，把高标准、严要求细化实化在大兴机场工程建设中，时时处处都体现着改革的创新精神。比如，在设计上，建立了全过程、全维度、全专业的设计管理机制，完成中国民航史上规模最大的一次空域调整；又如，在建设中，国内首次采用飞行区施工过程的数字化监控，实现高精度的全过程实时监控；项目管理获得国际卓越项目管理(中国)大奖金奖，并通过国际卓越项目管理(世界)大奖评审。

在总结大兴机场建设运营经验时，民航局机场司负责人向记者介绍："大兴机场的成功建设运营证明，四型机场已经成为贯穿未来中国机场建设、运营、改革等全生命周期的总抓手。"针对《提升枢纽机场运行质量和效率工作方案》，民航局还印发了《推进四型机场建设工作方案》，将2020年作为四型机场建设的顶层设计阶段，按照新时代民航高质量建设和现代化机场体系工作目标，明确四型机场建设的目标、任务和路径，为全行业编制四型机场建设指南；同年11月，出台《四型机场建设导则》，并计划出台《智慧机场数据格式标准》《智慧机场数据关键基础设施》两部标准。在2020年10月召开的中国民航四型机场建设发展大会暨成果展上，2020年度四型机场示范项目名单公布，北京大兴国际机场智能旅客安检系统建设项目、首都机场绿色装配式建筑示范应用、上海虹桥机场人文服务示范项目、深圳机场智慧机场建设示范项目等40个项目入选；刚刚成功试飞的成都天府国际机场，成为中国民航四型机场建设的又一行业标杆。

## 既是发展需求，更是改革要求

"十三五"时期民航总体工作思路中明确指出要补齐空域资源、民航服务品质、适航审定能力、应急处置能力"四个短板"。"补短板"既是民航发展需求，更是民航改革要求。

低空空域改革是通用航空改革发展的重要基础。2017年12月，四川省获批准成为全国首个开展低空空域协同管理试点的省份。3年时间，四川低空空域从过去"远偏、小散、孤立"的状态转变为"满足需求、连点成片、互联互通"。简化报备流程和创新目视自主飞行两项关键改革，大大提高了试点空域利用率，让通用航空产业在四川省如火如荼地发展起来。

四川地区低空空域综合管理改革试点工作只是近年来民航空管体制改革的一个方面。这既是党中央高度重视的改革，也是事关民航高质量发展的重要改革。5年来，民航局坚持眼睛向内，系统采取严格把控运行总量、科学把握运行标准、持续提升保障能力、强化技术手段支撑等措施，在千万级以上机场建立运管委机制，完成机坪管制移交，推进"四强空管"建设，激发空管系统改革活力。航班正常率连续3年超过80%，2020年达88.52%，比"十二五"末提升20个百分点；构建国家、地区、服务站低空飞行服务保障三级体系。截至目前，全国已建成25个飞行服务站，其中7个已被正式纳入空管运行体系和行业管理体系。2020年，民航局整合印发《提升空域资源保障能力工作方案》，继续深入开展国家空管管理体制改革、低空空域管理改革、空域精细化管理改革试点等工作。

深化国企改革是本轮改革的重点，也是难点。机场建设集团重组是民航落实中央深化国有企业改革要求的经典案例。2018年12月27日，中国民航机场建设集团有限公司正式重组。新公司在与民航几大机场建设类企业联合重组的同时，引入中交集团作为战略投资者。民航局局长冯正霖在重组成立大会上指出："本次重组改革是民航新时代深化改革的时代缩影，是建设高质量民航的固本强基之举，也是民航局属建设类企业创新发展的重大契机。"目前，机场建设集团已形成机场工程科技研发、设计咨询、工程监理、施工安装、投资运营全产业链。机场建设集团2021年工作报告显示，集团全年新签合同额185.8亿元，同比增长56%；2020年合并报表范围实现营业收入76.54亿元，完成年度指标的104%；净利润达4.02亿元，完成年度指标的134%，同口径较改革初期分别增长14%和29%，改革成效显著。

除积极推动重点国企改革外，5年来，民航局还一并稳步推进了落地局属国有企业改革。目前，300余家民航行政事业单位所属企业已全面启动改革工作；民航直属企事业单位自筹资金项目审批取消；多数单位建立或明确了资产监督管理平台；民航高校所属企业改革加快推进，清理关闭一批"僵尸"、空壳及与教学科研关联性不强的企业。

### 既有改革压力，更有改革动力

2020年1月1日，国务院出台的《优化营商环境条例》正式实施，这是党中央、国务院深化"放管服"改革、优化营商环境的重要立法成果。新冠感染疫情对民航企业造成巨大经营压力，也成为民航局深化"放管服"改革、激发市场主体活力、推动行业复苏的强大动力。2020年5月，民航局出台《民航优化营商环境细则》。民航局政策法规司相关负责人表示，《细则》的制定出台体现了民航局"刀刃向内"、优化民航营商环境的决心，对促进民航领域投资、吸引各类资本释放了积极信号。

为简政放权、转变政府职能，5年来，民航局先后取消4项行政许可、3项工商登记前置审批和7项行政审批中介服务事项，下放新建通用机场和部分运输机场改扩建项目审批权限，优化投资项目审批权限；持续放宽行业市场准入，建立民航市场准入负面清单制度，清单条目由2015年的67项减少为2020年的33项；在自贸试验区稳步推进民航"证照分离"改革试点；民航外资准入负面清单条目减少至3项，建立民航局外商投资安全审查工作机制；修订《国内投资民用航空业规定》，《民航领域鼓励民间投资项目清单》确定了28个项目，总投资达1100亿元，其中21个项目已确定投资方，预计可吸引民间投资430余亿元。

为建设好服务型政府，2020年11月，民航各级政务服务机构全面启动民航政务服务"好差评"工作，并将评价结果作为民航各级政务服务机构及具体工作人员评优评先的重要依据。通过建立政务评价机制施加压力，给各机关单位提高服务质量增添动力。

信息共享与开放，事关"放管服"改革的效率和公平。围绕"信息孤岛"问题，2020年，民航局还印发了《政务信息系统整合共享工作方案》，通过建立民航政务云服务平台、建成民航数据共享交换平台、建设民航局电子政务内网、扩大民航统一身份认证平台使用范围等，实现各系统数据通、业务通，加强数据分析利用。同时，推进民航与国家平台数据对接，建设民航行政审批服务平台；推进机制创新，完善规章制度和技术标准；按照"五个公开"要求，建立健全数据共享和开放机制。在前不久公布的2020年中国优秀政务平台推荐及综合影响力评估中，民航局政府网站获2020年度中国政务网站优秀奖，民航行政审批服务平台被评为2020年度"互联网+政务服务"典型案例（十佳）。

此外，民航公安管理体制改革方面，推进完成17个省（区、市）民用机场公安机构移交地方政府管理，服务民航安全安保反恐和行业总体安全进一步加强；中央事业单位改革方面，在38家局属事业单位中，27家已完成分类改革，改革后各单位公益属性更加突出，活力明显增强；中央行业协会改革方面，与中国航空器拥有者及驾驶员协会、中国民用航空维修协会、中国民航飞行员协会的脱钩试点工作相继完成。

旅客满意度是检验深化民航改革成效的风向标。5年来，民航旅客周转量在国家综合交通运输体系中占比33.1%，提高8.9个百分点；中西部机场旅客吞吐量增长55.7%，高于全国增速7.9个百分点；支线机场旅客吞吐量增长123.7%，高于全国增速76.9个百分点，民众出行更加便利；全国枢纽机场中转比例提升；以枢纽机场为核心的综合交通体系加快建设……

坚决贯彻落实中央改革工作部署成为"十三五"时期深化民航改革工作的鲜明底色，是确保这一时期民航稳中有进的"关键一招"。"十四五"期间，民航将继续把准改革方向，坚定改革定力，聚焦改革属性，形成规划与改革"双引擎驱动"的工作格局。

（刊载于2021年2月22日《中国民航报》 记者 赵丹）

# 好风助力上青云

## ——"十三五"交通运输发展成就巡礼之民航篇

中国交通报

定期航线5521条，境内通航城市234个，境外通航城市218个，运输航空每百万飞行小时重大事故率5年滚动平均值为0，航班正常率连续两年超80%，这些"硬指标"保障和支撑的，是老百姓的故乡和远方。

能够测温、巡逻的智能机器人，全自助式行李托运设备，"刷脸"通关的自助验证设备，那些旅行中的小确幸，编织出美好生活的获得感。

伴随着发动机震耳欲聋的轰鸣声，钢铁银鹰在跑道不断加速，振翅腾空……过去的5年，中国民航在一次次腾飞中努力实现着从民航大国向高质量民航的跨越。

### 隐患零容忍 筑牢安全之基

2018年5月14日，"中国民航英雄机组"在风挡玻璃爆裂脱落的关键时刻化险为夷、转危为安。在堪称"史诗级备降"的背后，是班组建设的安全教育，是规章制度的令行禁止，是千锤百炼的精湛技术，是严格训练的平时养成。"英雄机长"刘传健说："作为一个民航人要'敬畏生命、敬畏规章、敬畏职责'。""三个敬畏"代表了当代民航精神，而保持敬畏之心就是坚守安全底线的初心。危急时刻，他们力挽狂澜，换来了机上119名旅客的平安落地。

习近平总书记在会见四川航空"中国民航英雄机组"全体成员时强调，安全是民航业的生命线，任何时候任何环节都不能麻痹大意。民航主管部门和有关地方、企业要牢固树立以人民为中心的发展思想，正确处理安全与发展、安全与效益的关系，始终把安全作为头等大事来抓。

回眸"十三五"，民航安全工作成绩突出，各项安全指标好于预期。截至2020年6月底，运输航空每百万飞行小时重大事故率5年滚动平均值为0，低于预期0.15的安全目标及世界同期水平；生产经营性通用航空每万飞行小时死亡事故率为0.052，低于0.09的安全目标；未发生非法干扰造成的航空器重大事故和重大航空地面事故。

数字的背后，是民航业坚持对安全隐患"零容忍"，以"眼睛里不容沙子"的态度开展安全隐患排查治理，隐患整治力度加大，风险防控持续加强，推动"控总量、调结构"在安全领域有效落地，安全治理能力不断提升。

本着对安全隐患"零容忍"的原则，中国民航在全球率先停止波音737MAX商业运行，彰显出对生命高度负责的态度和作为民航大国的责任担当。"十三五"期间，中国民航签署《中欧民用航空安全协定》，高票连任国际民航组织一类理事国，加快推动中国安全技术标准走向国际。中国民航飞行品质监控基站一期项目正式上线投入运行，标志着中国民航在"大数据＋飞行安全"能力建设方面开辟出了新天地——通过深度挖掘和运用海量的飞行品质监控数据，有效实施数据驱动的风险预警和重点监管，助力民航安全风险管控水平再上新台阶。

民航安全治理能力的提升在新冠感染疫情防控工作中再次凸显。2020年，面对统筹疫情防控和民航安全的新挑战，针对疫情防控期间行业生产运行特点，民航及时提出了防"忙"中出乱、防"闲"来麻痹、防"慌"中出错，有力确保了行业安全态势总体平稳可控。

一个航班一个航班地盯，一个环节一个环节地抓，民航人为筑牢民航高质量建设安全之基不懈奋斗，持续创造着新的安全纪录。

## 复苏育先机 临空经济领飞

跑道上一架架飞机排队依次出港，各地候机楼恢复往昔繁忙喧闹。10月15日，民航局公布了一组令人振奋的数据：9月份全行业运输总周转量、旅客运输量、货邮运输量已经分别恢复到去年同期的76.3%、87.5%、96.4%。其中，国内航空运输总周转量和旅客运输量已经恢复到去年同期的96.9%和98%。

为了应对新冠感染疫情的影响，各市场主体展现出强烈的创新精神，航空公司陆续推出创意产品。6月下旬，东航率先推出"周末随心飞"，引燃出行市场。这一创新举动也引发各航空公司争相效仿，南方航空、海南航空、春秋航空、吉祥航空等纷纷跟进，提振航旅全产业链消费，推动形成以国内大循环为主体、国内国际双循环相互促进的新发展格局。

在刚结束不久的第三届进博会上，东航签署了两个航空大单，总金额超过11亿美元。中国民航业的复苏，也给了国外航空产业链上的供应商更多信心。"中国是GE重要的战略市场，GE非常看重进博会这一和各界交流的国际性平台，也相信进博会将为全球经济复苏注入动力。"GE(美国通用电气公司)中国总裁兼首席执行官向伟明表示。

作为促进全球经济发展和文化交流的服务支撑型产业，中国民航在全球民航业遭受疫情重创的形势下率先触底反弹，为国内经济复苏与发展提振了信心，也向国际社会释放出积极信号。

"还没有从中国直购过商品吗?请点击我们的链接。"比利时"面对危机"网站日前发布特刊广告，介绍如何从中国网购商品。受新冠感染疫情影响，许多欧洲国家关闭了"非必需品"实体商店。一时间，从中国网购成为一种消费新时尚，中国国际货运航班量呈爆发式增长，9月份国际货运航班量达到去年同期的2.5倍。

"一带一路"沿线国家和地区的人民，首先感受到这一变化。截至2019年年底，我国已与96个"一带一路"沿线国家和地区签订了双边政府间航空运输协定，与其中54个国家保持定期客货运通航。疫情发生后，这些空中桥梁成为携手抗击疫情的"生命通道"。疫情期间，中国民航共向47个国家和地区提供抗疫援助，累计运送防疫物资超过1700吨。在9月8日第二届"空中丝绸之路"国际合作峰会上，中国民用航空局副局长崔晓峰表示，目前，中国与"一带一路"沿线国家和地区每周运营货运航班1068班，是疫情发生前的2.6倍。

民航国际化程度高，能够满足距离远、范围广、时效性要求高的通达需求，对推进"一带一路"建设、拓展我国对外开放的深度和广度具有独特优势。5年来，航空经济正潜移默化地改变着中国的经济发展模式。

放眼全国机场周边，临空经济区建设初见成效，"大临空"经济格局逐步形成，郑州航空港综合实验区智能终端产业圈、长沙临空经济示范区医药健康产业生态圈等新兴经济业态层出不穷。北京大兴、上海虹桥、广州、成都等15个国家级临空经济示范区全部于"十三五"期间建成，全国规划建设的空港经济区超过100个。临空经济对区域经济贡献力逐渐加强，以北京首都机场临空经济区为例，2019年，其属地总收入达3083亿元，实现税收240亿元，在北京市GDP中的占比逐年攀升。

不沿江、不靠海、不沿边的成都，经济发展靠蓝天，不断拉近与世界的距离，从内陆城市华丽转变为对外开放的前沿阵地。不远的将来，随着四川天府国际机场的建成投运，成都将成为继上海、北京之后我国第三座拥有双机场的城市。在重庆，渝北区依托江北机场国际空港优势，全面推进国家临空经济示范区建设。成都双流机场与重庆江北机场2019年旅客吞吐量之和超过1亿人次，成渝机场群概念已经日渐成形，成为继京津冀、长三角、粤港澳三大世界级机场群之后的又一个"潜力股"。

好风凭借力，送我上青云。作为经济社会发展的重要战略产业，中国民航乘势而上，张开双翼，为中国经济社会发展保驾护航。

### 发展靠蓝天 空中网络纵横

2020年9月22日，作为推动区域协调发展的重要引擎，通航近一年的北京大兴国际机场旅客吞吐量突破1000万人次！

弄潮儿向涛头立。纵览"十三五"国内民航发展版图，长三角初步拥有世界领先的航线网络，大湾区民航发展的号角已经吹响，西部地区主要机场也掀起了新一轮改扩建大潮。

天路横贯东西，连接南北，飞机起落间，昔日天堑早已变通途。"十三五"期间，我国国内航线网络日益完善，国际航线更加通达通畅。截至2019年底，我国共有定期航线5521条，其中，国内航线4568条(包括港澳台航线111条)，国际航线953条，比2015年分别增长71.3%和44.4%；境内通航城市234个，中外航空公司从我国通航至

73个国家和地区的218个境外城市；运输航空机队规模由2015年的2650架增加至2019年的3818架，运输航空公司增加至62家。

由三大世界级机场群、十大国际航空枢纽、29个区域枢纽和非枢纽运输机场组成，覆盖广泛、分布合理、功能完善、集约环保——5年来，我国机场体系布局进一步完善，综合保障和服务能力持续增强。预计到"十三五"末，我国运输机场数量将从210个增加到241个，将覆盖92%的地级市，其中千万级机场从26个增加到39个。

5年来，越来越多的人选择乘坐飞机出行，享受航空服务的高效与便捷。民航运输总量日益增长，服务旅客规模逐渐扩大。2015年至2019年，旅客运输量从4.4亿人次增加到6.6亿人次，年均增长10.7%。旅客周转量在综合交通中的比重从2015年的24.2%提高到33.1%。

飞机有翅膀，能飞过高山；人心有翅膀，能穿越千山万水。一座座机场、一条条航线，让东北的冰天雪地变为金山银山。"高质量发展靠蓝天！"面对时代命题，中部六省区不约而同给出了答案。

2019年9月16日，一架由四川航空执飞的空客A319飞机平稳降落在格萨尔机场，甘孜州成为四川省唯一拥有三座民用支线机场的市州。得益于此，随着藏族小哥丁真的爆红，他的家乡四川省甘孜藏族自治州理塘县，成为继"情歌之乡"康定、"香格里拉之魂"稻城亚丁、"世界最大佛学院"色达之后的又一个"打卡圣地"。据携程网数据显示，"理塘"热度从11月20日起大涨，到11月最后一周，"理塘"搜索量猛增620%，比国庆翻4倍。

除了诗和远方，还有美食和网购。人们只需要动动手指在互联网下订单，各种生猛海鲜、时令鲜果、珍馐美味就可搭乘飞机，速运到家门口。在有94%山区的云南，花农们通过便捷的航空运输，让鲜花香飘世界……

让人民过上更美好的生活是初心，更是奋斗目标。5年来，一条条航线发展成为一条条生机勃勃的"大动脉"，民航人努力构建四通八达的空中网络，助力百姓过上更有品质的幸福生活。

## 出行有品质　真情服务暖心

81.65%——这是2019年全国航班正常率呈现的优秀答卷，这一数据已经连续两年超过80%，较5年前提高了近13个百分点。

真情服务是民航作为服务行业的本质要求，是全心全意为人民服务宗旨的根本体现。民航局局长冯正霖曾指出："真情服务要以提高航班正常率为牵引指标，带动服务品质的提高。"

顺理而举，易为力。近年来，随着行业持续大流量、高密度运行，加之极端天气和其他活动的影响，民航运行环境愈加复杂，航班延误问题时有发生，航班正常情况成为社会大众考量民航服务的焦点。

自2017年起正式实施的《航班正常管理规定》是民航局首部航班正常管理方面的规章，明确了各航空运行主体的责任，使保障航班正常、维护旅客权益有规可依、有据可查。随后，民航局提出"控总量、调结构"决策部署，目前已初步形成精准调控、动态调控、分类调控的体系机制，实现了保障能力与航班总量总体平衡匹配，航班正常率提升，平均延误时间减少，运行抗干扰能力增强。

5年来，民航人的专业素养、高效沟通、真情付出体现在百姓出行品质提升的方方面面。

"我的行李我知道"将成为旅客出行的日常操作。2020年9月，民航局正式认定"航易行"平台为中国民航行李跟踪系统公共信息平台，标志着射频识别行李跟踪系统建设正式进入"架线入网"阶段，为后续机场全线路行李跟踪服务奠定了坚实基础。目前已经实现国航北京往返成都、东航北京往返上海、南航北京往返广州的全流程行李跟踪服务。

"无纸化"乘机实现"一脸通关"。目前，大兴机场已完成"One ID"全流程刷脸通关产品的线上测试工作，有望在2020年底前投入使用，未来通过在航空公司App提前注册"一脸通关"并完成身份信息验证，便可通过"刷脸"完成从值机、安检到登机的全部流程。全国九成以上的机场和主要航空公司已经完成"无纸化"升级改造，37家千万级机场的自助值机比例超过七成。"无纸化"乘机不仅方便旅客出行，提高值机效率，还将低碳环保理念和绿色机场建设落到实处。

2018年民航局出台新的票务服务监管规定，让退改签成为一项"台面"上的收费；同年民航局出台《关于进一步提升民航服务质量的指导意见》，推动机场餐饮"同城同质同价"，机场餐饮不再"高冷"；2019年3月15日国际消费者权益日当天，"12326"民航服务质量监督电话正式开通，旅客意见从此有的放矢；19家国内航司506架飞机为855万旅客提供了客舱Wi-Fi服务；100多个国内机场为军人开通"依法优先"通道；设置候机楼母婴室成为每家机场的"标配"……

## 两翼齐发展 通用航空奋飞

雁击长空，尽显鸿鹄之志；领引通航，大展豪气干云。11月25日，《人民日报》发布了一组"大国重器"，"领雁"与"嫦娥、天问、鹊桥、玉兔、北斗、蛟龙"共列榜单。

"领雁"AG50是在我国大力发展通用航空的背景下，针对航空俱乐部、通用航空公司、飞行学校以及私人飞行的市场需求，量身打造的一款高安全、高舒适、低成本轻型运动飞机。

"十三五"以来，通用航空发展的热情"点燃"。2016年，国务院办公厅印发《关于促进通用航空业发展的指导意见》（简称《指导意见》），从国家层面对通用航空产业发展作了战略部署；在《指导意见》的引导下，2017年，60余项涉及通用航空发展的相关政策相继落地，其中民航局印发的《通用航空发展"十三五"规划》是我国行业管理部门第一次出台通用航空5年专项规划。

此后，民航局出台了一系列与通用航空发展相关的文件，涉及机场、空管、运营、市场、适航等多个领域，体现出"放管结合，以放为主，分类管理"的通用航空管理改革政策导向。面对万亿元新蓝海，各地在政策、资金等方面积极引导，支持通航飞机制造、通用机场规划建设，推动生产作业飞行、私人飞行和娱乐飞行发展。

针对需要大众广泛参与的特点，"放"是通用航空政策改革的主要方向。2018年9月18日，首都机场公务机停机坪迎来了一架空中国王C90飞机。这架小飞机用两个多月的时间，完成了全国的"环飞"。比原计划的半年时间提前了好几个月完成飞行，这让机长闫文辉意外且惊喜——无论是飞行计划申请和审批、通用机场的服务，还是配套设施的使用，都比较顺利。

"十三五"期间，我国通用航空努力与民航运输"两翼齐飞"。截至目前，传统通用航空企业509家，运营航空器2913架，分别较"十二五"末增长81.1%和30.3%。2019年，传统通用航空运行106.5万小时，比"十二五"末增长36.7%。特别是疫情防控期间，航空医疗救援和通用航空运输发挥着越来越重要的作用，1月20日至5月18日，全国141家通用航空企业使用1002架航空器执行了378次疫情防控任务，运送各类药品和物资90余吨。

尽管发展加速，但通用航空发展潜能依然有待释放。根据规划，"十三五"要建成500个通用机场，实现5000架通用航空器和200万小时的飞行量。目前，已注册通用机场313个，加上继续验证办证的，基本可以实现目标；有2777架航空器，如果包括无人机，将超额完成航空器数量和飞行量目标。截至2019年年底，已注册无人机达39.2万架，完成商业飞行125万小时。全面修订的《通用航空经营许可管理规定》将于2021年实施，为过度监管松绑，深化"放管服"改革，扶持无人机新业态发展。

大鹏一日同风起，扶摇直上九万里。在全力以赴建设高质量民航的新征程中，民航人将勇毅笃行、攻坚克难，去创造更美好的空中之路。

（刊载于2020年12月22日《中国交通报》 记者 庄妍 刘玢妤 于淼）

# 直击2021年全国民航工作会议、安全工作会议

中国民航报

### "十四五"民航进入发展阶段转换期

"十四五"末，民航运输规模将再上一个新台阶，接近甚至有可能超过美国成为全球第一；通用航空市场需求将进一步激活；航空器维修、地面保障以及航油、航信、航材等专业领域服务保障能力持续提升，将促进我国从单一的航空运输强国跨入多领域民航高质量建设的新阶段。

### "十四五"民航进入发展质量提升期

"十四五"时期我国民航将加强系统安全管理，大幅提高运行效率，做到服务产品多样、价格合理、流程便利、旅客体验美好；改善经营管理，创新经营机制，加强成本控制，保持与需求相匹配的机队发展规模，提高抗风险能力，争创世界一流企业；民航旅客结构将发生较大变化，新市场新需求将为行业发展带来新动力。

### "十四五"民航进入发展格局拓展期

"十四五"期间，立足国内市场这一战略基点，我国民航将进一步发展支线航空，激活二三线城市航空出行潜在需求，扩大国内循环规模、提升效率、提高质量；加大支持力度，打造我国完整的航空产业链；加强行业内部与其他交通方式以及与地方经济社会发展的融合，拓展更大的新空间。

### "十三五"民航主要工作回顾

"十三五"期间，我国民航市场空间越发广阔，航空公司竞争力不断增强，机场网络布局日趋合理，空管服务能力稳步提升，安全安保水平世界领先，技术保障水平显著进步，通用航空产业化发展蓄势待发、参与国际民航合作和交流程度愈加深入、民航自主创新发展体系初步形成。这充分显示出建设高质量民航八个基本特征中涉及航空运输的基本特征逐渐强化。这标志着，自2005年我国民航运输规模世界排名第二以来，经过15年的接续奋斗，我国已经基本实现了从航空运输大国向单一航空运输强国的"转段进阶"。

## "十三五"中国民航成绩亮点

● 安全纪录最好
● 发展增量最大
● 综合效益持续提升
● 运行服务品质持续提升
● 科教创新成果不断涌现
● 行业战略地位和作用持续增强
● 全面从严治党持续深化
● 应对风险挑战、完成重大任务不断取得成绩

## 2021年民航工作总体要求

以习近平新时代中国特色社会主义思想为指导，深入贯彻党的十九大和十九届二中、三中、四中、五中全会精神以及中央经济工作会议精神，坚持新发展理念，坚持稳中求进工作总基调，以推动高质量发展为主题，以深化供给侧结构性改革为主线，以高质量民航战略目标为引领，全面落实"十四五"时期"一二三三四"民航总体工作思路，统筹抓好常态化疫情防控和行业安全发展改革工作，在构建新发展格局中，牢牢把握扩大内需这个战略基点，着力推进智慧民航建设，着力创造民航安全飞行新纪录，着力提升运行效率，着力提升服务品质，着力持续打造良好政治生态，确保"十四五"开好局起好步，以优异的工作成绩迎接建党100周年。

## 2021年中国民航重点任务

● 加强系统安全管理，不断刷新安全飞行纪录
● 统筹优化资源配置，积极推进行业恢复发展
● 深入推进协调联动，着力提升协同运行效率
● 持续提升服务品质，着力厚植行业比较优势
● 加大科教创新力度，着力拓展智慧建设领域
● 持续深化民航改革，着力增强行业发展动力
● 坚持全面从严治党，着力巩固良好政治生态

## 我国民航机队规模达6 747架

5年来，民航新增运输飞机1 253架、通用航空器940架，我国民航机队规模达6 747架，国产民机在支线机队中的占比达33%。新增航路航线263条，全国航路航线总里程达到23.7万公里，比"十二五"增加3.8万公里。

## 全国颁证运输机场数量增加到241个

5年来，新建、迁建运输机场43个，全国颁证运输机场数量增加到241个，新增跑道41条、航站楼588万平方米、机位2 300个、航油储备能力5.3万立方米，机场新增设计容量约4亿人次，总容量达14亿人次。

## 民航旅客周转量在综合交通运输体系中占比达33.1%

2019年，中国民航运输总周转量、旅客运输量、货邮运输量分别比"十二五"末增加441.6亿吨公里、2.2亿人次和123.8万吨，年均增速分别达11.0%、10.7%和4.6%，2019年运输总周转量一年的增量相当于2009年全年的运量。民航旅客周转量在国家综合交通运输体系中占比达33.1%，提高8.9个百分点。

## 2020年民航旅客运输量达4.2亿人次连续15年居世界第二

2020年，在新冠感染疫情对全球民航业造成巨大冲击的情况下，由于我国疫情防控措施得力有效，中国民航在全球率先触底反弹，成为全球恢复最快、运行最好的航空市场。

2020年第四季度，中国民航运输总周转量、旅客运输量、货邮运输量分别恢复至上年同期的76.3%、84.2%、95.8%。其中，国内航线运输恢复至94.5%。2020全年完成运输总周转量、旅客运输量、货邮运输量分别达到798.5亿吨公里、4.2亿人次、676.6万吨，相当于2019年的61.7%、63.3%、89.8%。中国民航旅客运输量连续15年稳居世界第二。

## "16+8"项"点穴式"扶持政策为企业纾困

2020年受疫情影响，民航企业效益大幅下滑，2月单月亏损高达245.9亿元。民航局和相关部门出台"16+8"项"点穴式"的扶持政策为企业纾困，民航企业积极自救，3月以来亏损逐月降低，10月整体实现盈利。

## 全国千万级机场达到39个

5年来，区域枢纽机场发展迅猛，全国千万级机场达到39个；中西部地区机场旅客吞吐量增长55.7%，快于全国增速7.9个百分点；支线机场旅客吞吐量增长123.7%，快于全国增速76.9个百分点；低成本旅客运输量增长87.6%，占比达9.5%；通用航空业务量年均增长13.7%，通用机场数量超过运输机场。

## 全行业注册无人机共52.36万架

截至2020年末，全行业注册无人机共52.36万架，2020年无人机经营性飞行活动

159.4万飞行小时，同比增长36.4%。

## "蓝天保卫战"成效明显

5年来，中国民航"蓝天保卫战"成效明显，全行业能源消费和碳排放强度稳步下降。

2019年，我国机场平均每客能耗0.898千克标煤，每客二氧化碳排放0.553千克，分别较基线下降15.8%和28.81%。运输航空每吨公里油耗和碳排放分别为0.285千克和0.898千克，较基线下降16.2%，在全球主要航空大国中处于领先位置。

## 中国民航运行服务品质持续提升

目前，我国233个机场实现了国内航班无纸化便捷出行，千万级机场国内旅客自助值机占比超过70%，旅客排队时间大幅减少；空中餐食品种不断丰富、质量稳步提升，机场餐饮基本实现"同城同质同价"；行李运输质量明显改善，RFID行李跟踪系统建设进入"串线成网"阶段。

此外，民航购票环境持续优化，41家国内航空公司实施客票退改签"阶梯费率"；机上Wi-Fi建设加快推进，19家航空公司的653架飞机为近1 000万旅客提供客舱无线网络服务；旅客投诉渠道畅通，开通12326民航服务质量监督电话，国内航空公司投诉响应率达到100%。

## 中国民航科教创新成果不断涌现

5年来，中国民航先后召开全国民航科教创新大会、民航科教创新成果展暨高端对话会，组建民航科教创新攻关联盟，形成了产学研用深度融合、多领域开放发展的新时代民航科教创新工作格局。

"十三五"期间推荐立项国家重点研发计划项目7项，自主知识产权的国产校验设备获得2019年国家技术发明一等奖，2个项目获国家科技进步二等奖。航材共享平台建设取得实质性突破；客票交易系统实现国产化；管线加油车和5万升以下加油车实现了国产替代；ADS-B空管运行进入全面实施阶段；民航客机全球追踪监控系统全面覆盖我国国际和地区航班。

## 中国民航战略地位和作用持续增强

5年来，民航围绕京津冀协同发展、长三角一体化发展、粤港澳大湾区建设等国家重大战略，深入推进与世界级城市群发展相适应的世界级机场群协同发展，北京首都、上海浦东、广州白云等机场国际枢纽功能增强，2019年国际航线旅客量比"十二五"末分别提高28.5%、37.6%和69.7%。

截至2020年，我国已与128个国家或地区签署了双边航空运输协定，其中"一带一路"沿线国家100个，与64个国家保持定期客货运通航。

## 中国民航全面从严治党不断深化

5年来，民航全行业把党的政治建设摆在首位，认真开展"两学一做"学习教育，深入开展"不忘初心、牢记使命"主题教育，增强"四个意识"，坚定"四个自信"，做到"两个维护"。坚持好干部标准，建设忠诚干净担当的高素质干部队伍，自2016年以来，民航局党组干部选拔任用工作"一报告两评议"总体评价满意度平均为95.4%。大力弘扬和践行当代民航精神，广泛深入开展向"中国民航英雄机组"学习活动，深入开展"敬畏生命、敬畏规章、敬畏职责"宣传教育。

## 中国民航应对风险挑战完成一系列重大任务

5年来，中国民航围绕党和国家工作大局，较好地处理了一系列民航领域关乎国家全局的大事要事。坚持对安全隐患零容忍，果断停止波音737MAX8机型的商业运行，及时对香港国泰航空发出重大安全风险警示并采取有力措施。在国际民航组织第39届、40届大会上，我国高票连任一类理事国。

中国民航举全行业之力推进北京大兴国际机场建设运营筹备工作；广泛动员行业力量，坚决打赢脱贫攻坚战，对口支援赣州南康区、定点扶贫新疆于田、策勒两县，均已实现脱贫摘帽。

5年来，中国民航圆满完成"一带一路"国际合作高峰论坛、中华人民共和国成立70周年阅兵保障、抢险救灾、海外撤侨等一系列重大紧急航空运输保障任务。

## 中国民航坚决打赢疫情防控阻击战

自2020年初以来，面对突如其来的新冠感染疫情，民航全行业闻令而动、逆行出征，第一时间启动突发公共卫生事件应急响应。先后4次发布客票免费退改政策，引导人员减少流动；全力保障重大紧急运输"空中生命线"的畅通，承担了全部援鄂医护人员中79.7%的赴鄂以及92.7%的撤离返程运输任务；先后6次发布疫情防控技术指南，严防疫情通过航空运输渠道传播扩散。在疫情大考中，中国民航经受了严峻考验，向党和人民交上了一份合格答卷。

## 中国民航交出"十三五"亮眼成绩单

"十三五"时期是中国民航安全纪录最好、发展增量最大的5年。5年来，中国民航综合效益持续提升，运行服务品质持续提升，科教创新成果不断涌现，行业战略地位和作用持续增强，全面从严治党持续深化，应对风险挑战、完成重大任务不断取得成绩。

## 民航将科学动态调整疫情防控策略

2021年，处于疫情防控前沿阵地的民航将确保"外防输入、内防反弹、人物同防"各项工作落实到位；健全应对突发公共卫生事件组织体系，完善突发公共卫生事件应急预案，健全应急物资保障体系，加强航空医学中心建设，全面提升民航应对突发公共卫生事件能力。

## 民航将加强系统安全管理

为进一步筑牢安全底线，今年，民航将加强盯组织、盯系统"双盯"监管的科学标准、要素体系研究，建立法定自查中的"双盯"工作机制；持续完善风险防控和隐患排查双重防控机制；并将持续开展"三个敬畏"宣传教育，持续强化"三基"建设，深化班组建设；健全安全生产责任体系，严格落实领导责任，带动落实企业安全生产主体责任、员工岗位责任。

## 今年运输总周转量力争恢复至疫情前80%以上

2021年，民航将以扩大内需为战略基点，把握好政策的时度效，深挖市场潜力，激发市场活力，力争完成运输总周转量1 062亿吨公里，恢复至疫情前80%以上；旅客运输量5.9亿人次，恢复至疫情前90%左右水平；货邮运输量753万吨，与疫情前基本持平；努力实现航空企业减亏增盈。

## 民航将促进国际客运航班有序恢复

2021年，民航将动态调整国际客运航班政策，促进国际客运航班有序恢复；灵活把握货运航权开放政策，促进国际航空货运能力有效提升；推动海南开放第七航权试点落地；落实好RCEP民航领域相关工作；完善高效规范、公开公平的中外航空公司航班时刻分配体系和制度；夯实"一带一路"民航合作平台基础，推动中美、中欧民航合作平台转型升级；逐步放开港澳地区航线航班政策。

## 2021年末颁证运输机场将达247个

2021年，民航将加大基础设施补短板力度，深入推进北京"双枢纽"建设，着力打造北京大兴国际机场"新国门"，推动北京首都国际机场"再造国门"。大力推进重点项目建设，力争2021年末颁证运输机场达247个。

## 实施差异化航班量调控政策

2021年，民航将实施更加积极有力、灵活宽松的宏观调控政策，完善差异化航班量调控政策，实现不同区域保障能力与发展速度、发展需求相平衡；建立全国航班时

刻监管系统，开展航班时刻资源市场化配置改革试点。针对恶性运价竞争，民航将进一步加大价格监管力度，切实维护公平竞争的航空运输市场秩序。

## 促进航空产业协调发展

2021年，民航将全面推进航空物流综合保障能力提升试点工作，加快航空物流信息化建设；持续深化通用航空"放管服"改革，鼓励推广"天地人和"的湖南通航发展模式；改革适航审定政策，持续开展C919、ARJ21评审，完善ARJ21运行支持政策；完善无人机空中交通管理规范，推进无人驾驶航空试验区建设。

## 帮助于田、策勒建立长效脱贫机制

在扶贫方面，民航今年将着力在"产业扶贫促就业、消费扶贫增收入、扶智扶贫强后劲、长效扶贫有机制"四个方面下功夫，继续推进定点扶贫"六大工程"，持续帮助于田、策勒两县建立长效脱贫机制，巩固脱贫成果。

## 加快推进"10+3"空中大通道建设

2021年，民航将加快推进"10+3"空中大通道建设，推动京广大通道全线贯通，进一步优化华北地区临时航线；深入开展点融合系统（PMS）、RNP AR独立平行进近等运行新理念新技术应用，组织开展四维航迹（TBO）双机飞行验证，推广航空器尾流重新分类试验运行；做好全国空管流量管理系统试运行；积极推广低空协同管理"四川模式"、全域低空开放"湖南模式"，推进低空飞行服务保障体系三级联网运行。

## 民航推进"三网融合"建设

2021年，民航将进一步推进时刻、航权和预先飞行计划数据"三网融合"建设，实现融合平台与有关单位业务系统直接数据交互，具备"一网通办"保障能力。

## 将中小机场纳入运行数据共享范围

2021年，民航将推动运行数据资源共享工作重心向融合应用转变；推动运行数据与政务数据互联互通，探索构建民航业数据资源融合应用生态体系；适度前瞻扩容数据资源基础设施，搭建民航智慧运行数字化环境。2021年，在实现运行数据共享覆盖所有千万级以上机场的基础上，力争将中小机场全部纳入共享范围。

## 2021年国内客运航空公司正常率将稳定在80%以上

民航将完善航班正常管理机制，2021年，国内客运航空公司航班正常率将稳定在

80%以上，全国千万级以上机场平均放行正常率和始发航班正常率力争达到85%。

## 推进行李全流程跟踪系统建设

2021年，民航将加快推进全民航行李RFID全流程跟踪系统建设，进一步拓展全流程跟踪覆盖范围。推进中转便利化工作规范化、标准化，提升行李直挂、通程航班业务普及率。

## 拓展航空服务新业态

2021年，民航将推动构建"干支通，全网联"的航空运输服务网络；在航线航班时刻资源配置、价格票务销售结算、资金补贴等方面，构建与通程航班、短途运输相适应的支持性配套政策，支持拓展航空运输差异化服务；扶持发展通用航空新业态，深化航空医疗救护联合试点和联合审定，支持无人机拓展通航领域应用；重启国家简化手续委员会工作机制，做好冬奥会航空运输保障筹备。

## 构建民航科技创新资源配置新格局

2021年，民航将抓紧推进民航科技创新示范区、民航科教产业园区建设，加快筹备民航重点领域国家科技创新基地建设；依托重大科技项目、科技工程、科技任务和创新平台，推动民航重点领域项目、基地、人才、资金一体化配置，构建民航科技创新资源配置新格局。

## 制定运输机队北斗追踪定位系统加改装方案

2021年，民航将制定运输机队北斗追踪定位系统加改装方案，完善北斗通用航空飞行动态信息服务平台；探索远程维修等数字化维修管理，加强航材、维修设施设备国产化；深化智慧空管关键技术研究；完善机场领域BIM标准体系；探索建立自主知识产权的产品技术容错纠错机制；积极推进北斗系统、高高原运行等国际标准化工作。

## 民航将继续统筹推进深化改革

2021年，民航将系统梳理各领域改革任务，科学制订改革方案，细化改革任务清单，明确责任分工，加强统筹协调；将持续推进民航运价及相关领域收费改革，健全民航价格监管机制；强化机场公共基础设施定位，引导机场管理集团由直接经营型向管理型转变；建设基于市场的航空减排机制，积极参与国际航空碳减排机制建设；深化"放管服"改革，全面推开"证照分离"改革；加快推进民航系统"智慧化"综合办公平台建设。

## 民航法治建设持续推进

2021年，民航将积极推进《民航法》修订，加强《航空法》研究；加快推进《事故调查条例》《无人驾驶航空器飞行管理条例》制修。加强安全、应急、服务、发展重点规章制修，推进货运领域规章梳理研究；推进行政规范性文件合法性审核；推动《北京公约》和《北京议定书》报批审查和批准工作，参与国际民航组织《解决分歧规则》修订。

## 民航坚持全面从严治党 巩固良好政治生态

2021年，民航将把学习贯彻习近平新时代中国特色社会主义思想引向深入，并组织开展好庆祝建党100周年系列活动；加强党史、新中国史、改革开放史、社会主义发展史教育；着力抓好领导班子和干部队伍建设，健全党管干部、选贤任能制度；深入推进党风廉政建设和反腐败斗争；认真抓好意识形态工作。

（刊载于2021年1月14日《中国民航报》 记者 肇茜 高雅娜 刘璐）

# 高质量发展：深化民航改革的主攻方向

中国民航报

40项改革任务，10个专项改革工作方案，25个专题改革工作方案，1 574项改革工作任务，完成率93.27%——"十三五"时期改革的这份成绩单充分说明，于2016年制定的《进一步深化民航改革工作的意见》已经得到全面落实。

实现民航高质量发展既是行业发展的主线，也是民航改革的主题。"新时代民航高质量建设的本质是高质量发展。"民航局局长冯正霖在多个场合明确表示。民航高质量发展的核心要求是发展理念新、发展目标明、发展动力足、发展路径清、发展效益好。要做到这五点，关键要通过深化改革推动行业的质量变革、效率变革和动力变革，为民航高质量发展赋能，最直接体现在好的标准、优的结构、强的动能上。

## 以好的标准促进质量变革

民航高质量发展的核心要义是坚持标准引领，做到标准先行。5年来，民航局党组始终坚持以实现高质量发展为导向，在观念变革、目标任务、基本要素、路径方向和效益品质等方面，通过深化改革，形成一系列标准、规章、制度，予以明确规范，从而使民航高质量发展真正落到实处。

民航高质量发展是有目标、有方向的发展。2019年4月，民航局印发《中国民航高质量发展指标框架体系（试行）》。这一指标体系设置了28个基础指标，重在反映民航业发展的基本状态、总体面貌，体现民航业发展的特色和本质要求；设置了40个特征指标，重在反映行业发展动力、协调、绿色、开放、制度及结构等综合质量和效益方面的情况。2019年11月，中国民航高质量发展研究中心成立，由49家单位申报的75个课题研究试点项目随之启动。近期，中国民航高质量发展研究中心常务副主任李晓津一直在为首批申请结题的26个项目的效果评估工作忙碌。他表示，评估结果整体良好。"以南航为例，南航将指标体系课题研究与试点工作和小发明、小革新、小改造、小设计、小建议'五小'创新工作相结合，实现了数字化、信息化与管理创新水平的提升。"指标体系贯彻新发展理念要求，聚焦民航高质量建设目标，坚持以深化民航改革为抓手，体现了对高质量发展综合效益的引导，力求使民航高质量发展的理念更清晰、导向更明确、制度更完善、路径更明晰、效益更凸显，从而基于此开展绩效评价和政绩考核。按照指标体系聚焦民航高质量建设八个基本特征，对民航高质量发展阶段进行全面评价，结果表明其中五个基本特征已处于成熟期或成长期，我国目

前基本具备了单一航空运输强国特征，发挥了指标体系引导、评估、考核的作用。

民航高质量发展是服务品质不断提升的发展，服务标准是满足人民美好出行需要的标准。5年来，以《提升民航服务品质工作方案》为抓手，围绕坚守真情服务底线和补齐服务品质短板，聚焦人民群众需求和关切，民航局共推出67项改革任务。民航局以公开承诺方式引领行业践行真情服务理念，连续5年开展服务质量专项行动，强化真情服务能力，打造服务品牌，狠抓航班正常、服务质量提升，推动无纸化便捷出行、旅客出行信息告知、规范客票退改签等12项便民措施逐项落地，并关注航空公司飞行事故征候万时率、公司原因航班不正常率、旅客投诉万人率、正班执行率、基金缴纳率"五率"水平，在差异化安检、优化中转服务、空铁联运等方面进行探索。与此同时，《残疾人航空运输管理办法》出台，"军人依法优先"通道实现运输机场全覆盖，母婴室建设进一步完善，累计为人体捐献器官开通航空运输绿色通道5149次，特色服务水平明显提升。2019年3月，"12326"民航服务质量监督电话正式开通，国内航空公司投诉响应率达到100%，旅客投诉渠道更加畅通。与之相对应的是，自2017年以来，民航服务质量满意度逐年上升，2019年民航服务满意度在全国生活性服务业重点领域位居第二。

高质量发展是资源最优化的发展。长期以来，我国民航一直面临资源的供需矛盾，建立精准、合理、量化的资源管理体系至关重要。民航局空管行业管理办公室相关负责人告诉记者："近几年来，航班时刻资源使用效率持续提升，资源结构持续优化，资源管理更加透明、规范，政策更加协同。"这样的变化何以发生？"十三五"时期，民航局坚持修订完善《航班时刻管理办法》，加强规范管理，以预先飞行计划管理体系建设为抓手，以统一受理程序、统一受理标准、统一受理时间为标准，以"航权、时刻、预先飞行计划三网融合"系统建设为平台，以运管委为核心，空管、机场、航空公司为主体的三方协同决策系统及机制建设为契机，以航班时刻次级市场改革为助力，采取多项改革措施，按照市场化、差异化、精准化原则进行航班时刻管理，使每个航班时刻发挥最大功效。随着机场网、航线网、运行信息监控网建设不断推进，多个高密度机场的放行正点率大幅提升，23个时刻主协调机场的时刻执行率进一步提升至96%，远高于全球平均水平，单个航班时刻的可利用座公里数、平均客座率不断上升。目前，我国航班正常率连续3年超过80%，2020年达88.52%，较"十二五"末提高20个百分点，民航服务满意度逐年上升，从一个侧面反映出民航资源市场化配置水平的不断提升。

高质量发展是创新的发展。规章标准的科学性和先进性是民航高质量发展的一个重要体现。面对新形势对规章标准建设提出的新要求，民航规章标准也在随着行业变革与时俱进、不断创新，行业标准管理本身也是改革内容。民航法规与标准化研究所所长张清春越来越感受到行业标准管理改革工作的价值："对规章标准提出更高要求是发展质量提升的表现。相应地，行业标准管理改革也会进一步提升规章标准的合法性、权威性和可操作性，进而促进高质量发展"。2019年3月，《民航行业标准管理改革工作方案》被正式纳入《深化民航改革工作方案》，对创新标准化管理体制机制和方式方法、构建新型民航标准体系等提出要求，旨在通过行业标准管理改革，为产业发展提供更好的标准化服务，有效支撑民航高质量发展。在推进行业标准化改革工作过程中，形成了"抓质量、保安全、促发展"的总体思路，在发展标准、安全标准、运行标准等方面取得明显成效。以适航审定工作为例，近年来，C919大型客机的研制与我国民用航空工业的深入发展对适航审定能力提出了更高要求，完善适航法规标准体系成为提升适航审定能力的题中之义。民航局航空器适航审定司相关负责人介绍："'十三五'期间，共完成6部适航规章、89份技术标准规定、11份管理程序、8份咨询通告以及12卷技术类适航审定手册的编制工作，形成了较为完善的适航法规体系，为我国适航审定工作的开展奠定了坚实基础。"

据统计，"十三五"时期，十大专项改革方案与1/3的专题改革方案都涉及制度建设。而在已完成的制度建设成果中，75%以上均为根据形势变化和工作进展而进行的制度创新。深化民航改革引发的制度变革已然体现在民航发展的多个领域，改革成果通过规章优化、标准转化与制度固化逐渐落地生根，民航法规标准制定正朝更加成熟、更加定型的方向发展。

## 以优的结构提振效率变革

发展不平衡、不充分与人民美好航空出行的矛盾是行业面临的重大问题。5年来，民航局党组以供给侧结构性改革为抓手，不断优化民航发展结构，使运输结构、机场结构、航线结构得到明显改善，从而推动民航发展的效率变革。

优的结构首先体现在合理均衡的运输结构上。近年来，中国民航采取一系列"控总量、调结构"改革措施，大力调整航班结构，严控运力增量，鼓励"客改货"，支持国产民机商业化运营，有序引导机队布局，引导促进国际地区飞行、干支线飞行协调发展。2020年，国产ARJ21飞机全年新增订单150架，交付24架，创下历史新高。自交付以来，ARJ21飞机已经安全运送旅客180万余人次，累计通航71座城市，运行128条航线，展现出国产民机的发展潜力。5年来，我国民航机队规模达6 747架，国产民机在支线机队中的比例达33%，国产民机的发展正是航空运输结构优化的一个缩影。

通用航空是国家战略性新兴产业体系，提升通用航空服务能力也是专项改革任务之一。5年来，民航局紧密围绕"放管结合、以放为主、分类管理"的发展思路，围绕创新通航发展政策、提升通航保障能力、改善通航运营环境、拓展通航服务领域、转变通航监管体系等方面，以法规体系重构作为抓手，推出91项改革任务，采取明确通航监管边界、降低通航经营许可准入成本、放宽通用机场准入限制、完善通航企业管理体系等措施，使束缚通用航空发展的体制机制障碍得到了切实破除。5年来，行业新增运输飞机1 253架、通用航空器940架。到2019年，我国通航企业由320家增加至478家，飞行小时年均增长率达到12%，通航业务量年均增长13.7%，高于运输航空

2.7个百分点。"'十三五'期间，通过深化通用航空'放管服'改革工作，公共运输航空与通用航空的两翼结构更加均衡。"民航局运输司相关负责人如是说。

随着运输结构的不断优化，中西部机场、支线机场旅客吞吐量增速分别快于全国7.9个、76.9个百分点，多个支线机场迈上年旅客吞吐量100万人次的台阶。

优的结构直接体现在机场体系的提质增效上。"十三五"期间，以《提升枢纽机场运行质量和效率工作方案》为抓手，以四型机场建设为目标，以北京大兴机场建设为标杆，枢纽机场质量效益改革不断推进。2020年12月26日是于田万方机场工程建设指挥部指挥长李毅刚期盼已久的日子，于田万方机场在这一天正式通航。至此，这个地处塔克拉玛干沙漠南缘的贫困县融入全国航空"同心圆"，天涯不再远。事实上，于田机场的正式通航只是民航优化机场结构的一个范例。5年来，在规模上，以需求为导向，加强基础设施供给，我国共新建、迁建运输机场43个，全国颁证运输机场数量增至241个，全国千万级机场达到39个。在容量上，努力提升综合机场保障能力，加快实施国家空域体制改革方案并加强空管自身改革。5年来，我国新增跑道41条、航站楼588万平方米、机位2 300个、航油储备能力5.3万立方米，机场新增设计容量约4亿人次，总容量达14亿人次。在定位上，根据不同类型，明确机场的功能定位、属性定位和管理定位，机场结构发生明显变化。随着区域民航发展战略和枢纽机场建设规划不断完善，京津冀、长三角、粤港澳大湾区世界级机场群协同发展深入推进，北京首都、上海浦东、广州白云等机场国际枢纽功能完善，乌鲁木齐、昆明等区域枢纽机场发展迅速。与此同时，中西部和支线机场建设同样得到重视，机场体系结构更加均衡。"十三五"期间，中小机场时刻增速达到高密度机场的4倍，西部地区航空的比较优势得到更好发挥，胡焕庸线两侧发展更加平衡。近年来，为践行"人民航空为人民"理念，民航局对三州三区、边疆边境、东北地区、地面交通欠发达和偏远落后地区中小机场的支持力度不断加大。目前，贫困地区运输机场已达74个，贫困地区的人口覆盖率达82.6%。

优的结构同样体现在航线网络的日益完善上。"目前，大兴机场的空域承载能力已经能够满足吞吐量4 500万人次的需求。"民航华北空管局大兴空管中心副主任颜晓东表示，大兴机场相关空域调整东西纵贯1 350公里、南北横跨2 200公里，调整航路航线200余条、班机航线走向4 000多条，为中国民航史上范围最大。除大兴机场外，广大相关地区的空域资源保障能力和运行效率同样得到提升。"十三五"期间，空管改革以"四强空管"为目标，围绕提升空域资源保障能力，推出了85项改革任务，航线结构优化是其中的一个突出亮点。按照"东部扩展、西部延伸、南部分流、北部拉直、中部疏通"思路，空域结构全面优化，空域精细化管理改革成效显著。"10+3"空中大通道建设过半，京昆、广兰、沪兰、沪哈、中韩、成拉等空中大通道建设及陕甘青、京津冀、滇黔桂和海南、厦门等地区空域优化工作陆续完成，干线路网布局步入良性循环。在航线布局中，民航局以枢纽建设为牵引，积极服务国家战略，重点围绕国际枢纽和区域枢纽，实现直辖市、省会级城市间的航线连接；引导航空公司深耕支线市场，实现干支相互促进的良性循环；优化国际航线网络布局，突出服务国家"一带一路"建设。5年来，共新开辟航路航线263条，全国航路航线总里程达23.7万公里，新增航路里程3.8万公里，空域承载能力大大提升。

## 以强的动能实现动力变革

动力决定发展速度，动力激发发展效能。5年来，民航局以"放管服"改革为抓手，通过开放赋力、科技给力、人才助力，为民航高质量发展注入了强劲动力。

民航高质量发展是开放的发展。民航业是国际性行业，始终走在对外开放的前列。"十三五"时期，中国民航通过外商投资民航业负面清单管理模式，全面参与自贸协定、投资协定谈判，制定支持国家自贸试验区、自由贸易港、服务贸易发展等试点建设的民航措施，规范外国航企代表机构管理等不断提升开放水平，并努力构建结构优化、多元平衡、枢纽导向型的航权开放格局，不断提升与各个国家和地区在多领域的合作质量。作为ICAO一类理事国，我国还积极发挥自身影响力参与相关事务，中国民航的国际影响力、国际竞争力不断提升。"此次新冠感染疫情防控期间，我国积极参与防疫抗疫和推动国际民航业复苏，与50多个国家和地区的民航主管部门、58家境外航空公司分享了疫情防控经验。"民航局国际司相关负责人表示。在更加开放的状态下，2015-2019年，中国民航国际航线数量从660条增至953条，国际网络进一步完善；中国航空承运人国际客运市场份额从46%增至53.3%，到2019年，我国民航国际业务量占总业务量的35.8%，国际竞争力显著增强。截至2020年，我国已与128个国家或地区签署了双边航空运输协定，其中"一带一路"沿线国家100个，与64个国家保持定期客货运通航。

民航高质量发展是依靠科技进步的发展。"十三五"期间，民航局制订了《提升民航科教支撑能力工作方案》，以提高科教基础支撑能力为重点，以体制机制改革为动力，共计推出了124项任务。5年来，22个民航专业重点实验室、工程技术中心得到认定，10个"四型"科研院所和"五大"基地建设通过评审，科研基地布局不断优化。2019年8月，民航科教创新攻关联盟在京成立，联盟与中国科学院、北航、华为公司等22个行业外著名高校、科研机构开展研究合作，积极参与南北民航科技创新示范区建设，为加强科技创新搭建了新的平台。通过推进成都天府、北京大兴等地民航科技创新示范区建设，与天津市合作建设国家级民航科技成果转化示范基地，召开全国民航科教创新大会，举办民航科教创新成果展等举措，科技创新的优势力量不断集聚，民航科技创新平台建设发展体系正逐步建立。同时，随着大数据战略和网络安全工作的推进，智慧民航建设不断加强，各项科技成果广泛应用。无纸化乘机、行李全流程跟踪系统使旅客出行便捷度大大提升，特别是新冠感染疫情防控期间，智能测温系统、消杀设备与智能巡逻机器人等科技创新成果得到广泛应用，展现出特殊时期的特殊力量。

　　民航高质量发展是依靠高素质人才的发展。五年来，全行业通过在民航主要科技创新领域全面开展领军人才、拔尖人才、创新团队培养遴选工作，推进民航特色新型智库、民航国际人才库建设，不断加强高水平科技创新人才队伍建设。民航飞行校验中心主任刘清贵近日入选了民航局2020年享受政府特殊津贴人员名单。他表示："作为民航局特聘专家之一，我曾通过多种方式为民航高质量发展出谋划策，也在这一过程中感受到了民航局对于专家意见和人才的重视。"在"民航科技创新人才推进计划"的实施下，目前已有6名人才入选国家"万人计划"，5名人才入选科技部"创新人才推进计划"。同时，以五大民航院校为平台，坚持开放办学理念，推进民航院校省部（局）共建，支持民航院校开展特色"双一流"建设，民航院校内涵式发展不断推进。民航监察员培训学院的设立与民航党校班、中字头管理培训班、发展政策研修班等培训品牌项目的不断壮大，也为民航人员资质能力建设添砖加瓦。5年来，中国民航共培养飞行员2.8万人，培养机务、空管、签派人员共7.4万人，"十三五"末直属院校在校生规模达7.8万人，专业技术人员培养能力不断提升。

　　"十三五"时期是中国民航安全纪录最好、发展增量最大、综合效益持续提升、运行服务品质持续提升、科教创新成果不断涌现、行业战略地位和作用持续增强、应对风险挑战和完成重大任务不断取得突破的一个重要时期，全面深化民航改革工作功不可没。"十四五"启幕，多领域民航高质量建设的新征程已经开启，全面深化民航改革将推动民航高质量发展继续行稳致远。

（刊载于2021年2月24日《中国民航报》 记者 潘瑾瑜）

# 提升行业治理能力：深化民航改革的总体目标

中国民航报

"十三五"是我国从民航大国到民航高质量建设战略进程的关键阶段。5年来，民航局党组把提升行业治理能力作为深化民航改革的总体目标，进一步破除制约行业发展的体制机制性障碍，在对照民航高质量建设战略目标中谋划行业治理体系和治理能力建设的重点任务，制定了一系列有利于促进行业调整结构、提质增效、转型升级的政策措施，建立了有利于提高政府行政效率、增强行业监管能力的体制机制，构建了有利于激发市场活力、规范市场行为的法规体系，行业宏观调控更加精准、法治建设更加全面、政务服务更加高效、应急处置更加快捷。行业治理能力的显著提升，成为"十三五"民航改革成效的主要标志。

## 宏观调控更加精准

2020年的最后一个月，民航局陆续下发的两份通知，引发了社会关注——"放"开3家以上（含3家）航空运输企业参与经营的国内航线的旅客运输价格，强化市场决定价格的机制；与市场监管总局建立民航价格监管合作机制，加大价格监"管"力度，切实维护航空运输市场公平竞争的良好秩序，保护消费者合法权益。

"要坚持正确处理政府与市场的关系，做好价格方面宏观调控的'加减法'，把该放的放开，该管的管住。"民航局计划司主要负责人深有感触地说。价格改革领域的一"放"一"管"是民航宏观调控能力不断提升的缩影。5年来，民航局持续推进国内航线运输价格改革，不断扩大市场调节价航线范围，进一步强化了市场决定价格的机制，形成了基于市场的、高效的资源配置方式。

行业治理是一门科学，管得太死，一潭死水不行；管得太松，波涛汹涌也不行。5年来，民航局把是否有利于提高民航安全水平、质量和效益作为检验改革成效的最终标准，不断增强宏观调控能力，让"无形的手"与"有形的手"有机结合，实现航空运输市场持续、稳定、健康发展。

无论是"精准控"还是"精细调"，民航局始终牢牢坚守"发展为了人民"的理念，以满足人民群众美好出行需求为目标。为了牢牢守住安全底线，确保行业发展稳中有进，"十三五"期间，民航局保持"控总量、调结构"的战略定力，探索"精准控"，严把航空公司设立关、运力引进关、航班时刻分配关、专业人员资质能力关，有效缓解了快速发展与保障能力不足的矛盾；探索"精细调"，通过完善核准航线的宏观调控措施，更好兼顾支线机场通达性诉求和支撑枢纽机场建设目标。同时，优化时刻管理政策，精准调控时刻使用，引导促进国际和地区飞行、干线和支线飞行协调发展。"十三五"期间，中小机场时刻增速4倍于高密度机场，行业结构得到优化。2020年，受疫情影响，民航企业效益大幅下滑。为给企业纾困，民航局和相关部门迅速出台"16+8"一揽子扶持政策，涉及财政支持、行业政策、货运政策等方面，给航空公司年减负约100亿元。这一改革创新之举，稳定了行业发展的基本盘。

宏观调控的主要目的，是让市场迸发活力。枢纽机场运行治理与效率提升专项改革方案的总召集人、民航局机场司主要负责人告诉记者，围绕构建现代化机场体系，加快"四型机场"建设，着力优化机场资源配置，促进机场体系提质增效，改革方案以枢纽机场为重点加大投资支持力度，出台政策、方案支持机场飞行区、航站区和空管等基础设施建设，枢纽机场基础设施保障能力显著提升，有效缓解了快速发展与保障能力不足的矛盾。民航局还修订民航中小机场补贴办法，加大对三州三区、边疆边境、东北地区、地面交通欠发达和偏远落后地区中小机场的支持力度，贫困地区运输机场达到74个，通用机场40个，贫困地区的人口覆盖率达到82.6%；出台配套政策，扩大实行特殊政策的支线机型范围，每年减轻旅客出行成本2.4亿元，惠及近500万名旅客，推动了支线航空发展，增强了运输航空发展的平衡性协调性。

## 法治建设更加全面

法治建设能力是行业治理能力的重要方向。自"十三五"以来，深化民航改革工作进一步强化法治思维，运用法治方式推进改革进程，严格遵守法规要求规范改革行为，通过完善法规体系体现改革成果。5年来，民航法治建设各项工作贯穿于多个改革方案之中，法治建设有序推进，行政立法能力与执法能力显著提升，法治建设固根本、稳预期、利长远作用进一步发挥。

监察员队伍是民航行业治理的主要力量。近年来，随着行业运行规模的不断扩大，运行主体日益多样，运行模式日渐复杂，传统的监管模式已无法适应需求。如何提高执法能力？在落实提升民航行政管理能力工作专项工作方案中，民航局坚持创新引领监管执法改革，创新了精准监管、信用制度、法定自查、非现场监管等一系列工作方法，监管能力持续提升，执法水平不断提高。

比如，规划了以明晰监管责任为核心，以精准监管为目标，以监管事项库为基础的行政检查、检查计划灵活调整和融合、企业问题原因系统性分析、民航行政机关非现场监管和民航单位法定自查等五项制度为支撑的行业监管模式改革，确定了试点、试用、推广的工作节奏，稳步推进监管改革工作。在精准监管方面，深化精准监管理念，从微观监管向宏观监管、从盯人盯事向盯组织盯系统、从侧重技术监管向侧重治理体系监管转变。在信用管理方面，建立了涵盖供给侧和需求侧双方面的信用管理体系，通过建立严重失信行为记录制度并实施信用惩戒，督促企业诚实守信。目前，累计共有6家单位和43名个人被记入严重失信记录。通过对因在机场或航空器内实施9种危及民航安全的行为被公安机关处以行政处罚或被追究刑事责任的旅客限飞，防范旅客违法行为对民航飞行安全的不利影响，已累计限飞19593人，有力维护了航空安全环境。

为了加强监察员资质能力建设，2020年1月1日，《关于进一步加强监察员资质能力建设的实施意见》及其配套文件《中国民航监察员行政执法能力考评暂行办法》正式施行。两个政策文件涉及对监察员资质能力建设、培训体系重构等方面的改革调整，紧扣民航局党组"加压、减负、撑腰、充电"要求，是民航局党组对监察员资质能力建设的重要举措。

自"十三五"以来，民航法治建设还着眼于必备的制度，将优化营商环境作为法治建设的重要内容。5年来，《民航优化营商环境实施细则》印发，民航优化营商环境制度保障更加完善，进一步激发了市场主体发展活力。民航外资准入负面清单缩减至3项，以行业高水平开放推动有关国家提升开放水平。同时，与《外商投资法》不符的政策措施全面清理，民航局外商投资安全审查工作机制建立，为民航实现高质量"引进来"和高水平"走出去"提供政策支持。

"我们坚持规章标准与时俱进，理顺行业立法工作程序，建立5年规划机制，加强年度立法计划执行力，形成了以1部民航法为核心、26部行政法规和法规性文件、108部行业规章、36项国家标准、246项行业标准、64项团体标准为主体的法规标准体系。"民航局政法司主要负责人介绍说。

## 政务服务更加高效

2020年民航局政府网站、民航行政审批服务平台分别被评为"2020年度中国政务网站优秀奖"和"2020年度'互联网+政务服务'典型案例（十佳）"。

成绩令人鼓舞，背后的努力可圈可点。推进行业治理体系和治理能力现代化是一项系统工程，需要多措并举、多方发力，而加快数字政府建设是重要内容。5年来，民航局认真落实国家关于推进"互联网+政务服务"工作的有关部署，按照深化民航改革工作方案的计划和要求，全面开展了政府门户、行政办公、政务服务等系统建设、数据融合和技术支持工作。

一方面，建立民航行政审批服务平台，建立标准化网上审批流程，实现网上申请、受理、办理、办结、公示及全过程查询，"互联网+政务服务"进一步深化，为最终实现"一网通办"奠定基础。另一方面，以助力提高行业治理能力为目标，持续提升门户网站政务公开和公共服务水平，及时在政府网站发布疫情相关新闻、民航疫情期间退票政策、乘机知识，宣传民航疫情防控工作中各单位的做法举措和涌现的先进事迹，公开办事结果信息。

服务好不好，群众说了算。2020年，民航局出台政务服务"好差评"管理办法，建立起以评价、反馈、整改、监督等为主要内容，综合运用线上、线下等多种方式的政务服务评价机制。这意味着政务服务绩效由企业和群众评判的制度基础建立。民航行政机关能够全面及时准确了解企业和群众对政务服务的感受和诉求，主动接受社会监督，体现了民航局"放管服"改革"刀刃向内"的勇气和不断优化民航营商环境、提升民航政务服务质量的决心。

事实上，"十三五"深化民航改革很多都是"刀刃向内"的自我革命。大力简政放权，先后取消4项行政许可、3项工商登记前置审批和7项行政审批中介服务事项，下放新建通用机场和部分运输机场改扩建项目审批权限，优化投资项目审批权限；持续放宽行业市场准入，建立民航市场准入负面清单制度，清单条目由2015年的67项缩减到2020年的33项；在自贸试验区稳步推进民航"证照分离"改革试点，精简民航涉企审批事项，优化审批服务，为企业开展民航经营活动提供便利……民航行政机关的政府职能在发生深刻转变。

## 应急处置更加快捷

2020年，中国民航史上规模最大的机场应急救援综合演练在浦东机场举行。这一名为"敬畏2020"的演练，涉及19个环节12个科目，是全要素实战演练，民航局派出督导组对演练科目进行专项督导。演练内容模拟一架飞往上海浦东机场的国际航班进入上海管制区后，机场接到匿名电话，声称在机上安装有炸弹。机组获悉后，在空中实施排查，在行李架上找到一件无人认领行李。演练根据当前入境疫情防控全闭环管理的要求，模拟演练了对未受伤人员的现场处置、闭环转运安置与疫情防控的保障流程。整个演练过程14家单位、800余人参演，动用空客A330客机和搬移飞机各1架、直升机3架、消防和医疗急救等各型车辆100余台。

应急处置能力是行业治理能力的重要方向。提升应急处置能力是"十三五"深化民航改革的十大专项方案之一。5年来，为了补齐应急处置能力短板，专项改革围绕应急管理"一案三制"建设，健全应急工作的规章制度，理顺应急工作的管理体制，强化应对突发事件的工作机制，完善应急预案体系与预案，共计推出49项改革任务，完成率100%。

应急处置能力的提升有目共睹。5年来，通过深化改革，推进应急管理平台等信息系统建设，完善联动机制，提升协同处置能力。开展应急救援实训基地建设，建立、落实定期应急演练制度，行业应急演练水平大幅提高。推动消防救援、高高原救援能力建设，航空救援能力稳步提高。全面普查机场、通航企业应急资源，完善资源征用补偿机制，加强应急资源保障。5年来，民航妥善应对了"5·14川航挡风玻璃空中爆裂"等紧急突发事件。

2020年，新冠感染疫情突如其来。抗击新冠感染疫情，是对国家治理体系和治理能力的一次大考。在这场大考中，全行业主动作为，不断提高管控危机、恢复市场、稳定预期的能力，行业治理能力经受了严峻考验，向党和人民交上了合格的答卷。当新冠疫情发生后，民航全面参与中央应对新冠感染疫情工作领导小组、国务院联防联控机制、首都严格进京管理联防联控协调机制相关工作，并采取有针对性的防控措施，加强对全行业疫情防控工作的统筹协调，先后出台客票免费退改政策，加强应急运输保障，及时将医疗人员和物资运往湖北，筑起了应急运输的"生命线"。随着国内疫情逐渐进入下降期，民航局及时修订下发防控技术指南，指导航空公司、机场实施分级分区、差异化的防控策略。民航局主动作为，推出一揽子应对新冠感染疫情支持政策，帮助航空企业恢复生产；鼓励航空公司、机场通过"点对点"包机、机场单独通道等方式，做好重点群体返岗运输保障；加快推进民航基础设施项目开工复工；大力提升我国国际航空货运能力，服务我国国际供应链保通保运保供，当好复产复工的"先行官"。为了最大限度遏制境外输入性风险，依法激活了休眠30多年的有关第一入境点机场的法条，在我国民航史上第一次采用增加第一入境点的方式分流首都机场国际客运航班，出台国际客运航班"五个一"政策，又根据实际情况及时调整国际航班"五个一"政策，实施熔断奖励措施……在这场大考中，行业应急能力得到了检验和提升。

唯创新者进，唯创新者强。进入"十四五"，推进行业治理体系和治理体能力的现代化仍然在路上。民航将通过深化改革，进一步推动行业治理效能提升，努力开创民航高质量发展和民航高质量建设新局面。

（刊载于2021年2月25日《中国民航报》 记者 肖敏）

# 科学方法论：深化民航改革的成功密码

中国民航报

  深化民航改革是化解民航发展面临的深层次矛盾的"活力之源"，是破除制约发展的体制机制障碍的"重要法宝"，是确保民航高质量建设顺利"转段进阶"、促进民航高质量发展的"关键一招"。自"十三五"以来，民航局党组坚持以习近平新时代中国特色社会主义思想为指导，持续有力开展深化民航改革工作，形成了一整套科学工作方法，推动中央改革工作部署涉及民航任务全面贯彻落实，民航总体工作思路全面落地，行业治理体系和治理能力显著提升，特别是改革成果制度转化效应突出，民航局机关更加高效协调运行。进入"十四五"，我国进入新发展阶段，民航高质量建设也从单一航空运输强国向多领域高质量民航"转段进阶"，坚定不移地推进"十四五"深化改革仍然是民航工作的重中之重。为进一步凝聚思想、增强改革工作信心决心，本报从今日起开设《改革增动力 发展有活力》专栏，将陆续刊发多篇报道，呈现"十三五"深化民航改革工作的主要做法、主要成效、工作经验和"十四五"深化民航改革工作重点，为"十四五"深化民航改革工作营造良好氛围，努力开创民航高质量发展新局面。

  民航安全纪录最好，发展增量最大，综合效益和运行服务品质持续提升，应对风险挑战和完成重大任务不断取得成绩……刚刚过去的"十三五"，中国民航再次交出了令人振奋的成绩单，我国基本实现从民航大国向单一航空运输强国的跨越。

  "坚持深化改革是'十三五'民航稳中有进的关键一招。"民航局党组书记、局长冯正霖在总结民航"十三五"成绩和经验时表示。5年来，民航局党组坚持以习近平新时代中国特色社会主义思想为指导，坚持运用改革思维推进各项工作，形成了一整套从改革顶层设计、工作管理，到改革任务、成果巩固改革的工作方法。这一科学方法成为推动"十三五"民航高质量发展的成功密码。

## 找准深化改革的〝导航仪〞

  "十三五"是从民航大国到民航高质量建设战略进程的关键阶段。然而，行业快速发展与资源保障能力不足的矛盾仍然存在，发展不平衡、不充分与满足人民群众美好出行需求的矛盾日益凸显。

  时代出课题，改革给答案。深化民航改革是化解民航发展面临的深层次矛盾的"活力之源"。但深化民航改革工作涉及方方面面，可谓千头万绪。深化民航改革的航船应该如何行驶？

"坚持问题导向与目标导向相统一，是我国改革开放40多年成功经验的总结，这也是我们'十三五'深化改革必须牢牢把握的科学方法。"冯正霖指出。

目标是方向，问题是导向。要发挥改革工作"关键一招"的重要作用，首先必须明确改革目标。坚持目标导向，就是要始终坚持推动民航高质量建设战略进程和实现民航高质量发展，聚合力、增优势。坚持问题导向，就是要把握民航高质量建设从单一航空运输强国向多领域航空强国迈进这个关键，从问题着力确定改革任务和改革路径，补短板、强弱项，把落实党中央要求与满足行业发展需求、基层期盼统一起来。2016年初，民航局党组把落地落实"十三五"时期"一二三三四"民航总体工作思路作为改革的主攻方向，围绕践行"发展为了人民"理念，推动公共运输航空与通用航空"两翼齐飞"，完善机场网、航线网、运行信息监控网"三张网络"，补齐空域资源、民航服务品质、适航审定能力、应急处置能力"四个短板"，研究制定了《关于进一步深化民航改革工作的意见》，提出了安全监管等十个方面的40项改革任务。

《意见》成为"十三五"时期深化民航改革之纲。对标《意见》，深化民航改革领导小组制订了提升安全监管能力、枢纽机场运行质量和效率、运行信息监控能力、空域资源保障能力、民航服务品质、适航审定能力、应急处置能力、通用航空服务能力、民航行政管理能力、民航科教支撑能力等十大专项改革工作方案，并针对这十大专项方案，持续扩充出N个专题方案，确立了"1+10+N"的深化民航改革工作总体框架。

"1+10+N"这一顶层设计的总体工作框架犹如深化民航改革的"导航仪"。其中，保持1不变、10基本稳定，N则根据实际改革工作需要持续扩充，确保深化民航改革工作基本覆盖民航主要工作领域。例如，2020年，尽管民航疫情防控工作"组合拳"取得了明显成效，为全国复工复产大局提供了有力支撑，但是也暴露出民航应对突发公共卫生事件能力的短板。因此，2020年，在N中新增《提升民航应对突发公共卫生事件能力工作方案》，进一步凸显改革攻坚克难的关键作用。

"X合一"的动态修正机制是"导航仪"的"矫正器"。5年来，改革工作方案修订方式从最初的"三合一""四合一"调整为"五合一"。这种以"X合一"方式归并集成民航年度重点任务、全国民航工作会议代表意见建议、全国两会民航行业代表委员意见建议、改革评估相关建议以及上一年度未完成改革任务，确保了中央改革工作精神、民航局党组工作部署、人民群众对民航工作的关切在深化民航改革工作方案中得到全面体现，确保了改革工作始终对准目标发力，瞄准问题出招。

## 种好改革方案的"责任田"

"十三五"深化民航改革工作的一个突出特点是各个领域各个环节改革的关联性和互动性明显增强。5年来，10个专项改革方案与25个专题改革方案基本是你中有我，我中有你。比如，在《推进四型机场建设工作方案》中，以机场建设管理为核

心，串联汇聚了安全监管、运行信息监控、空域资源保障、服务品质提升、科教支撑等多方面内容。安全监管、枢纽机场建设、适航审定、通航服务、行政管理等专项工作方案的成果，就为2020年新制定的民航"十四五"规划编制的专题改革工作方案提供有力支撑。

实现"十三五"深化民航改革蓝图，必须画好改革同心圆，谱就改革协奏曲，建立一套有力的改革工作管理机制，确保各方力量全面调动，同频共振、相向而行。

5年来，民航局党组始终是改革工作的"主心骨"，发挥以上率下、整体推进、统筹组织的重要作用。局党组召开26次党组会议，深入研究推进30个重要领域和关键环节改革议题。党组书记从部署改革任务、改革方案到关键环节的协调、落实督办，亲力亲为。党组成员分别担任40项改革任务工作组组长，深入行业开展多次改革工作调研，仅2020年就近80次。在民航局党组整体统筹之下，全行业形成了思考改革、谋划改革、组织改革、推动落实改革的浓厚氛围。

2016年成立的深化民航改革领导小组是民航改革工作"指挥部"。5年来，改革领导小组组织召开了37次小组会议，印发了50份改革简报，根据需要成立了28个改革工作组。改革领导小组决策部署、改革领导小组办公室统筹推动、改革工作组协同落实的工作推进机制逐渐形成。其中一个突出的亮点是，改革领导小组运用改革思维，借鉴现代管理方法，创新建立了横向"总召集"机制，以责任落实和任务导向来推进工作。

所谓"总召集"机制，就是每个方案的工作组由一个机关司局担任总召集部门，该司局主要负责同志担任总召集人，按照项目管理方式统筹推进本组改革任务。改革方案的总召集人是深化民航改革工作的"主力军"，首先要负责种好改革方案的"责任田"，起到统筹领跑的作用，同时，对于别人负责的"责任田"，也要深度参与，贡献力量。

民航局运输司主要负责人既是提升民航服务品质和提升通用航空服务能力两个工作方案的总召集人，又是提升安全监管能力等工作方案的工作组成员。他表示，作为总召集人，要发挥总协调作用。特别是当具体改革任务存在分工不明时，要更加注意把握问题导向，明确任务，确保工作组成员各司其职、各负其责，又密切配合、相互支撑。而自己作为其他工作方案的工作组成员，也要根据职责，积极配合方案总召集人完成相应分工任务的推进。"总召集制度统筹了改革资源和力量配置，充分调动了改革工作的积极性、参与性。"民航局运输司主要负责人深有感触地表示。

### 唱响狠抓落实的"最强音"

一分部署，九分落实。全面深化改革工作重在落实，也难在落实。5年来，深化民航改革工作坚持自我加压和社会评价相结合，创建了一套"督、查、评"多管齐下的改革工作落实机制，唱响狠抓落实的"最强音"，真正确保改革举措盯紧盯住、改革方案落实落细。

督查有力度，也有温度。改革领导小组办公室认真当好领导小组的参谋助手，改革争在朝夕。按照"选点准、标准严、行动快、效果实"的标准，先后对机场巴士运营模式、通航"放管服"等10余项改革任务开展专项督查，以"督"促改，以"查"推改，密切跟踪重点改革任务的进度、成效，协调解决改革重点任务落实中的困难和问题，该提醒的提醒、该要求的要求，实现专项督查闭环管理。

改革领导小组一方面每年编制年度改革方案修订工作指南，确保改革任务清、重点明、可操作；另一方面，每两个月左右召开一次小组会议，分析各工作组改革工作情况，同时选取成效突出的工作组作专题汇报，在激励自身的同时发挥示范引领作用。

为了弥补单纯依靠"供给导向"传统改革思维定式的不足，改革领导小组还邀请行业专家参与改革评估、通过网络平台开展公众问卷调查等方式吸收各方意见，开启了公众"需求导向"的改革新理念。同时，从方案设计、组织实施、改革成效3个方面和10多个维度设计了量化评估指标体系，开创性引入专业、中立的第三方参与改革评估。

"我们主要是根据指标体系全面、客观、准确地评价改革是否促进了行业发展、是否给市场带来活力、是否给人民群众带来了实实在在的获得感。"第三方评估组主要负责人告诉记者。5年来，第三方评估组共推出5份评估报告，作为修订改革方案、完善改革举措的重要参考。第三方评估组成为改革工作接受行业和群众监督的重要桥梁，对改革落实起到了有力推动作用。

## 筑牢改革成果的"稳定器"

经验表明，巩固和深化在解决体制性机制性障碍、政策性创新方面取得的改革成果，必须依靠制度筑牢改革成果，推动各方面制度更加成熟更加定型。这意味着改革中的各项任务，不仅要以钉钉子精神逐一研究解决，更需要通过建章立制和立法立规，把有效的措施固化为制度规范，筑牢深化改革成果。

"十三五"深化民航改革一个重要特点是始终以制度建设为主线。在顶层设计阶段，改革领导小组高度重视改革成果制度转化工作，十大专项改革方案和三分之一的专题改革方案都涉及制度建设。5年来，1 574项改革目标任务中，明确提出制度建设目标的改革任务有231项，涉及231部制度文件的制定修订，较好地涵盖了通用航空发展、航空安全等行业发展的重点领域。截至目前，已经完成制定修订的制度文件170部。"本轮改革的制度建设目标完成后，民航法规规章体系的约三分之一都将得到更新。"负责改革办日常工作的民航局综合司主要负责人表示。

在改革推进阶段中，改革领导小组更是随着行业变革，及时处理好规章标准与民航发展之间的关系，坚持试点先行和制度转化相结合，确保民航规章标准建设与时俱进，制度规章执行令行禁止。以试点探索改革路径、突破制度障碍、提高改革效率，成为行业改革的鲜明特点。

5年来，民航局共组织开展34个改革试点项目，除1项关闭外，各项试点任务总体推进有序，8项试点已顺利完成，其余25个试点仍在持续深化开展，均取得了阶段性成效。比如，东北地区通用航空管理改革试点、中南地区经营许可与运行许可联合审定试点，都取得了创新性的制度成果，发挥了试点改革示范引领效应。如今，"放管结合、以放为主、分类管理"的通航管理改革稳步推进，分级分类管理进一步落实，审批流程更优化，许可审批效率提高，通航短途运输开展如火如荼，无人机探测、农林喷洒等通航作业也在走向普及，通航改革已经"放"出了发展活力。

制度具有全局性、稳定性，管根本、管长远。制度建设不仅是检验改革成果的重要标志，而且是行业治理效能的集中体现。5年来，民航局机关各部门最可喜的变化是制度转化的主动性显著增强。各部门根据形势变化和工作进展提出新制定的制度有165项，占全部已完成制度建设成果的75.3%。其中，70%以上的制度创新集中在提升安全监管能力、提升民航行政管理能力、提升民航服务品质、提升通用航空服务能力、提升适航审定能力等5个方面，充分反映出深化民航改革在多个领域引发的深刻变革以及制度建设成效。

从顶层设计到工作管理，从任务落实到成果巩固，探索形成一套科学的改革工作方法是"十三五"时期深化民航改革的重要经验，也是民航深化改革取得成功的重要前提。步入"十四五"，这一科学方法论将继续指引深化民航改革工作乘风破浪，破解制约民航高质量建设战略进程的难题，更加激发民航发展活力，更好地推进民航高质量发展。

（刊载于2021年2月19日《中国民航报》 记者 肖敏）

# 直挂云帆济沧海　策马扬鞭再出发

## ——华北空管局"十三五"规划发展侧记

中国民航报

北京首都国际机场旅客吞吐量连年突破1亿人次；北京大兴国际机场顺利投运，四条跑道"三纵一横"，年航班起降架次不断增加；北京"一市两场""比翼齐飞"，"天合地分、一址两场"军民航协同运行；北京终端区管辖面积扩大一倍，统筹协调"两市三场"九条跑道，支撑雄安新区建设的京津冀区域空中交通体系初步建成；完成全国民航史上最大范围空域调整，打通空中大动脉，新辟并调整航路航线200余条，华北地区扇区总数达到56个……

回望过去的5年，中国民航以举世瞩目的成就走在高质量发展的前列，华北空管局的发展史既是中国民航空管发展历程的缩影，更是中国民航落实"十三五"规划在空管领域的奋斗史，承载着一代代华北空管人为实现"四强空管"目标孜孜不倦的追求。通过5年的努力，华北空管局基本实现了安全高效、基础夯实、品质提升、队伍整齐四大目标。

### 保障水平稳步提升　安全运行平稳可控

华北空管局始终坚持稳中求进的总基调，牢记习近平总书记对民航安全工作重要指示批示精神，从严落实民航局26条措施和空管局27条措施，坚持党委常委会定期专题研究安全工作。全面贯彻"党政同责、一岗双责、齐抓共管、失职追责"的安全生产责任制度，强化责任落实，基本实现空管安全运行平稳可控，绷紧安全弦不松懈。

2016—2019年，华北地区年保障塔台起降量从1 216 854架次增加到1 524 422架次，增长25.28%；年保障量从4 545 421架次增加到5 531 386架次，增长21.69%（2020年受疫情影响，按照局方要求，北京航班数量有一定削减）。首都机场连续两年旅客吞吐量超过1亿人次，繁忙时段每40多秒就有一架飞机在这里起降，航班放行正常率由2016年的73.78%提升至2020年的88.28%。大兴机场投运后航班量逐步增长，第二阶段转场顺利完成，日高峰突破700架次。2017年，太原武宿机场和呼和浩特白塔机场双双进入旅客吞吐量千万级机场行列。华北空管保障能力一步一个台阶，扎扎实实不断取得新的突破。5年来，华北空管局未发生一起空管原因造成的航空器飞行事故和地面事故，空管差错万架次率比"十二五"期间年均值下降了5%，圆满实现了"十三五"安全目标。

在此期间，华北空管局圆满完成了G20峰会、"一带一路"国际合作高峰论坛以及党的十九大、新中国成立70周年系列活动等重大保障任务。在新冠感染疫情发生后，华北空管局保障抗疫航班运输，确保重要飞行任务万无一失，较好地服务了国家战略、民航发展，满足了广大人民群众的出行需求。

结合实际工作，华北空管局树立"让制度成为习惯，让习惯服从制度"的安全文化理念。让制度成为习惯，通过健全制度规范，实施刚性约束。华北空管局先后建立了安全形势分析会机制、运行质量监督巡查机制、安全生产运行管理质询机制、机关工作协调例会机制、绩效管理机制、基层安全培育机制、机关部室背书机制和机关携手基层保安全等8个机制。8个安全管理机制环环相扣，如同涡轮增压引擎，以强劲的动力带动华北空管局每一个齿轮规范运转。

让习惯服从制度，营造安全文化氛围，凝聚安全工作最大合力。有了制度的约束，要通过人的实践把制度规范落实到位。通过层层传导安全压力，层层落实安全责任，人人保安全、事事为安全的文化氛围在一线各个岗位上生根开花，"在岗1分钟，安全60秒"已成为一线职工的共识。华北空管局通过"党员身边无违章""党员一面旗"等安全文化活动，充分发挥基层党组织和党员在抓安全、保安全工作中的战斗堡垒作用与先锋模范作用，党建与安全工作深度融合，凝聚安全工作最大合力。

为加强一线从业人员作风建设，自2018年起，华北空管局出台了《空管从业人员工作作风指导手册》，对空管各专业的从业人员在上岗前、执勤中和离岗后的行为进行规范，为各专业人员的工作作风建设提供"说明书"，在空管系统内形成了示范效应。通过开展"六个一"活动（即组织一次学习研讨、撰写一份调研报告、开展一次经验交流、举办一次征文活动、举办一次主题宣讲、营造一种舆论氛围），以多种途径宣传贯彻"三个敬畏"精神内涵，切实增强抓好作风建设和"三基"工作的责任感与紧迫感。

## "空中立交"优化空域　因地制宜提升效率

华北地区空域发展经历了数十年的变化。从1955年开始，要求进出北京周围半径100公里内的航空器在进出机场时必须通过空中走廊，空中走廊以外区域为航行管制区，非经批准严禁航空器飞行。在空中走廊运行模式经历了6次调整之后，从2007年10月28日起，启用新北京进近管制区，并将七条空中走廊的"四进三出"调整为"七进八出"，取消了采用长达50多年的空中走廊运行模式。

面对持续高位运行的挑战，在民航局空管局的统筹部署下，华北空管局提高空域使用效率，在有限的客观条件基础上，不断挖掘内部潜力，对航线进行"截弯取直"，灵活架设"空中立交桥"，将去往五湖四海的航班合理安排在不同高度层，形成立体交通格局。

2017年5月25日零时，京津冀地区空域优化方案正式实施。该优化方案新辟航线6

条，新增航线里程495公里，调整城市对班机走向74条，初步统计每日直接或间接影响航班约270架次。该优化方案的顺利实施惠及三省五市，有助于理顺京津冀地区4个主要机场的航班交通流走向，减少相对飞行冲突，进一步提高民航运行安全性，提升运行效率。同年，攻坚6年的山西地区B208航线正式实现分离。配合实施沪兰大通道空域调整方案，新辟及调整航线涉及北京区域7条，调整航班走向涉及北京区域22条，日均飞行量增加170余架次。

2018年，在北京飞行管制区组织开展空域精细化管理改革试点，新辟21条临时航线，调整5条航线，空域资源得到进一步优化；完善空域容量评估机制，完成9个扇区的容量评估；划分呼和浩特第三扇区，解决流量分布不均和超负荷运行问题。

2019年10月10日零时，北京新终端管制区正式生效，管辖空域面积扩大到3.45万平方公里，为现行北京终端管制区的两倍。区内40条进场航线与97条离场航线通过18个进出港点衔接主干航路航线，终端区总体建成"八进十出"的运行模式，服务区内9条跑道运行。北京大兴国际机场顺利通航，标志着京津冀"两市三场"格局正式形成。一个终端区、两座城市、三座千万级机场，这是中国民航历史上的首次，为京津冀一体化国家战略提供了空中支持。

除了对空域进行不断优化外，华北空管局还尝试在保障安全的情况下，对空管规则进行适当偏移和修订，以进一步提升运行效率。经过一年多的实验验证，自2018年12月25日8时起，首都机场外侧两条跑道航班在同时进港时，开始试行特殊独立平行仪表进近，即不设五边监控的独立平行仪表进近，之前的运行要求——两架平行进近的飞机必须有4公里斜距——在实验运行后取消。此举有利于减轻管制员的工作负荷，提升首都机场进港航班的运行效率，减少航班流量高峰时段的航班延误。此次进行的空管规则本地化探索，是国内空管行业从借鉴国外规则向因地制宜转变迈出的重要一步，对其他地区进行规则偏移研究具有重要的参考意义。

## 精品工程面向未来　科技引领智慧升级

"十三五"期间，华北空管局以"精品工程、样板工程、平安工程、廉洁工程"为标准，组织实施了大兴机场空管工程、石家庄正定机场改扩建空管工程、华北地区6部雷达工程、北京首都机场及4个分局的决策系统、华北地区值班用房工程等106个项目建设。华北空管局举全局之力将大兴机场空管工程从图纸变为现实，使其成为民航空管系统有史以来建设规模最大、使用新技术最多、工程质量标准要求最高的一项工程。大兴机场空管工程为中国民航空管工程树起一面旗帜，在"四强空管"建设的道路上立起一座丰碑。

华北空管局大兴空管中心双塔台成为大兴机场的地标性建筑，北京终端管制中心、生产运行中心按期投入使用，确保了大兴机场顺利开航。北京地区还新增空管设备设施及管制指挥生产保障用房16.45万平方米，极大地缓解了首都机场航管楼设备设施建设空间以及管制和设备保障人员值班用房的紧张局面，彻底解决了技术保障中心、通信网络中心、气象中心和综合保障中心业务运行用房短缺的问题，为华北空管安全生产运行保障提供了基本的基础设施条件，同时也为日后扩容发展打下了坚实基础。

5年来，华北空管局新增土地面积约34万平方米，新增建筑面积约22.4万平方米，完成华北空管局法人的竣工验收、投入运行项目71项，涉及资金63.99亿元。

当前，新一轮科技革命正在孕育和兴起，华北空管局将科技创新作为引领发展的第一动力。2016年，第二代基于数值预报模式的民航华北管制区域9小时短时预报系统升级完成，这套系统首次实现了对首都机场多普勒天气雷达资料及全国气象系统天气雷达资料的同化应用，使华北空管局拥有了第一套自行研制的具有雷达资料快速循环同化功能的预报系统，开创了民航气象领域雷达资料同化应用的先例。同年，天津空管分局在天津滨海国际机场进行了GBAS（基于卫星导航的仪表着陆系统）验证飞行，这是国内千万级机场首次使用国产的GBAS系统，迈出了华北空管局支持国产设备的坚实一步。

2017年、2018年，华北空管局先后两年保障首都机场HUD RVR150米和90米起飞验证试飞，以及CATⅢA类标准进近着陆验证飞行，在全国起到了较好的示范作用，有助于中国民航低能见度运行能力的整体提升。

2019年，大兴机场顺利投运，其"三纵一横"全向构型跑道是中国机场多跑道系统从未有过的突破。通过合理规划跑道的方位布局，最大限度地提高了跑道使用效率。引入全国第一个四级标准的A-SMGCS系统，当航空器滑行时，能智能识别航空器之间的潜在冲突，规划出高效的滑行路线。此外，还建成国内首个具备CATⅢB类标准降落及HUD RVR75米起飞引导能力的仪表着陆系统。这三大引导能力如同三驾马车同时发力，使大兴机场跻身世界上低能见度运行最先进的机场行列。与此同时，全球最大的空管自动化系统上线运行，打破系统孤岛，实现了主备系统无缝切换，双向同步。

2020年，全国民航首部激光气象雷达和相控阵气象雷达投入运行，其扫描时间从6分钟缩短到1分钟，为精准的航空预报服务提供探测依据。除了相控阵气象雷达外，华北空管局还建成了激光雷达、风廓线雷达、毫米波雷达、平流雾探测系统、微波辐射计等，为大兴机场、首都机场提供气象探测数据支持，并率先在全国建成气象信息共享系统，实现地区气象信息共享。

上述种种空管领域的科技创新，为建设高质量民航插上了智慧双翼。

## 队伍整齐人员优化　党建引领人文关怀

"十三五"期间，华北空管局在强化人才队伍建设上做文章，分别于2017年、2018年先后组织两批科级干部参加综合素质测评，经笔试、发展潜能评估、面试，遴选出129名优秀人才，建立管理岗位后备人才库。在近3年新提拔的干部中，有31人来自管理岗位后备人才库，进一步激发了干部队伍活力。全局副处级以上干部的平均年龄较"十三五"初期下降了近2岁。

在优先保障生产运行人员需求的基础上，持续优化人才配置，高学历和高级技术职务人员占比明显提高。具有本科以上学历人员比例由70.54%上升至83.43%，具有高级技术职务的人员比例由3.72%上升至5.81%。同时，在进行绩效考评时，实施首席、高精尖激励，促进专业技术人才成长；实施通导人员多执照激励，人均执照数量从2017年初的每人1.7个增加到每人2.7个。

华北空管局始终坚持以政治建设为统领，落实全面从严治党主体责任，以"三个围绕"为思路开展党建工作。推进"不忘初心、牢记使命"主题教育常态化，不断将党建工作规范化、阵地化、品牌化，抓实抓牢基层党建工作，充分发挥党员先锋模范作用，建立以党建促生产的工作模式，切实发挥基层党支部的战斗堡垒作用，用红色引擎助推中心工作。

以党建工作为引领，积极推进各项暖心工程，消除职工后顾之忧，把人文关怀落到实处，创建"安心、顺心、舒心"的和谐家园。"十三五"期间，华北空管局党委开办了职工子女寒暑假托管班，解决了职工寒暑假期间的带娃难题，职工向局党委送上感谢信；举行退休职工荣休仪式，让老同志湿润了眼眶；为青年职工提供职工宿舍、公租房，让年轻人能够安家落户；开展"送文化下台站"活动，把知识送到边远台站；设置职工图书阅览室，藏书近5000册，把文化搬进办公楼；设置"爱心妈妈小屋"，让孕期女职工有温馨的休息之所……

华北空管局不断奋进的努力也获得了上级单位的认可，荣获第6届"全国文明单位"称号、全国民航五一劳动奖状。空管中心终端管制室荣获中华全国总工会"工人先锋号"称号，呼伦贝尔空管站荣获"全国交通运输行业文明单位"称号，综保中心党委荣获"交通运输部抗疫先进集体"称号，指挥部荣获北京大兴国际机场建设投运工作全国民航"工人先锋号"称号……

成绩已成为历史，崭新的"十四五"已经拉开帷幕。华北空管局将站在新的起点上，全面贯彻党的十九届五中全会精神，增强"四个意识"，坚定"四个自信"，做到"两个维护"，以"四强空管"为建设目标，坚持全面高质量发展，以奋斗姿态奔跑，与奋进中国同行，向中国共产党百年华诞献礼。

（刊载于2021年1月11日《中国民航报》　记者　韩磊　吕思敏）

# 融入新阶段　建设新航油

## ——访全国政协委员、中国航空油料集团有限公司党委书记、董事长周强

中国民航报

千里之行始于足下，万里航程从油开始。作为国家交通强国、民航高质量建设战略实施的重要保障单位，以及集航空油品采购、运输、储存、检测、销售、加注于一体的航空运输服务保障企业，中国航油正在全球277座机场，为562家航空公司提供航油保障服务。

尽管2020年的新冠感染疫情给民航业带来了严重冲击，但中国航油的"十三五"依然圆满收官。全国政协委员，中国航空油料集团有限公司党委书记、董事长周强在全国两会期间接受本报记者采访时表示，"十三五"时期是中国航油发展最快的时期，为中国航油从高速发展转向高质量发展提供了坚实基础，中国航油的发展未来可期。

作为连续10年进入世界500强的企业，中国航油在"十四五"时期将面临哪些机遇和挑战？又将如何改革与创新？周强分享了自己的观点。

### 由高速发展向高质量发展转变

中国航油的"十三五"成绩单可谓十分亮眼。据统计，与"十二五"对比，中国航油的综合业务量在"十三五"时期达到2.96亿吨，增长57%；实现收入1.09万亿元，国有资本保值增值率达到210%，航油国内供油机场增长18.8%，库容增长22%，长输管线增长93%。

"这些数字的变化，为我们从高速发展转向高质量发展提供了坚实基础。"周强表示，近年来，中国航油坚持党的领导，加强党的建设，始终坚守"竭诚服务全球民航客户，保障国家航油供应安全"的企业使命，坚定不移深化改革，取得了长足进步。

除了突出的发展业绩外，在周强看来，安全是中国航油的发展之基、稳定之源。航油油品质量、航油工程质量直接关系飞行安全、运行安全、人民生命财产安全，是民航安全发展的重要基础。

据了解，"十三五"时期中国航油累计保障航班2116万架次，安全加注1.53亿吨航油，较"十二五"时期分别增长41%和47%。2020年，新冠感染疫情席卷全球，中

国航油的安全管理体系和现代化治理能力经受住了疫情防控和生产经营的严峻考验。仅2020年全年就为349万架次航班加油2 210万吨，保障涉疫航班1.5万架次、专包机249架次、重大运输任务14次。

周强表示，"十三五"时期，在民航局的领导下，中国航油着力构建安全生产四类体系，强化四种能力，推进安全管理体系和安全治理能力现代化，深化安全制度标准建设，狠抓"三个敬畏"宣传教育，开展安全生产精品工程创建，打造基层安全生产标杆，持续筑牢安全根基，厚植安全发展基因，为企业高质量发展提供坚强保障。

## 新阶段创造新机遇

"十四五"时期，我国将进入新发展阶段，民航高质量建设也将进入从单一航空运输强国向多领域民航强国建设"转段进阶"的关键时期。"中国民航经过多年发展，已经具备了良好的发展基础、强劲的发展韧性和巨大的发展潜力，有高质量发展的信心和决心。"周强说。

2021年是中国共产党成立100周年，是"十四五"开局之年，是全面建设社会主义现代化国家新征程开启之年，也是中国航油实施"十四五"规划、迈向新金色30年的起步之年。在周强看来，新发展阶段为中国航油创造了新的发展机遇，在市场发展、新能源产业和数字赋能方面皆大有可为。为此，中国航油制定了"融入新阶段、建设新航油"的发展战略和工作要求，努力成为新时代交通强国、高质量民航的建设者。

"十四五"时期，中国航油将更加突出高质量发展主题，全力推动新发展目标的实现，全面打造高质量发展的金色航油、安全航油、科技航油、效率航油、绿色航油、活力航油、人文航油、红色航油。

"深化改革是推动中国航油高质量发展的根本动力。"周强表示，改革重在行动。中国航油将坚持以改革强基础、增活力、提效率，将推动改革，促进发展。具体要抓住"一个根本"，突出"四个重点"，唱好"四台重头戏"。

具体而言，抓住"一个根本"，就是切实加强党的领导，加强党的建设，牢牢把握国有企业发展的"根"和"魂"。突出"四个重点"，一是创新，二是突出重点，三是分类施策，四是强化组织。唱好"四台重头戏"，则是从四个方面狠抓改革成效，推动发展，包括聚焦完善中国特色现代企业制度、全面推动国企改革三年行动方案落实落地、加大科技创新力度、持续深化示范改革。

周强对中国航油的未来发展充满信心。他说，到"十四五"时期末，中国航油的业务结构将更加合理，核心能力更加突出，市场结构更加优化，规模效益也更加显著，将基本成为世界一流的航油公司。

（刊载于2021年3月12日《中国民航报》 记者 程婕）

# 事业单位改革：深化民航改革的重要一域

中国民航报

　　"这几年，感觉越来越有工作干劲儿了，越来越有奔头了。"这是不少民航局属事业单位员工的普遍感受。"十三五"以来，民航局党组坚决落实中央有关事业单位改革要求，稳步推进事业单位分类改革。在推进事业单位改革这一深化民航改革的重要领域中，27家事业单位已经完成分类改革。

　　在民航局属事业单位改革中，民航飞行校验中心（以下简称"校验中心"）的深化改革颇为引人注目。2019年，校验中心深化改革工作方案被纳入民航局"十三五"深化民航改革工作总体框架，成为引导校验中心工作的重要指针。两年来，各项改革举措相继落实落地，校验中心发展活力激发，发展后劲逐步显现，飞行校验在提升民航综合服务保障能力方面的作用持续加强，校验中心改革也成为民航事业单位内部企业化改革的一个范例。"2020年，校验中心疫情防控有力有效、飞行安全态势平稳、校验服务品质持续提升、全面从严治党深入推进……"在前不久召开的校验中心党委班子2020年度民主生活会上，民航局党组书记冯正霖对校验中心的工作给予充分肯定，同时对校验中心坚持改革创新精神推动校验事业高质量发展表示了坚定支持。

## 发展目标更加明确

　　校验中心在民航局党组的坚强领导下，以"建设世界一流校验机构，全面提升飞行校验能力和水平，积极支撑民航高质量发展"为指引，牢牢把握建设质量型、效率型、科技型和国际型的"四型校验"目标，坚持运用改革思维推进校验高质量发展工作，积极探索事业单位内部企业化管理道路。2019年初，校验中心党委领导班子深入研究，明确提出，"落实落细工作思路，必须结合工作实际，对标民航局深化改革工作，充分发挥改革关键一招作用，以改革方式推进中心工作思路落地"。

　　在民航局改革办的指导下，在民航局空管办的带动下，校验中心坚持目标导向与问题导向相结合，从顶层设计入手开启了深化改革之路。2019年，经多方征求意见、几易其稿，《深化校验中心改革促进民航飞行校验事业高质量发展工作方案》经民航局审定通过，成为校验中心深化改革的"总设计图"。

　　2019年，《方案》以建设质量型、效率型、科技型和国际型的"四型校验"为目标，确定了人力资源改革、加强机队建设、提高校验品质、优化运行模式、加快技术创新、强化人员培养、推进基地建设、拓展校验领域八个方面的23项深化改革任务。

2020年，结合改革中遇到的新问题和校验中心面临的新形势，对《方案》进行了滚动修订，23项深化改革任务拓展为26项。围绕《方案》落实，校验中心部署改革任务、协调关键环节、督办改革落实。改革任务被分解落实到中心领导、责任单位责任部门、具体承办人，完成时限进一步明确，主办和协办部门责任边界更加清晰，具体工作计划和完成标准清清楚楚。同时，改革任务与部门和责任人薪酬绩效挂钩，由规建处提出考核指标，由行政办、安监处和人教处按月进行督导，半年评估，年底进行绩效考核，确保了项目、节点和质量样样落地。

顶层设计科学、中层实践顺畅、基层落实到位的改革工作闭环形成，为校验中心打赢事业单位改革这场攻坚战提供了有力保障。2020年，校验中心全年安全飞行时间同比增长5.7%，起降次数同比减少0.05%。在完成年度校验计划的基础上，还实施了成都天府、青岛胶东等7个新机场的投产校验，质量型、效率型建设卓有成效；校验中心与北京航空航天大学共同研发的具有自主知识产权的国产校验设备获得2019年国家技术发明一等奖，科技型建设成果斐然；与多个国家建立了工作联系，对蒙古国等国家的部分机场实施了飞行校验，国际型建设进一步强化……这些可喜的成绩使校验中心成为民航事业单位改革的"先锋队"。

## 安全态势平稳可控

飞行校验的直接对象是机场和空管等单位的通信、导航、监视设施设备。这些设施设备是构成民航安全的重要基础，必须通过校验，使其性能始终稳定可靠。如果说航班飞行好比在马路中心线上开车，那么校验飞行要校验盲降等导航设施设备的上下左右边界，则好似常年在马路牙子上跑。因此，60%以上的校验都必须实施低空、超低空飞行，发生可控飞行撞地的风险远大于常规飞行。

如何在改革中确保时刻绷紧安全之弦、拧紧安全之阀、压实安全之责？本着一切从实际出发的原则，校验中心充分运用改革思维，始终牢牢守住安全底线，创新摸索出了"点穴管控""安全+运行"二元深度融合等安全管理之道。

"伴随着行业的快速发展，机场日益繁忙。为最大限度地为航班正常性让路，在年旅客吞吐量超过2000万人次的机场，校验中心创新实施深夜航校验。国际上很少有国家大规模实施夜间校验尤其是下半夜校验。"校验中心飞行部主要负责人告诉记者，当机场万籁俱寂之时，校验飞机的发动机才刚刚启动。深夜校验衍生出来的疲劳风险，也由此成为校验中心明确的五大风险之一。

针对包括可控飞行撞地、高高原运行风险、深夜航运行、飞行训练、混合空域相撞在内五大风险，校验中心提出了防控的六大关口，即可控飞行撞地关口、高高原运行关口、深夜航运行关口、飞行训练关口、临时换任务换机组关口、混合空域防相撞关口。校验中心坚持风险管理抓隐患、闭环管理抓落实，积极开展了可控飞行撞地、高高原运行风险专题攻关，抓《校验中心飞行、作业、执勤和休息时间以及夜间飞行的规定》颁布，抓精细化飞行等技术标准的修订和发布，抓空客A320模拟机替代训练，抓理论强化训练和座舱模拟演练等传统培训，最大限度地减少了校验中心面临的安全风险。这种"点穴管控"极具针对性，规避了安全风险。

同时，校验中心坚持"安全+运行"二元深度融合，抓安全兼顾效益，抓运行先规避风险。2019年，校验中心杜绝了人为责任原因的事故征候及以上事件，连续保证飞行安全10万小时，荣获民航局颁发的飞行安全一星奖。2020年，在狠抓"三基"建设、"三个敬畏"教育、飞行作风建设的过程中，强制推行确保飞行安全的"六大工具"应用，即标准操作程序、标准喊话、检查单、交叉检查、飞行简令、指令复诵与证实，使校验中心的校验生产力提高，安全态势继续稳中向好，全年没有发生飞行差错及以上不安全事件。

校验中心不断强化安全管理，运用改革思维提升安全管理能力，使飞行校验队伍在2020年经受住了疫情考验，再次交出了安全态势平稳可控的成绩单。2020年，校验中心安全飞行11218个小时，同比增长5.7%；起降3824架次，单架次任务执行效率同比提升6.1%。

## 发展活力充分迸发

2020年11月3日10时10分，一架机身印有"中国民航局"字样的奖状560飞机降落在成都天府国际机场西一跑道，这是校验中心对成都天府国际机场进行的首飞校验。天府国际机场一次性投产3条跑道，校验任务十分繁重。不到一个月，校验中心便顺利完成了天府国际机场的投产校验飞行。

这是"中国式校验速度"的再次彰显。2019年2月，校验中心仅用时34天、112个飞行小时就顺利完成了北京大兴国际机场投产校验工作，比预计完成时间提前19天。在随后的定期投产校验中，校验中心创新调集两架飞机同场重叠校验，以13天、117个飞行小时圆满完成了大兴机场校验任务，为大兴机场提前投运打下了坚实基础。

不仅是为新机场投产开展校验工作，全国200多个民航机场至少半年就要开展一次校验，在不同机场反复飞行，为航班"试"航路，是校验人的责任。面临日益繁重的校验任务，校验中心坚持问题导向，眼睛向内，紧盯改革方案中加强机队建设、提高校验品质、优化运行模式等任务，从创新运行管理模式、持续提升运行效率和校验品质方面打出了一系列"组合拳"。

为提高上海浦东、虹桥等机场的飞行校验效率，校验中心积极协调华东管理局，编制"局方+校验中心+用户"校验手册，优化校验流程和考核标准，建立局方主导下的全程全要素联动机制，使上海两场校验效率提升至60%以上。针对运行过程中难以协调的问题，在民航局支持下，校验中心在实践中总结出管理局、机场集团和运管委统一管理协调校验等6种运行模式。这6种模式的采用，既优化了校验资源配置，又最大限度地减少了对航班正常性的干扰，充分体现了个性化、差异化、精准化校验要求。

针对困扰重庆仙女山、湖南永州、黑龙江五大连池等机场导航设备性能及电磁环境等疑难问题，校验中心实施精细化校验和专项攻关，提升校验能力。为解决西藏林芝机场长期无法实施PAPI灯光校验的难题，在民航局领导下，校验中心成立专项校验小组，中心主要领导担任组长，积极攻关、协同实施，争取在最短时间内完成该机场的程序设计、数据库建立、演示验证、运行批准、实地校验等各环节工作。

2020年，面对突如其来的新冠感染疫情，校验中心在飞机、机组数量并未增加的情况下，累计校验机场681个次，额外完成了成都天府、青岛胶东、于田万方等7个新投产机场的校验，同比多完成了606个小时的校验飞行。最让校验人感到自豪的是，校验中心全年还少出动了14架次飞机，调机时间减少了4%，仅这一项就节省成本1 761万元，年度、月度和深夜航飞行校验时间纪录也通通被刷新。

校验中心提质增效的"组合拳"也得到了业界的肯定。2020年，校验中心收到了10多封来自全国各地的感谢信。这是对校验中心聚焦主业主责，为行业分忧、为用户解难，用改革创新的思维逐个攻关解决各机场和空管单位校验难题的莫大肯定。

## 发展后劲持续增强

2021年2月8日，今年春节前校验中心最后一架执行任务的校验飞机顺利返京。17时30分，机务部门的9301班组准时出现在机库里。"这架飞机现在是我们班组承包的，无论多晚，我们都要过来完成检修。"9301班组副班组长王辉笑着说。

这是校验中心机务部门推行"飞机跟着任务走，人员跟着飞机走"的班组包干模式后，员工工作积极性提升的真实写照。自2019年以来，校验中心秉持"事业单位、企业管理"的改革原则，引入现代企业管理制度，抓住人力资源改革等核心环节，重新调整机构岗位，推行"绩效考核+动态薪酬"方式，给分管领导和部门一把手充分授权职责，督办督查"助推器"作用更加明显。比如，机务部门优化班组资源配置，坚持任务导向，8个班组承包17架校验飞机，任务明确，极大地激发了干部职工的主观能动性和工作积极性，"要我干"的被动工作心态扭转，营造了"我要干"的内生工作氛围，为校验中心高质量发展打下坚实基础。

人力资源改革也助推校验中心形成了凝心聚力、团结协作的工作局面——中心领导班子围绕《方案》，明确分工，团结一致，为中心高质量发展献策出力，各部门职能更加精细，工作流程更加明晰，考核标准更加合理，奖惩更加分明，推诿扯皮现象明显减少，运行先导、安监追踪、上下联动、协同配合的工作格局逐渐形成，服务生产、服务一线的意识明显增强。通过实施人力资源改革，推行绩效考核制度，干部职工普遍觉得"不累心"了，同心同德的政治生态、担当有为的文化认同在中心进一步形成。校验中心下属鼎实公司的公司制改制变更登记工作如期完成，改革工作顺利推进，为校验中心增强了发展后劲。

干部职工更有工作干劲，"智慧"校验技术创新成果也十分显著。校验中心与航科院签署了战略合作协议，双方共同搭建校验数据平台的创新之举得到业界认同，被列入民航局2021年安全工作任务。校验中心与北京航空航天大学开展深度战略合作，在成功研制无人机校验系统并率先完成了世界上无人机飞行校验综合试验科目验证的基础上，启动了无人机飞行校验法规、标准体系框架编写。为了助力校验新技术推广和国产导航设备投产运行，校验中心也在持续推进GBAS和飞行程序校验相关工作……

观念一变天地宽。南方基地建设整改、老基地地上物评估补偿、优化机队建设等问题，曾是困扰校验中心发展的老难题。校验中心坚持"如何才能办得成"的逆向思维，从难题源头入手，确定改革工作思路。中心主要领导亲自挂帅，带领分管领导和专项工作小组积极与有关单位磋商，以改革思维推动难题解决。截至2020年底，南方基地机库维修工程圆满完成四方验收，机坪整改方案通过。历史包袱的逐步卸下，确保了校验中心面向未来、集中精力抓安全生产，也为校验中心"1+4"全国基地布局创造了有利条件。

"十四五"期间，无论是局属一类事业单位还是局属二类单位，都面临着改革任务。作为局属事业单位的代表，校验中心更具前瞻性、挑战性的深化改革工作方案再次被纳入"十四五"民航深化改革总体工作框架之中。校验中心将全面贯彻落实民航"十四五"总体工作思路，继续以改革推动民航飞行校验事业高质量发展，当好民航事业单位改革的"先锋队"，为推动民航高质量发展作出更大贡献！

（刊载于2021年3月1日《中国民航报》 记者 肖敏）

# 中流击水勇奋楫

## ——记中国民航大学全面深化改革 奋力为民航发展建设作一流贡献

中国民航报

中流击水，奋楫者进；发展关头，改革者胜。

在新时代，中国民航大学以"中国特色世界一流民航大学"为奋斗目标，坚持问题导向和目标导向，一项项具有标志性、关键性、引领性作用的重大改革举措陆续推行，一项项影响全局、关系长远、切中要害的重要制度规范陆续出台。全面深化改革行稳致远，各项改革举措紧跟时代步伐，呈现出一幅风起云涌的改革画卷。

### 聚焦新时代
### 谱写治理体系现代化新篇章

中国民航大学建校70年来，特别是自改革开放以来，以改革促发展，学校事业发展取得了巨大成就。进入新时代，面对新发展目标，改革进入全面深化期和攻坚期。学校2020年成立全面深化改革领导小组，加强对改革的集中统一领导，强化决策和统筹协调职责。

治理体系是改革的顶层设计。学校通过完善党委领导下校长负责制的各项具体配套制度，优化党委职能，以学校章程为统领开展规章制度规范性审查，调整委员会及领导小组的综合协调职能，构建了以党委领导下的校长负责制为核心，以职能部门和专业院系为依托，以学术委员会、教代会、理事会等为支撑的"党委领导、校长负责、教授治学、民主管理"的高校内部治理体系。改革释放了办学活力，激发了办学动力，办学治校的治理能力不断提升。

### 着眼棘手处
### 推进综合改革落地

思变求新，笃行致远。全面深化改革是一项系统工程，中国民航大学在全面深化改革领导小组的统一决策下，分批次、进程化、不断线地推进人事分配制度、科研管理机制、后勤管理体制、校属企业体制改革和机关管理体系改革，落实中央指示精神。

大学治理的核心在于激发内生动力，营造"近者悦而尽才，远者望风而慕"的创新氛围，其中人事分配制度是重中之重。为此，中国民航大学以人事制度改革为突破口,以巩固二级学院办学主体地位为着力点,以转变学校机关职能为导向,按照"小机关、大学院""能下放的一律下放"等思路,将原来集中于学校的进人权、聘岗权、高级职称评审权、考核评价权、绩效分配权等尽量下放,给予教学科研单位充分的办学自主权,极大地挖掘了广大教师队伍的内在潜力。

人事制度改革贯彻民航局"出成果、出人才、出效益"要求,坚决克服"唯学历、唯资历、唯'帽子'、唯论文、唯项目"等倾向,以建设一支学术卓越、勇于创新、师德高尚的师资队伍为目标,进一步健全人才引进和培育晋升体系,创新人才特区政策机制,形成了基于快速引育高层次人才和优秀青年骨干教师的"常规聘用、预—长聘、直聘"等多种聘用方式。1500名专职教师完成了新一轮岗位聘任工作,其中600余人升岗,100余人降岗,实现了岗位能上能下,初步建立了师资队伍水平持续提升的长效机制。

稳步推进机关管理体系改革落地,进一步整合机构,成立发展规划与学科建设处、国际处(港澳台事务办公室)、校园建设保障部、监察审计处,设立五大研究院、研究生院、卓越培训学院。结合学校行政管理"放管服"要求,引导职能部门实现从"管"向"服"、从"管"向"治"转变,把工作重心切实转移到服务师生、服务发展上来。2021年成立中国民航大学行政管理服务中心,面向一线教职工实现一站式服务。中心以师生满意为标准,通过发挥中心的窗口效应,推进机关效能建设。

学校要发展,后勤保障不可或缺。为了加强后勤管理与服务保障,中国民航大学持续推进后勤管理体制改革全面落地。后勤改革以"三服务、三育人"为宗旨,以创造良好育人环境、办好师生、员工满意的后勤为总目标,探索建立适合学校高质量发展的新型后勤管理体制和运行机制,提高后勤综合保障能力和服务质量。学校新成立了后勤保障部和中航大公司。改革调整了工作职责,理顺了服务关系,电力、消防、物业、餐饮等社会化服务工作持续推进。同时,强化了后勤信息化建设工作,后勤数字服务大厅正式投入使用,扩大了"24093000"热线平台服务范围,后勤服务标准化和规范化水平进一步提升。

校属企业改革蹄疾步稳,2019年成立中国民航大学所属企业体制改革工作领导小组,统一领导学校所属企业体制改革工作,2020年成立改革工作专班,加速推进学校相关所属企业"清理关闭"和"脱钩剥离"工作。2021年初,下发校属企业改革三年行动实施方案,大力推进校属企业"一企一策"体制改革,保留管理5家校属企业,清理注销21家。通过改革,学校进一步聚焦教学科研主业,助力新时代民航高质量发展。

高校科技创新体系是国家科技创新体系的重要组成部分,是高校作出一流贡献的重要体现。中国民航大学着力科研管理模式陈旧、科研管理制度乏力等问题,完善科研人员与团队的考核与激励机制,学术监督、评估、惩戒机制以及科研信用管理制度,建立了覆盖项目决策、管理、实施主体的逐级考核问责机制和责任倒查制度。进一步强化了科技成果转化的组织实施和一站式服务管理。改革促进了科技成果转化,提升了科技服务能力。

2021年初，学校积极响应天津市委、市政府号召，作为主要发起单位之一，筹建天津市航空航天人才创新创业联盟，充分发挥自身行业特色优势，努力打造成为航空航天高水平人才集聚区和产业创新高地，为服务新时代民航高质量建设和地方经济社会发展提供强劲动力。2021年7月6日，中国民航大学科技园新区开园。科技园将进一步发挥成果转化、创业孵化、集聚资源、培育人才、协同创新等核心功能，努力形成科技创新重要功能区、科技成果重要策源区、科技产业重要培育区、科创人才重要集聚区，为推进民航高质量建设和天津高质量发展注入新动能、激发新活力。自科技园开园以来，科技部、教育部，天津市委、市政府领导先后多次前往调研，中国民航大学科技园将在各方支持下坚定地打造成为全国一流大学科技园。

体制机制改革与创新极大地解放和发展了学校的人才培养能力和学术生产力，成为中国民航大学快速发展的动力之源，也成为中国民航大学作出一流贡献的动力之源。

## 谋定而后动　奋力为民航高质量建设和地方经济社会发展作出一流贡献

民航是经济全球化的主流形态和主导模式，是区域经济发展和产业升级的驱动力。在经济全球化背景下，航空运输不再仅是一种交通运输方式，而是成为区域经济融入全球经济的最佳通道。中国民航大学始终坚持与民航业发展同向同行，坚持产学研用一体化发展，加大自主创新和科技成果转化力度，为民航高质量建设和天津经济发展作出了应有的贡献。

中国民航大学校长丁水汀是知名航空发动机专家、教育部"航空发动机安全性与适航"创新团队带头人、教育部先进航空发动机协同创新中心主任，创办了国内首个适航技术与管理本科专业，自主设置安全性与适航硕士点和博士点，出版航空发动机适航领域的首部专著，是首个系统安全领域973首席科学家，四代、五代航空发动机的支撑团队负责人，带领团队长期致力于航空发动机自主研发支撑和国家自主适航规章制定，是航空发动机安全性与适航领域的开拓者。

安全科学与工程学院教授王永刚作为中国民航局建设安全管理体系（SMS）的主要技术支持者，其团队研究成果直接转化为中国民航建设实施SMS的纲领性文件、基础平台和框架。2020年主持空管局运行质量安全管理体系制度建设研究工作，研究成果成为民航空管系统规范性文件和标准的主要依据。

计算机学院徐涛教授团队开发的国际航空承运人运行合格证注册数据库和全球航空器安全信息系统，已由国际民航组织和国际航协在全球推广应用。团队主持的航空公司综合管理系统成为国际航协在全球民航领域实施质量和安全管理的最新举措。

中国民航高质量发展研究中心（智库）对《中国民航高质量发展指标框架体系

（试行）》进行了验证完善，使其成为推进民航高质量发展可引领、可评价、可考核的有效政策工具。由中心作为主要支持者编制的民航空管高质量发展的基础指标和特征指标体系，首次提出并测算了全国民航空管系统高质量发展指数和华东空管高质量发展指数。

中国民航环境与可持续发展研究中心（智库）自成立以来，为支撑中国民航绿色发展出谋划策，围绕民航节能减排开展研究，协助局方为中国民航绿色发展绘制了行之有效的中长期蓝图，中心已成为应对气候变化国际航空谈判的重要技术支持单位。

京津冀民航协同发展研究中心（智库）围绕京津冀主要机场航线网络、空域资源、北京双枢纽运营模式等问题开展研究，为行业发展战略更好地对接国家发展战略提供了重要决策依据。自新冠感染疫情发生以来，中心研究团队发布系列报告，就新冠感染疫情对航班影响、国际市场发展模式、航企与机场复工复产的航线优先顺序等问题积极建言献策。系列报告文章对正面引导舆论、积极稳定预期起到了重要作用。

中国民航大学临空经济研究中心（智库）承接了我国30个城市近100个临空经济规划项目，包括北京临空经济区发展规划、郑州航空港经济综合实验区产业发展规划、天津临空经济发展规划等临空经济规划及相关项目，领跑中国临空经济发展。

中国民航大学科技园入园企业天津航大航空设备有限公司自助行李托运系统已在北京大兴机场、广州机场、天津机场、济南机场、哈尔滨机场等各民航机场投入使用，服务旅客超过1000万人次，形成了在行业内具有较大影响力的航大品牌旅客智慧服务系统。

2020年10月，学校助力天津滨海新区申报民用无人驾驶航空试验基地（试验区），从全国50多个城市地区申报中脱颖而出，成功获批准为全国13个首批民用无人驾驶航空试验区之一。学校将继续以需求为引导，促进地方政府、企事业单位与学校合作，实现加快航空经济发展与提高学校科研水平的双赢。

中流击水勇奋楫，乘风借力谱新篇。改革激发了源源不断的内生动力，在深化改革之路上，中国民航大学信心满怀、坚定前行。学校将践行"四个服务"历史使命，继续深化综合改革，强化内涵特色，以更高的境界、更优的作风展现一流作为，为民航高质量建设和地方经济社会发展作出一流贡献。

（刊载于2021年9月2日《中国民航报》 记者 张人尹 通讯员 贺国元）

# 牢记嘱托 砥砺奋进 七大成就书写"国门答卷"

## ——首都机场集团公司"十三五"发展回眸

中国民航报

回眸"十三五",首都机场集团公司(以下简称"集团公司")始终把习近平总书记重要指示批示精神作为根本遵循和行动指南,坚决贯彻落实党中央、国务院、民航局的各项决策部署,明确了"1-4-3-4-1"总体工作思路,引领集团实现高质量发展。在迈向世界一流机场管理集团的征途上,一幅幅砥砺奋进的画卷徐徐展现……

被誉为"新世界七大奇迹"之首的大兴机场投运,"钢铁凤凰"引颈展翅,点燃京津冀协同发展新引擎;助力新疆于田县、策勒县打赢脱贫攻坚战,累计投入超过7000万元,在天山脚下谱写出一曲民族团结、共赴小康的协奏曲;持续实施"三大战略"、打造四型机场标杆,如期打赢蓝天保卫战;对接深化国企改革工作要求,布局"1+9+N"改革任务,以科技创新激起澎湃动能……

数字见证国门力量。截至2019年底,首都机场集团旅客吞吐量、货邮吞吐量和飞机起降架次分别达到2.24亿人次、267.8万吨、155.9万架次,较2015年同口径年复合增长率分别为8.8%、1.1%、5.4%。集团公司下属企业200余家,管理资产规模超过2150亿元。集团公司牢记初心使命,践行国门担当,用实际行动奋力书写精彩的国门答卷。

## 旗帜鲜明讲政治

"十三五"期间,集团公司高质量完成党中央、民航局党组交办的一系列重大政治任务,为国家和社会发展贡献力量。特别是举全集团之力,在不到五年的时间里,顺利完成了大兴机场的建设投运,充分彰显了中国精神、中国力量。

作为国家"十三五"重点建设项目,大兴机场工程创造了40余项国际、国内第一,技术专利103项,新工法65项,国产化率达98%以上,打造了四型机场建设的标杆。2020年9月25日,大兴机场投运一周年,旅客吞吐量突破千万人次,航班正常性水平在全国主要机场中排名第一。如今,运行一年余的大兴机场已开通145条航线,覆盖全球122个航点。这是集团公司践行习近平总书记"既要高质量建设大兴国际机场,更要高水平运营大兴国际机场"要求的生动实践。

## 众志成城抗疫情

集团公司坚持政治引领,统一目标,集中发力,聚焦客货防控、员工防控、紧急运输三条主线,全力以赴落实民航局"四保""三防"要求和北京市"四方"责任,实现了客货防控零失误、员工防控零感染、紧急运输零投诉"三个零"的目标。

首都机场T3-D在72小时内完成改造，实现专区处置；天津机场、呼和浩特机场、石家庄机场全力以赴承接北京国际航班分流任务；长春、哈尔滨机场安全保障国际直航航班。集团公司53家机场、5万余名员工勇敢逆行，连续奋战，外防输入、内防反弹，超负荷、超高压完成保卫国门的任务。在筑牢防线的同时，集团公司努力克服经营困难，推动复工复产，落实国家降费免租政策。截至2020年10月底，全集团累计免收保障重大运输飞行航班等收费2.33亿元；对513家商户减免租金约4.73亿元。

## 持续实施"三大战略"

落实习近平总书记视察大兴机场建设时提出的"三大关切"，首都机场集团持续实施新机场、双枢纽、机场群"三大战略"。

新机场战略开局顺利，大兴机场投运一年余，运营和发展态势良好，超过预期。双枢纽战略稳步推进，集团公司及时完善了双枢纽领导机制和工作机制。首都机场5年来新增国际航点29个，连续两年旅客吞吐量突破1亿人次，国际及地区旅客占比由2015年的25.10%提升至2019年的27.57%，"再造国门"工作有序展开。大兴机场目前有31家航企入驻，新动力源作用得到了初步彰显。京津冀机场群战略初见成效，集团公司从顶层设计、航线网络优化、多式联运拓展等重点入手，统筹差异化发展。首都机场旅客吞吐量在机场群比重从2015年的81.6%降至72.0%，天津、石家庄机场的比重上升7.32%；其他干线机场"十三五"期间全线破千万，区域航线网络结构得到较大优化，机场设施获得持续补充。

## 安全服务品质稳步提升

时刻牢记习近平总书记提出的"安全是民航业的生命线"，集团公司以"0-4-3-3-3"安全工作思路为统领，稳步推进安全服务品质不断迈上新台阶，安全成绩斐然。全集团重大以下航空地面事故万架次率≤0.03；机场原因事故征候万架次率0.034，远远低于≤0.08的目标值。

全面落实民航九项便民相关承诺。成员机场平均航班放行正常率从2015年的69.64%提升至2020年的90.62%；行李破损率、出港差错率同比降低近40%；发力便捷出行，集团公司下辖枢纽机场全部实现国内航班无纸化乘机，国内航班平均自助值机率达77.6%。2019年，集团公司ACI旅客满意度持续提升，枢纽机场平均值达到4.92，其中首都机场达到4.99。

## 四型机场建设全面推进

落实习近平总书记关于建设四型机场的重要指示及民航局工作要求，集团公司把四型机场建设纳入改革发展问题统筹部署，率先编制顶层文件，以标杆建设为工作重心，以成员机场为落实主体，全力推进实施。

集团公司牵头承担了"综合交通运输与智能交通"国家级重大专项课题；承担民航行业2个创新实验室任务；集团数据中心成为民航局大数据运行管理体系重点实验单位。大兴机场、首都机场在多领域行业标杆建设方面实现了重要突破。

## 改革创新坚定不移

深入落实国家和民航局提出的深化国企改革工作要求，集团公司确定了"1+9+N"改革任务布局，聚焦主责主业转型发展，推进改革改制，制订改制方案；因企施策实施"进改退"，加大对科技创新投入。

"十三五"期间，集团公司如期完成了大兴机场地服、配餐等公司组建及巴士公司增资扩股摘牌；顺利完成首都机场股份公司国有独享资本公积转增，集团公司持有股权增加至58.96%；圆满完成工程咨询公司改制及增资，博维公司股权收购，民航快递、天门山酒店、荆宜高速股权转让事宜等一系列工作，为集团公司健康、可持续发展提供了坚实支撑。

## 持续推动全面从严治党向纵深发展

5年来，首都机场集团深入学习贯彻落实习近平新时代中国特色社会主义思想，增强"四个意识"、坚定"四个自信"、做到"两个维护"，始终高度重视党建工作，落实全面从严治党总体要求，形成了"1-2-1-1"党建工作总体思路，点燃了发展的"红色引擎"。

集团公司建立并完善"两责三化"责任体系，通过"清单化明责、规范化履责、绩效化考责"，贯彻落实全面从严治党主体责任、监督责任。探索实施党建业务"双乘法"考核，创新实施"一消一控两创"，强化党建业务深度融合。通过扎实开展"两学一做"学习教育、"不忘初心、牢记使命"主题教育，不断加强广大党员干部思想引领；通过探索建立巡审联动、巡审检联动机制，不断深化精准监督，提升监督效能。自2017年以来，集团公司先后开展5轮巡察，实现了成员单位全覆盖。

五年过往，历史的画卷留下了国门奋斗者的光辉足迹；五年待启，时代的华章等待着国门人在奋进中谱写。集团公司必将以更加昂扬的姿态，全力打造世界一流机场管理集团，开创高质量发展新局面，为建设高质量民航、全面建设社会主义现代化国家贡献力量，书写更加壮阔的时代答卷。

（刊载于2021年1月11日《中国民航报》　记者　韩磊）

# 打造绿色名片

## —— 回眸首都机场"十三五"绿色发展之路

中国民航报

长期以来，首都机场坚持可持续发展理念，积极响应各级要求，履行社会责任，坚持走绿色发展道路。"十三五"期间，首都机场创新管理模式、深挖节能潜力、开展污染攻坚、落地绿色项目，多措并举持续提升能效水平、优化能源结构、降低污染排放，取得了显著成效，先后荣获能源基金会"气候领袖企业"称号和民航打赢蓝天保卫战先进单位等奖项，并入选中国工业领域最佳节能实践以及2020年度四型机场示范项目。

### 夯实管理基石——〝组织〞〝制度〞双保障

绿色机场建设，靠的是组织保障奠定基础。2018年，首都机场先后成立内、外部两级绿色机场建设领导机制，对内成立由总经理和党委书记挂帅的绿色机场建设领导小组，对外联合驻场单位共同成立绿色机场建设办公室，内联外合、组合驱动，初步形成了绿色机场建设的决策—执行—监督机制。

绿色机场建设，靠的是制度保障筑牢根基。为持续推动环境管理工作系统化、标准化、制度化、规范化，确保环境管理工作落到实处，首都机场拟定了《绿色机场专项规划》《"油改电"专项规划》《打赢蓝天保卫战专项规划》等一系列规划文件，制订了《凝聚多方力量、打造绿色国门》行动计划，编制了《绿色机场建设实施方案》，为绿色机场建设指明了方向。同时，其不断完善环境管理、能源管理等相关规定，制订《碳排放管理规定》《首都机场垃圾分类实施方案（试行版）》《电动车入场标准》等管理制度，为绿色机场建设提供层层制度保障。

### 聚焦绿色关键——〝能源〞〝环境〞齐优化

绿色机场建设要聚焦能耗指标，推进节能减排。五年来，首都机场以节能降耗为突破口，以能源清洁化为目标，开展了覆盖飞行区、公共区、航站楼的多个清洁光源改造、高耗能电机更新等节能改造项目，优化了捷运及行李、航站楼灯光控制、飞机地面运行等系统的运行模式，探索建成了首都机场GTC（停车楼）采光带屋面光伏发电、西湖光储用一体化、GTC穹顶屋面薄膜光伏、光储充车棚等太阳能应用示范项目，推进实施分项计量，并完善能源系统，参与了北京市及国家碳排放交易市场，取得了综合能耗较"十二五"整体下降30%、碳排量总量逐年降低的成果。

绿色机场建设还要聚焦污染治理，推进环境友好。向上聚焦"蓝天"，首都机场圆满完成蓝天保卫战既定目标，实现场内新能源车辆占比29.3%、空侧充电桩457个、陆侧充电桩196个、近机位APU替代设备设施100%全覆盖、远机位APU替代设备设施覆盖62%，建立APU替代设备设施智能监测平台和桥载通知信息系统、新能源车辆及充电设施运行监测平台，各项指标达到行业领先水平。向下聚焦"碧水"，完善了首都机场西航空净化站设备设施，同时采取了一系列提标改造措施，确保实现污水处置100%与出水水质达标100%；制订了海绵机场专项规划，为实现源头削减、过程控制和末端调蓄排水体系提供指引。往深处聚焦"净土"，发布首都机场垃圾分类工作实施方案，推进垃圾全流程分类无害化处置。

## 助力绿色发展——"内部提升""外部联动"两手推

首推内部绿色项目，打造绿色亮点。2016年以来，首都机场创新探索，将绿色理念、标准、工艺、技术、材料应用于中跑道大修工程、航站楼卫生间改造、塔台生活配套集成房屋建设、远机位登机岛建设、储能式APU替代设备设施应用等项目，打造了一批绿色亮点工程。例如，中跑道大修工程在沥青混合料中加入节能环保材料温拌剂，有效减少沥青烟等有毒气体排放80%以上；在"零耗能建筑"塔台休息室建设中，将BIM、装配式建筑、高性能外围护结构、高效新风换热系统、石墨烯碳纳米电热膜采暖、太阳能热水系统、光伏建筑一体化、固定储能和移动储能等技术融合在一起，形成了一套完整的绿色建筑体系，打造了一个近零能耗的示范性建筑。首都机场大胆应用储能技术，首创采用储能设备+APU替代设备设施的模式，在空侧引入一体型储能式APU替代设备设施，在无航班保障任务时间段，利用电网余电进行制冷，储存冷量于蓄冷液中以满足航班保障的冷量需求。此外，首都机场融合储能与充电技术，实现了在航班间隙利用桥载设备给充电桩储能电池充电，以满足电动车充电需求。

再推外部战略合作，打造绿色联盟。"十三五"期间，首都机场持续深化与联合国环境规划署合作，双方两次签署《战略合作谅解备忘录》，共同开展绿色机场建设评估，发布绿色机场评估报告，携手开展了"为生命呐喊""塑战速决""清洁海洋""蓝天保卫战　我是行动者"等近20次公益展览和绿色宣传活动，形成了绿色宣传联盟。此外，首都机场还积极对接各级发改委、国家节能中心、能源基金会等单位，开展节能减排工作交流活动，不断学习前沿知识和最新形势，吸取各方经验。

发展不止，步履不停。"十四五"时期，首都机场将按照党的十九届五中全会提出的"深入打好污染防治攻坚战"要求，深挖自身潜力，不断改革创新，持续推动首都机场的绿色发展。

（刊载于2021年3月22日《中国民航报》　通讯员　陈颖）

# 东航收官"十三五"：
# 从"黄金十年"迈向高质量发展新阶段

中国民航报

在"十三五"收官的2020年，从百年未遇的新冠疫情来袭，到迎战国内外的严峻市场冲击，中国东方航空遭遇了前所未有的挑战，也以领跑中国民航乃至全球民航业的抗疫运输与常态化精准防控下的复工复产，赢得了前所未有的关注与点赞。这个特别之年的惊艳表现，正是东航在整个"十三五"的一个缩影：五年间，东航坚持以习近平新时代中国特色社会主义思想为指导，立足新发展阶段、贯彻新发展理念、构建新发展格局，从"黄金十年"进一步飞向具有全球竞争力的世界一流企业。

## 企业成长之基：以最新理论武装头脑指导实践

"央企姓党"是东航集团多年来始终遵循的信念与原则。"十三五"期间，东航集团坚持以习近平新时代中国特色社会主义思想为指导，政治建设开辟新境界，党的领导、党的建设，成为企业发展最核心、最关键的基石。

五年来，东航集团党组带头做表率，把习近平总书记关于党的领导和党的建设、国企改革发展、"一带一路"建设、"三大攻坚战"、民航安全等重要讲话、重要指示精神，作为党组中心组学习的首要内容，带领各级党组织自觉用党的最新理论武装头脑、指导实践、推动工作。

"十三五"期间，东航集团以党的政治建设为统领，把学习贯彻习近平新时代中国特色社会主义思想作为首要政治任务，不断强化理论武装，深入推进"两学一做"学习教育常态化制度化，扎实开展"不忘初心、牢记使命"主题教育和"四史"教育，成立了东航党校。东航集团通过党组会集体研究贯彻方案、制定落实举措；通过系列工作会、战略研讨会和党建、安全、改革等专题会，部署推进工作；通过深入基层现场督导，层层压实责任，确保党中央决策部署在东航落地生根；坚持把实际成效作为检验学习成果的标尺，持续推动新思想往深里走、往心里走、往实里走，各系统、各单位、各部门按照集团党组要求，细化工作措施、狠抓工作落实，以扎扎实实的工作成效做到"两个维护"。

东航更从多个维度的机制建设入手，加强党对国有企业的全面领导，实现党建进章程，完善公司法人治理结构，不断提高党建质量和水平。东航坚持推进基层党建创新，持续开展星级飞行员、党员—机长双培养、客舱微党课等特色党建创新，持续推进"蓝天党小组"建设，确保航线开辟到哪里、党的建设就延伸到哪里。东航坚持推动全面从严治党向纵深发展，接受中央巡视政治洗礼，并深入开展内部巡视巡察，"十三五"期间开展7轮巡视，共巡视27家党委，还有20家单位党委开展了内部巡察。

## 深化改革之径："首试首改"样本再造内生动能

2017年12月30日，东航集团如期完成公司制改制，正式由全民所有制企业改制为国有独资公司，发出了东航在"十三五"期间发力供给侧结构性改革、完善企业治理结构建设和产业布局的坚定信号。

更深入的改革随之而至，2020年10月12日，《国企改革三年行动方案》公布后，央企集团层面股权多元化改革的"首单"在东航出炉，东航集团在国务院国资委指导下，在集团层面引入财政部所属的中央金融企业中国人寿保险（集团）公司、上海市国资委所属的上海久事（集团）有限公司，以及中国旅游集团有限公司和中国国新资产管理有限公司的增资资金，共计310亿元，成为多元股东的央企集团。东航集团自2002年成立以来，资产负债率首次降至70%以下，降杠杆、减负债攻坚战取得重大胜利，企业流动性更充裕、财务成本更低，抗风险能力、可持续发展能力得到进一步增强，为后疫情时期的发展提供强有力的战略推动和资金保障。

东航集团架构之下，"首试首改"正向业务板块的纵深不断推进。2017年6月，作为全国范围内首批推进的七大领域央企混合所有制改革试点，东航率先在民航领域成功落地，完成东航物流的混改。东航集团与联想控股、普洛斯、德邦物流、绿地金融等4家投资者，以及东航物流核心员工持股层代表，签署增资协议、股东协议和公司章程。此外，上航国旅的混改也已顺利完成，中国联合航空、东航食品的混改正在有序推进。

值得一提的是，东航集团领跑、东航物流首家签约的机遇不是"等来"的，而是来源于"十三五"东航对物流体系的加速供给侧结构性改革：东航物流公司正式完成重组后，旗下拥有中国货运航空、东航快递、东航运输、东航货站等公司，涵盖航空运输、卡车运输、快递、物流四大板块，形成完整的空地全物流体系，成为首家转型为现代航空物流服务集成商的国有航空运输企业。2020年9月24日，东航与国铁的"空铁联运"货运项目也在全国首家启动合作。

在企业的改革发展中，东航始终遵循"以人民为中心"的发展理念，坚持共建共享，制定了"幸福东航"指标体系，坚持让改革成果惠及广大职工。近年来，东航连续推出关系员工切身利益的年度"十件实事"，东航员工幸福指数整体持续上升，为企业凝聚起更加磅礴的发展力量。

今天的东航，正加快优化产业布局，打造形成以全服务航空、经济型航空、航空物流为三大支柱产业，以航空维修、航空食品、科技创新、金融贸易、产业投资平台为五大协同产业的"3+5"产业格局，伴随深化改革的累累硕果，宏大的路径已经在"十三五"收官之际描绘。

### 创新赋能之源：**智慧建设+绿色飞行** 推动可持续发展

"创新"是"十三五"期间东航尤其引人注目的特质。智慧、绿色、互联网化的发展，成为浓墨重彩的篇章。

五年来，东航全力实施互联网化战略，累计IT投入超过30亿元，把信息技术应用到企业生产经营、内部管理的方方面面。

东航精心研发筹划已久的"一张脸走遍机场""一张网智能体验""一颗芯行李管控"全流程智慧出行，在这五年间由破冰探路走向开花结果。

作为大兴的主基地航空公司，东航从开航伊始，就在全球民航业率先以"5G+人脸识别"技术为基础，实现旅客刷"一张脸"值机、登机。东航还成为全球首家使用无源型永久电子行李牌的航空公司。在上海、北京两地机场的行李托运、装卸过程中，东航用无线射频（RFID）代替光学扫描、以5G网络支撑数据传递，实现旅客行李全流程跟踪、实时行李监控和快速行李查找。

东航还建成了中国民航规模最大的机上Wi-Fi空中上网机队，并在国内民航业内首批开放机上手机使用（飞行模式）。

运行控制系统被称为航空公司的"神经中枢"，也是航空公司智慧赋能的重中之重。从2019年开始，东航启动运行控制体系的转型改革，着手把行之有效十五年之久的既有运行控制中心（AOC），升级为运行及客户中心（OCC）。东航总部及旗下各分公司机队按照"集中排班、统一管理、区域实施"的原则，将签派放行业务集中在上海、北京、西安三地实施。伴随改革，当旅客乘坐东航航班时，会有熟悉沿途航路、执飞航点的签派员专门负责签派；地面保障中会有更专属细分的团队精准盯住每个进出港环节，一旦遇到天气、流控等原因，出现航班变更，还会有专业人员通过东航App客户端、短信等渠道，为旅客设计推送最合适的退改签流程……

同样是在"十三五"期间，东航用创新积极打好蓝天保卫战，持续优化机队结构，开展燃油成本专项管控，落实各类精细化管理措施，用实际行动践行着"绿水青山就是金山银山"的理念。

在碳足迹越来越"浅"的五年里，东航成为亚洲首家用电子飞行包全面取代纸质航图的航空公司。仅此一项，就为每架飞机减重数十到上百公斤。通过航路优化、APU替代、地面滑行优化等举措，东航的航班运行油耗正持续降低。在地面保障环节，则有1000多台燃油地面特种车辆被新能源车所取代。

统计显示，在"十三五"期间，东航每年的节能减排举措能够节约航油20余万吨，2019年，东航燃油效率比2015年提升4.7%，各类降低碳排放的成效相当于种植了1800多万棵大树，为节能减排、打赢蓝天保卫战种下了一片虽然看不见却实实在在的"东航森林"。

### 战略担当之路：坚持做强做优做大，跨上亿级新台阶

"要想富，先修路。要想强，上民航"，航空是全世界效率最高、最便捷的交通方式，高水准的航空承运人既是我国经济社会事业发展成果的体现，也是高质量发展

必不可少的保障。在"十三五"期间，作为民航国家队成员的东航，坚持做强做优做大，自2009年以来"黄金十年"的良好发展势头得到进一步巩固，有力迈向"世界一流"目标。

对比"十二五"与"十三五"，东航集团总资产从2148亿元增长到3680亿元，净资产从379亿元增长到1130亿元，分别增长71%和198%，资产负债率从82.3%降至69.3%；运输机队规模从535架增长到733架，飞机静态座位数从88943个增长到123947个，年均增长8.7%；运输总周转量从776.34亿吨公里增长到1037.77亿吨公里，旅客运输量从3.98亿人次增长到5.39亿人次，分别增长33.7%和35.2%。剔除疫情影响，东航"十三五"规划的主要生产经营目标有望全面完成。

2016年，东航与主基地上海同时迎来高光时刻：当年12月12日，东航MU592航班从莫斯科抵达上海，承运了上海机场年度第1亿名旅客，标志着我国成为全球第4个拥有年旅客吞吐量超过1亿人次航空枢纽的国家。几天之后的2016年12月31日，东航也首次迎来了年度承运的第1亿名旅客，跻身全球亿人次级航空公司行列。在上海国际航运中心建设这项国家战略中，东航人交出了主力航企与主基地枢纽共成长的亮眼答卷。

在"十三五"期间，东航更打造了全球民航业罕见的两大亿级枢纽主基地体系。

2019年9月25日，一年前紧随上海之后实现亿级客流的北京迎来大兴新国门。开航首日，东航作为大兴国际机场主基地航空公司，使用最新型的空客A350客机，首航执飞北京大兴—上海浦东航班。东航旗下的中国联合航空则在原基地北京南苑机场与大兴机场之间，实现"一夜转场、无缝运营"，成为首家整建制搬迁大兴的民航承运人。东航迈入了上海、北京"两市四场"双主基地枢纽运行的时代。

在全国范围内，东航围绕京津冀协同发展、长三角一体化高质量发展、粤港澳大湾区、海南自贸港建设等区域发展战略，持续加大资源投入，努力构建新时代枢纽体系和市场版图。

过去五年间，东航成立广东分公司，设立厦门分公司，组建深圳基地，筹建三亚国际航空，并组建首个海外分公司——日本分公司，体系布局更加完善。东上航的机队、空勤人员统一运行成为中国民航的首家试点，东航旗下的中国联合航空作为国内首家国有大众化经济型航空公司，低成本模式逐渐成形。

"十三五"期间，东航地面固定资产和基建投资超过280亿元，比"十二五"增长50%以上。东航之家、东航研发中心、大兴机场东航基地等相继竣工，北京大兴东航基地二期和青岛胶东、成都天府等新机场的东航基地建设，以及西安、兰州、广州、昆明等机场的东航改扩建工程项目顺利推进。

离开了安全，民航发展就是无源之水。东航始终从国家战略和国家安全的高度对待安全工作，把"稳中求进、进中求稳"确定为安全工作总基调，提出东航总体安全观，"十三五"事故征候万时率0.055，与"十二五"相比下降50%，总体上保证了飞行安全和空防安全；实现了累计安全飞行超过千万小时，连续十年滚动飞行事故率为零，跻身全球最安全航空公司之列，荣膺中国民航"飞行安全钻石奖"。

伴随业务的高质量发展和飞行安全的持续推进，东航品牌建设捷报频传：连续8年入选知名传播集团WPP评选的"最具价值中国品牌"前50强，连续4年入选英国"品牌金融"机构评选的"全球品牌价值500强"，连续3年蝉联"中国企业海外形象20强"，也是交通运输行业入围的唯一一家。根据2020年国际指数公司MSCI（明晟）公布的环境、社会、公司治理（ESG）评级结果，在全球航空公司中，东航与达美、新航等5家航企排名并列第一，超过全球74%的航空公司，是6家中国A股市场航空公司中唯一的A级。

## 产业共赢之道：打造"大循环"与"双循环"关键连接点

2020年夏秋，一架喷涂着东航航徽与进博吉祥物熊猫"进宝"的彩绘机，成为全球飞友关注的焦点。将进博会核心支持企业、指定承运人、采购商、服务商集于一身的东航，发布全球首架"进博号"彩绘机，并飞抵法国、加拿大、英国、韩国、斯里兰卡等10余个国家的20多个重要航点，展示进博魅力，得到2000多家海外媒体关注。向世界发出"进博请柬"的东航，正在中国经济"国内大循环"与"国内国际双循环"之间发挥着关键的链接作用。

"十三五"期间，东航新开国际客运航线65条、国际货运航线5条，其中包括从上海通达南美洲的"东航产地直达"全货机航线；东航更全力打造"空中丝绸之路"，在"一带一路"沿线已通航18个国家、36个航点、共112条航线。在全球范围内，东航作为天合联盟重要成员，能够依托联盟网络，通达全世界1036个航点。

东航"十三五"的国际化布局，"内循环"与"双循环"的链接打造，早已超出了航点通达、航线开通的范围，正领跑着中国民航对标世界一流运行水平、开展全球配置资源和全球范围生产要素合作的创新探索。

2017年7月27日，中国东方航空、美国达美航空、法荷航空三方共同宣布，东航和达美航空将对法荷航进行战略投资入股，东航集团和下属海外全资子公司将持有法荷航约10%的股权，并向法荷航委派1名董事，这是中国民航央企首次战略入股全球领先的海外航空公司并拥有董事席位。而2015年9月，东航已引入达美航空4.5亿美元的战略入股，同样开创中国民航先河。

2019年，在东航第一时间的关注调查、分析研究和着力倡议下，中国民航局在国际民航业率先叫停了存在严重安全隐患问题的波音737MAX机型，各国民航同业纷纷跟进；东航的率先建议、率先停飞索赔体现了以人民为中心的发展理念，体现了民航央企的责任担当，促成了中国民航对国际民航业的重要贡献。

与"十三五"期间持续成长的国际化发展水平相呼应，是东航进一步将身为大型国际化航空公司的丰富经验，服务于国内"大循环"，尤其是为国产民机工业全力助推。

在民机行业有一句话，"好飞机是飞出来的"，没有精准先进的运行需求数据支持，就不会有先进的民机。作为民航央企，东航一直把支持民族航空工业发展作为最重要的责任之一，成为C919全球首家客户、培养提供C919首个机组、为C919首飞伴飞……东航不仅全方位服务国产大飞机的研发工作，还签约落实了35架ARJ21和20架C919组成的国产民机机队。东航旗下专业执飞国产民机的一二三航空有限公司，已于2020年12月28日使用国产ARJ21客机开航，正式投入商业运行。

## 践行责任之心：从脱贫攻坚到乡村振兴的阿佤新歌

多年来，东航在云南临沧的沧源佤族自治县、双江拉祜族佤族布朗族傣族自治县开展结对帮扶，党的十八大以来，东航更在脱贫攻坚中持续精准发力。

东航集团近几年间已累计投入3.8亿元帮扶资金，其中超过1亿元用于定点帮扶沧源、双江两县，带动两县的99个贫困村、7万余贫困人口全部脱贫。东航各分、子公司在全国各地对口帮扶的9个村也已脱贫摘帽。自2018年中央正式实施定点扶贫工作考核以来，东航集团已连续两年获得考核评价最高等级。2020年9月30日，东航集团党组研究形成乡村振兴战略方案，与云南省临沧市签署乡村振兴战略协议，按照"四个不摘"要求，连续巩固拓展脱贫攻坚成果，同乡村振兴战略有效衔接，高质量、高水平、可持续地开展"富脑袋""富口袋"和"富代代"行动，全面开启新时代乡村振兴战略新征程。

民航央企的行业优势成为"十三五"期间东航产业扶贫的重要抓手。历经选址、试飞校验、申请民航组织专用代码等系列帮扶举措，2016年，沧源机场在东航全力支持下建成通航，2017年东航开通了昆明—沧源扶贫航线，以优惠价格销售机票。仅在2019年，东航就通过扶贫航线给当地GDP贡献8亿元，解决就业超过1.2万人。今后，东航将继续帮助临沧开展公益助学、推动乡村旅游、开通帮扶航班，通过加快人流、物流、信息流的传递，促进当地经济社会快速发展。在全国范围内，"十三五"期间，东航的扶贫航线共通达68个贫困地区航点，辐射352个贫困县。

在彩云之南、佤山深处的坚守，是东航担当企业社会责任的缩影：接运尼泊尔震区同胞、承运我国援助老挝溃坝灾区物资、接回多米尼克飓风灾区中方滞留人员……只要祖国和人民需要，东航随时起飞；而坚持多年的"爱在东航"，更已成为参与员工以十万计、覆盖助学助困助老等各个领域的品牌公益活动。

2020年，东航获得金狮国际广告"最佳公益片金奖"等5项大奖，胡歌代言的东航环保公益片《为爱飞翔》和扶贫公益片《连接心的精彩》走向全球公众，"守护三江源斑头雁""天路连接中国最后一个原始村落"等视频话题获得1000多万海外浏览量和10余万海外受众的互动点赞。

与此同时，东航更在诸多重要活动中，有力担当、践行着作为民航央企的社会责任，圆满完成第一、二、三届进博会综合服务保障工作以及"一带一路"高峰论坛、青岛上合峰会、武汉军运会等服务保障任务，向世界展现了中国民航央企的专业水准。

### 央企领航之途：弘扬伟大抗疫精神 迈向"十四五"

"你们是上海医疗队坚守武汉阵地的最后一批勇士，'黄沙百战穿金甲，不破楼兰终不还'，我们为你们感到自豪和骄傲。"伴随机长广播，2020年4月10日，一架东航航班承运最后一支从湖北返程的上海医疗队由武汉飞往虹桥机场。事实上，这份"黄沙百战穿金甲，不破楼兰终不还"的决心，不仅属于白衣天使，也属于荣膺"全国抗击新冠感染疫情先进集体"、从人民大会堂捧回荣誉的东航上海飞行部，属于"全国抗击新冠感染疫情先进个人"东航武汉公司运行控制部总经理、党委副书记朱本林，属于"全国先进基层党组织"东航上海飞行部党委，更属于奋战在全球各个抗击疫情战场的10万东航人。

新冠疫情发生以来，东航集团坚决贯彻习近平总书记重要讲话和重要指示批示精神，把疫情防控作为头等大事来抓，围绕"中央决策部署、旅客服务保障、员工关爱防护"三条战线，在疫情防控阻击战中创造多个第一：2020年农历除夕夜执行民航第一班医疗队包机，2020年3月12日执行我国第一班援外医疗专家组及物资包机，执行全民航最多的抗疫包机……东航至今已先后承运近2.3万名医护人员和7万余吨物资，约占中国民航全行业总量的1/3，执行涉及防疫的各类正班运输航班2.4万余架次，执行1090班抗疫人员和物资包机，包机接运滞留海外中方人员超过1.25万人，未发生因旅客搭乘航班而导致的旅客或员工确诊病例。

随着国内疫情防控进入常态化，东航坚持做好"六稳"、落实"六保"，奋力夺取常态化精准防控与复工复产的"双胜利"。2020年6月18日，东航首推"周末随心飞"产品，立即引爆市场热度，形成现象级的传播效应，一石激起千层浪，多家航企跟进。东航此后连续推出"早晚随心飞""西域随心飞""湾区随心飞""大兴随心飞""周末随心飞（2021版）"，进一步带活"随心游""随心住""随心享"，通过创新供给侧航空产品解决要素流动的问题，拉动关联市场，激活消费新引擎，服务国内大循环。

到2020年第三季度，东航国内航班量日均突破2400班，基本恢复至正常水平。写下战疫新篇章的东航，正为打通"大动脉"、促进"双循环"践行着民航央企新的责任。

以上海为核心枢纽的东航，还在坚守着极为关键的"外防输入"主阵地。当前，东航每周有50余个国际航班从世界各地飞抵国内，每月承运出入境旅客16000人次以上。在国内外重点市场出现疫情反复、需求大幅下滑的逆境下，东航集团全力以赴做好常态化防控和生产运营保障工作。

"十四五"是我国开启全面建设社会主义现代化国家新征程的第一个五年。2020年12月29日召开的东航2021年工作会议明确提出，这同样是东航打造世界一流、建设幸福东航、实现高质量发展的关键五年,东航的新蓝图已经绘就。

东航将坚持以习近平新时代中国特色社会主义思想为指导,以高质量发展为主题,以深化供给侧结构性改革为主线,以改革创新为根本动力,以满足人民日益增长的美好生活需要为根本目的,更好统筹发展和安全,全面深化改革,强化创新驱动发展,优化产业布局,防范化解重大风险,提升党建质量和水平,持续推进智慧化、精细化、国际化,坚定不移做强做优做大,开创高质量发展新局面,加快实现"世界一流、幸福东航"战略目标。

跟随着大国银燕的航迹,到2025年,东航预计全机队规模达到1000架以上,年运输周转量362亿吨公里~376亿吨公里、年运输旅客量1.97亿人次~2.04亿人次、年货邮运输量190万吨~200万吨;东航将成为以智慧化航空运输主业为核心,着力打造航空生态产业集群和航空产业创新平台,协同发展、优质高效、绿色环保的世界一流大型航空产业集团,为我国全面建设社会主义现代化国家、实现第二个百年奋斗目标而不懈努力。

(刊载于2021年1月11日《中国民航报》 记者 钱擘 通讯员 税宁)

# 收官"十三五" 启航新征程

## 谱写全面建设社会主义现代化国家的厦航篇章

中国民航报

2020年是"十三五"的收官之年，也是人类历史上极不平凡的一年。一场疫情让全球陷入危机，也把全球民航业带入了前所未有的凛冬。

然而在狂风骤雨中，总有勇者砥柱中流。在厦门航空新一届党委领导班子的坚强领导下，厦航紧跟党中央决策部署，在抗疫最紧张、人民最需要的时刻，不惜代价、不计损失，守牢"安全生命线"，全力做好祖国和人民的坚实运输后盾；在国民经济和民航业亟待复苏的时刻，精准施策，以变应变，逆势而上，抓住机遇，全力夺取疫情防控和达产保平双胜利。

一家连续34年盈利的航空公司由此诞生，一只引领后疫情时代全球民航业复苏的"领头雁"从中国起飞，一个中国民航业高质量发展的缩影展现在世界面前。

"十三五"的征程波澜壮阔，厦航人的初心历久弥坚。回首这5年，厦航遵循习近平总书记"依靠改革，舍得投入，服务规范，以人为本"的重要指示，在安全上强基固本，在经营中提质增效，在改革中敢闯敢试，在服务上精益求精，实现了跨越式发展；回首这5年，厦航提出了新时代的新使命、新愿景和新的可持续发展规划，"帮助更多的人行走天下"，这是一家把党的初心、国家使命和人民对美好生活的向往扛在肩上，把人类未来放在心间的企业。

### 强基固本 安全形势平稳向好

"十三五"期间，厦航安全形势总体平稳、风险可控，取得了较好的安全业绩。截至2020年12月31日，厦航累计安全飞行593万小时，连续保证了420个月的飞行安全和324个月的空防安全。荣获"中国民航飞行安全五星奖"，总体安全品质和安全绩效稳步提升；厦航在2017年6月荣获国际航空运输协会（IATA）颁发的"IOSA杰出成就奖"，是全球首家获此殊荣的航空公司；厦航波音737NG机队和波音787机队可靠性在2017年、2018年接连取得全球第一的成绩。

2020年，厦航启动安全基础管理三年建设。厦航围绕党建"三基"（基本组织、基本制度、基本队伍）与民航"三基"（基层、基础、基本功）相结合的"双三基"建设，持续强化作风建设，持续优化训练体系，持续深化风险管控，持续丰富管理手段，安全管理得到进一步规范和细化，安全基础全面夯实。

### 稳步发展　连续34年实现盈利

"十三五"时期是厦航稳步发展的5年。在资源拓展方面，以"一轴两翼"为战略，成立北方总部，并顺利完成北京大兴国际机场一次性转场；积极融入长三角一体化战略，上海分公司挂牌成立；泉州分公司和重庆分公司相继成立；完成青岛、翔安生产基地等项目立项，落实超过1000亩发展用地；厦航新生产基地投入使用，福州、杭州基地工程竣工，厦航总部大厦、翔安生活基地、洪文空勤基地等重点工程进展顺利。

在经营方面，厦航人30多年磨砺出来的3个特质：规范、精细和协同，为厦航赢得了"最会赚钱的航空公司"的美誉。"十三五"期间，世界面临百年未有之大变局，尤其是刚刚过去的2020年，受新冠感染疫情影响，全球民航业遭受空前冲击。厦航因变而变，精准施策，灵活应对，在危机中育新机，于变局中开新局，在2020年上半年亏损14亿元的不利局面下，于当年7月开始实现盈利，8月经营利润转正，9月利润同比增长，10月客流量同比增长，11—12月的传统淡季也实现了盈利，最终以全年盈利的傲人成绩圆满收官。至此，厦航经历了1998年亚洲金融危机、2003年"非典"疫情、2008年全球金融危机和2020年新冠感染疫情，第四次从全行业巨亏的危机中逆势而出，实现了连续34年盈利，成为全球规模以上客运航空公司中唯一长期保持持续盈利的航空公司。

### 提升服务　跻身世界一流

服务是厦航的金字招牌。"十三五"期间，厦航继续秉承"以诚为本、以客为尊"的服务理念，将"真诚服务顾客、真心留住顾客、真实回报顾客、真情感动顾客"作为服务核心内涵，不断超越顾客期望，塑造了"精、尊、细、美"的厦航式服务品牌。

2020年初，厦航《"双引擎"服务质量管理循环指南》和《服务质量全面评价指标体系》正式实施。经国务院有关行政主管部门和国家标准化委员会立项审批，厦航成为中国服务业首家、中国民航和福建省唯一将自身服务质量管理标准提炼成为服务业可借鉴、可复制的质量管理标准的企业，为国家第三产业的发展和中国民航的服务创新贡献了厦航智慧。

截至目前，厦航连续8年稳居国内航空公司服务测评榜首。2020年12月，厦航从全球超过600家航空公司中脱颖而出，被评为APEX（世界航空旅客体验协会）最高评级——五星级国际航空公司，与阿联酋航空、达美航空、新加坡航空等世界知名航空公司同时进入五星级评定序列，正式向世界一流服务航企迈进。

### 国企担当　勇担社会责任

在发展的道路上，厦航始终不忘社会责任。2017年2月15日，经过多次考察，联合国选择厦航作为合作伙伴，双方在美国纽约联合国总部签署协议，厦航也正式成为全球首家与联合国开展可持续发展目标合作的航空公司。时任联合国副秘书长克里斯汀娜·加亚克高度评价了联合国与厦门航空的合作，并表示"这一合作方式前所未有、令人激动且意义非凡"。

2018年，波音公司向厦航交付了全球唯一经联合国官方确认的可持续发展特殊涂装飞机"联合梦想号"。厦航开展了一系列主题航班活动，通过客舱布置、机上影音、绿色餐食、主题活动乃至定制服务等，把"联合梦想号"打造成传播可持续发展目标的"空中形象大使"。除此之外，厦航还在线下举行了多场SDGs城市穿越赛，进一步增强了可持续发展目标的影响力。

在助力脱贫攻坚上，自2019年以来，厦航加大产业帮扶力度，积极开展消费扶贫，分别在厦门、福州举办了5场"厦航—闽东"扶贫产品专场产销会，进一步拓宽贫困地区农副产品销售渠道，以合理的价格引进合作社农产品，让扶贫产品集中亮相，架起了扶贫地区与厦航的爱心桥梁。2020年，厦航与宁德等地方政府签署战略协议，打造"厦航农庄"，实现产业帮扶，推动各项脱贫攻坚措施落实落地，向高质量、可持续扶贫迈进。

磨砺始得玉成，艰难方显勇毅。经历了"十三五"的展翅蜕变，经历了2020年的逆风飞翔，站在"十四五"开局起步的时间节点上，站在全面建设社会主义现代化国家新征程的起点上，厦门航空必将以习近平新时代中国特色社会主义思想为指引，肩负建设高质量民航的使命，再接再厉，携手相依，勇往直前，打造平安厦航、百年厦航、创新厦航、卓越厦航、幸福厦航，向世界一流航空集团的目标奋勇前进。

## 厦航新时代使命和愿景

厦航新时代使命："帮助更多的人行走天下。"阐释了厦航作为承载着党和国家使命的企业必须牢记的初心使命，即坚持"以人民为中心"，将旅客的需要作为努力方向，创新航空出行服务，"帮助"广大旅客实现对美好生活的向往，同时"做强做优做实做大"主业，构建通达全球的枢纽网络，为"更多的人"架起互联互通的桥梁，以最安全可靠、最轻松便捷、最温馨舒适的真情服务陪伴旅客"行走天下"，让厦航成为旅客漫漫人生路上的忠实旅伴。

厦航新时代愿景："绩效卓越、行稳致远。""绩效卓越"来自国家主席习近平在金砖国家领导人第九次会晤上特别提到的"这里的厦门航空，绩效也还是很好的"。厦航将以此为方向，持续推动安全、运行、服务、效益、管理等全方位高质量发展，取得更加卓越的绩效，成为国企高质量发展的典范。同时，厦航也将坚持"复利思维"，不折腾、不动摇，着力防范化解重大风险，实现健康永续发展，打造航空"百年老店"，在行稳中实现致远。

## 厦航"高质量党建引领高质量发展"

厦航严格按照"四个坚持"和"两个一以贯之"，将加强党的建设纳入公司章程，保障党组织在公司治理中的法定地位。充分发挥厦航人"敢为天下先、爱拼才会赢"的创新精神，着力加强公司党建的顶层设计，积极构建以"高质量党建引领高质量发展"为核心的新时代厦航党建体系，全力构建系统高度集成、资源高度集约、层级高效互动、内外广泛协同的大党建格局，把党的领导融入企业治理各个环节，充分发挥党委把方向、管大局、促落实的作用。坚持将党的建设与公司发展战略同规划、与中心工作同推进、与改革创新同提升，公司党委在谋划战略方向、全面深化改革、破解发展难题中把关定向，以"全程领导、全程参与、全程推进、全程落实"的"四个全程"，切实将党建工作与企业发展无缝对接、紧密融合，把党委的政治优势有效转化为企业的核心竞争力。

（刊载于2021年1月11日《中国民航报》 记者 刘韶滨 通讯员 陈邵珣）

# 打造西北机场集群　助力民航高质量发展

## —— 西部机场集团"十三五"改革发展成就综述

中国民航报

历史，总是在特殊的时间节点给人启示，催人奋进。

2016年，西部机场集团提出打造"价值型、创新型、开放型、平台型"机场建设运营企业集团战略构想；2017年，陕西西安咸阳国际机场旅客运输量首次突破4000万人次；2018年，青海西宁曹家堡机场正式升级为国际机场；2019年，宁夏银川河东国际机场运送旅客首次突破1000万人次；2020年7月22日，西安咸阳国际机场三期扩建工程破土动工……

这5年，既有砥砺前行、爬坡过坎的坚韧和勇毅，也有千帆竞渡、寥廓天江的浩荡和豪迈。5年弹指一挥间，西部机场集团把握新机遇，追求高质量；5年弥足珍贵，西部机场集团奋进新时代，迈步新征程，开创新局面。

5年来，西部机场集团坚持以习近平新时代中国特色社会主义思想为指引，全面贯彻落实习近平总书记来陕考察重要讲话精神和对民航工作的重要指示批示精神，以"越是艰险越向前"的作风、"不破楼兰终不还"的勇气，坚定不移贯彻新发展理念，牢牢把握高质量发展主题，加快建设国际航空枢纽，全面服务地方经济社会发展。一部扎实践行新时代民航高质量建设战略的雄浑乐章在祖国西北大地上昂然奏响。

### 赋动能：全面打造引领区域高质量发展的新动力源

2020年7月22日，是西部机场集团1.8万名员工将永远铭记的日子。

随着一声令下，建设现场工程车辆齐声鸣笛，陕西民航发展史上规模最大，同时也是西北地区最大的民航工程——西安咸阳国际机场三期扩建工程——经过5年的艰难磨砺，正式进入建设实施阶段。

西安咸阳国际机场三期扩建工程以2030年为目标年，按照年旅客吞吐量8300万人次、货邮吞吐量100万吨的目标进行设计，项目总投资476.45亿元。建成投运后，西安咸阳国际机场将形成4条跑道、4座航站楼，东西航站区双轮驱动的发展格局，机场规模将排名全国前5。

实践证明，机场已成为推动区域经济社会高质量发展的强劲引擎。自"十三五"以来，西部机场集团横跨陕、宁、青、甘四省（自治区）的11座机场建设项目正密集推进，9条跑道、229个停机位、近100万平方米航站楼的建设工程接续实施，全力建设西北对外开放大通道。

在陕西，全速构建以西安国际航空枢纽为核心、支线为支撑、通用机场为补充的机场格局。全面启动西安咸阳国际机场三期扩建工程，延安南泥湾机场、安康富强机场竣工投运，榆林榆阳机场T2航站楼建成投运。成立西部通用机场公司，在陕西建设运营丹凤、韩城、神木3座通用机场。

在宁夏，全力打造空港综合交通枢纽。2016年12月27日，银川河东国际机场三期扩建工程竣工投运。2019年8月18日，银川国际空港综合交通枢纽全面投运，是西部地区"十三五"期间唯一通过将高铁引入机场建立的综合交通枢纽。

在青海，全面形成"一主六辅"机场布局。2020年7月16日，西宁曹家堡国际机场三期扩建工程机场工程初步设计及概算获批；2019年8月，玉树机场改扩建工程正式开工；2018年8月，祁连机场通航投运；2017年9月，格尔木机场改扩建工程通过竣工验收；2016年7月，果洛机场迎来首架飞机……

## 强枢纽：深度融入共建"一带一路"大格局

打造国际航空枢纽，助力陕西深度融入共建"一带一路"大格局，西部机场集团始终奋力前行。"十三五"以来，西安咸阳国际机场累计开通国际航线88条，通达全球36个国家、74个枢纽城市，"一带一路"沿线国家覆盖率超过30%。初步形成"丝路贯通、欧美直达、五洲相连"的国际航线网络格局，构筑起向西开放的门户和联通欧洲的主通道，打通了陕西"走出去、引进来"的经脉网络。

西部机场集团以建设"中国最佳中转机场"为抓手，让西安咸阳国际机场成为真正意义上的枢纽。目前，西安咸阳国际机场国内航网通达性、中转旅客量、中转业务增幅均升至全国第1。370条航线、235个航点高频串联国内经济枢纽、旅游热点城市，延伸覆盖国内70%以上的中小机场，西安咸阳国际机场成为全国航空网络中"南下北上、东进西出"的重要枢纽，"西引力"持续增强。

"十三五"以来，西安咸阳国际机场客运量以9.4%的年增速领跑全国十大机场，实现了从3 000万人次到4 000万人次的跨越，2019年突破4 700万人次，国内排名升至第7位，全球排名升至第40位，枢纽知名度、国际影响力持续增强。

一花独放不是春，百花齐放春满园。西部机场集团持续发挥枢纽带动作用，坚持"错位发展、协同发展、共同发展"，出台促进中小机场发展的《指导意见》，宁夏、青海机场发展品质显著提升，各支线机场打造独具特色的标杆机场开局良好，干线机场和支线机场保障资源逐步实现均等化。

银川河东国际机场全力打造"面向丝绸之路经济带沿线国家的门户枢纽和区域支线航空枢纽"，"十三五"以来，机场国内通航城市达到87个，国际通航城市达到11个，2019年客运量突破千万人次大关，进入国内大型繁忙机场行列，让宁夏对外交流由内陆腹地走向开放前沿。

西宁曹家堡国际机场加快建设青藏高原区域枢纽，"十三五"以来，机场通航城市达78个，客运量连续4年实现百万量级跨越，为青海改善民生、促进地方经济社会发展注入崭新的活力。

## 促流动：加快构筑效率高成本低服务优的国际贸易通道

陕西航空物流运力主要集中在西安咸阳国际机场，业务量占到全省的98.6%。但长期以来，全货运航线运力不足，严重制约了做大货运总量。

西部机场集团创新管理模式，成立航空物流公司，整合陕宁青航空物流资源，以货运航线网络优化为着力点，为重点企业航空货运发展创造条件、协调资源，加快提升货运航线网络的覆盖面和通达性，"国际运输走廊"建设初见成效。

目前，西安咸阳国际机场累计开通全货运航线32条，其中国际全货运航线增至11条，全货机货量份额增至20%以上。开通西安至西宁、银川全货运航线，实现西北3省（区）航空物流业务的协同联动；开通兰州、天津、淮安全货运航线，有效打通了丝绸之路节点城市航空物流空中大通道；开通越南河内、韩国首尔、泰国曼谷全货运航线，实现了与海上丝绸之路货运航线的衔接。

近年来，随着跨境电商的快速发展，国际快件业务成为航空货邮运输新的增长点。西部机场集团先后引进4家国际快件行业龙头企业，建成并投运A03国际快件监管中心，拥有进港环型查验线300米，每小时能处理快件1800件。自2017年建成投运以来，西安咸阳国际机场进港国际快件业务累计完成近2万吨，增速始终保持全国机场前列。

按照"统筹规划、分步实施"的原则，西部机场集团投资200余万元加快口岸建设。目前，西安咸阳国际机场常态化运营进口肉类、冰鲜水产品、药品、进境水果、食用水生动物等5个国际口岸资质，进境植物种苗资质正接受海关总署验收。口岸资质的多样化，让大洋彼岸的龙虾、三文鱼等直接落地西安咸阳国际机场，使得更多种类终端消费品的运输成本和时间大幅缩减，有力促进了陕西进口贸易发展。

"十三五"以来，西安咸阳国际机场航空货运年均增长16.6%，高于行业平均水平11.6个百分点，持续领跑全国十大机场。今年，在新冠感染疫情的影响下逆境突围，排名提升至全国第十。2016年至今年10月底，陕西进出口总值累计达到1.48万亿元，其中空运进出口占到70%左右。航空高端带动作用充分激发，为完善现代产业体系，服务高端制造业、现代服务业等快速发展提供了有力支撑。

## 提品质：不断满足人民群众对美好出行的向往

2020年6月28日，国务院发布《关于做好自由贸易试验区第六批改革试点经验复制推广工作的通知》，明确"大型机场运行协调新机制"将作为事中事后监管措施在全国范围内复制推广。这是自2018年民航局在全行业推广"西安模式"以来的又一更高层面推广。

近年来，随着民航事业的快速发展，运行资源相对紧缺、信息交互不畅等深层次矛盾日益凸显。西安咸阳国际机场联合西北空管局等驻场单位，共同组成机场运行管理委员会，以联合运行控制中心为支撑、以A-CDM系统为运行平台，24小时不间断实现空地联动、协同运行，确保了航班正常高效运行。机场航班平均地面滑行时间缩短20%，航班放行平均协调时间由120秒降至30秒，每年减少碳排放上万吨，实现了良好的经济社会效益。

进入新时代，旅客对出行体验有了更高要求，西部机场集团应势而动，将"无纸化"信息技术贯穿便捷出行全过程，向旅客提供包括"自助值机、自助托运、自助验证、自助问询、自助登机"在内的一站式、全自助智能化服务，以及人脸识别、行李追踪等便捷式体验，积极构建全链条"便捷出行"服务体系。西部机场集团管理运营的陕宁青3大省会机场全部获得国际航空运输协会"便捷出行"项目"白金认证"。

人民航空为人民。"十三五"以来，西部机场集团全方位践行"真情服务"理念，推出"畅想旅行"产品，为中转旅客提供"吃住行游购娱"全方位服务，上线至今使用量突破220万人次。集团各单位深挖自身资源禀赋，打造地面代理、贵宾服务、地面运输、酒店餐饮等系列品牌，不断满足人民群众差异化、个性化、体验式的美好出行需求。

## 勇担当：奋力谱写新时代追赶超越新篇章

2020年初，新冠感染疫情突如其来。面对疫情防控大考和生产发展大战，西部机场集团坚持目标不变、任务不减、标准不降，统筹推进防疫情、促发展、推改革、强党建等各项重点工作，奋力夺取疫情防控和生产发展"双胜利"。

在疫情防控战场，西部机场集团陕甘宁青4省（区）24座机场闻令而动、3 770名党员挺身而出、1.8万名员工逆行冲锋，以机场为战场、以客舱为方舱、以航线为前线，全力切断疫情的空中传播渠道，全力做好抗疫人员和物资转运，全力保护好每一名员工的安全，全力恢复航班、服务复工复产，为西北4省（区）守好门户，为经济复苏提供支撑。截至11月底，集团各机场累计检测旅客3 846.2万人次，移交发热人员2 253人，高质量保障4省（区）2 472名援鄂医务人员和5 753批次、4 231吨抗疫物资运输。全集团共有4个单位和7名同志获得省部级抗击新冠感染疫情表彰。西安咸阳国际机场股份有限公司党委荣获"全国抗击新冠感染疫情先进集体"称号，西安咸阳国际机场股份有限公司医疗急救部党委副书记、总经理张　荣获"全国抗击新冠感染疫情先进个人"称号。

在生产发展战场，西部机场集团强化成本管控，压减成本费用8 000万元，争取各类资金减免9 000多万元。把握复工复产有利时机，投入近2亿元支持航空公司保航线、增运力，支撑OTA平台强宣传、抓引流，支援航站楼商户渡难关、共发展。积极拓展定期全货运航线和临时"客改货"包机，西安机场新开5条全货运航线，货运量排名提升至全国第十。截至10月底，西安、银川机场客运量恢复至去年同期八成以上，西宁机场客运量连续3个月实现正增长，格尔木、玉树、夏河等支线机场年累计客运量实现正增长。

在深化改革战场，西部机场集团完善成员企业法人治理结构，深化"放管服"改革，激发成员企业自主发展的活力和动力。创新开展授权决策、工程管理、资料同步、廉政防范"四大体系"建设，高标准、高质量、高效率、低风险推进工程建设。立足管理型机场定位，升级西安机场运管委模式，优化银川机场"三区"运行模式，拓展青海机场运通互补模式。以航空服务产业链为主线，推进航空物流、酒店旅游、置业开发等业务跨区域资源重组，着力打造优势产业集群。

以党建引领战场，西部机场集团党委深入贯彻落实新时代党的建设总要求，以全面加强党的建设为主题，以省委巡视反馈问题整改落实为主线，深入开展"党建质量提升年"工作，以高质量党建引领集团高质量发展。深入实施人才强企战略，持续强化管理人员、专业技术人员和员工队伍"三支队伍"建设，为集团改革发展提供强力支撑。坚持"两谋"原则，全面推进"美丽空港"建设，不断提升员工的获得感、幸福感和安全感。决战决胜脱贫攻坚，高标准落实民航局定点扶贫任务，集团荣获2019年度民航脱贫攻坚工作先进集体。

上下同欲者胜，风雨同舟者兴。站在"两个一百年"奋斗目标的历史交汇期，西部机场集团全体干部员工将更加密切地团结在以习近平同志为核心的党中央周围，凝心聚力、埋头苦干，干出集团高质量发展的新局面，干出广大员工高品质生活的新气象，始终以拼搏奋进的姿态，向着实现"十四五"规划和2035年远景目标阔步前行！

（刊载于2020年12月25日《中国民航报》 通讯员 王朝辉 吴晓斌）

# 奋进新时代　建设飞向世界的航空大通道
## ——西安咸阳国际机场"十三五"发展纪实
### 中国民航报

大江流日夜，慷慨歌未央。

回首"十三五"，西安咸阳国际机场始终以追赶超越为总遵循，全面贯彻新发展理念，站在新时代历史方位，抢抓推进"一带一路"倡议、建设改革开放高地的发展机遇，牢记使命、主动作为，奋力拼搏、砥砺前行，机场呈现出规模总量增长、运行结构优化、发展能力提升、带动作用凸显的良好态势，交出了一份富有"含金量"的合格答卷。

五年来咬定青山，是不忘初心继续前进的责任担当；五年来风雨兼程，是"人民航空为人民"的庄严承诺；五年来奋斗不息，是敢于让梦想照进现实的生动写照。

### 云端丝路　四海通途

丝路迢迢，驼铃声声，回响在汉唐雄风的历史空间，孕育着新时代通达五洲四海的坚定志向。

2019年8月30日12时10分，随着JD429航班起飞，西安—里斯本航线正式开通。这条航线是中国和葡萄牙两国间唯一的直达航空通道，也是西安咸阳机场当年新开的第8条国际客运航线。航线的开通，进一步密切了中葡两国互联互通和经贸往来，为中欧之间的经济贸易、文化交流、商务旅游等搭建起空中桥梁。2019年，西安咸阳机场先后开通19条国际航线，创造出中国民航发展史上国际航线开航数量的新纪录，通达世界的空中丝路乘风破浪，不断向远方延伸。

"十三五"时期，西安咸阳机场在西部机场集团党委领导下，积极统筹国内国际两个市场，搭建国内国际两张航线网络，构筑国内国际两个增长极。五年来，已开通国内航点228个、航线383条，覆盖全国70%以上的大中城市和重点旅游城市，支线机场覆盖率超过60%，国内航线通达性、支线航点覆盖率均位居全国第一，形成骨干城市高频穿梭、支线航点广泛连接的中枢轮辐式航线网络。在持续稳定东亚、东南亚传统国际航线的基础上，坚持向西飞、向远飞，打通欧美空中通道，连续开通罗马、巴黎、悉尼、开罗等航线，在国际航空运输方面不断实现零的突破，创造新的纪录。累计开通国际（地区）航线92条，通达全球37个国家，其中包括"一带一路"沿线的21个国家45个城市，初步形成"丝路贯通、欧美直达、五洲相连"的国际航线网络格局，构建起陕西融入世界、开放发展的航空大通道，成为助推陕西乃至西北地区实现更高层次、更宽领域开放的重要支撑。

2017年，西安咸阳机场旅客吞吐量达到4 180万人次，继2015年超过3 000万人次后，跃升到4 000万量级，两年间年均净增量相当于一个中型机场的规模。2018年，机场旅客吞吐量4 465万人次，全国排名上升至第7位，全球排名第45位。2019年，保障航班34.5万架次、旅客吞吐量4 722万人次、货邮吞吐量38万吨，同比分别增长4.7%、5.8%、22.2%，客运量稳居全国第七，客运增速排名十大机场第三，货运增速领跑全国，并成为全国第七个单日航班起降突破1 000架次的机场。

2020年，疫情防控、抢抓生产成为最鲜明的主题词。面对不利形势，西安咸阳机场以"越是艰险越向前"的过硬作风，紧盯全年任务目标，千方百计把耽误的时间抢回来、把遭受的损失补回来，坚持两手抓，争取双胜利。8月的单日航班量、客运量分别恢复至2019年同期水平的90%和85%以上，增速高于全国十大机场平均水平。国庆期间最高日运送旅客13.4万人次，创疫情后单日新高。全年旅客吞吐量超过3 100万人次，货邮吞吐量首次进入全国前十，机场发展实现了浴火重生。

五年来，西安咸阳机场共运输旅客2亿人次，完成航班起降153.8万架次，货邮吞吐量156.5万吨，航空主业增长"飞"出追赶超越加速度。不断跳动的数字、刷新的排名、创造的纪录，充分见证着机场高质量发展的稳健步伐，日臻密集的航线展示出服务地方经济社会发展的磅礴之力。

### 蓝图铺展　春潮涌动

不畏浮云遮望眼，是打造一流国际航空枢纽的胸襟和敢为人先的气魄，是推动民航高质量建设、服务地方经济社会发展的使命和自觉。

作为我国西北地区最大的国际航空枢纽，西安咸阳机场始终牢牢把握交通运输基础设施和航空枢纽的属性，在"十三五"规划中明确提出，坚持"三型枢纽"的战略定位，即建设"向西开放的大型国际枢纽、'一带一路'航空物流枢纽、西部地区国家级综合交通枢纽"，在推动航线航班和运输业务量持续走高的同时，着力强化政策支撑，积极完善枢纽功能，不断提升核心竞争能力和枢纽建设水平。

春风劲吹，春潮涌动。2018年8月，陕西省民航发展领导小组成立，机场面临着前所未有的发展空间和政策利好，在地方政府和行业政府的推动下，机场的"国际航空枢纽""国际运输走廊"建设驶入快车道。2019年以来，机场口岸功能不断完善，第五航权、过境免签由72小时增至144小时、空管奖励扶持等政策相继落地。

2019年12月17日，西安咸阳机场首条第五航权客运航线叶卡捷琳堡—西安—普吉航线开通，打通了俄、中、泰三国的空中通道，凸显出西安连通俄罗斯与东南亚国家的重要节点作用，有力推进了东西双向互济的国际航线网络构建。第五航权是指一个国家或地区的航空公司在经营某条国际航线的同时，获得在中途第三国经停并装载客、货的许可，具有极大的经济意义和经济价值。第五航权的落地，进一步强化了西安咸阳机场作为国际枢纽机场的地位，提升了陕西对外开放的深度和广度。

"城市的机场"必须转变为"机场的城市"，才能推动港产城深度融合，最大效率发挥机场的动力源作用。西安咸阳机场持续完善地面综合交通系统，促进空地衔接，保障旅客出行顺畅。2017年4月，西安首座城市候机楼在朝阳门外的益田假日世界购物中心启用，旅客可以在这里办理登机牌、行李托运、航空货运等业务，大大延伸了机场的服务保障触角，扩大了航空服务半径。2019年9月，西安北客站至机场的城际铁路通车，机场与高铁站互设服务中心，解决了空铁联运旅客"零换乘"的问题，机场还与携程网合作推出空铁联运特惠产品，增强服务旅客能力。长途汽车客运业务不断拓展，截至"十三五"末，机场长途汽车运输网络通达29个城市，扩大了机场服务覆盖面。

2018年9月，西部机场集团党委提出，西安咸阳机场要打造成为"中国最佳中转机场"。这是对机场所处地理方位、航空业务发展阶段、行业内外部发展形势的精准把握。机场迅速挂出作战图，排出任务书，打出组合拳，制订"五个最佳中转"实施路径，推进航班结构调整和时刻优化，推动跨航企中转标准统一、专业化保障团队组建、中转信息系统升级，发挥OTA平台作用，率先实现跨航企中转航班拼接。2019年保障中转旅客600万人次，国内中转旅客份额位居全国第一。2020年在疫情面前，机场中转旅客占比逆势上升，达到14%，机场的中转能力和中转品牌赢得了旅客和市场的高度认可。

2020年5月，陕西省政府和中国民航局联合印发《西安国际航空枢纽战略规划》，提出把西安咸阳机场打造成辐射"一带一路"的国际航空枢纽、品质卓越的国际性综合交通枢纽、港产城深度融合发展的全球示范、引领陕西追赶超越的新动力源，指导机场朝着2035年远期目标奋勇前进。

## 创新管理　行稳致远

作为我国第一家真正意义上的中外合资机场管理公司，西安咸阳国际机场股份有限公司始终在改革中奋进，在创新中前行，不断推进管理"蝶变"，不断开创内涵式发展新局面。

"十三五"时期，西安咸阳机场紧盯超大型机场运行保证能力提升，持续加强内部改革和管理创新。围绕国有企业改革攻坚三年行动计划，制订深化改革方案，优化决策审批权限，深化非航业务改革，全面退出亏损业务，实现机场运营价值的最大化。五年来机场收入和资产规模稳步提升，公司资产规模达54亿元，累计实现收入89亿元，纳税总额8.2亿元。在总结"421"运行管理体系的基础上，进一步理顺航站区、飞行区、公共区"三区管理"机制，2020年12月牵头成立机场公共区共建委员会，标志着机场分区管理迈出了实质性步伐。

安全第一是民航永恒的工作方针。西安咸阳机场始终坚持"安全第一"思想不动摇，深入贯彻"敬畏生命、敬畏规章、敬畏职责"要求，深入开展"三基建设""三项整治""安全整顿""合格手册合格员工"等工作，深入推行安全风险隐患双重预防机制，构建起与大型枢纽机场相适应的安全运行管理体系，不断健全和升级安全责任体系，安全运行态势持续向好。2020年12月成为全国首家通过民航局安全管理体系专项审核的机场，安全保障能力持续提升。

随着机场快速发展，资源不足的矛盾日益突出，为了提高机场运行效率、深挖机场管理潜力，2016年初，西安咸阳机场联合民航西北空管局启动了机场运管委筹建工作，得到行业政府的指导和东航、海航、油料等驻场保障单位积极响应。2017年8月，机场运管委正式挂牌成立。西安民航各单位共同打造了以A-CDM系统为支撑，以协同运行手册为指导，以联合运控中心为核心的协同运行平台，在民航行业内率先拿出了解决航班正常性问题的可行方案。航班平均协调时间由120秒钟降至30秒钟，空、地运行效率分别提高15%和5%，每年节省航油成本约3000万元，减少碳排放上万吨，创造了具有西安特色的大型枢纽机场运行协调新模式，机场放行正常率、始发航班正常率等主要指标持续位居同量级机场前列，在2019年12月全球机场出港准点率TOP榜上，西安咸阳机场成为全球最准点的大型机场。2018年10月，民航局下发《大型机场运行协调机制（运管委）建设指南》，将西安咸阳机场运管委模式作为典范在全行业推广。2020年6月，国务院明确"大型机场运行协调新机制"作为事中事后监管措施在全国范围内复制推广。

细节决定成败，管理推动提升。西安咸阳机场积极开展战略解码、绩效考核和精细化管理工作，督促指导各单位主动承接、制订计划、量化指标、压实责任，实现"人人肩上有指标，千斤重担大家挑"，激发基层主动创新、精细管理活力，促进各项工作落地，在安全运行、经营发展、服务提升、基础管理、降本增效等方面取得显著效果，汇聚成机场高质量发展的提速器。

"十三五"时期，机场投入30余亿元充实保障资源，提升运行管理能力。2016年9月，T1航站楼重新启用，推动低成本航空运输发展。2019年8月，建成启用T3航站楼南三指廊，新增机位17个，并在西北地区首次应用到发混流模式。2019年3月，新建东联络道投运，与西联络道形成"回"字形结构，减少飞机滑行时间和滑行冲突。2019年9月，完成西航站区道路交通改造，改善陆侧道路交通环境、提升系统容量。2018年10月，完成机坪管制工作移交，机坪塔台正式并入机场管理。2020年10月，完成机场净化站提标工程，并加大车辆尾气治理、新能源车辆使用、APU替代，获评"民航打赢蓝天保卫战先进单位"。机场运行保障能力得到行业认可，经过行业评估，"十三五"时期，机场高峰小时容量从49架次逐步提高到57架次，为航空运输持续增长创造了有利条件。

## 真情服务　美好出行

旅客服务无小事，一枝一叶总关情。

"十三五"以来，西安咸阳机场牢记"人民航空为人民"的宗旨，认真落实民航局服务质量提升专项行动，坚持每年一个主题，聚焦旅客需求和体验，从关注"合格率"向追求"满意度"转变，强化体系建设、开展重点攻坚、补齐服务短板、打造服务品牌，全面提升服务保障水平，打造文明服务窗口和城市会客厅，给往来旅客留下最美好的第一印象。

2017年9月的一天，一位旅客带着一岁多的孩子和多件行李咨询乘机事宜，机场问讯岗值班员工观察到旅客视力不好且携带多件行李，便及时协助旅客办理了登机手续，同时出于安全考虑，又主动帮助旅客申请了航空公司的无人陪伴服务，并与旅客目的地机场工作人员做好沟通，安排接机服务。这是机场问讯岗员工坚持"主动上前一步式服务"的真实故事。主动上前一步，不仅可以送上一句问候，还可以通过细心观察，发现旅客需求，解决旅客出行中的问题。机场问讯岗每天接受旅客问讯5000余人次，年均好人好事超过200件，成为机场真情服务的靓丽风景线。2018年初，机场航站区管理部旅客服务科问讯岗被中宣部授予"全国学雷锋示范点"。

人民群众对美好出行的向往，就是西安咸阳机场不懈追求的目标。近年来，机场持续推进标志标识改造，优化旅客动线，在T2航站楼地面增加彩虹跑道式指引、台阶增设立体指引标识，方便旅客快速抵达换乘区域。关注特殊旅客服务的基础设施和保障能力，针对首次乘机、儿童、老人等旅客，推出差异化旅客服务。2017年以来，机场率先落实"同城同质同价"要求，对标市区，将370余种大众商品价格平均下调30%，重塑旅客购物体验。持续关注新兴领域，实现网约车集中化管理，划定专用停车场，方便旅客乘车。2020年12月，机场整合畅行、中转和快线三类专属出行服务保障，推出"西悦行"旅客服务品牌与"西西"和"悦悦"专属主题形象，提升了旅客出行体验和机场服务品牌影响力。2016年，西安咸阳机场被评为Skytrax四星级机场暨中国最佳区域机场，2018年荣获"中国民用机场服务质量优秀机场"，2019年荣获"中国民用机场服务质量评价优秀奖"。

2018年以来，西安咸阳机场围绕"中国最佳中转机场"建设，向服务要品质，以真情促发展，创新推出智慧中转、急速中转、无忧中转、悦享中转、臻享中转等服务产品，提供跨航企行李免提、机票免费退改签、"舱门对舱门"中转保障以及"吃住行游购"全链条服务，形成了"西安中转"的服务品牌和模式。2019年"无忧中转"被民航局纳入优秀服务案例库，并获批民航局"行李直挂试点机场"。

## 智慧机场　数字转型

信息技术，浩浩荡荡。拥抱人工智能时代，才能为机场发展插上一双智慧化的翅膀。

"十三五"时期是信息技术加速发展、广泛应用、日新月异的重要时期。西安咸阳机场积极适应信息化、数字化的发展趋势，紧紧抓住数字化转型这一发展诉求，着力推进智慧机场建设。

　　五年来，西安咸阳机场持续完善IT基础设施，推进数字转型。建设统一的安防视频监控系统和公共区交通卡口及航站楼限时通行系统，实现飞行区大场景可视化和航站区无线网络、5G通信网络全覆盖，建成飞行区视频监控系统，升级机场GIS一张图，建设模块化机房，统一机场各业务生产信息接口标准，搭建机场数据池，完成基础云平台建设，全面采用大数据、智能分析技术，实现人、物的动态持续跟踪及预警。

　　加强新技术应用，实现信息化落地，助力旅客"慧"出行。建设以航站区运行管理为核心的系统平台，以及以旅客过站和行李处理全流程管控为主要功能的旅客服务平台，提升快速中转、便捷出行、智慧问讯等旅客服务系统的应用水平。以自助化应用、便捷出行为重点，配置自助值机设备100余台、自助行李托运设备26部，设立T3自助行李托运专区，2019年自助+线上值机率达78.6%，高于行业标准。以智慧交互为重点，推广"人脸识别"技术应用，在服务问讯区和乘机主通道设置智慧航显和智慧服务终端，旅客可以"刷脸"精准查航班，与客服人员进行实时视频交流。利用"畅想旅行"网上综合服务平台，实现旅客大巴购票、机场值机、安检、登机全链条"二维码通关"，打造从机场大门到舱门的全流程智慧化服务。启用"民航旅客遗失物品全国统一查询平台"，实现旅客足不出户就能领取到自己丢失的物品。建设智能停车管理系统，实现车辆室内泊位引导，支持支付宝、微信、银联、POS闪付、ETC等多种便捷支付方式，推进了停车场管理模式变革和资源配置优化。2019年，机场长途客运站成为陕西省首家实现"人脸识别"乘车的长途客运站。

　　行李是"不说话的旅客"，行李服务是机场运行保障的重要链条。为了让行李"立起来、走出去"，西安咸阳机场推出"阳光行李"服务，旅客在行李提取区可实时观看行李装卸全过程，行李托运更放心。行李运输初步实现RFID全流程跟踪，通过不断优化作业流程、改进操作方法，行李挑拣时间由10分钟～20分钟缩短至3秒钟～5秒钟，有效提高了服务效率。2020年3月，为有效应对疫情，西安咸阳机场成为分流北京到港国际航班的第一入境点之一。为了快速转运国际航班旅客，机场积极发挥行李智慧终端的作用，工作人员可于5秒钟内在行李分拣区找到旅客的行李，机场高效的行李保障得到航空公司的认可，纷纷申请航班在西安入境。

　　"十三五"以来，西安咸阳机场以"信息枢纽引领机场智慧化发展"为目标，坚持信息技术与业务深度融合，搭建高效的信息化管理体系，全面提升机场运行服务水平，实现业务的互联化、协同化、智能化、精细化，促进机场持续向智慧型交通枢纽转型升级，投资近3亿元，完成80多个信息系统建设，在智慧服务、智慧运行、智慧安全、智慧管理上取得显著成效。

## 党旗飘扬　根魂永固

　　西安咸阳国际机场公司党委始终以习近平新时代中国特色社会主义思想为指导，坚持"两个一以贯之"，团结带领广大干部员工奋发有为，开拓创新，推动机场高质量发展。

2020年9月8日，全国抗击新冠感染疫情表彰大会在北京人民大会堂隆重举行，西安咸阳国际机场股份有限公司党委荣获"全国抗击新冠感染疫情先进集体"称号，机场医疗急救部党委副书记、总经理张　　荣获"全国抗击新冠感染疫情先进个人"称号。

荣誉彰显担当，奋斗淬炼初心。2020年初新冠感染疫情发生以来，西安咸阳机场各级党组织和广大干部员工以疫情为命令，认真落实上级安排部署，坚决扛起疫情防控重大政治责任，同时间赛跑、与病魔较量，组建300余人的"志愿测温员"队伍，成立45个"党员先锋队"、36个"党员示范岗"，建立空中、航站楼、场区三道测温防线，形成陆侧测温和进港测温"两个流程"，筑牢网格系统填报"一个关键环节"，一封封请战书、一个个红手印、一支支突击队，以过硬的作风和执行力迅速构建起标准统一、流程衔接、处置闭环的防控体系和强大的疫情阻断防线，做到了不漏一机、不漏一人，让党旗在疫情防控斗争第一线高高飘扬，践行了"我是党员我先上"的铿锵誓言，为全国抗击新冠感染疫情作出积极贡献。

习近平总书记指出，坚持党的领导、加强党的建设，是国有企业的"根"和"魂"。"十三五"时期，公司党委高举思想旗帜，筑牢理论根基，认真学习习近平总书记系列重要讲话精神，扎实开展"两学一做"学习教育、"不忘初心、牢记使命"主题教育，深化"讲政治、敢担当、改作风"专题教育，增强"四个意识"，坚定"四个自信"，做到"两个维护"。

坚持从基本组织、基本队伍、基本制度严起，推动全面从严治党向纵深发展。修订《党委会议事规则》，出台《党委会会议管理办法》，围绕机场改革发展和重点任务把方向、管大局、促落实，确保党的领导作用有效落地。认真落实上级巡视巡察整改要求，进一步严密权力运行机制，堵塞管理漏洞。以党建质量提升年为牵引，有序强化基层党建工作。及时完善党组织设置，在基层单位增设专门党务机构，通过干部竞聘选拔党建工作专员，打造专业化、高素质的党务队伍。深化四种形态运用，严肃处理有关问题线索，让党员干部知敬畏、存戒惧、守底线，为机场改革发展构建良好内部环境。

按照举旗帜、聚民心、育新人、兴文化、展形象的要求，大力开展社会主义核心价值观宣传和公益广告宣传，组织主题演讲、抗疫图片展，围绕国庆70周年举办升国旗、快闪等活动，策划战冰雪、升国旗、写春联、战略解码等视频片10余部，《稳稳的幸福》《花样机场》《抗疫金曲37度3》等微视频在网络热播，打造机场文明开放窗口形象。落实"两谋"原则，连续两年上调员工薪酬福利，设置企业年金，增设夜班补贴，开展"美丽空港"建设，通过建设员工驿站、扩建员工餐厅、购置流动送餐车等改善员工生产生活条件，不断提升员工获得感和幸福感。2017年公司荣获全国文明单位称号，2018年公司荣获全国五一劳动奖状。

风雨多经人不老，关山初度路犹长。2020年7月22日，西安咸阳国际机场三期扩建工程破土动工，标志着陕西民航发展史上规模最大，同时也是西北地区最大的民航工程进入建设实施阶段。项目总投资476.45亿元,建成投运后,机场将形成4条跑道、4座航站楼,东西航站区双轮驱动的发展格局,全面提升基础设施保障能力和运行效率,满足年旅客吞吐量8 300万人次、货邮吞吐量100万吨的运输保障能力,成为助力地方经济社会发展和推进西部大开发形成新格局的动力源。

潮平两岸阔,风正一帆悬。2021年,站在"两个一百年"奋斗目标的历史交汇点上,面对百年未有之大变局,西安咸阳机场将在西部机场集团党委的正确领导下,以习近平新时代中国特色社会主义思想为指导,立足新发展阶段,贯彻新发展理念,构建新发展格局,心怀国之大者,对标世界一流,保持勇立潮头、争当时代弄潮儿的志向和气魄,只争朝夕、接续奋斗,科学谋划和全面起航"十四五",全面夯实安全发展根基,做好疫情常态化防控,持续推进航空运输恢复和增长,不断深化改革创新和精细化管理,全力加快国际航空枢纽建设,为畅通国内大循环、促进国内国际双循环提供有力支撑,为构建效率高、成本低、服务优的国际贸易通道和建设高质量民航、奋力谱写陕西新时代追赶超越新篇章作出应有贡献,以优异成绩迎接中国共产党成立100周年。

(刊载于2021年3月22日《中国民航报》 通讯员 蒲运宁 梁增强 武彦妮)

# 奋进新时代　聚力谋发展

## ——乌鲁木齐国际机场"十三五"谱写精彩篇章

### 中国民航报

"十三五"期间，乌鲁木齐国际机场分公司认真分析面临的机遇与挑战，抓住机遇，找准定位，紧紧围绕"十三五"工作重点和目标，以提升安全服务水平和综合保障能力为目标，以门户枢纽建设为核心，坚持改革创新，在安全管理、运输生产、枢纽建设、基础建设、服务品质等方面取得了显著成绩，为丝绸之路经济带核心区建设、新疆维吾尔自治区经济发展与产业升级作出积极贡献。

"十三五"以来，乌鲁木齐国际机场全面落实安全目标，未发生运输航空事故、空防安全事故、航空地面事故，航空安全事故征候，未发生责任原因的运输航空事故征候，安全指标好于历史同期，责任原因非正常事件万架次率由2015年的1.07下降到2019年的0.88。安全管理体系（SMS）和航空安保体系（SeMS）建设进一步完善，规章标准清理、安全绩效管理、法定自查、安全诚信及评价体系建设一体化推进，安全风险管控和隐患排查工作深入开展，"三基"建设形成一套规范化、标准化、精细化管理模式，安全管理能力得到显著提升。

"十三五"期间，乌鲁木齐国际机场旅客吞吐量持续快速增长。2016年旅客吞吐量首次突破2000万人次大关，跻身全国大型繁忙机场行列。2019年旅客吞吐量、货邮吞吐量、运输起降架次分别完成2396.32万人次、17.28万吨、17.82万架次。三项指标在"十三五"期间年均增速分别为6.7%、2.5%、3.9%，超过规划目标。其中，货邮吞吐量同比增长9.6%，增长率达到全国同期水平两倍。

"十三五"期间，乌鲁木齐国际机场持续优化航线网络，"疆内成网、东西成扇、四通八达"的航线网络新格局基本形成，国际航空枢纽建设初见成效。2019年，乌鲁木齐机场累计运营国际及地区客运航线33条，与19个国家、23个国际（地区）城市通航，较2015年相比航线增加2条，通航点增加2个。远程航线辐射首次抵达欧洲腹地，航线网络覆盖亚洲、欧洲和大洋洲，主要通达亚洲中西亚地区。

乌鲁木齐机场与全国所有省会城市通航，国内干线更加向三四线城市拓展，网络覆盖程度逐步提升。2019年，乌鲁木齐机场累计运营国内客运航线195条，与89个国内城市通航，与2015年相比增加了31条航线，27个国内通航点。与此同时，乌鲁木齐机场引入川航在此设立基地，基地航空公司增至6家。

在乌鲁木齐市政府的政策补贴下，乌鲁木齐国际货运航线发展开创新局面。2019

年，国际货运航线达到7条。

在基础设施建设方面，乌鲁木齐机场北区改扩建工程全面开工建设，对飞行区基础设施进行大幅改造，机场运行压力有效缓解。乌鲁木齐机场加大科技运用，完成机场协同决策（A-CDM）系统、智慧立体安防识别系统、自助安检系统、自助登机系统等一批信息化项目建设。启用乌鲁木齐机场空港客运综合枢纽站，实现机场与地铁、公交的无缝换乘。加快绿色机场建设步伐，完成机场登机廊桥桥载设备安装，飞行区充电设施、购置新能源车辆项目正在加快实施。

2017年，乌鲁木齐机场完成全国首个空客机型HUD特殊Ⅱ类的验证工作，实施Ⅲ类配置Ⅱ类运行。2020年，乌鲁木齐国际机场全力推进Ⅲ类运行各项准备工作。今年冬季，乌鲁木齐机场将实施Ⅲ类运行保障，低能见度条件下保障能力大幅提升。"十三五"期间，新疆地区实施了近20年来最大规模的空域调整，乌鲁木齐机场终端区内东线往返内地航班实现进离场分离，北分流航线常态化运行。

乌鲁木齐机场改革管理模式，实行区域化管理，建立以运管委为平台，以AOC为核心、TOC为支撑，以A-CDM为载体的一体化"大运控"管理模式，对航班保障进行精细管控，推行快速过站保障模式，过站时间平均缩短15分钟～20分钟。航班平均放行正常率稳步提升，2017年、2018年连续两年出港准点率居全国千万级机场首位。

为提升中转便利性，拓展跨航空公司、跨区域中转业务，乌鲁木齐机场将3座航站楼隔离区通道连通，统筹桥位资源，设立T2、T3航站楼中转互转柜台。2019年，乌鲁木齐机场中转旅客量占旅客吞吐量的8.5%，较2015年增长了3.5个百分点。

2020年是"十四五"规划谋篇布局之年，乌鲁木齐国际机场分公司将紧紧围绕新时代民航高质量建设任务和高质量发展要求，深化改革、补齐短板，全面推进国际枢纽建设，着力提升乌鲁木齐国际枢纽竞争力，构建新时代乌鲁木齐国际机场高质量发展新格局。

（刊载于2020年11月16日《中国民航报》 通讯员 杨诚）

# 担当时代使命　谱写辉煌史篇

## ——西部机场集团宁夏机场有限公司"十三五"高质量发展纪实

中国民航报

"十三五"发展收官在即，回眸过去的5年，宁夏机场公司在西部机场集团党委的正确领导下，砥砺前行、勇担使命。机场公司将认真贯彻落实党的十九届五中全会精神，为推动自治区对外开放、坚守抗疫"空中门户"，谱写属于时代的精彩篇章，在基础建设、航空主业、服务品质、改革发展、全面从严治党等方面实现高品质发展。

这五年，机场建设取得新突破：

"十三五"期间，宁夏机场公司积极谋划改扩建项目，抢抓机遇，集中攻坚，全面加快建设进度，累计投资17亿元，以满足不断增长的保障需求。作为主战场的银川河东机场，圆满完成了三期扩建工程、航空港综合交通枢纽、国际厅改造等重大项目，基础设施建设实现质的飞跃，T3航站楼工程获宁夏"鲁班奖"。目前，银川机场航站楼面积约13万平方米，建有廊桥22座、停机位47个，运输保障能力大幅提高。航站楼内共有值机柜台46个、自助值机设备25套、安检通道24条，出行旅客可以明显感受到值机、安检服务效率的提高，以及排队办理各种手续时间的缩短，整体环境更加舒适、整洁。银川机场的一次次"提档升级"，为旅客出行提供了更优的服务保障。2019年8月，银川国际航空港综合交通枢纽全面投入运营，从此银川机场突破了单一航空节点的传统模式，向空、铁、陆无缝衔接、零距离换乘的立体综合交通枢纽转型升级。综合分析银川机场各个阶段的建设发展，基础设施建设速度始终处于西北机场的前列，呈现出功能完善、流程合理、创新超越的新特点、新面貌。围绕四型机场建设，进一步优化机场总体规划，科学谋划后续建设，为长远发展奠定坚实基础。

近年来，以庆祝新中国70华诞、自治区成立60周年等重要活动为契机，机场公司在环境改善上谋篇布局，全面进行机场场区的治理，借势原有土面区基础，分步进行树木移栽、草坪整修，绿化面积达到110.89万平方米。对场区的湖面进行个性化设计，营造出一步一景、错落有致、层次分明的效果，对公共区域道路进行统一命名、道路交通系统人性化整治，使这座花园式机场成为知名的网红"打卡地"。

这五年，航空主业跨入新量级：

"十三五"期间，宁夏机场公司运输生产保持高速增长。2016-2019年，宁夏机场公司年均增速达到19.3%，高于行业平均水平9个百分点，银川机场连续4年实现每年净增百万人次。2019年12月7日，银川机场年旅客吞吐量突破1000万人次大关，成功迈进"千万级机场俱乐部"。货运量较"十二五"末实现翻番，平均增速达到15%，宁夏机场人创造了属于自己的发展奇迹。为更好地发挥航空运输的战略带动作用，宁夏机场公司持续完善航线网络，全力争取运力投放，积极拓展国际业务，不断加快枢纽建设步伐。"十三五"期间，银川机场新开29条航线，新增11个通航点，与全国省会城市实现直航，建成4条空中快线和10条准快线，航线网络基本覆盖国内大中型城市。新增9架驻场飞机，运力实现翻番。先后开通至阿联酋迪拜、新加坡、日本大阪、越南芽庄等航线，恢复银川至中国香港定期航班，季节性开通银川至俄罗斯伊尔库茨克、泰国芭堤雅等旅游包机航线，初步建成宁夏对外开放的"空中通道"。

同时，中卫沙坡头、固原六盘山两座支线机场稳定运营，业务量快速增长。2019年，中卫机场、固原机场双双迎来首个驻场航班，旅客吞吐量分别达到26.5万人次和37.9万人次，发展品质进一步提高。近年来，两座支线机场重新规划航线网络布局，调整航空主业发展战略，使航空运输覆盖区域进一步扩大。

这五年，服务品质创建新模式：

旅客是机场服务的重要对象。宁夏机场公司坚持以旅客为中心，健全分级服务管理体系，建立三级监察、服务自愿报告、社会监督管理机制，形成集服务战略、管理手册、服务标准于一体的制度体系，通过智慧机场建设和服务品牌塑造践行真情服务理念。

建设国内最具体验感的机场，让旅客享受全流程自助化、便捷化、个性化的温馨服务是银川机场打造"便捷出行"的初心。随着银川机场T3航站楼正式投入运营，安检验证、自助登机、安防布控等8个场景的基于人脸识别技术的应用同时启用。随着安检、登机软硬件系统的稳定运行，基于人脸识别技术的智慧航显、智慧问询查询终端等应用让旅客便捷地体验到"刷脸"查航班、查登机口、地图导航以及面对面在线问询等服务，进一步提升了乘机的便捷性和自助性。2018年8月，银川机场被国际航协（IATA）正式认定为"白金机场"，这也是IATA在便捷出行方面的最高认证。

与此同时，银川机场将服务关口前移，全面强化地面辐射带动作用，做精做细城市候机楼便民服务项目。自2016年1月起，先后建设运营银川、吴忠、石嘴山等6座城市候机楼，有效扩大了宁夏航空运输辐射范围，更好地满足地方旅客航空出行需求。围绕真情服务，如何做精做细，宁夏机场公司在实践中深有体会，就是抓住"便利""舒适"两个关键点。目前，银川机场已推出"宁来宁往"中转服务品牌，不断丰富"畅想旅行"中转产品，研究开发以中转服务"200元代金券"为主体的中转服务产品，持续推进便捷出行和智慧服务，大力开发"航空+旅游"组合产品。随着银川机场服务品质持续提升，先后荣获7个国内外奖项。

这五年，改革发展步入新阶段：

随着机场公司规模不断扩大，实现企业的现代化管理显得尤为重要。宁夏机场公司积极对标上海、深圳、西安、郑州等大型机场，在学习和摸索中走出了一条管理强企的发展之道。"十三五"期间，宁夏机场坚持问题导向，瞄准主要矛盾，着力补齐影响企业高质量发展的短板，深入推进平安民航建设，持续强化"三基"建设，强化专项整治，组织开展"合格手册、合格员工"专项工作。5年来，未发生机场公司责任原因事故征候，不安全事件持续减少。此外，宁夏机场公司不断健全运行管理体制，完成机坪塔台移交和运管委平台建设，加大新技术应用力度，建成无线站坪调度、A-CDM系统等一批信息化保障项目，运行效率和保障水平大幅提升。

发展没有坦途，改革永无止境。宁夏机场公司积极落实集团产业布局规划，配合完成物流、旅业与置业板块整合。顺利完成运行保障、管理变革等任务，银川机场进离场航线分离方案获批准，进一步扩大了发展空间。深化"三区"管理模式改革，推进建立更高质量、更有效率、更具活力的组织管理模式，建立起与后千万时代发展相适应的生产运行管控体系。中卫机场核心人才激励改革落地，固原机场运通互补发展模式取得积极成效，支线机场发展活力持续释放。机场公司始终坚守国企责任担当，主动融入区域经济社会发展，营造了良好的外部发展环境，得到了业界认可和各级政府表彰。

这五年，党建引领形成新优势：

机场公司党委班子接续奋斗，传递好引领发展的"接力棒"，充分发挥国有企业党委领导核心和政治核心作用，紧扣企业发展中心工作，提升新形势下党组织的组织力，为企业的改革发展把方向、管大局、促落实，推进各项工作取得了发展实效。一是以战略解码抓实党建。机场公司党委以党建硬仗为引领，针对集团党委各项工作部署，进行党委会专题研究，班子成员挂帅推进，职能部门全面沟通，各单位层层落实行动计划。不断巩固主题教育成果，推进党的十九届五中全会精神学习，接受上级党委巡视视察，完成"三重一大"和党委议事规则等系列制度制定，推动企业文化系统培训，强化机关基层结对共建等。二是以责任落实强化党建。机场公司党委严格执行党建工作联系点、双重组织生活会制度，编制全面从严治党主体责任清单，领导班子成员每季度在党委会上汇报"一岗双责"落实情况。围绕习近平总书记在国有企业党的建设工作会上提出的两个"一以贯之"、民航局的"三个敬畏"等开展专题研讨。按季度进行党建考核，研究部署党风廉政建设和纪检监察工作，扎实开展述职述廉工作。制定《管理人员廉政档案管理办法》，建立重大事项事前提醒和节前交叉检查机制，建立健全廉政风险防控体系。三是以工作融合创新党建。机场公司开展党建进班组活动，将党组织战斗堡垒和基层生产组织有机结合。自主开设培训课程，开展党支部书记系统培训，围绕"怎样当好党支部书记""如何开展思想政治工作""推进党建进班组""提升基层组织力"等课程进行宣讲，推动党支部规范化、标准化建设。四是以统筹带动丰富党建。机场公司将群团、工会工作统筹纳入党建工作来部署和开展，打造机场公司的"四个品牌"。志愿服务品牌，注册成立宁夏机场志愿服务组织，员工注册比例达60%，助力银川全国文明城市复牌和机场的全国文明单位复审。

文体活动品牌，以7个协会为抓手，常态开展"健康星期五"活动，近年在西北地区各项赛事中成绩突出。劳动竞赛品牌，以"当好主人翁，建功新时代"为主题，举行多层级、多频次劳动技能竞赛，强化岗位练兵。"美丽空港"品牌，先后推进"美丽空港"建设项目28个，投入2 036万元，推进文体中心、体育场馆、心理健康工程、职工子女夏令营等各项目有效落地。机场公司扶贫工作扎实，多次受到自治区表彰。疫情防控措施到位、状态到位，宁夏机场公司党委荣获"全区抗击新冠感染疫情先进基层党组织"称号。

"十四五"即将开启，宁夏机场公司将以习近平新时代中国特色社会主义思想为指导，进一步贯彻落实党的十九届五中全会精神，坚持以加快建设"现代化西部一流机场"为统领，在把握新常态中迈向新征程，用新成就标注新起点，为迎接中国共产党成立100周年作出更大贡献。

（刊载于2020年12月2日《中国民航报》 姬尉文 王辰）

# 宁波栎社国际机场
# 奋力谱写新时代追赶超越的新篇章

中国民航报

2020年，是"十三五"收官之年、"十四五"规划关键之年，是宁波栎社机场投运30周年，也是新航站楼投用1周年，对宁波机场意义重大。突如其来的新冠感染疫情给宁波机场完成既定目标任务带来了前所未有的困难与挑战。宁波机场公司坚持以习近平新时代中国特色社会主义思想为指引，严格按照浙江省宁波市和民航局的各项部署，一手抓好疫情防控，一手抓好复工复产，努力争先创优，全力以赴为忠实践行"八八战略"、奋力打造"重要窗口"贡献机场力量。

## 同心合力"打硬仗" 疫情防控卓有成效

面对突如其来的疫情，宁波机场迅速成立新冠感染疫情应急防控工作领导小组，多次召开专题会议，对疫情防控工作进行统一指挥和部署，上下齐心科学防范，确保机场安全平稳有序运行。在疫情防控战场上，机场闻令而动，党员挺身而出，员工逆行冲锋，以机场为战场，以客舱为方舱，以航线为前线，坚持"不漏一机、不漏一人"，全力切断疫情的空中传播渠道，全力做好抗疫人员和物资转运，全力保护好每一名员工的安全，为守好门户、经济复苏提供支撑。

宁波机场新冠感染疫情应急防控工作领导小组由公司领导和各应急保障部门经理组成，作为机场疫情防控的指挥机构，及时贯彻落实习近平总书记重要指示精神，按照浙江省宁波市和民航局的决策部署，落实疫情防控各项措施。领导小组下设疫情防控工作办公室，负责具体承办公司新冠感染疫情应急防控工作领导小组决定事项，与市疾控部门共同组成机场新冠感染疫情联防联控工作组，在机场疫情防控工作中形成了统一指挥、协调有效、紧密配合的战斗团体。

结合国内重点地区及境外疫情实时变化，机场及时调整航班防控模式，3次修订疫情航班应急处置预案，25次修订进出港旅客保障流程。截至12月23日，机场累计完成测温航班6.6万架次，测温旅客777.4万人次，移送发热旅客812人次，移交处置重点地区来甬旅客6.4万人次。2月9日、3月31日，圆满完成援鄂医疗队包机保障任务，疫情防控及包机保障工作均得到了宁波市委主要领导的高度肯定。自7月份以来，先后保障阿联酋、白俄罗斯、印度及印度尼西亚11架次临时航班，共保障国际临时航班进港人员1 954人次、出港航班旅客562人次，机场保障作业人员防护到位零感染。机场的疫情防控和保障水平得到了社会各界点赞，在美誉度不断提升的同时，影响力也不断增强。

## 逆势而上〝抢机遇〞 航空主业高效恢复

自疫情发生以来，全球航空业受到巨大冲击，宁波机场坚决按照党中央和国务院国资委决策部署，贯彻落实"六稳"工作和"六保"任务。3月，机场第一时间出台疫情防控期间特殊扶持政策，助力航企复航，当月航班恢复率在全国千万级机场中排名第5。同时，积极联系华东地区管理局，争取时刻增量，协调航空公司推动航班复航，夏秋航季新增遵义、襄阳、南阳等7个国内通航点，冬春航季航班增加140架次/周。根据市场需求，按照"先中国港澳，其次日韩，再东南亚"的顺序推动国际和地区定期航班恢复，澳门航线已于9月26日复航。自7月1日起，宁波—北京航线达到5家航企每日计划执飞13个航班，同比增加4班，基本达到快线标准。

2020年，宁波机场预计全年实现旅客吞吐量900万人次、货邮吞吐量11.9万吨、航班起降7.5万架次。在航班量和客运量受疫情冲击大幅下滑的非常时期，机场精准实施"以货补客"，准确把握有利时机，大力发展航空货运。在保证原有顺丰、金鹏全货机稳定运营的前提下，新增3条全货机国际航线，并首次开通直达非洲、东盟国家和俄罗斯的货运航线。同时，争取顺丰、跨越等快递公司加大揽货力度，增加空运快件分拨量，协助各代理企业加大本地及周边企业的货源引进力度，助力本地企业复工复产。自4月起，月货邮吞吐量实现正增长，6—10月连续数月月度货邮吞吐量较去年同期增幅约25%，其中7月完成货邮吞吐量1.23万吨，同比增长62%，创下单月货邮吞吐量及增速的历史新高。

一年来，机场统筹推进防疫情、促发展、推改革、强党建等各项重点工作，全力以赴夺取疫情防控和生产发展双胜利。通过大数据精细化管理降成本、智能化运行提效率、创新转型增收入，目前机场国内客运航班恢复接近九成，每周1 800架次左右；货运逆势上扬，较去年同期增长超12%，有力支持了宁波城市稳定产业链、供应链。

## 牢牢掌握〝主动权〞 安全平稳推进治理

安全是民航工作的生命线。结合"抓作风、强三基、守底线"安全整顿，宁波机场强化全员安全生产红线意识和底线思维，1—11月共开展机场层面安全督查74次，下发改进建议单28份，整改通知单9份，发现安全隐患69个，全部整改完毕。结合2号航站楼自投运以来的运行情况，组织开展"回头看"隐患摸排，重点围绕安保、水暖、供电、机电、消防等五方面排查，发现的主要问题现已全部整改完毕。在重点强化危险品货物航空运输信用管理的同时，机场还推进"最多跑一次"改革，立足流程优化，深入推进40项提升服务举措落实。

在做好安全管理的同时，机场深挖潜力补短板，提高治理能力。一是着手编制四型机场建设方案，积极配合浙江省机场集团四型机场建设三年行动计划、任务清单编制，开展四型机场建设调研，确保年底前完成本场四型机场建设方案。二是深化制度体系建设。制定完善"三重一大"决策、干部人员管理、财务报销、业务招待等重要制度，进一步健全企业内控机制。

值得一提的是，2020年机场牢牢抓住军民航融合发展和空域精细化管理的历史机遇，以钉钉子的精神全力推进空域资源优化工作，空域优化实现突破。6月23日，宁波进近管制区空域优化会议顺利召开，就机场空域优化事项达成共识。7—9月，为进一步深化前期空域优化工作成果，机场积极对接有关单位，推进实施进离场航线分离方案，争取尽早实现双通道进离场方式，彻底打通机场空中梗阻。自9月起，机场开展航班正常性攻坚战，采取时刻置换、提前起飞、快速过站、边推边启动等措施努力提升放行率，做到"一个航班一个航班地盯，一个环节一个环节地抓"。截至11月，宁波机场抢救短时延误航班共计2548架次，短时协调成功率达到92%以上，创造了历史纪录，为新一轮容量评估创造基本条件。机场公司领导多次赴华东管理局、空管局汇报沟通，积极争取外部增量倾斜政策，实现本场9个月航班正常率达到80%以上。机场新一轮容量评估完成后，综合保障能力将进一步提升。

## 规划建设"抓进度" 区域枢纽再绘蓝图

随着民航局宁波栎社国际机场总体规划（2020版）的正式批复。宁波栎社国际机场定位为区域枢纽机场，标志着宁波机场进入加速建设发展新阶段。

本次总体规划修编，宁波机场近、远期飞行区指标均为4E，近期2030年按照满足年旅客吞吐量3 000万人次、货邮吞吐量50万吨、飞机起降25.3万架次需求进行建设；远期2050年按照满足年旅客吞吐量6 000万人次、货邮吞吐量120万吨、飞机起降48.3万架次的需求进行规划。近期规划用地面积12.02平方公里，远期规划用地面积20.3平方公里。

宁波机场总体规划以"东客西货、3条跑道、1个航站区、4座航站楼"为总体构型。近期规划2条远距平行跑道，在现有跑道南侧新建1条南一跑道；远期在南一跑道外侧再新建1条近距跑道，形成3条平行跑道。规划在2号航站楼以南新建3号航站楼。同时，为注重机场与其他交通方式的无缝衔接，建设以机场为核心节点的综合交通枢纽，预留未来高铁、城际铁路、地铁等方式的接入。

本次机场总体规划批复对于未来宁波空港发展具有重要意义。下一步，宁波栎社机场将按照总体规划批复内容开展机场四期扩建工作，主要包括新建3号航站楼和第二跑道，并以机场为核心连接周边交通网络，综合提升宁波西交通运输层级。

当前，"一带一路"倡议为宁波带来了千载难逢的发展机遇，也给宁波空港带来了一次新的定位和难得的发展契机，使其看到了更加光明的前景。宁波空港位于国内航线网络和东北亚、东南亚航线网络的中枢节点区域，它既可以成为内陆城市旅客的

"出海口"，也可以作为东北亚及其他地区旅客进入中国的"桥头堡"。未来，宁波机场将深化与综合交通运输体系的融合，大力发展空铁联运、空陆联运，建立完善的集疏运体系，跻身全国城市机场第一方队。

宁波机场公司党委书记、董事长魏建根说："一年来，我们以'安全、服务、效益'为引领，坚持率先发展、安全发展和可持续发展，加强基础设施建设，为宁波民航腾飞奠定了坚实基础。展望未来，我们将推进全面深化改革，突破发展瓶颈，服务并融入宁波港口经济圈。""驾着设计容量1 200万人次的三期航班，努力追赶现已超1 500万人次的计划单列城市机场航迹"，热情拥抱"一带一路"，架起宁波通往世界的空中桥梁，为宁波发展建设的宏伟画卷书写浓墨重彩的一笔。

（刊载于2020年12月28日《中国民航报》 记者 徐业刚 通讯员 黄跃光）

# 向天空领海发展 做国家通航栋梁

## ——中信海直改革发展纪实

### 中信海洋直升机股份有限公司

　　中信海洋直升机股份有限公司（中信海直）的前身是中国海洋直升机专业公司，是经1981年10月6日国务院常务会议决定，国家计委、经委批准，于1983年3月设立的全国性甲类通用航空公司。改革开放吹劲风，碧海蓝天春潮涌。特别是党的十八大以来，从国家到民航政策改革春风吹不停，大大提振了通航企业发展信心。中信海直屹立在改革开放最前沿的深圳，始终不忘初心，与时代同行，用实干铸就辉煌，在民航改革的历程中留下光辉的印记。

　　1.筚路蓝缕，燃烧激情创建企业。中国海洋直升机专业公司是由海军航空兵组建。1983年，200多名海军航空兵官兵听从祖国的召唤，汇聚在深圳南头一片荒地，开始了艰难的创业过程。他们怀着建设祖国的美好梦想，在物资匮乏、条件简陋的情况下，发挥军队艰苦奋斗的优良传统，燃烧创业激情，用智慧和汗水将荒草地浇灌成一座现代化的全天候直升机场。他们还在湛江、上海、天津等沿海地区的荒野和滩涂上，修建了一座座功能齐全的现代化通航机场。1984年2月8日，中信海直执行勘探石油服务合同顺利完成首航，开启了碧海蓝天的征程。自此，一架架直升机带着为国家勘探开发海洋油气资源的殷切期望，如鲲鹏展翅般飞翔于祖国的碧海蓝天。中信海直亦成功开辟了海上直升机服务新领域，成为我国最早进入海上直升机服务的通航企业。

　　2.开放思维，铸造安全与专业口碑。自成立以来，中信海直秉承开放合作、互利共赢的理念，与世界著名直升机专业公司布列斯托、欧洲直升机公司等直升机运营或制造公司开展合作，引入国际管理体系和运作模式，直接与国际接轨。中信海直在吸收消化的基础上不断创新，构造了高效、安全的运行管理机制，并凭借良好的安全业绩在社会各界和中外客户中赢得了极高的声誉。三度获得了中国民航局颁发的通航领域最高荣誉奖项"金鸥杯"。2018年，中信海直实现了安全飞行超36万小时，被中国民航局授予"通用飞行安全三星奖"。

　　同时，中信海直采用"送出去"和"请进来"的方式，选送飞行员、机务人员赴英、法、美等国家培训学习，邀请外国专家到企业传授知识和经验，打造出全国最优秀的通航飞行、机务专业人才队伍。中信海直现有飞行、机务、保障等专业技术人员占比约85%。拥有飞行员200多名，其中机长约占45%；机长平均飞行时间超过6000小时，其中飞行时间超过10000小时有22人，最长飞行已达19000小时，其中25名获功勋奖章、37名获金质奖章、41名获银质奖章、58名获铜质奖章，多名获中国民航安全飞行奖章。维修人员近400名，其中持有CAAC颁发的机务维修执照269名，同时持有EASA颁发的机务维修执照24名。

3.牢记使命，服务海洋能源开发。中信海直形成了以深圳南头直升机场为飞行主基地和维修基地，以湛江坡头机场、天津塘沽机场、海南东方机场为支撑，覆盖渤海、东海、南海三大海域的海洋油气开发飞行服务网络。同时，在天津、上海、湛江、浙江、海南设立5个分公司进一步加强服务与管理。2000年后，中信海直还分别在海南东方、上海高东、浙江舟山、福建厦门等地设立作业基地。中信海直凭借强大的飞行保障实力保持海洋石油直升机服务60%以上市场占有率，年作业量占全国通航工业作业量的25%。此外，中信海直是国内港口直升机引航唯一提供商，目前在天津港、青岛港、湛江港、连云港、黄骅港等港口开展直升机港口引航业务。2018年12月21日，与世界货物吞吐量第一大港口宁波-舟山港签署战略合作框架协议，对公司引航业务的开展具有标志性意义。

4.持续发力，陆上通航建树颇丰。中信海直稳固海上石油服务市场，积极拓展陆上通航业务，成立子公司海直通用航空有限责任公司（海直通航），为公司铺开了更广阔的发展道路。海直通航为中央电视台、海监、交通运输部救捞局、南方电网等提供托管直升机服务，开展海上巡查、航空护林、电力巡线、极地科考、设备吊挂、医疗救护、航空拍摄等业务。此外，海直通航作为国家极地科考直升机保障的唯一提供商，是国内首家且唯一一家飞抵北极点和南极最南点的通航企业。

2018年12月11日，中信海直与北京市红十字会紧急救援中心联合体成功中标北京2022年冬奥会和冬残奥会直升机医疗救援服务项目，成为该赛事唯一直升机医疗救援服务提供商。

5.走出国门，奋力开拓国际市场。中信海直依托"一带一路"，将直升机飞行服务发展通航产业的战略眼光放到全球，主动融入世界经济发展大潮。早在2007年，中信海直开拓国际新市场业务就取得重大进展，一架SA365N直升机飞赴缅甸仰光，开始为中国海洋石油缅甸有限公司提供海上、陆上石油服务业务。更令人振奋的是在2015年12月18日，中信海直与(株)大宇国际签署了为期5年的直升机飞行服务合同，向大宇国际在缅甸的油气项目提供直升机飞行服务。这是中信海直在国际市场获得的首家外方客户，是践行"一带一路"国家战略"走出去"取得的重要成果，为进军国际市场积累了宝贵经验。中信海直成为国内第一家且唯一一家在海外作业的通航企业，缅甸皎漂基地也成为我国通航企业首个被批准具有维修能力的海外维修基地，在中国通航产业发展历史上留下浓墨重彩的一笔。

6.资本运作，创新拓宽融资渠道。在企业改制的浪潮下，中国海洋直升机专业公司将海洋直升机飞行作业这一优良资产剥离出来，成立中信海洋直升机股份有限公司并在深圳证券交易所成功挂牌上市。中信海直利用在证券市场上募集的资金累计购置了15架直升机，为扩大机群和经营规模，实现高速、稳健的发展提供了强有力的资金支持，极大地提升了企业综合实力，开启了企业发展新篇章，迈入了发展快车道。中信海直作为中国通航企业中第一家上市公司，为通航企业开辟了一条市场融资的渠道，对通航企业和通航市场的培育和发展将起到良好的示范和导向作用，具有积极和深远的意义。自2014—2017年，中信海直连续获得深市主板上市公司年度信息披露考核结果最高等级A级的考评殊荣。

2016年，中信海直紧抓机遇，以在行业内的领先优势为基础，探索"通航+金融"布局融资租赁业务。2017年3月，中信海直成立子公司中信海直融资租赁有限公司（海直租赁），不断完善通航产业链。海直租赁以融资租赁与经营租赁并举，产融结合，打造金融全覆盖的通航金融企业。同时，依托中信海直培训、保养及维修处置飞机的能力，为通航客户提供融资租赁服务，助力转型升级。

7.整合资源，建立全机种维修集群。机务维修是民航生产运行链条的关键基础环节。中信海直拥有亚洲最大民用直升机机队，与之相匹配的机务维修能力也成为中信海直的核心竞争力之一。中信海直进一步完善在通航维修产业链中的布局和市场细分占有率，发挥维修集群效应，有力推动业务结构优化升级。

2001年，由中信海直、欧洲直升机公司、香港迅泽航空器材有限公司三方合资成立了中国第一家中外合资通用航空维修工程公司——中信海直通用航空维修工程有限公司。通过了中国民用航空局CAAC和欧洲航空安全局EASA适航体系认证，获得CCAR-145维修许可证和EASA-145维修许可证，是欧洲直升机公司授权的国内唯一维修中心和法国透博梅卡公司授权的发动机服务中心。

为响应民航供给侧结构性改革号召，进一步推进业务结构调整，中信海直整合优化股份和通航机务维修板块，成立中信海直航空科技有限责任公司（2018年11月成立）。整合对外通航器维修力量，搭建起以海直航科公司为主体，以空客、俄直等为支撑的框架体系，构建面向市场化运作的多机种通航维修平台，打造公司发展新引擎。中信海直将践行"军民融合"作为新时期深化改革的重要发展战略，以军用直升机维修为切入口，发力军品维修市场，为保障国防建设贡献力量。

中信海直联合中航工业下属企业组建俄制直升机维修合资公司——中联(天津)航空技术有限公司（2018年3月成立），成为第一家经合法授权的维修企业，在品牌、技术和渠道等各方面都获得了领先优势，抢占市场先机。

8.专业专注，立足培训服务行业。中信海直致力于打造国内飞行、机务维修技术及航空安全交流的平台。2008年4月18日，中信海直获得民航CCAR147培训资质，成为民航中南地区六省的第六家培训机构，可开展AS332、AS365N、AS350、EC155、EC225、A109、S92、Ka32等机型ME/AV专业维修改装培训。自主开发了海上平台接机员培训课程并对外实施培训，同时开展安全教育、海上平台直升机加油系统检查培训，以及驾驶员机型改装检查和仪表等级检查的飞行类培训，并不断拓展飞行执照及航务类培训课程。

近年来，随着低空领域的开放，通航产业作为战略性新兴产业呈现加速发展态势，通航培训成为职业教育新热点。中信海直携手中国民航管理干部学院，成立子公司海直（北京）通航技术培训有限公司，开展通航市场专业技术培训业务，服务通航产业发展大局。

9.主动融入，无人机应用研究起航。随着人工智能、无人机的发展，中信海直迅速布局新技术，于2016年7月成立无人机工作组，研究无人机在传统行业的应用，并致力于为合作伙伴提供优质的载人机与无人机的组合作业服务方案。2018年6月，中信海直成为民航中南局第一家正式获得《民用无人驾驶航空器经营许可证》的企业，获得了无人机航空喷洒（撒）、航空拍摄、空中拍照、表演飞行以及无人机驾驶员培训等资质。

10.彰显大爱，履行责任回报社会。"国家有难，匹夫有责"。中信海直积极参与抗震救灾、抢险救护等社会公益事业，将之视为践行社会责任、彰显救危扶难、体现忠诚担当的宝贵精神财富。

1991年8月，中信海直B-7951号直升机机组曾因创造单机一次海上救起17人的纪录，被国务院授予"海上救灾英雄机组"的光荣称号，被国际直升机协会命名为"最佳机组"。

2005年2月，中信海直直升机跨出国门赴泰国参与印度洋海啸灾区救援工作。

2008年，"5·12"汶川地震期间，中信海直在最短的时间迅速组织装备精良的12架直升机和经验最丰富的飞行员和机务保障人员，组成中信海直抗震救灾飞行队火速飞赴救灾第一线，参加抗震救灾飞行任务。从5月15日到7月8日共计53天的抢险救灾中，中信海直抗震救灾飞行队承担民航直升机抗震救灾飞行30%以上的任务，为抗震救灾作出了积极的贡献，彰显企业社会责任。

2014年1月2日，中信海直为中国极地研究中心代管的"雪鹰12"直升机从"雪龙"号极地科考船上起飞，成功救出被困在俄罗斯船只"绍卡利斯基院士"号上的52名人员。

2015年，"8·12"天津港大爆炸发生后，8月13日8时30分，中信海直天津分公司根据滨海新区政府要求，出动B-7772直升机进行巡视航拍任务，立即报告航拍情况，为抢险救援提供火灾状况。

经过多年的推动发展，中信海直与交通运输部救捞局携手建立覆盖渤海、东海、南海立体式综合救援体系，已经成为运作成熟的海上飞行救援平台，成为国家海上飞行救援的主要补充力量，多次获得了交通运输部和政府部门嘉奖。

中信海直沿着改革开放的轨迹击水中流、奋楫而发，走过了35年的历程，成为国内规模最大、实力最强的通用航空企业。发展无止境，改革无穷期。现在，中信海直坚持以习近平新时代中国特色社会主义思想为指导，以新气象、新作为迈进新时代谱写改革新篇章，向"国内领先、国际知名的通用航空综合服务商"的发展愿景迈步前进。

规划篇

# "十四五"期间中国民航高质量发展思路的解读

中国民用航空局发展计划司副司长 包毅

## 第一部分，"十三五"中国民航发展成效

从行业发展规模看，2019年运输总周转量、旅客运输量、货邮运输量分别达到1 293亿吨公里、6.6亿人和753万吨，年均增长率11%、10.7%和4.6%。2019年行业保障飞机起降1 160万架次，年均增长8%。民航旅客周转量在国家综合交通运输体系中占比达到33%，相比2015年增加了8.8个百分点。从设施保障能看，"十三五"期间新增跑道41条，新增机场机位2 300个，新增航站楼的面积588万平方米，千万级的机场从26个增加到39个。4千万级机场从4个增加到10个，是基础设施建设最快的5年。其中，2017年新建成跑道14条，建成机场11个，是民航史上建成最多的一年。

目前，全国运输机场的保障能力达到了14亿人次，基本解决了基础设施天花板的问题。同时，新开工11亿次的保障能力建设，预计到"十四五"末期，运输机场保障能力将超过20亿人次，机场基础设施将不再是制约行业发展的主要因素。

从行业绿色发展看，中国民航绿色发展不断迈上新台阶，"十三五"期间，中国机队燃效水平达到历史最优，较2005年提升16.4%。2005年以来累计节约航油约4 600万吨，减少二氧化碳排放1.46亿吨，机场能源结构不断优化，高碳能源的消耗占比从22%快速下降到12%。民航机场运行的电动化、智能化水平快速提升。最新数据显示，国内机场电动车占比已经超过19%，大中型机场APO替代设备的安装率、使用率均达到了100%。

持续推进空域运管理和结构优化，5年累计节约航油约36万吨，节省二氧化碳排放113万吨，有序推进了清洁能源应用和碳交易试点。启动中国民航可持续航空燃料认证体系建设，机场光伏项目年发电量超过2 000万千瓦小时，民航企业已经纳入了碳交易试点，全国航空碳减排市场建设加快推进。

从航空市场来看，旅客运输持续增长，国际化大众化的水平明显增强。我国承运人国际竞争力显著提升，国际客运市场份额从2015年的46%上升到2019年的53.3%。从航空货运来看，2020年在新冠感染疫情的影响下，与客运市场相比，航空货运复苏态势强劲，全年货邮运输量同比下降仅10.2%，同期旅客运输量下降了36.7%。从发展质量来看，行业持续安全飞行5 270万小时，航班正常率连续3年超过80%，平均延误时间缩短9分钟，从2015年的平均延误23分钟缩短至2019年的平均延误14分钟，航空出行安全性、舒适性、便捷性不断提升。

## 第二部分 "十四五"中国民航发展思考

2021年，全国民航工作会议对"十三五""12334"总体工作思路进行了总结，形成了"十四五"民航新的总体思路。在践行发展为了人民"一个理念"，推动运输航空和通用航空"两翼齐飞"，坚守飞行安全、廉政安全和真情服务"三个底线"的基础上，将打造三张网络升级为构建完善三个体系，分别是系统完备的现代化机场体系、便携高效的航空运输网络体系和安全可靠的生产运行保障体系。

将补齐四个短板升级为开拓四个新局面，分别为民航产业协同发展新格局、智慧民航建设新突破、资源保障能力新提升和行业治理能力治理体系等新成效。同时，特别要求实施以智慧民航建设为牵引的发展战略，构建新的竞争优势，使智慧民航建设成为驱动发展新的主要动力。

"十四五"期间，是我国生态文明建设以降碳为重点战略方向的关键时期。要实现低碳转型，中国民航面临巨大的挑战。

一方面，我国人均GDP仍低于全球平均水平，民航人均乘机次数不足0.5次，远低于美国的2.7次和欧盟的2.2次。按照身份证的统计，"十三五"期间我国航空人口不足4亿人，较人均乘机一次的终极发展目标来说，发展潜力和空间仍然巨大。

另一方面，民航深度脱碳缺乏可行适用的技术支撑。根据国内外研究成果，民航深度脱碳的关键在于可持续航空燃料、新能源飞机的应用。而到2050年时，这些革命性的技术仍多处于研究和验证阶段，存在较多的不确定性。

进入新发展阶段，我们身处的并非顺风顺水的外部环境，面对着经济、社会、文化、生态等各领域高质量发展的更高要求。尽管我们人均排放低，并且深度多碳面临巨大的挑战，但中国民航仍然坚定发展绿色低碳的决心和意志。我们认为，未来民航发展不取决于需求有多大，而是取决于绿色发展能力有多强，增强安全发展、绿色发展能力的关键在于提升智能智慧化的水平，我们要坚守安全底线，拓展绿色上线，强化智慧主线。紧紧抓住推进国家治理体系、治理能力现代化，坚持完善共建、共治、共享的社会治理制度，以及新一代科技革命这一历史交汇期和战略机遇期，做好智慧民航的建设，实现绿色民航的发展。

一是要基于数字治理架构天然具备的共建、共治、共享基因，利用数字技术赋能，从技术上完善治理方式、治理手段和治理逻辑。推动政府、行业、企业等各方力量形成合力，解决以局部利益为重，缺乏整体性、协同性，无法满足服务对象需求，以及多主体协同管理、成本高、效率低等问题。

二是要坚持绿色发展，巩固绿色民航在新技术应用、空域管理、企业经营管理等领域的成效，有序推进可持续航空燃料和市场机制的应用。不断丰富行业降碳的工具包，提升行业降碳能力和成本效益。这两项工作既是加快治理能力现代化，实现协同治理稳妥应对变局、抓住战略机遇的前提和基础，也是解决行业发展空间有限、实现民航业高质量发展的必由之路。

"十四五"时期，我们应更加注重运行效率、服务水平和发展质量。正所谓，预则立、不预则废。我们不得不去思考过去以单纯的增建跑道、扩大航站楼规模、扩大机队规模、增加人员投资等瞄准速度和规模目标的惯性发展模式，能否满足新形势下的发展要求，行业发展方式是不是应该尽快向技术贡献更高、资源利用更集约、服务体验更佳、环境更友好的方向转变。走更加注重运行效率、服务水平和发展质量的路子。

## 第三部分，"十四五"中国民航高质量发展思路

主要包括智慧民航建设、行业数据治理以及行业绿色发展思路3个方面的内容。首先，介绍智慧民航建设的有关内容。

国家"十四五"规划纲要提出加快建设数字国家，要求以数字化转型整体驱动生产方式、生活方式以及治理方式的变革。2021年，民航局党组提出将智慧民航建设作为"十四五"的主攻方向，把推动智慧民航建设贯彻到全过程和各领域，使其成为驱动行业发展的主要动力，推动行业数字化转型、智能化应用与智慧化融合。

民航业要实现数字化转型、发展和治理方式向智慧化转变。首先要转变的应该是发展理念，并且需要技术创新和应用实际的充分结合，只有思想上认同、技术上认知，才能在行动中不断提高认识，实现对创新的主动拥抱。同时，要在理念创新、机制创新、流程创新和技术创新上多下功夫、多做文章。

理念创新就是要把以人民为中心的发展思想贯彻治理的全过程各方面，从管理理念向服务理念转变，从经验决策向数据决策转变。利用数字技术依托数字平台，解决人员不足、职能不清、方向不明、角色不准的问题。

机制创新就是围绕行业供给质量、聚焦发展中的短板和痛点难点问题，强化顶层设计、重塑完善保障体系和组织保障体系，加快制定和完善与数字化转型相关的法律法规、政策制度，优化组织结构和管理方式。

流程创新就是充分发挥数据作为生产要素的关键作用，坚持创新驱动和资源开发共享，锚定提升用户体验和创造价值，形成新的工业流程、服务流程。构建行业部门和其他政府机构、企业、社会组织和个体等多方参与的共建、共治、共享的生态体系。

技术创新就是要依托大数据、人工智能等技术手段，以提高效率为目标，围绕面向服务去中心化的整体统筹。充分发挥分布式架构等技术优势，合理安排前台、中台、后台的功能定位、职责任务，实现数据治理、开放共享、深度挖掘、功能互用，为治理方式由人工粗放管理向机器智能管理转变创造技术条件。

正所谓，事先谋则亡，谋先事则昌。民航局党组高度重视成立了冯正霖局长任组长、各位副组长任专项工作组组长的智慧民航建设领导小组和办公室，确定了重在创

新理念、重在立住架梁、重在构建生态、重在打造根基的近期工作目标，出台了面向2035年的实施意见和面向2025年的五年行动方案。完成了以智慧民航建设为主线的"十四五"发展规划编制工作，牵头推进相关试点示范项目的建设，带动行业内外对实施意见五年规划行动方案的落实落地。

实施意见管长远、管总体，面向2035年实行出行一张脸、物流一张单、通关一检、运行一张网、监管一平台的"五个一"目标，推动行业基础设施发展方式实现根本性转变。传统和新型基础设施深度融合，立足智慧出行、智慧物流、智慧运行和智慧监管4个场景，提升旅客出行体验，压缩综合出行时间，提高货物物流效率、降低成本，以秒级管控为目标。提高协同运行水平和服务保障能力，探索有人无人航空器融合运行，提升监管效能，实现监管的可监、可控和可查。

## 围绕运行服务链，部署创新链，打造产业链

围绕创新链、构建产业链、升级运行服务链，充分发挥民航科教创新公关联盟作用，加快形成民航产业创新联盟，推动市场需求与产业供给的有效结合。

行业数据治理的有关思考，数据治理是开展智慧民航建设最基础、最核心的工作。民航业是一个沉浸在大数据中的行业，如何管好用好这些数据，并实现创造价值，既是行业发展面临的巨大考验，也是民航业应对发展环境变化、实现新旧动能转化、推动行业转型升级的根本之策，更是巩固安全、改进服务、实现创新引领支撑国家战略的重要使命。目前，行业存在的数据来源多样、过于分散，急需整合，但是数据又有各自定义、分别管理、难以整合的矛盾，缺乏行业治理标准、口径不一、可信度低、价值大打折扣。缺乏行业数据管控体系、数据质量安全、服务模式难以保障、难以共享。

要想实现数字感知、数据决策、精细管理、精心服务这"两数两精"的目标，开展以数据质量为根本的数据治理工作，首当其冲重要的我们计划从建标准、搭平台、强服务3个方面着手。

建标准方面，按照统一标准、整体管控、专业负责、分级审核的管理规则，基于行业数据生命周期的治理策略，开展数据治理框架与管理机制、数据架构等7部行业数据治理标准、数据治理典型案例和数据编制工作，引导行业做好数据资产的盘点、建立数据治理体系架构。

搭平台方面，积极开展智慧运行场景的开发应用，规划建设覆盖全行业生产运行和服务保障业务的行业级公共信息数据服务平台，引导行业加强数据管控能力。通过平台，建立管理流程，落地数据标准、提升数据质量、实现数据共享，促成行业数据与业务应用的标准化、公开化和规范化。

强服务方面，本着开放是惯例、不开放是特例的原则。在管理好数据的同时，为

用户提供资助获取和使用数据的能力。通过数据服务平台向行业内各运行单位以及行业外各相关主体提供公共信息数据服务。在服务实践中进一步落地标准、控制质量，构建数据生态体系，为全社会行业数据的挖掘创造条件、奠定基础。

习近平总书记在中央财经委第九次会议上强调指出，要把碳达峰、碳中和纳入生态文明建设整体布局，坚定不移贯彻新发展理念、坚持系统观念，处理好发展和减排、整体和局部、短期和中长期的管理。以经济社会发展全面绿色转型为引领，以能源绿色低碳发展为关键，加快形成节约资源和保护环境的产业结构、生产方式、生活方式、空间格局，坚定不移走生态优先、绿色低碳的高质量发展道路，这是包括民航在内的各行各业"十四五"乃至今后一段时期内坚持绿色低碳发展的根本遵循。中国作为全球最大的发展中国家，生态环境保护的成败归根到底取决于经济结构和经济发展方式，经济发展不应是对资源和生态环境的竭泽而渔。生态环境的保护也不应是舍弃经济发展的缘木求鱼，而是要坚持在发展中保护、在保护中发展，实现经济社会发展与生态环境相协调。

"十四五"中国民航提出的绿色发展主要思路是：以实现民航碳达峰、碳中和为引领，以改革创新为动力、以降碳治污为总抓手，坚持系统观念、推进民航技术先进化、能源低碳化、管理精细化，降低民航碳排放强度，形成民航运输与生态环境和谐共生格局。我们提出的绿色发展目标是，到2025年中国民航实现绿色复苏，行业绿色发展基础更加巩固，降排治污体系和能力更加完备，绿色民航供给更适合发展需求，基础设计绿色化水平进一步提升，为全球民航低碳发展贡献更多的中国实践。

围绕上述目标和指标，"十四五"期间行业绿色发展的重点任务是：完善绿色民航治理体系，实施碳发展战略，开展治污防治行动，提升绿色民航科技创新能力，推动绿色民航国际合作。

具体的指标和重点任务内容，请大家关注近期即将发布的"十四五"民航绿色发展规划。

关于低碳发展有一些不太成熟的思考与大家分享。

一是民航脱碳因注重系统性，要在深入论证的基础上坚持实事求是、尊重规律、循序渐进、先立后破的总体要求，积极推动政府、企业及社会各方面力量协同发力，科技创新和标准规范同步布局，市场和非市场的手段相互赋能。

二是民航脱碳也应该要注重阶段性。实现"双碳"目标不能一刀切、齐步走，更不能以运动式强投产的方式来达标，要坚持全国一盘棋，强化顶层设计，既要制定终极目标，更要明确阶段性指标，既要规划行业绿色发展四梁八柱，也要确定不同阶段的重要任务、重要工程。既要量力而行，也要尽力而为。充分发挥国家制度的优越性、梯次达峰。以航空器降碳和机场治污为核心，通过实现能源资源消费减量、清洁能源替代化、运行管理高效化、减排机制市场化，促进行业绿色低碳转型。

如果要用一句话来概括，民航业高质量发展的丝路就是三线，既要守住安全底线、拓展绿色上限、强化智慧主线。安全底线是根本，是行业发展的生命线的。绿色上限决定了未来行业发展的规模和质量，民航发展上限不仅仅由航空市场需求来决定，更要看行业绿色低碳能力，智慧主线是行业发展动力和重要支撑。民航行业的高质量发展任重道远，将伴随民航智慧化转型升级和绿色发展的全过程，是一项长期持续复杂艰巨的任务，还将面临诸多的问题和挑战，十分需要行业内外的多元参与、多领域协同，共建、共治、共享智慧民航绿色发展新成果。

　　（本文内容根据"2021中国国际服务贸易交易会第三届'空中丝绸之路'国际合作峰会"嘉宾发言整理而成。）

# 开启多领域民航建设新征程

## ——解读《"十四五"民用航空发展规划》

### 中国民航报

随着《"十四五"民用航空发展规划》（以下简称《规划》）正式印发。作为未来5年民航发展的纲领性文件，《规划》将全面开启多领域民航高质量建设新征程。近日，记者专访中国民用航空局"十四五"规划编写组负责人，就《规划》内容进行专业解读。

## 立足新发展阶段 贯彻新发展理念

**1.此次《规划》编制的背景和过程是怎样的？**

答："十四五"时期是开启我国全面建设社会主义现代化国家新征程的第一个五年，也是多领域民航高质量建设开局起步的第一个五年。本《规划》依据《中华人民共和国国民经济和社会发展第十四个五年规划和2035年远景目标纲要》《交通强国建设纲要》《国家综合立体交通网规划纲要》《"十四五"现代综合交通运输体系发展规划》和《新时代民航强国建设行动纲要》等编制。

2019年11月，"十四五"民航发展规划编制工作正式启动。编制过程大致分为3个阶段。第一阶段是2019年11月−2020年7月的前期研究阶段。我们集中行业内外20多家科研单位160多名专家完成了26项前期课题研究工作，形成了26份约140万字的前期研究报告。第二阶段是2020年8−12月，我们集中开展全国7个片区的实地调研，充分听取行业企事业单位、地方政府部门以及上下游产业等代表性企业意见建议；组织精干力量组建规划编写组，先后开展3轮集中封闭写作，形成《规划（征求意见稿）》。第三阶段是2021年1−9月的规划征求意见和修改完善阶段。《规划（征求意见稿）》先后提交相关会议审议，并广泛征求了行业内有关单位、国家发改委、财政部等有关部委以及军方共77家单位的意见。同时，组织召开了多位两院院士参加的专家论证会，充分听取各领域专家的意见建议。经逐条研究，各方面所提意见大部分已吸收采纳，最终形成此稿。

**2."十三五"期间我国民航发展取得了怎样的成就？**

答："十三五"以来，全行业在党中央、国务院的正确领导下，坚持新时期民航总体工作思路，基本实现了由运输大国向运输强国的历史性跨越。主要表现在以下几个方面。

航空安全创造最高纪录，持续安全飞行5270万小时，安全运送旅客27.3亿人次，未发生重大航空地面事故，安全水平国际领先；服务品质大幅提升，航班正常率连续3年超过80%，服务质量专项行动持续深入开展；保障能力显著增强，颁证运输机场241个，地级市覆盖率达到91.7%，在册通用机场339个，民航机队6795架；质量效率持续提高，中西部机场旅客吞吐量占比提升至44.4%，"蓝天保卫战"成效明显，绿色民航加快推进；战略地位更加凸显，民航旅客周转量在综合交通占比提升至33%，国际航线895条，通航国家62个，国产ARJ21顺利投运，C919成功首飞，行业扶贫、定点扶贫和对口支援成效显著；创新格局加快形成，组建民航科教创新攻关联盟，首个民航科技创新示范区启动建设，国家重点研发计划项目7项，一批自主创新成果加快转化；治理能力明显提高，积极推进"1+10+N"深化民航改革工作总体框架实施，法规标准体系进一步健全。

但同时我们也清醒地认识到，行业容量不足、活力不够、能力不强、效率不高仍很明显，民航发展不平衡不充分问题依然突出，关键资源不足，基础设施保障能力面临容量和效率双瓶颈，在航空物流、通用航空、与国内制造业协同等领域仍有明显弱项，科技自主创新能力不强，民航治理体系和治理能力有待提升。这些成就和问题，都是我们科学制定"十四五"规划的基础。

**3.《规划》的指导思想和基本原则是怎样的？**

答："十四五"民航发展的指导思想是：以习近平新时代中国特色社会主义思想为指导，统筹推进"五位一体"总体布局，协调推进"四个全面"战略布局，坚持稳中求进工作总基调，立足新发展阶段，完整、准确、全面贯彻新发展理念，构建新发展格局，以推动高质量发展为主题，以深化供给侧结构性改革为主线，以改革创新为根本动力，锚定新时代高质量民航战略目标，按照"十四五"时期"一二三三四"民航总体工作思路，坚持安全发展底线和智慧民航建设主线，以绿色化、国际化、市场化、法治化发展为导向，更加注重创新驱动、质量效益、产业协同，加快构建更为安全、更高质量、更有效率、更加公平、更可持续的现代民航体系，更好服务国家发展战略，更好满足人民群众对美好生活的需求，为实现由单一民航运输强国向多领域高质量民航跨越奠定坚实基础。

《规划》明确了必须坚持的5个基本原则。坚持安全发展，进一步丰富完善民航系统安全观，正确处理安全与发展、效益、正常、服务之间的关系，形成相互支撑、互为动力的有机体系，增强风险防控能力，提升安全治理水平，筑牢安全发展基石；坚持创新驱动，强化创新的核心地位，加速数字变革，推进民航运行服务链、创新链和产业链的协同发展和深度融合，完善民航创新体系，激发企业创新活力，升级行业发展动能；坚持改革开放，加强改革整体性、系统性和协调性，加强民航现代治理体系和治理能力建设，激活高质量发展新动力；坚持系统观念，统筹国内国际两个大局，处理好中央与地方、当前与长远、整体与局部、规模与质量的关系，推进民航与综合交通、相关产业、区域经济社会协同发展；坚持绿色人文，将绿色发展、人民至上的理念贯穿民航发展全过程，按照国家碳达峰、碳中和总体要求，加快形成民航全领域、全主体、全要素、全周期的绿色低碳循环发展模式，同时践行真情服务理念，不断提升人民群众的安全感、获得感、幸福感。

## 在危机中育新机 于变局中开新局

**4."十四五"时期民航发展具有哪些新的形势？**

答："十四五"时期民航高质量建设进入新阶段，民航面临着新发展形势，肩负着新的历史使命。百年未有之大变局下，民航发展外部环境的复杂性和不确定性增加；人民出行新需求要求民航全方位优化提升服务水平；民航高质量建设新阶段要求民航加快向高质量发展转型。总体来说，"十四五"时期支撑我国民航持续较快增长的基本面没有改变，民航发展不平衡不充分与人民群众不断增长的美好航空需求的主要矛盾没有变，航空市场增长潜力巨大，仍处于重要的战略机遇期，但机遇和挑战都有新的发展变化，具有基础设施集中建设、创新驱动模式加快形成、行业改革全面深化和重大风险主动应对等阶段性特点。

从近期来看，受新冠感染疫情影响，民航"十四五"发展将呈现明显的阶段性特点。因此，《规划》要合理把控"十四五"发展的节奏感。在综合研判我国航空市场恢复趋势的基础上，《规划》提出将民航"十四五"发展分为两个阶段。2021—2022年是恢复期和积蓄期，要进一步巩固拓展疫情防控和民航发展成果，重点要扎实做好"六稳"工作，全面落实"六保"任务。这一时期民航发展要着眼于制约民航发展的长周期变量，利用好市场恢复阶段民航运行总量低负载期，加快重大项目实施，抓紧推进重大改革，合理调控运力投放，稳定扶持政策，积蓄发展动能，促进行业恢复增长。2023—2025年则是增长期和释放期，重点要扩大国内市场、恢复国际市场，释放改革成效，提高对外开放水平，着力增强创新发展动能，加快提升容量规模和质量效率，全方位推进民航高质量发展。

**5."十四五"期间，民航发展的目标是什么？**

答：立足"十四五"时期民航发展的历史方位，民航局党组确定了"十四五"时期"一二三三四"民航总体工作思路，即：践行一个理念、推动两翼齐飞、坚守三条底线、构建完善三个体系、开拓四个新局面。按照总体工作思路要求，《规划》进一步明确了民航"十四五"时期的六大发展目标。

第一个目标是航空安全水平再上新台阶。《规划》提出要树立民航总体安全观，持续提升民航安全总体水平。随着运输航空连续安全飞行跨越1亿小时大关，民航安全水平持续保持全球领先地位。我国民航安全理论科学将更加完善，风险管控将更加精准可靠，安全文化将更加与时俱进，技术支撑将更加先进有力，民航安全发展将更加自信从容。

二是综合保障能力实现新提升。针对民航当前保障能力不足的问题，《规划》提出以突破资源容量瓶颈为重点，加快构建现代化的国家综合机场体系和空中交通管理体系。到"十四五"末，运输机场270个，市地级行政中心60分钟到运输机场覆盖率80%，千万级以上机场近机位靠桥率达到80%，枢纽机场轨道接入率达到80%，空管年保障航班起降1700万架次。

三是航空服务能力达到新水平。提升航空服务能力是民航发展的根本要求和基本使命。《规划》提出以服务国家战略和满足人民需要为目标，构建运输航空和通用航空一体两翼、覆盖广泛、多元高效的航空服务体系。到"十四五"末，通航国家（地区）数量70个。服务体系更加健全，人民享受航空服务的安全感、幸福感和获得感进一步提升，货运网络更加完善，通用航空服务丰富多元，无人机业务创新发展。

四是创新驱动发展取得新突破。聚焦民航科技创新短板，《规划》提出聚焦行业重大需求、发展瓶颈和科技前沿，建成支撑民航高质量发展的科技引领体系，加强关键技术攻关和自主创新产品应用，加快构建高水平民航科技创新体系；出行一张脸、物流一张单、通关一次检、运行一张网、监管一平台等智慧民航新形态加快形成。

五是绿色民航建设呈现新局面。绿色是高质量发展的底色和基本形态。"十四五"时期，民航绿色发展处于爬坡过坎的关键阶段，《规划》提出要不断完善民航绿色治理体系，完善绿色民航政策、标准和评价体系，大力推进资源节约集约利用，环境污染综合治理能力不断提高，民航发展与生态环境更加和谐，碳排放量显著降低。

六是行业治理能力取得新成效。治理体系和治理能力现代化是支撑新时期民航高质量建设的制度保障。《规划》提出到"十四五"末，民航法治体系和行政管理体系更加完善，重点领域改革取得实效，行政效率和公信力显著提升，民航信用体系基本健全，防范化解重大风险体制机制更加有效，参与国际合作能力显著增强。

此外，以"六个新"的定性目标为指引，我们还确定了"十四五"时期6类共22个定量预期指标，以更好地发挥规划目标指标指挥棒的作用。

## 奋力拓展新时代民航高质量建设新面貌

**6.为实现六大目标，《规划》将从哪些方面布局行业发展？**

答：我们能够看到，《规划》的主体部分是围绕着构建"六大体系"展开，这也与六大目标是相互呼应的。

构建一流的民航安全体系。围绕运行、空防、适航、信息等民航安全链条，系统提升理论创新能力、风险防控能力、依法监管能力、安全保障能力和科技支撑能力，持续提升民航安全总体水平。

建设一流的基础设施体系在完善国家综合机场体系、提升空管保障服务水平、加快新型基础设施建设等领域提出了基础设施建设任务。

发展一流的航空服务体系分别从航空客运网、航空物流网、通用航空网和服务质量等方面构建运输航空和通用航空一体两翼、覆盖广泛、多元高效的航空服务体系。

健全生态友好的绿色发展体系聚焦完善绿色治理、推进资源节约集约利用、减缓环境影响技术等统筹推进行业绿色发展。

构筑坚实有力的战略支撑体系重点在实施科技创新引领战略、加强民航人才队伍建设、服务支持区域协调发展、开拓对外开放新局面等方面提出了具体任务举措。

打造现代化民航治理体系分别从完善市场治理体系、提高行政效能、打造智慧监管、加强文化建设等方面推进民航行业治理体系和治理能力现代化。

除此之外，《规划》还围绕主要目标和重点任务，坚持从问题出发、结果导向描述的原则，针对行业发展的堵点、痛点、痒点和难点，聚焦全局带动面广、问题针对性强和旅客切身感受最直接的领域，设置了容量挖潜提升工程、航空运输便捷工程、民航绿色低碳工程、科技创新引领工程、人才强业工程、产业协同示范工程等6个重大工程专栏，作为"十四五"期间的"工程单"和"政策包"。重大工程既坚持战略指引性、突出对民航改革发展全局具有的牵引带动作用，又坚持目标针对性，确保规划实施的可落地、可监测和可评估，能够增强《规划》的系统性和可实施性。

**7.此次《规划》具有哪些新的特点？**

答：《规划》首次采用篇章体例，以专业条线为主、更加注重系统协调来进行谋篇布局。规划体例的改变，是基于对行业发展阶段性特征的把握和着眼民航高质量建设来考虑的，任务安排上更加突出目标导向，着力构建六大体系，规划承载能力显著提升。首先是突出航空枢纽建设对民航发展的牵引带动作用，进一步强化以航空枢纽功能为导向的基础建设、空管保障、运输网络、综合交通、临空经济等方面资源和政策配置体系。其次是从新时代民航高质量建设的特征和要求出发，重点将绿色低碳、科教人才、深化改革、行业文化等内容为主体独立成篇成章，更加突出对行业发展系统性、整体性和软实力方面的考虑。

高质量发展是"十四五"时期民航发展进入新阶段的时代主题，要求打破历史发展惯性，通过深化供给侧结构性改革实现行业发展的质量变革、效率变革、动力变革。因此，《规划》重点任务更加专注民航的运行品质、结构效率和绿色发展。

另外，民航对国家经济社会发展具有战略性、基础性和先导性作用，需要民航充分发挥通达性强、效率高和品质优的比较优势，更好地服务和支撑国家重大战略。一方面，需要加快构建"干支通、全网连"的国家航线网络体系，打通客运、货运和通用的服务边界，丰富完善一体两翼的航空服务体系，积极支撑国内大循环为主体、国内国际双循环相互促进的新发展格局。另一方面，以推进世界级机场群率先发展为支撑，积极服务和支撑京津冀、长三角、粤港澳大湾区、成渝地区双城经济圈等国家重大区域战略，并分别针对东中西部区域发展特征，提出构建西部民航发展新格局、支撑东北振兴取得新突破、开创中部民航崛起新局面等民航区域发展战略举措。同时还系统谋划了保障国产民机健康发展的支撑体系和政策体系。

**8.如何确保《规划》的顺利实施?**

答：好的规划不仅要编制好，更要实施好。为支撑各项重点任务、重大工程和重点项目的落地，《规划》在加强党的领导、深化改革驱动、强化资金保障、规划实施机制等方面构建了保障支撑体系。具体在规划实施方面，要建立常态化工作机制和跨部门协调机制，完善规划实施监督管理体系，做好规划任务分解，完善牵头部门推动落实的机制保障；要建立年度计划落实发展规划机制，建立重大任务、重大项目台账，做好规划实施年度监测分析、中期评估和总结评估，完善评估结果应用，视情开展中期调整；最后，还要加强《规划》的宣贯和解读，正确把握舆论导向，合理引导社会预期，充分调动各方面的积极性，共同推动民航规划顺利实施。

（刊载于2022年1月10日《中国民航报》 记者 赵丹）

# 聚深化改革之力 推动高质量发展

## ——解读《全面深化民航改革行动计划》

中国民航报

日前，民航局印发《全面深化民航改革行动计划》（以下简称《行动计划》），阐明未来3～5年全面深化改革的总体目标和重点任务，明确要在民航安全发展、高质量发展的重要领域和关键环节取得突破性改革成果。这份《行动计划》是如何编制出台的，其主要任务是如何确定的，行业各单位应该如何落实好《行动计划》？带着这些问题，本报记者采访了深化民航改革领导小组办公室负责人。

### 审时度势再部署 改革重点更突出

近年来，民航局党组持续把深化民航改革作为落实民航总体工作思路的重要抓手，认真贯彻落实中央深化改革工作精神，着力构建规划与改革"双引擎驱动"的工作格局，改革成为推动行业高质量发展的"关键一招"。

深化改革是一场持久战。进入"十四五"关键之年，必须聚焦民航高质量发展，下大气力推动解决行业发展不平衡不充分问题，着眼制约民航业发展的深层次问题，深入推进民航改革。7月20日，民航局党组书记、局长宋志勇主持召开专题党组会、巡视整改领导小组会，对巡视整改工作进行研究部署，深化民航改革整改任务暨《行动计划》的编制工作正式启动。

"聚焦重点领域、突出重点推进改革是民航局党组审时度势对深化民航改革工作的再部署。"深化民航改革领导小组办公室负责人表示，为了认真贯彻中央巡视整改要求，落实好民航局党组工作部署，改革办在编制工作中始终围绕聚焦党中央、国务院改革工作部署，聚焦民航主责主业重点改革任务，聚焦行业管理机制创新改革任务，确定民航深化改革重点任务。

2021年7月，局改革办第一时间成立编制工作组，组建工作专班，多次组织专题研究、调研访谈，明确了编制《行动计划》的任务要求、工作方向和时间安排。"主要是对照《深化民航改革工作方案（2022-2025）》和2022年中工作报告，梳理出当前及未来一个时期深化民航改革工作的重点任务，为《行动计划》的编制工作打好基础。"深化民航改革领导小组办公室负责人说。

继前期研究和准备阶段后，局改革办牵头开始了集中调研和编制阶段。局改革办按照局党组改革工作部署，围绕聚焦党中央、国务院深化改革部署，聚焦民航主责主业，聚焦行业体制机制改革创新，对"十四五"时期民航深化改革17个专项工作方案、525项改革任务进行了详细梳理，形成深化民航改革重点任务清单初稿。随后，组织召开17场专题调研，与17个部门和单位进行一对一、面对面交流研讨，就改革任务界定、改革目标确定及相应的改革措施制定进行深入研究，形成任务清单的征求意见稿。

深化民航改革领导小组办公室负责人告诉记者，民航局党组《加强党的领导和党的建设推动民航高质量发展五项重点任务总体方案》中关于"聚焦重点领域，深化民航改革"的工作部署，是制定《行动计划》的重要依据。根据这一总体方案，改革办研究确定了未来一段时期民航深化改革的指导思想、基本原则、总体目标、主要任务和保障措施，形成《行动计划（征求意见稿）》。

重点任务是否缺项、任务类别界定是否准确、内容表述是否恰当、目标设定是否清晰、部门分工是否合理？围绕这些问题，改革办先后发起2轮书面征求意见，会同相关部门和单位对《行动计划》文本进行反复讨论、修改，累计收到修改建议200余条，90%以上吸收采纳，未予以采纳的经过协调也形成了一致意见。

"经7轮修改，最终确定了重点改革任务20项、分目标47项、具体措施108项，明确了完成时限、主办部门、协办部门，形成了《行动计划》。"深化民航改革领导小组办公室负责人说。

## 制度建设是主线 固化成效成机制

从编制到印发，《行动计划》认真贯彻中央巡视整改要求，全面落实局党组推动民航高质量发展五项重点任务工作部署，《行动计划》中明确的20项重点改革任务，使深化民航改革工作更加聚焦党中央、国务院深化改革部署，更加聚焦民航主责主业，更加聚焦行业体制机制改革创新。

"就是要让改革任务更加突出目标导向，改革举措更加突出问题导向，改革目标更加突出结果导向。"深化民航改革领导小组办公室负责人说。改革任务更加突出目标导向，是指《行动计划》明确着力在行业安全发展、高质量发展的重要领域和关键环节取得突破；改革举措更加突出问题导向，是指《行动计划》明确着力于破解制约行业发展的体制机制性障碍；改革目标更加突出结果导向，是指《行动计划》强调完善行业社会主义市场机制，充分释放市场活力，持续推进行业治理体系和治理能力现代化，推动有效市场和有为政府更好结合，为行业高质量发展提供强大内生动力。

深化民航改革领导小组办公室负责人特别指出，推进行业治理体系和治理能力现代化，是深化民航改革的总目标。而制度建设不仅是检验改革成果的重要标志，而且是行业治理效能的集中体现。

中央全面深化改革始终突出制度建设这条主线，不断健全制度框架，筑牢根本制度、完善基本制度、创新重要制度，各领域基础性制度框架基本建立，国家治理体系和治理能力现代化水平明显提高。近年来，全面深化民航改革工作始终牢牢抓住行业制度建设主线，强化通过制度改革和改革成果的制度转化，推进行业治理体系和治理能力现代化。"十三五"期间，通过深化改革，民航法规规章体系的三分之一都得到了更新，涵盖了航空安全、通用航空发展等行业发展的重点领域，行业治理体系和治理能力现代化水平显著提升。

在《行动计划》中，制度建设依然是主线。比如，机场建设管理机制完善、机场运营管理模式转型、外航安全监管体系建设、通航监管模式改革等多项改革任务，均明确通过制度的制修订推动行业在机场建设管理、机场安全运营管理、外航安全监管、外航监管等重要领域，进一步完善行业治理体系，提升行业治理能力。

以完善机场建设管理机制为例，2022年，机场司将编制民用运输机场建筑信息模型应用管理指南、发布《直属单位建设项目全过程咨询指南》、编制《运输机场建设项目开展全过程工程咨询服务研究报告》等，2023年，将发布民航BIM技术应用白皮书等，这些具体举措通过完善民航专业工程建设的政策、规章标准体系的方式，促进BIM、全过程咨询、工程总承包等新技术、新模式在民航建设领域得到真正的广泛应用，指导机场与航司创新合作模式，协同发展，实现共建、共治、共享。

"在改革工作逻辑及工作机制设计上，我们更加注重把深化改革同促进制度集成结合起来，所有改革任务均有制度性成果固化改革成效，提升改革综合效能，目的就是持续推进行业治理体系和治理能力现代化。"深化民航改革领导小组办公室负责人说。

## "三个聚焦"更系统 狠抓落实争朝夕

提起《行动计划》中涉及的主要任务，深化民航改革领导小组办公室负责人表示，简而言之，就是"三个聚焦"。《行动计划》采用"正文+清单"体例，以"三个聚焦"进行谋篇布局。"《行动计划》既充分贯彻了中央深化改革决策部署，又充分反映了局党组改革战略意图，更回应了行业改革诉求。"深化民航改革领导小组办公室负责人说。

坚决贯彻落实党中央、国务院改革工作部署是确保民航高质量发展的"关键一招"。"放管服"改革、国家空管体制改革、大部制改革、公安管理体制改革、国有企业改革、大飞机战略、国家"双碳"目标等国家重要战略和改革工作部署，与民航工作息息相关。《行动计划》聚焦党中央、国务院改革工作部署，将"放管服"改革等转化为民航重点改革任务，设定相应改革目标及改革措施，在深化民航改革总体框架下予以推进，明确了改革贯彻落实的路径措施，将改革部署落地落实。

如何聚焦民航高质量发展，下大气力推动解决行业发展不平衡不充分问题，着眼制约民航业发展的深层次问题进行深化改革？《行动计划》聚焦民航主责主业重点改革任务，从安全监管、机场管理、空中交通管理、民航市场监管等民航局职责出发，将安全模式创新、资源配置优化、智慧民航建设、机场建设管理机制完善、机场运营管理和服务模式转变、外航安全监管体系完善、中小机场空管服务模式创新、民航服务数字化转型等重点领域或关键环节作为重点改革任务。"其中，安全模式创新、资源配置优化、智慧民航建设等3项任务以专项行动计划组织实施，一方面是考虑到深化民航改革工作的系统性、整体性、协同性要求，另一方面也充分考虑到重点领域改革任务的复杂艰巨程度，以专项行动计划确保改革的精准性和可操作性。"深化民航改革领导小组办公室负责人解释说。

推动行业高质量发展，创新是第一动力，行业管理机制的创新，将为行业发展增动力、释活力。聚焦行业管理机制创新改革任务，《行动计划》强化通过民航运行机制创新、通航监管模式改革、深化西藏区局和局属事业单位改革，进一步提高行业运行管理体系新效能，探索促进通航发展新思路，推动西藏民航事业新突破，激发局属事业单位发展新活力。这些改革任务的完成，把制度活力有效转化为市场活力，无疑将推动行业管理更规范、运行效率更高效、行业运转更灵活。

除了"三个聚焦"外，《行动计划》还通过任务清单的方式将重点改革任务进一步落细落实。每项改革任务明确总目标、分目标、具体措施及主责部门、完成时限，增强《行动计划》的清晰度、完整性、可实施性，确保蹄疾步稳推进深化民航改革工作。

改革争在朝夕，落实难在方寸。深化民航改革领导小组办公室负责人表示，各单位各部门应准确把握深化民航改革工作的特点要求，切实发挥改革在民航安全发展、高质量发展中的关键作用。其中，提高政治站位是根本。要全面深刻领会中央全面深化改革精神，不断提高政治判断力、政治领悟力、政治执行力，确保中央深化改革各项决策部署在民航不折不扣落实到位。强化责任担当是关键。民航改革已进入深水区，只有充分认识改革的紧迫性、复杂性、艰巨性，进一步聚焦主责主业，把握关键领域，勇于攻坚克难，才能以更大气魄、更大力度推进民航改革走深走实。

"主办部门、单位对主办的改革任务要全程负责、一抓到底，协办部门、单位要密切协助、支持配合，其他部门、单位要结合各自实际抓好职责范围内的改革工作，形成深化民航改革整体合力。"深化民航改革领导小组办公室负责人说，"下一步，我们将以党的二十大精神为指引，保持改革定力，狠抓工作落实，蹄疾步稳推进民航改革走深走实，在民航安全发展、高质量发展的重要领域和关键环节取得突破性改革成果，着力提高行业发展的质量和水平，推动民航行业治理体系和治理能力现代化，为实现中国式现代化作出民航新的更大贡献。"

（刊载于2022年10月27日《中国民航报》 记者 肖敏）

# 以智慧塑造民航业全新未来

## ——解读《智慧民航建设路线图》

中国民航报

日前，民航局印发《智慧民航建设路线图》（以下简称《路线图》），《路线图》的发布是基于什么背景，有什么重要意义？《路线图》中的4个核心抓手、3类产业协同如何理解？如何推动《路线图》顺利实施？带着这些问题，本报记者专访民航局发展计划司相关负责人。

### 拓展行业发展空间 更好服务国家战略

民航局印发《路线图》是基于什么背景？

答：从世界发展态势看，世界正在经历新一轮科技革命和产业变革，以新一代信息技术融合应用为主要特征的智慧民航建设正全方位重塑民航业的形态、模式和格局，必将引领民航业的未来发展方向。从国家战略层面看，党的十九大作出了建设交通强国、数字中国的战略部署，国民经济和社会发展"十四五"规划纲要专篇布局数字中国建设，明确提出了建设智慧民航任务。从行业发展阶段看，我国民航正进入"发展阶段转换期、发展质量提升期、发展格局拓展期"3期叠加新阶段，过去以单纯增加传统要素投入的方式已难以适应新形势下的发展要求，运输规模持续增长与资源保障能力不足的矛盾仍将是行业面临的主要发展矛盾，尤其是在未来2030年碳达峰和2060年碳中和的目标要求下，要想发展好，必须通过智慧民航建设，破解行业发展难题，拓展绿色发展上限，提升行业发展空间，构筑行业发展竞争新优势。

以智慧塑造民航业全新未来，势在必行、迫在眉睫。近年来，民航局高度重视智慧民航建设，先后印发《中国民用航空局关于推动新型基础设施建设促进民航高质量发展的实施意见》《中国民用航空局关于推动新型基础设施建设五年行动方案》和《中国新一代智慧民航自主创新联合行动计划纲要》等智慧民航建设顶层架构的纲要性文件，提出了"出行一张脸、物流一张单、通关一次检、运行一张网、监管一平台"目标，以及科技创新驱动民航高质量发展，体系化提升民航科技自主创新能力的方向，顶层设计架构更加明确。如何从顶层设计走向精准落地，是当前智慧民航建设的重中之重。为统一思想，明确智慧民航建设各专业领域的阶段性目标和具体任务，为行业各单位开展智慧民航建设提供清晰、明确、具体的指导，我们集聚行业内外资源，联合多家单位，在前期对40个千万级机场、15家主要航企、3家服务保障企业和空管局调研的基础上，广泛征求行业内外各单位和院士、专家意见，反复修改，共同编制完成《路线图》。

《路线图》的印发具有什么重要意义？

答：《路线图》紧扣"十四五"时期"一二三三四"民航总体工作思路，按照民航局党组"坚持安全发展底线和智慧民航建设主线"等决策部署，牢牢把握高质量民航战略发展目标、转段进阶的阶段性特点和行业高质量发展要求，围绕智慧民航建设顶层设计的纲要性文件编制。《路线图》的印发，标志着我国智慧民航从顶层设计走向了全面实施阶段，智慧民航建设将有效提升民航安全发展水平以及行业运行效益、效率和发展质量，将更好服务国家战略，更好满足人民美好生活需要，为社会主义现代化国家建设提供有力支撑。

一是服务新时代民航高质量建设。智慧民航建设是深化供给侧结构性改革在民航业的集中体现，将有利于以创新驱动、高质量供给引领和创造新需求，拓展民航发展新空间，巩固航空运输强国地位；将有利于增强民航创新发展动力，提升我国民航的国际影响力，塑造国际竞争新优势，加快建成多领域高质量民航；将有利于推动民航与上下游产业高水平融合发展，有力支撑全方位民航高质量建设。二是服务人民美好航空出行。建设智慧民航是贯彻以人民为中心的发展思想、践行真情服务理念的重要体现，将通过打造智慧民航出行服务体系，为旅客提供全流程、多元化、个性化和高品质的航空服务新供给，实现人享其行；将有利于构建更加先进、可靠、经济的安全安保和技术保障服务体系，确保飞行安全，更好保障人民群众的生命财产安全。三是服务现代化经济体系建设。将有利于打造安全可靠、高效经济、连通全球的现代航空物流体系，高效融合物流链、信息链、产业链，全面提升物流运输网络韧性，确保产业链供应链安全稳定；将有利于充分发挥民航超大规模市场和海量数据资源优势，引领带动新一代信息技术、先进制造技术、新能源技术和空天技术的产业创新，促进现代产业体系建设。四是服务国家重大战略实施。将有力支撑交通强国建设，加快构建安全、便捷、高效、绿色、经济的现代化综合交通体系，实现人享其行、物畅其流；将有力支撑科技强国建设，抢占未来发展制高点，加快提升自主创新能力，实现民航科技高水平自立自强；将有力支撑数字中国建设，促进数字技术与民航业的深度融合。

## 把握四个核心抓手 提升运行能力深度

如何理解"智慧出行、智慧空管、智慧机场、智慧监管"是智慧民航建设的4个核心抓手？

答：智慧民航建设是一项事关全局的战略任务，需要统筹谋划、守正创新，需要稳扎稳打、加快推进。《路线图》按照"体系发展引领、分域模块构建"的思路，总体设计分解为5大主要任务、4个核心抓手、3类产业协同、10项支撑要素和48个场景视点。

"智慧出行、智慧空管、智慧机场、智慧监管"是智慧民航运输系统建设的核心抓手和重要内容。"智慧出行"是以缩短旅客综合出行时间、促进物流提质增效降本为目标，以全流程便捷出行、全方位"航空+"服务和综合性航空物流服务为重点，构建便捷舒心的旅客服务生态和高效的航空物流服务体系。"智慧空管"主要从全国民航协同保障运行、基于四维航迹的精细运行和基于算力的融合运行维度，夯实空中交通管理的安全基础，提升空中交通服务的全局化、精细化、智慧化运行水平，逐步构建新一代的空中交通管理系统。"智慧机场"主要从机场全域协同运行、作业与服务能力、建造与运维水平等方面，推进机场航站楼服务智能化、飞行区保障少人无人化、旅客联程联运和货物多式联运的数字化，推动航班运行控制智能决策，提升协同保障能力，改进服务水平和运行效率。"智慧监管"从打造一体化创新型数字政府、数据驱动的行业监管和融合创新的市场监测等角度，以数字政府建设为重点，构建行业智慧大脑，为公共服务和高效运转赋能，提升行业治理效能，维护航空市场秩序，带动产业融合发展。

2022年，民航局在"智慧出行、智慧空管、智慧机场、智慧监管"4个方面的工作重点是什么？

答：从"智慧出行"看，我们将围绕旅客行前、行中、机上全流程和航空物流全过程，以缩短旅客综合出行时间、促进物流提质增效降本为目标，开展机场"易安检"建设及示范推广、民航货运相关行业标准编制、行李全流程跟踪建设、中转便利化和通程航班服务推广、行李"门到门"机场覆盖范围扩大等工作。从"智慧空管"看，我们将围绕"四强空管"建设，以提升空中交通全局化、精细化、智慧化运行水平为目标，开展包括5G AeroMACS协同运行、基于北斗三代系统建设及应用、无人驾驶航空器适航审定管理和校验、基于航迹运行的双机飞行验证及相应标准体系建设等工作。从"智慧机场"看，我们将围绕四型机场建设，以提升机场运行安全保障能力和协同运行效率为目标，开展机场智能建造相关标准制定、智能建造项目试点、机场无人驾驶设备标准体系框架编制、无人驾驶车辆与航空器协同管理等工作。从"智慧监管"看，我们将围绕"监管一平台"建设，以完善一体化政务服务水平，提升行业治理效能为目标，开展政务数据共享应用、无人驾驶航空器适航审定领域安全监管政策及指标研究、智慧监管服务项目推进等工作。此外，我们还将加快数据治理、科技攻关等领域的顶层设计和专项攻关，来加快推动智慧民航建设。

## 产业行业相互驱动 激发行业发展活力

《路线图》将"产业协同发展"单列一章，并提出了3类产业协同，请问是出于什么考虑？

答：相较于民航局之前印发的各项发展规划文件，《路线图》首次将"产业协同发展"单列一章，并作为智慧民航建设的重点内容之一，主要是出于我们对智慧民航建设意义的深入思考。归根结底，智慧民航建设还是发展问题，是如何解决好发展瓶颈，是如何转变发展方式、深化供给侧结构性改革、更好地发展的问题。因此，要将智慧民航建设的各项愿景目标落到实处，就绝不能仅依靠行业本身的力量。只有充分考虑产业对行业的相互牵引、驱动作用，汇聚行业外力量，拓展横向发展空间，扩大产业规模，才能让民航发展更有希望、更有活力。

《路线图》将如何推动民航与相关产业协同发展放到很高的优先级上，在编制过程中多次邀请中国电科等产业界代表共商共议，对行业如何引导产业贡献力量、产业如何支撑行业长期发展进行了思考。结合产业各界就如何推动智慧民航与产业协同发展的宝贵意见，经过编制组的提炼分析，最终形成了三大主要发力的产业方向："民航+数字产业"共同体，既突出了智慧民航建设的特色和本质，也充分发挥我国在数字产业的竞争优势；"民航+先进制造"产业链，旨在补强我们民航核心装备制造的短板，同时夯实民航业全面发展基础；"民航+绿色低碳"生态圈，共同拓展民航发展绿色上限，形成长效可持续的发展格局。

民航局将从哪些方面着手，保障《路线图》顺利实施？

答：我们研究了智慧民航建设的发展动能和支撑保障，将改革创新、科技创新、基础保障、组织实施和重大工程作为推进《路线图》实施的先手棋、关键棋、制胜棋。在智慧民航建设中，它们将发挥主导引领作用，是"加速器"和"千斤顶"，保障《路线图》顺利实施。

在改革创新主导方面，我们将加快组织机构、政策制度、管理模式、人才保障等方面的创新、研究、探索；在科技创新赋能方面，我们将发挥科技第一生产力的作用，提升科技创新能力，加强科技创新研究，加快科技成果转化；在基础设施保障方面，我们将注重融合基础设施、信息基础设施、创新基础设施，加快规划布局新型基础设施建设。我们将强化组织实施，加强组织领导、落实执行、投入保障、协同合作、风险防范，发挥民航安全智慧强基工程等8个重大工程的带动作用，抓住主要矛盾和矛盾的主要方面，保障智慧民航建设总体架构和重点任务的落地实施。

另外，《路线图》中提出了48个场景视点，是实现五大主要任务的具体内容。智慧民航建设的总体发展目标和3个五年的分阶段目标，也是在48个场景视点的阶段任务目标基础上统筹确定的。随着智慧民航建设工作不断推进、认识不断提高，《路线图》场景视点还将进一步丰富完善。我们将瞄准《路线图》场景视点阶段性目标，加强宣传贯彻，扩大共识，引导行业各运行主体单位主动谋划，大胆探索，勇于开展相关试点，不断丰富场景应用的经验；做好跨部门跨单位工作任务协调和任务督导落实，结合《路线图》落实落地，开展智慧民航建设评价指标框架体系研究，用更多的量化指标来评价工作开展情况，推动智慧民航建设扎实有序推进。

（刊载于2022年1月21日《中国民航报》 记者 肖敏）

# 锚定"三个世界一流" 描绘适航发展路径

## ——解读《"十四五"民航适航发展专项规划》

中国民航报

按照"十四五"民航规划编制工作统一部署，为进一步推动民航适航审定系统高质量发展，更好服务国家发展战略，民航局编制印发了《"十四五"民航适航发展专项规划》（以下简称《规划》）。当前我国适航审定工作面临怎样的发展形势？《规划》针对"十四五"时期适航审定工作提出了哪些基本原则与主要任务，将如何落地实施？记者就这些问题专访了民航局航空器适航审定司相关负责人。

### 服务国家战略 机遇挑战并存

记者：航空器适航审定是民航高质量建设的重要领域，关系着国家发展战略的落实。近年来，我国适航审定工作取得了哪些成绩，还面临哪些问题？

答：党的十八大以来，特别是"十三五"时期，适航审定系统以适航攻关为总体目标，面对错综复杂的国际形势、艰巨繁重的适航审定工作任务，锐意进取、开拓创新，通过加强组织机构建设、创新适航审定管理模式、提升信息化工作水平等举措，进一步夯实适航发展根基、健全组织机构体系，筑牢依法行政基础、完善法规标准体系，服务国家发展战略、强化产品适航审定，提升行业治理能力、加强科研条件建设，支持国产民机出口、拓展国际合作空间，实现了满足和适应"十三五"期间民航高质量建设和民用航空工业发展需求的总体目标。

同时，"十三五"期间适航审定工作也存在着理念创新不够深化、运行机制不够完善、制度改进不够系统、能力提升不够全面等方面的不足，从而导致适航审定系统的效能与服务国家发展战略的需求存在一定差距。

记者：当前我国适航审定工作面临怎样的机遇与挑战，编制印发《规划》的必要性是什么？

答：党的十九大提出，要加快建设制造强国，加快发展先进制造业，促进我国产业向全球价值链中高端发展，培育若干世界级先进制造业集群。国务院发布的《中国制造2025》《交通强国纲要》要求推动国产航空器的研制。《新时代民航强国建设行动纲要》明确了到2035年建设世界一流适航审定体系、世界一流适航审定能力和世界一流适航审定队伍的适航审定系统建设远景目标。

当今世界正经历百年未有之大变局，新一轮科技革命和产业变革深入发展，国际环境日趋复杂，不稳定性、不确定性明显增加。我国航空工业正处于从仿制到自主研发、从技术和产品突破到产业规模化发展的转变期，新技术、新材料在航空产品上的应用日益广泛，产业集聚和转型，大飞机产业链供应链发展，这给现有的适航审定模式和适航审定能力带来新的挑战，亟须适航审定系统在坚守安全底线基础上，践行新发展理念、加强机制完善、持续制度改进、强化能力建设，满足新发展格局的构建需求，更好地服务于国家发展战略。在这样的发展形势下，《规划》的编制印发正当其时。

## 指明发展方向　汇聚发展力量

记者：《规划》明确了"安全发展，智慧建设""科技引领，创新驱动""系统思维，高效审定""统筹协调，融合发展"等4项基本原则，这些基本原则在适航审定工作中具体将怎样落实？

答：在"安全发展，智慧建设"方面，要坚守安全发展底线，践行"三个敬畏"理念，坚持安全关口前移，强化主体责任落实；围绕智慧民航建设主线，推动产业协同发展，推进航空产品研制跨越发展、绿色产品技术开发和新技术的民航应用。

在"科技引领，创新驱动"方面，要加强适航审定技术研究，促进审定技术与审定实践结合发展，突破适航审定及验证领域的关键核心技术，推动适航审定能力全面提升，应对传统航空制造业结构性变革、智能化渗透和数字化发展带来的挑战，形成支撑高质量民航发展的技术保障能力。

在"系统思维，高效审定"方面，要以系统安全管理理念为牵引、凝聚系统合力为重点、机构批准为路径，优化适航审定方式方法，把握安全管理本质，贯彻基于风险的审定方法，把握规律，严格标准，提高审定工作效率。

在"统筹协调，融合发展"方面，要统筹适航审定资源，强化适航审定履职能力，提升适航审定系统效能；充分发挥行业引导作用，支持工业部门的适航取证能力建设，加强适航审定部门和民用航空制造业的良性互动，做到理念融合、人才融合、服务融合、标准融合、工作融合，推动双方共同发展。

记者：《规划》明确，到2025年，适航审定"三个世界一流"建设将取得阶段性成果。为了更好实现"十四五"时期适航审定工作的发展目标，未来将围绕哪些方面集中发力？

答：为了更好实现发展目标，《规划》围绕践行新发展理念、加强机制完善、持续制度改进、强化能力建设等4个方面，提出了"十四五"时期民航适航发展的14项主要任务。

在践行新发展理念方面，提出了创新适航审定模式、推进绿色低碳航空产业发展和强化新技术应用推动产业协同等3项任务，坚持树立和强化新发展理念，将新发展理念贯穿适航审定工作的始终。

在加强机制完善方面，提出了优化顶层设计、加强系统组织机构完善，强化工作协同、凝聚适航审定系统合力，落实主体责任、促进安全管理体系建设，深化资源融合、推进机构批准机制建立等4项任务，筑牢适航审定系统高质量发展的保障基础。

在持续制度改进方面，明确了优化适航审定法规政策、健全审定工作管理制度和完善人员资质管理制度等3项任务，用制度来保证适航审定系统高效规范运转。

在强化能力建设方面，突出了强化行业安全运行的技术支撑能力、提升适航审定履职能力、加强适航审定技术研究能力和提升适航审定国际合作能力等4项任务，支持行业高质量发展。

## 科学系统谋划　扎实落实落地

记者：《规划》的编制过程是怎样的，编制组主要做了哪些工作？

答："十四五"民航适航发展专项规划的编制工作于2020年1月启动，主要分为3个阶段。

2020年1月至8月为前期研究阶段，民航局航空器适航审定司紧密围绕适航审定面临的形势和挑战，聚焦提升适航审定能力，坚守安全底线，贯彻智慧民航主线，组织航科院开展了前期研究工作，通过开题、结题等评审环节，形成研究报告，有力支持《规划》编制工作。

2020年9月至2021年3月为集中调研和文本编写阶段，编制组对有关单位、企业集中开展实地调研，充分听取各民航单位的建议，对标《新时代民航强国建设行动纲要》中"建设世界一流水平的适航审定体系、建设世界一流水准的适航审定能力、建设世界一流能力的适航审定队伍"的2035年远期目标要求，科学规划了"十四五"期间适航审定工作的发展目标和重点任务，集中精力开展《规划》的编制工作，数易其稿，形成征求意见稿。

2021年4月至12月为征求意见和修订完善阶段，民航局航空器适航审定司通过意见征求会、专家论证会等方式，面向行业内外广泛征求意见，认真进行研究论证与修改完善，最终形成《规划》。

记者：《规划》为"十四五"时期的适航审定工作描绘了一张路线图、施工图。下一步，将采取哪些保障措施，更好地推动《规划》落实落地？

答：《规划》明确了加强组织领导、强化规划落实、落实资金保障、营造良好氛围等4方面保障措施，这也将为下一步落实《规划》各项任务、实现发展目标提供助力。

加强组织领导方面，成立"十四五"民航适航发展专项规划实施领导小组，对各项主要任务进行总体安排、统筹协调、整体推进、督促落实，解决规划实施过程中的政策修订、资源优化、资金支持等重大问题；加强对规划的统一管理，强化对规划工作的指导、管理和监督。

强化规划落实方面，适航审定系统各单位要按照专项规划重点任务和项目，承担涉及本单位本部门职责范围的具体工作任务，积极协调、相互支持，确保工作任务落实到位；要开拓创新思维，发挥主观能动性，深化改革，先行先试，大胆探索，实现改革与规划深度融合、高效联动，为规划落实提供动力。

落实资金保障方面，将促进适航发展作为民航高质量建设的重要组成部分；推动民航发展基金加大对适航审定技术研究和验证技术研究的支持力度，开展重点项目研究和民航重点实验室建设工作。

营造良好氛围方面，要始终坚持安全底线，防范安全风险，不忘保障民用航空安全的适航初心，促进适航审定各项工作的顺利开展；加强适航理念的宣传力度，加强适航交流合作，在航空产业界营造良好的适航氛围，引导企业严格遵守适航标准，自觉符合适航要求。

（刊载于2022年4月15日《中国民航报》 记者 潘瑾瑜）

# 稳中求进 保持定力 推动通用航空高质量发展

## ——解读《"十四五"通用航空发展专项规划》

### 中国民航报

日前，民航局正式印发《"十四五"通用航空发展专项规划》（以下简称《规划》），对新时期促进我国通用航空安全、智慧、高质量发展具有重要意义。为此，中国民航报采访了民航局运输司相关负责人，就通用航空发展的意义、发展思路、重点任务等方面进行解读。

## 通用航空助推多领域民航高质量建设

**1.当前，我国通用航空的发展取得了怎样的成绩？**

答："十三五"以来，民航局聚焦国家战略，立足新时期，提出"一二三三四"总体工作思路，通用航空与运输航空"两翼齐飞"，通航战略定位得以显著提升。明确"放管结合、以放为主、分类管理"监管思路，推动通航发展从部门行为转变为政府行为，从行业行为转变为社会行为，调动各方面积极性，形成促进通航发展的合力。如果用两个词来形容，那就是推动通用航空"飞起来、热起来"。

一方面，发展面貌朝气蓬勃。以低空旅游、娱乐飞行等为代表的新兴业态蓬勃发展。目前，全国累计已经开通低空旅游航线百余条，航空飞行营地数量超过400个。无人机应用范围和领域不断扩大，在农业植保、电力巡线等领域已逐步替代有人机，在城市配送、物流运输、公共服务等方面应用也加快拓展，截至2020年底，全行业注册无人机共52.36万架，全年经营性飞行活动达到159.4万小时。疫情期间，无人机还广泛用于消毒灭杀、疫情巡查、信息宣传、小型医用物资转运等领域。

另一方面，发展热情空前高涨。2016年，国务院办公厅《关于促进通用航空业发展的指导意见》发布，可以视作通用航空发展的重要转折，全社会开始对通用航空发展予以密切关注。有关部委、地方政府积极开展试点、推动示范工程、打造产业园区；社会参与通航热情高涨，全国每年举办的通航大会、发展论坛和飞行表演达到10余场，航空科普活动逐渐进入公众视线，社会资本也纷纷进入通用航空领域。

**2.通用航空是民用航空的"两翼之一"，那么发展通用航空对我国来说有哪些重大意义？**

答：深刻认识通用航空发展的意义非常重要，我们可以从4个维度来谈。

第一，发展通用航空是推动战略性新兴产业发展的重要抓手。通用航空自身用途广泛、运营形态多元，兼具生产工具和消费品属性，在娱乐飞行、工农业生产等方面更具优势，在抢险救灾、医疗救援等领域能够发挥重要作用。通用航空产业链条长、服务领域广、带动作用强，产业上下游带动、联动对培育我国新的经济增长点具有巨大产能潜力，是培育战略性新兴产业的重要抓手。

第二，发展通用航空是构建国家综合立体交通网的重要支撑。当前，我国综合交通运输体系正处于由单一方式向多种方式协同发展的转型阶段，正由追求速度规模向更加注重质量效益转变，民航需要更加强化与其他运输方式的一体化建设。而通用航空正具备了多样化、灵活性等特点，可达性较好、特色性突出、融合性最强，是立体综合交通网的重要组成，也是民航与其他交通方式和相关产业融合发展的重要纽带，对构建现代化交通产业体系，建设交通现代化国家，满足人民对美好生活的向往具有特殊意义和作用。

第三，发展通用航空是推进多领域民航高质量建设的关键举措。我们说，高质量民航具有8个基本特征。而当前我国通用航空的发展水平与"具有功能完善的通用航空体系"这一特征还差距较远，仍然是制约民航高质量发展的关键短板和主要方面，这也深刻表明促进通航发展依然是新发展阶段多领域民航高质量建设发展的重点领域。

第四，无人机发展开辟民航智慧创新发展新赛道。在5G、人工智能等新技术主导的第四次工业革命浪潮中，无人驾驶航空应运而生并蓬勃发展，已成为先进生产力的重要载体。根据国际民航组织预测，无人航空运行量将很快超过有人航空，这一趋势是不可逆的。无人驾驶航空业正不断快速发展、迭代演进。这一进程为中国民航由大转强、"变道超车"带来了前所未有的机遇。

## 锚定通用航空新定位、新作为

3. "十四五"时期，是贯彻新发展理念的重要时期。《规划》如何体现出通用航空的新定位、新作为？

答："十四五"时期民航总体工作思路调整为新的"一二三三四"，通用航空要聚焦"定支点、找定位、明方位、显作为"4方面战略要求，实现安全、智慧、高质量发展。

在"完善三个体系"上，通用机场被纳入国家机场体系，通用航空短途运输在支撑航空运输网络体系扮演重要角色，同时，通用航空也是行业运行保障体系的重要服务对象。在开拓"四个新局面"上，通航也将承载更大发展责任，比如在推动产业协同发展、智慧民航建设等方面，通用航空与先进制造业、服务业上下游深度融合发展具有先天优势，特别是无人机领域，具备较强的国际竞争优势。因此，"十四五"期间，在新技术、新工艺、新基建方面，通用航空要乘势而上，厚植智慧基因，使其成为驱动通航创新发展的主要动力，使通航产业成为智慧民航建设的生力军。

另外，"十四五"时期，是我国加快构建以国内大循环为主体、国内国际双循环相互促进的新发展格局的关键时期。围绕扩大内需、实现高水平自立自强，以及对外开放3个方面，通用航空都可以充分发挥新作用、体现新作为。

**4.《规划》为通用航空发展明确了怎样的发展思路？**

答：首先，《规划》在编制过程中，牢牢把握"五个相结合"。一是目标引领和问题导向相结合，二是政府引导和市场主导相结合，三是安全底线与可持续发展相结合，四是试点先行和整体推进相结合，五是行业政策资源供给与地方承担发展和安全监管双重主体责任的实际需求相结合。

在此基础上，《规划》明确，"十四五"期间，推动通用航空高质量发展，要保持战略定力，坚定道路自信，以习近平新时代中国特色社会主义思想为指导，按照"十四五"时期"一二三三四"民航总体工作思路，守牢安全底线，坚持"定支点、找定位、明方位、显作为"的总原则，大力发展公益服务，积极鼓励新兴消费，稳步推进短途运输，深化拓展无人机应用，巩固优化传统作业，提升资源保障能力，优化行业治理，促进国产航空器及装备制造创新应用，为构筑功能完善的通用航空体系夯实基础，更好发挥通用航空支撑多领域民航高质量建设、服务经济社会发展、满足国防需求、助力构建新发展格局的重要作用。

## 聚焦"五大领域" 紧扣"两大保障"

5.《规划》的框架特点和重点任务是怎样安排的？

答：规划整体按照"章节体"谋篇布局，共11章、四大部分。

第一部分为第一、二章，包括发展基础、形势要求。系统总结"十三五"通用航空的发展成绩和问题，研判当前国内外政治经济发展环境和新技术应用带来的机遇和挑战。第二部分为第三章发展思路，包括指导思想、发展原则和发展目标。第三部分为第四至第十章重点任务，从通用航空服务领域多元、特点各异出发，按照"五纵两横"组织框架，明确重点任务。其中，"五纵"包括公益服务、新兴消费、短途运输、无人机应用和传统业态五大重点领域，各章内统一按照"愿景描绘、规章制修、政策支持、制度保障"4个层次，分节确定任务，确保各领域任务精准聚焦、务实落地。"两横"包括基础保障、行业治理两大体系，为任务落实提供有力支撑。第四部分为第十一章保障措施，从组织领导、国际交流和督查督办4个方面提出确保规划有效落实的措施办法。

《规划》重点围绕"五大重点领域""两大保障体系"确定重点任务。聚焦"五大重点领域"方面，一是公益服务提能增效。围绕应急救援和医疗救护，拓展应急救援场景，打造服务范式，推动安全和质量融合管理，助力民机研制，在空地保障、实训演练、资金等方面加大支持力度，推动公益服务能力提升。二是新兴消费扩容提质。以满足多样化消费需求为目标，大力支持服务创新，落实安全责任，推动降低成本，精准对接需求，壮大消费群体，推动通用航空大众化发展。三是通航运输连线成网。发挥通用航空"小机型、小航线、小航程"的特点，拓展服务网络，加强安全管理，推动干支通便捷出行，加大机场、时刻、资金等方面保障措施，打通航空运输服务"微循环"。四是无人机广泛应用。坚持包容审慎，支持应用领域创新，在适航、运营、社会化管理等方面创新行业管理，加大适航、科研支持力度，推动无人机驱动的低空新经济发展。五是传统作业巩固提升。坚持巩固优势，提升服务广度深度，加强设施保障，健全标准体系，提高作业质量，进一步拓展工农作业新场景。

优化"两大保障体系"方面，一是夯实资源保障能力。包括优化空域管理、完善地面保障、优化飞行保障、加强人才培养、加大创新驱动、培育航空文化等6方面任务。二是持续提升治理能力。包括完善法规体系、优化管理机构、改进治理手段、加强协同互促等4方面任务。

## 目标突出特色 任务注重协同

**6.《规划》的专项特色体现在哪几方面？**

答：主要是体现在发展目标设定、地方发展诉求对接、相关战略规划衔接等方面。

首先，在发展目标设定上，《规划》从安全、规模和服务3个方面科学务实设定发展目标和指标，重点在以下两方面做了专门考虑。一是分类设计指标。包括约束性指标、预期性指标，其中，安全指标作为约束性指标，需要纳入考核评估的指标，体现出安全底线；其他指标均为预期性指标，主要作为引导性指标，不作为考核评估指标。二是丰富指标类型。除飞行小时、航空器、机场等规模目标外，从发展效果角度设计指标体系、丰富指标类型。规模指标上，对有人机、无人机做了区分，体现规划对无人机新业态发展的引导；服务指标上，根据应急、消费、运输、工农业作业特点，结合相关部委意见，充实和调整了部分指标，意在立体化、多维度展示通航服务对经济社会发展的重要作用。

第二，与地方发展诉求对接上，按照民航局局长冯正霖在通用航空工作领导小组第六次全体会议的讲话精神中"充分考虑地方政府发展需求"要求，《规划》对照重点领域，充分吸纳全国31个省（市、自治区）已对外发布的通用航空相关规划内容，作为附件，确保充分反映地方政府在通航发展中的诉求。

第三，与相关战略规划协同上，一方面，《规划》加强与《"十四五"民用航空发展规划》在指导思想、原则、目标、任务等方面的衔接；另一方面，《规划》主动对接军民融合、创新驱动、乡村振兴等方面国家战略，明确相关任务安排，确保行业发展与国家重大战略保持一致。在此基础上，结合去年通用航空军地联合督查相关调研报告中涉及民航局的任务分工，在加快通用机场建设、促进"通用航空+北斗"应用等方面，进一步完善规划内容，确保规划全面落实中央有关工作部署和要求。

（刊载于2022年6月17日《中国民航报》 记者 赵丹）

# 用大数据为民航高质量建设赋能

## ——解读《关于民航大数据建设发展的指导意见》

中国民航报

日前，民航局印发《关于民航大数据建设发展的指导意见》（以下简称《指导意见》）。这一民航大数据建设顶层设计文件的印发，无疑对加强行业大数据体系建设具有重要意义。印发《指导意见》是基于什么背景，其中提出了哪些重点任务，如何推动顺利实施？带着这些问题，本报记者专访了民航局发展计划司相关负责人和行业领域专家。

### 加强顶层设计推动大数据建设

"无论是从落实国家战略还是推动民航强国建设大局看，加快民航大数据建设都迫在眉睫。"民航局发展计划司相关负责人表示。

自党的十八大以来，党中央高度重视发展以数据为关键要素的数字经济，深入实施国家大数据战略，加快建设数字中国，推进数字产业化和产业数字化。同时，大数据已成为国际民航竞争的重要领域，越来越多的国内外政府机构、行业协会、航空公司和机场投入到大数据建设中。

从民航高质量建设大局看，我国民航开启多领域民航高质量建设新征程，单纯靠增加传统要素投入的方式已无法实现民航业规模持续增长，迫切需要数据赋能。"在生产要素结构优化和大数据应用加速的背景下，必须将数据要素与民航业深度融合，以破解行业发展难题、拓展行业发展空间、构筑行业发展竞争新优势。"民航局发展计划司相关负责人认为，从民航高质量建设和行业安全发展两个维度，加快实施大数据建设都十分紧迫。

中国民航早已开始行动。自"十四五"以来，民航局党组将智慧民航建设作为发展主线，从组织保障、政策引领等方面加速民航大数据建设行动——新增民航局信息中心"民航大数据中心"职责；制定印发《智慧民航建设路线图》，明确提出构建民航大数据管理体系，深化民航大数据场景应用，加强跨部门、跨区域、跨层级数据共享交换和衔接汇聚，打造智慧民航数据底座等相关工作任务。今年3月，智慧民航建设领导小组办公室会同民航局信息中心、空管局、运行监控中心、航科院、管干院、中国航信、中国电科等共8家单位组成民航大数据管理体系研究工作专班，历经深入调研、8次专题研讨、2次封闭编写、广泛征求意见，编制形成《指导意见》。

编制《指导意见》的目的就是进一步明确民航大数据发展的顶层设计，指导行业更好地开展民航大数据建设工作。"要完成这项工作，首先要全面了解行业目前大数据建设现状，搞清楚大数据建设到底是什么、民航大数据建设有哪些行业特点，厘清现行存在问题并且分析问题症结所在，找准解决这些问题的发力点，明确未来需要做什么。简单地说，就是搞明白3件事：为什么，是什么和干什么。"民航局计划司相关负责人说，《指导意见》将更好指导行业和产业单位推进数据治理组织架构、政策标准、规章制度、运营管理、市场化运作等大数据体系构建相关工作，解决行业大数据建设存在的体制机制不够健全、数据壁垒问题突出、应用创新能力不强、安全保障体系亟待加强等问题。

## 民航大数据管起来、用起来、活起来

据了解，民航局前期印发的《新时代民航强国建设行动纲要》《"十四五"民用航空发展规划》《推动新型基础设施建设促进民航高质量发展实施意见》《推动新型基础设施建设五年行动方案》《中国新一代智慧民航自主创新联合行动计划纲要》《智慧民航建设路线图》等文件，都是制定《指导意见》的重要依据。

《智慧民航建设路线图》提出建设民航大数据管理体系，结合智慧民航发展目标，《指导意见》给出了战略蓝图。按照"业务数据化，数据业务化"发展要求，《指导意见》构建了"366"总体框架，即"三个导向""六个方向""六个靶向"，加快完善民航大数据治理体系和管理服务体系。

民航局计划司相关负责人告诉记者，"三个导向"是更好地把民航大数据管起来，将民航大数据用起来，让民航大数据活起来。"六个方向"是从数据管理维度实现数据数字化、标准化，从数据使用维度实现数据资源化、资产化，从数据流通维度实现数据要素化、市场化。"六个靶向"是围绕民航大数据建设的全链条、全过程，提升大数据管理水平和治理效能，一体推进工作组织体系、法规标准体系、数据资源体系、数据要素体系、基础设施体系、数据安全体系建设。

在工作组织体系建设方面，智慧民航建设领导小组办公室和民航数据安全工作领导小组办公室作为行业数据管理和统筹协调的主管部门，民航局信息中心（民航大数据中心）负责统筹行业资源，发挥行业数据中心集群作用，构建"集中+联邦"的协同运行机制，民航各企事业单位积极配合梳理资源、反馈需求，在行业大数据建设发展中发挥作用；法规体系和数据标准体系是民航大数据建设发展的基石，既为行业数据要素化和数据开放共享提供制度保障，也规范行业单位大数据建设工作；数据资源体系建设则包含数据资源目录、数据管理和数据质量管理三个方面，这是为了实现数据清单化管理、全生命周期管理和数据全流程质量管理；在数据要素体系建设方面，主要包含数据要素流通、公共数据开放共享机制和智慧化数据应用服务三个方面，依托国家数据交易平台，规范数据交易行为，推进数据高效流通，加快大数据产品和服务的市场化供给；基础设施体系建设，要支撑民航大数据的采集、存储、计算和应用，建成安全、便捷、高效、绿色、智能和经济的民航大数据基础设施；数据安全体系建设，就是依据数据管理原则，明确数据安全责任制，通过资源投入加强民航大数据全生命周期安全管理和技术防护，加强关键信息基础设施安全保护和网络安全等级保护，强化重大数据安全事件应急处置机制。

## 共商共建共享民航大数据

结合《智慧民航建设路线图》，为更好地实现"建立全域整合、安全高效、开放共享、创新活跃的民航大数据体系，有力推动民航监管精准化、运行高效化、服务智能化和治理现代化，不断夯实智慧民航建设的战略基石，成为数字中国建设的先行领域和创新示范"这一民航大数据建设的总体目标，《指导意见》在战略规划上提出了三个阶段的战略部署。

第一阶段（2022—2025年）是筑云梯——夯实基础阶段，基本建成职责明确、分工有序、协同高效的民航大数据工作组织体系；第二阶段（2026—2030年）是冲云海——聚力攻坚阶段，民航大数据数字化、标准化、资源化更加成熟，资产化、要素化、市场化发展初见成效；第三阶段（2031—2035年）是翔云端——融合发展阶段，民航大数据资产化、要素化和市场化，民航大数据与行业运行服务链深度融合，算力规模、创新应用水平世界领先，民航数字感知、数据决策、精益管理、精心服务能力大幅提升。

"'366'的总体架构为'三步走'发展路径提供了支撑。"民航领域大数据专家、中国民航管理干部学院大数据中心主任刘一教授认为，《指导意见》中有关数据要素体系建设、数据安全体系等方面的内容，是业内首次给出的体系化的规划和工作部署。当前，建立数据要素体系是重难点之一。建设数据要素体系，一方面要建立数据资源持有权、数据加工使用权、数据产品经营权等分置的产权运行机制，充分认可数据要素价值，健全数据要素权益保护制度，这对"数据持有者"和"数据加工者"都具有重要的指导意义。另一方面要建立相应的政策标准体系。这既不能沿用传统的体系，也不能简单地从其他行业平移，而是需要聚焦行业问题和需求，制定相关的顶层设计和标准架构，比如行业数据共享的标准系列、人工智能在民航业的应用规范等。

他还特别指出，基础设施体系建设既包括硬件设备设施的建设，也包括大量的信息化、数字化、虚拟化资产与信息系统建设，如果按传统模式，很可能出现"规章赶不上建设、建设赶不上需求"的局面。要发展民航大数据，必须探索借鉴并引入互联网、人工智能等领域的技术、理念与模式，形成一套规划设计、"项目立项—开发—运维"管理、典型场景先行先试、人才培养与使用等方面的新机制。他认为，行业各单位要注意到"行业性大数据建设"与"通用性大数据建设"的区别，必须坚持需求导向，深耕业务需求，注重应用创新。行业各单位要"加强内功"，加深对行业痛点、难点问题的理解，回归问题本源，坚持需求导向，而不仅是技术导向，更不能是产品导向，绝不能"为了搞大数据而搞大数据"。

## 各司其职推动大数据建设发展

当前，民航信息化已形成行业管理部门、运行主体和第三方服务商共同建设的发展格局。汇聚各方力量是建设民航大数据的基本保障，也是保证《指导意见》落地落实落细的重要基础。

共识是奋进的动力。民航局计划司相关负责人表示，首先，要加强宣传引导，积极营造行业大数据建设氛围。紧扣民航大数据建设，引导全行业各单位及时了解和反映情况，广集良策推进大数据建设决策优化，广聚共识推动大数据建设决策实施，打造民航行业级大数据建设特色和品牌。其次，要持续完善数据管理政策标准体系。推进精准、科学、依法建设民航大数据，根据行业发展现状和未来发展需要，加强数据管理、数据共享、数据安全、数据治理等方面规范和标准的编制修订，通过征求行业各单位意见建议，制订切实可行的条款，为民航大数据建设提供政策制度保障。

民航局计划司相关负责人表示，要加强组织领导，确保民航大数据建设落地。根据职责分工，由民航局信息中心统筹行业资源，推进民航大数据规划、建设、管理等工作，构建协同运行机制，协同民航各有关单位的数据资源，对数据共享开放原则、数据格式、质量标准、数据安全、可用性、互操作性等做出规范要求，加强数据治理，推进数据共享和应用。同时，人才是支撑民航大数据发展的关键要素。要打造一支既懂民航业务又擅长数据技术的民航大数据专业人才队伍，围绕引才聚才、选才育才、用才留才的人才队伍建设全过程制定人才建设相关的政策文件，全力为民航大数据人才发展开路护航。

"还要谋划实施民航大数据重大项目。要以民航大数据中心、民航公共信息数据服务平台等项目为抓手，统筹推进指导意见、规章标准、数据要素流动、数据共享应用等领域有关建设工作，为全行业树立标杆和样本。通过充分学习借鉴其他成功大数据中心的建设经验，吸纳采用先进技术和管理理念，在重大项目建设过程中实践和落实《指导意见》的目标任务和总体框架。"民航局计划司相关负责人说。

事实上，《指导意见》中行业各单位在工作组织体系里都有自己的一席之地。例如，智慧办、数安办承担数据管理和统筹协调职能，业务主管部门落实对业务数据的管理协调职责，各企事业单位明确定位，积极配合梳理资源、反馈需求。"如果各单位都能认清现实、解放思想、接纳数据要素的概念，各司其职、共商共建共享共用，就能在行业大数据建设发展中发挥作用，共同提升行业数据共享与应用水平，真正实现用数据为民航强国建设赋能。"民航局计划司相关负责人说。

（刊载于2022年10月14日《中国民航报》 记者 肖敏）

# 打造智慧民航建设新引擎

## ——解读民航局"新基建"
## 《实施意见》与《五年行动方案》

中国民航报

随着民航局印发《推动新型基础设施建设促进民航高质量发展实施意见》《推进新型基础设施建设五年行动方案》（以下简称《实施意见》和《五年行动方案》），旨在结合民航"十四五"规划中以"安全为底线、智慧民航为主线"的有关要求，积极主动推动行业数字化、智能化、智慧化转型升级。那么，两份文件的出台背景和总体思路是什么？二者的关系是怎样的？又将如何布局接下来的重点任务呢？

### "新基建"牵引，智慧民航发展大蓝图

民航局在怎样的背景下印发了《实施意见》和《五年行动方案》？

2020年，国家对基础设施高质量发展提出了新的要求，《政府工作报告》也再次对加强新型基础设施建设作出重要部署。从行业角度来说，大众出行对安全、便捷、品质等方面的关注度将不断提升，对成本、质量、效率和环境提出了更高要求。而我国民航核心资源不足与巨大发展需求之间的矛盾尚未有效缓解，以瞄准发展规模和速度的传统发展模式难以满足新形势下的发展要求。这就需要进一步深化供给侧结构性改革，朝技术贡献度更高、服务体验更佳、资源利用更集约、生态环境更友好的方向转变。智慧民航是未来民航发展的大蓝图、大战役，这张蓝图要依靠新型基础设施能力的支撑、拉动和牵引。

在此背景下，自2020年4月以来，民航局牵头成立民航新型基础设施工作组，开展调研和论证，与阿里、华为、百度、腾讯、京东等国内知名IT企业开展多轮交流探讨，对深圳机场、鄂州机场、南航集团以及上海洋山港、贵州大数据中心等行业内外"新基建"取得一定成果的单位进行了专题调研。在此基础上进一步厘清发展思路，明确工作路径，抓住工作重点，起草了《实施意见》和《五年行动方案》，并征求国家发展改革委和民航局内部意见进行修改完善。

距离2018年中央经济工作会议对"新基建"进行定义刚好两年，2020年又是"十三五"收官之年，民航"新基建"目前已经取得了哪些成就？

中国民航是技术密集型行业，始终高度重视互联网技术和科技创新对行业发展的支撑作用，在交通运输行业信息化、智能化水平较高。目前，在行业安全管理、机场

运行服务、空中交通管理、市场监管、通用航空及无人机发展等方面推进以数字技术为基础的"新基建"，着力提升中国民航的安全、效率、服务水平。

截至2019年底，国内有229个机场和主要航空公司实现无纸化出行，37个千万级机场国内旅客平均自助值机比例达71.6%，毫米波安全门、人脸识别自助验证闸机等新设备在枢纽机场加快使用，机场高级场面活动引导控制系统（A-SMGCS）、行李跟踪系统（RFID）、生物识别、射频识别等新技术也在积极推进应用。同时，8家航空公司、29个机场开展跨航空公司行李直挂试点，15家航空公司的410架飞机为805万人次旅客提供了客舱服务，民航行李全流程跟踪系统（RFID）已实施建设。在行业监管方面，飞行服务品质基站建设实现对3 800余架运输飞机、日均16 000多个航段的安全监控；在数据共享方面，72个民航单位实现了航班信息、机场资源、航空器信息、客货信息、机组信息及运行品质分析等关键领域的资源共享。

对民航"新基建"的整体发展构想是怎样的？

智慧民航新型基础设施应与行业传统基础设施深度融合，通过建设自主可控的数字化赋能平台、促进数字化智能化升级的创新体系、开放的数字化生态体系等，实现数据深度共享、业务高度智能。其内涵归根到底就是传统设施数字化智能化升级。当然，这种升级并非对传统基础设施的否定和替代，而是理念、流程、机制、技术等各个方面的创新。

我们认为，智慧民航新型基础设施建设要以数字化、智能化、智慧化为主线，以提效能、扩功能、增动能为导向，围绕行业安全、效率、服务、质量和效益，通过"数字化强基、智能化应用、智慧化融合"3个阶段，统筹推进行业传统与新型基础设施建设，最终全面打通民航行业相关信息流，全面提升安全、服务、运行水平，提高企业效益，实现民航行业全面高质量发展。

## 一个实施意见，一个五年行动方案，一个示范项目

此次同时出台两份文件是基于怎样的考虑？

为在"十四五"规划中强化智慧民航建设主线，我们在"十四五"规划研究起草中全文贯穿"新基建"相关内容，同时建议以"一个实施意见（瞄准2035年）、一个五年行动方案（瞄准2025年）、一个示范项目"的方式具体推进相关工作。

在制定两份文件时，我们重在创新理念，重在"立柱架梁"，重在构建生态，重在打造根基。在这一大的理念引领下，两份文件又各有侧重。《实施意见》管总体、管长远，确定到2035年的15年目标，实现"出行一张脸、物流一张单、通关一次检、运行一张网、监管一平台"。民航数字感知、数据决策、精益管理、精心服务能力大幅提升，系统化、协同化、智能化、绿色化水平明显提升，成为多领域高质量民航的强大支撑。

《五年行动方案》则是《实施意见》的具体落实，以建设行业底层基础设施和搭

建生态系统主体骨架为核心，选择关键环境和应用场景，力争到2025年行业数字化转型取得阶段性成果，与民航"十四五"规划主要任务同步。

"一个示范项目"有怎样的标准？想要收到怎样的效果？

"一个示范项目"指的是民航局以系统监管为切入点，牵头先行实施智慧民航监管服务系统示范项目，筑牢民航智慧监管的生态系统根基，并示范带动行业各方向、各领域新基建工作开展。

目前，民航信息化监管和服务系统已经取得了一些成绩，如已建成的电子政务一期、二期工程和行业监管执法系统（SES）等，正在建设适航审定运行管理系统（AMOS）、民用无人机综合监管平台（UOM）等。但各系统应用和数据较为独立、业务协同能力不强，流程较为繁杂，数据口径不一、交互能力弱，与外部系统数据共享能力不强，政务服务整体效能不强，存在"各自为政、条块分割、烟囱林立、信息孤岛"等短板，与国家新型基础设施建设要求、行业智慧民航发展需求等不匹配。

为此，在推进"新基建"过程中，要抓住这些主要矛盾，瞄准行业痛点和难点，形成"大平台共享、大系统共治、大数据慧治"的理念。该示范项目将同时落实智慧监管目标，即以提高行业监管效能和公共服务能力为目标，以统筹局方监管需求、实现数据融合与功能复用为重点，按照"去中心化、快迭代、高复用"的要求，采用面向服务的分布式系统架构理念，整合信息中心现有信息系统与未来拟建的系统，实现数据业务的统一管理，推动行业主体间的数据互通和安全共享，最终完成从分散建设到统筹共用、从经验决策到数据决策、从传统管理到智能管理、从服务政府到服务行业的转变。

## 聚焦旅客体验，关注运行效率

近年来，有很多民航"黑科技"获得了旅客好评。智慧出行是民航"新基建"中与旅客最息息相关的内容，未来在这方面将如何布局？

"以人民为中心"是《实施意见》中首要明确的基本原则。具体来说就是以便捷出行为导向，规划建设与运营服务并重，全面提升运行效率和服务体验，不断增强人民对民航发展的安全感、幸福感、获得感。

智慧出行是《实施意见》中"打造行业融合基础设施"的一项重点任务，也是《五年行动方案》重点方案之一。它以缩短旅客出行时间、提升服务品质为目标，瞄准关键环节和应用场景，实现"旅客出行一张脸"。包括着力推广"出行即服务"，加强与铁路、城市交通、互联网等企业合作，消除空地联运的堵点，精准推送综合交通信息，打造顺畅衔接的一体化出行服务链条。实施差异化安检、海关检疫"一次通关"、民航与其他交通方式换乘"一次安检"，实现旅客全流程引导、无纸化和无感化出行。着力优化中转服务流程，实现中转旅客通程联运和行李直挂。推广行李跟踪技术应用，实现行李全流程可视及行李"门到门"服务。应用旅客出行定制化和一键化技术，加强与旅游、餐饮、购物等服务企业合作，打造"航空+"服务产品，提升出行服务体验和服务品质。

除了刚刚提到的智慧出行外，我们注意到其他3个"智慧"在两份文件中均有提及，可否举例说明将收到怎样的效果？

智慧出行、智慧物流、智慧运行、智慧监管4个"智慧"并列出现在两份文件中，是接下来民航"新基建"的重点方向和主要抓手。

比如智慧物流，瞄准的就是航空货运这个巨大的发展空间。在2020年的疫情考验下，航空货运格外引人注目。2020年9月，国家发改委与民航局联合印发《关于促进航空货运设施发展的意见》，提出要"转变'重客轻货'观念，培育专业化航空物流企业，提升货物运输专业化水平"。从"重客轻货"到"客货并举"，是后疫情时代我国航空公司做大做强、提升国际竞争力的必然选择。智慧物流则是提升专业化水平的重要举措。我们对此提出的目标是，着力简化航空货运物流流程、缩短物流时间、降低物流成本，实现"物流一张单"，包括提高航空货运物流设施自动化水平、应用人工智能技术、构建航空货运服务新生态等举措。

再比如智慧运行，就是以航班运行为核心，以秒级管控为目标，提高行业主体间的协同运行水平和服务保障能力，打造数据流、业务流、信息流等各类资源要素有机融合的民航生态圈，实现全面感知、泛在互联、人机协同、全球共享，构建新一代航空运输系统。值得一提的是，着力提升各单位基础设施的智能化、自主化和绿色化水平，强化北斗系统、新能源、新材料在行业内应用。

（刊载于2021年1月4日《中国民航报》 记者 赵丹）

# 全面贯彻落实党的二十大精神
# 奋力谱写新时代民航教育培训高质量发展新篇章

中国民航管理干部学院党委理论学习中心组

全面学习、全面贯彻、全面落实党的二十大精神是中国民航管理干部学院（以下简称学院）当前和今后一段时期的首要政治任务。按照中央部署、民航局党组布置和民航局局长宋志勇对学院"三大导向"（"党校主魂""安全主责""高质量主线"）要求，关键要在"全面"上下功夫，在"结合"上做文章，从5个方面聚焦学院发展重点，奋力谱写新时代民航教育培训高质量发展新篇章。

## 聚焦新时代新变革
## 牢牢把握〝政治主导〞

党的二十大报告回顾总结了过去5年工作和新时代十年3件大事、16个方面的伟大变革，阐述了新时代十年伟大变革的四个里程碑意义。其中的根本原因是"两个确立"。实践证明，"两个确立"是党的十八大以来中国共产党作出的重大政治抉择，是新时代十年最重要的政治成果，对新时代党和国家事业发展、对推进中华民族伟大复兴历史进程具有决定性意义。

伴随新时代国家和行业伟大变革的十年，学院由高速发展阶段转向高质量发展阶段，在党校建设、培训教育、学历教育、科研智库、师资队伍等各个方面取得了丰硕成果。在坚持创新发展上，把创新作为引领发展的第一动力，明确"一流、品质、卓越"三大定位，强化先进理念武装，强化制度与时俱进，强化治理效能提升，发展的活力和动力不断增强；在品牌建设上，坚持与时俱进、守正创新，提升干部培训品牌，打造在线教育品牌，铸造中国民航发展论坛品牌，创建花家地大讲堂品牌，以品牌立质量，以品牌创一流，以品牌铸卓越，高质量发展之路越走越宽；在深化内涵建设上，突出党校内涵建设，强化科研内涵建设，升华学历内涵建设，健全学术治理体系，完善分配激励制度，构建以贡献、能力、创新为导向的薪酬分配制度，促进发展由"量的增长"向"质的提高"转变；在厚植发展根基上，提出8个方面24字战略路径，建立学院学术委员会，成立教师教学发展中心、未来研究院和国际化人才发展中心，加大师资建设力度，推进校园规划建设，抓好后勤服务保障，推进资源生态建设，发展的根基不断夯实，发展的后劲更加充足；在坚持党建引领上，始终以政治建设为统领，把政治标准和政治要求贯穿党的思想建设、组织建设、作风建设、纪律建设以及制度建设、反腐败斗争始终，全面从严治党、加强群团组织工作、完善文化价值体系，党建引领促发展取得了显著成效。

学院党委认真总结新时代十年经验成效，深刻认识到"两个维护"是学院高质量发展的根本保证和最大政治，坚定不移把"两个维护"作为办学治校的最高政治原则和根本政治规矩，坚定不移维护习近平同志作为党中央的核心、全党的核心，坚定不移用习近平新时代中国特色社会主义思想武装头脑、指导工作，坚定不移贯彻落实党的教育方针，坚定不移推进质量立校，坚定不移全面加强党的建设，听党话、矢志不渝跟党走，不断提高政治判断力、政治领悟力、政治执行力，确保学院发展政治方向正确。

## 聚焦新时代新境界
## 牢牢把握"党校主魂"

党的二十大报告指出，不断谱写马克思主义中国化时代化新篇章，是当代中国共产党人的庄严历史责任。习近平新时代中国特色社会主义思想是党的最新理论成果，以全新视野深化了对共产党执政规律、社会主义建设规律、人类社会发展规律的认识，是当代中国马克思主义、21世纪马克思主义，开辟了马克思主义中国化时代化新境界。

作为民航局党校，最基本的要求是把握新思想的主要内容、内在逻辑和核心要义，最重要的要求是把握其中的"六个必须坚持"的世界观和方法论，坚持党校姓党的原则，坚持不懈用习近平新时代中国特色社会主义思想凝心铸魂，在"学""研""讲""用"上下功夫，推动党的二十大精神在民航系统落地生根。在"学"上下功夫。从"两个结合""三次理论飞跃""五史"角度，深刻阐释新思想的继承性和创新性，把握其中的学理道理哲理，以训促学，紧密结合党中央开展的主题教育和宣讲活动，开展党的二十大精神系列培训，促进原原本本学、全面系统学、与时俱进学、联系实际学。在"研"上下功夫。聚焦"好、强、行""四个之问""五个必由之路"等方面，站在时代前沿，以习近平新时代中国特色社会主义思想为指导，以马克思主义学科高地建设为方向，以学科专业布局调整为契机，打造具有时代特征、民航特色、党校特点的马克思主义学科。在"讲"上下功夫。在主体班次全面设置党的二十大专题和新思想培训板块，总结"流动党校"经验，加强对宣讲团组织领导，加强集体备课，加强课程设计，加强党校案例教学，用好《新时代　新答卷》，深入局属院校、企事业单位、定点帮扶单位的宣传贯彻活动，并做好"流动党校"常态化、企事业单位定制化宣讲工作。在"用"上下功夫。聚焦民航安全、智慧、绿色三大主题，努力将研究成果转化为课程、教材和资政成果，组织编写《习近平新时代中国特色社会主义思想与民航强国建设》《民航强国理论与实践》《新编民航廉洁读本》等基础教材，做好民航工运史编撰工作，更好服务行业党建和思想政治工作。

## 聚焦新时代新征程
## 牢牢把握"高质量主线"

党的二十大报告指出，"高质量发展是全面建设社会主义现代化国家的首要任务"。宋志勇局长提出，深刻认识以中国式现代化全面推进中华民族伟大复兴，既对民航工作提出了新的更高要求，更为民航发展提供了重要机遇和广阔空间。这些要求为学院建设卓越干部学院指明了努力方向。

学院党委致力于质量变革、效率变革、动力变革。在贯彻新发展理念上把握主线。坚决落实教育强国、科技强国、人才强国三大战略，坚持科教兴业、突出创新引领、强化人才支撑，努力成为民航业高质量培训教育的引领者、高质量发展思想的贡献者，为民航高质量发展强基赋能。在把握新发展阶段上把握主线。全面把握新的战略方位、战略目标、战略任务、战略路径、战略环境，客观分析形势，坚定发展信心，统筹疫情防控和教学科研工作，以名师工程和骨干工程为抓手，继续开展教师资格能力培训培养，自觉站在中国式现代化的高度，全面落实《新时代民航强国建设行动纲要》和民航"十四五"规划涉及学院的目标任务，积极培育堪当民航高质量建设大任的高素质干部队伍。在构建新发展格局上把握主线。始终胸怀"国之大者"，认真对照党的二十大提出的奋斗目标和民航局党组作出的战略安排，科学谋划新时代学院高质量发展的任务举措，重点加强航空经济与管理、大数据和决策、通用航空、国际化人才培养等重点工作，加强对航空枢纽、"干支通"与"全网联"、航空物流园区、"一带一路"等方面的研究，形成更多有预见、有远见、有创见的科研成果，更好服务国家和民航构建新发展格局。

## 聚焦新时代新要求
## 牢牢把握"安全主责"

党的二十大报告指出，"国家安全是民族复兴的根基，社会稳定是国家强盛的前提。必须坚定不移贯彻总体国家安全观，把维护国家安全贯穿党和国家工作各方面全过程，确保国家安全和社会稳定""全面加强国家安全教育，提高各级领导干部统筹发展和安全能力，增强全民国家安全意识和素养"。这些重要论述为学院建设品质安全学院指明了前进方向。

学院党委坚定不移贯彻总体国家安全观，牢记"安全是民航业的生命线"，围绕民航安全领域重点关切问题开展安全教研工作，提升服务新时期安全民航建设的能力和水平。推进航空安全高地建设。推进两个省部级重点实验室建设，突出跨学科交叉研究特点，开展民航安全风险预警分析和辅助决策实验室建设。全面做好安全类培训。以安全管理能力提升为目标，做好民航中高级安全管理人员培训和航安、空管、适航、飞标、安保、通航等各专业领域的安全培训。加强安全类课程迭代研发。贯彻以学员为中心的理念，紧跟民航安全生产和监管队伍建设新形势、新需求，开发既有理论前瞻性又有实际需求的课程。着眼未来民航安全发展。依托未来研究院，加强安全民航、智慧民航和绿色民航研究，助力落实企业安全主体责任和民航安全监管责任。

### 聚焦新时代新工程
### 牢牢把握"从严主调"

党的二十大报告指出，"坚定不移全面从严治党，深入推进新时代党的建设新的伟大工程"。同时布置了坚持和加强党中央集中统一领导、坚持不懈用习近平新时代中国特色社会主义思想凝心铸魂、完善党的自我革命制度规范体系、建设堪当民族复兴重任的高素质干部队伍、增强党组织政治功能和组织功能、坚持以严的基调强化正风肃纪、坚决打赢反腐败斗争攻坚战持久战等"七大工程"。这些要求为学院全面加强党的建设和全面从严治党指明了工作重点。

学院党委在党要管党、全面从严治党上，始终坚持以政治建设为统领，以制度规范体系建设贯穿始终，坚持严的主基调不动摇，扎实推进基层党组织建设，严肃做好反腐倡廉和师德师风建设。加强党委领导班子自身建设。落实民主集中制，完善学院党委会议事规则、院长办公会议事规则、党委理论学习中心组学习制度、"第一议题"学习制度等文件，发挥领导班子成员特别是主要负责同志率先垂范、带头作用。加强高素质干部队伍建设。研究制定完善学院领导干部选拔任用工作规定、考核工作办法等规定，完善激励分配制度，树立正确用人导向，健全考核结果运用，推动领导干部能上能下，营造干事创业、风清气正的良好氛围。树立抓基层鲜明导向。以"四强党支部"建设为目标，以巡视巡察检查为手段，严格落实"三会一课"要求，全面加强20个党支部建设，充分发挥党支部战斗堡垒作用、党员先锋模范作用，坚持党建带工建、团建，发挥群团组织桥梁纽带作用。构建"大宣传"格局。全面落实意识形态责任制，认真总结学院40年院庆宣传经验，制定完善宣传工作管理办法、新闻宣传表彰奖励办法等规定，定期召开宣传工作会议，加强自媒体管理，发挥平面媒体、网络媒体、视频媒体和自媒体功能，构建多领域全媒体"大宣传"格局。全面加强师德师风建设。学院党风更多体现在校风、教风、学风、作风上。全面履行"两个责任"，建立健全学习、会议制度和党风廉政建设形势分析制度，修订落实全面从严治党监督责任实施办法、党风廉政意见回复工作办法等廉政规定，巩固专项治理成果，强化警示教育功能，坚持"三个区分开来"，深化运用"四种形态"，积极做好巡视"后半篇文章"。

蓝图绘就风正劲，扬帆破浪奋进时。学院将以党的二十大精神为指引，以"十四五"规划为抓手，以服务大局为导向，以"锻造新时代担当民航高质量建设大任的领导者"为己任，发扬"经世致用"校风，涵养"博学笃行"学风，创一流、提品质、铸卓越，守正创新，踔厉奋发，牢记"三个务必"，弘扬伟大建党精神，奋力谱写新时代民航教育培训高质量发展新篇章。

（刊载于2022年12月9日《中国民航报》）

# 当好新时代智慧民航建设的"技术总师"

## ——民航二所多措并举锻造民航战略科技力量

中国民航局第二研究所所长 刘卫东
中国民航局第二研究所党委书记 张瑞庆

进入"十四五",中国民航开始向多领域高质量民航跨越,智慧民航建设成为民航业高质量发展的主攻方向。今年初以来,民航二所自觉强化"主攻部队"首责担当,按照"十四五"时期"一二三三四"民航总体工作思路,系统谋划推进智慧民航科技创新。明确"一条思路",立足智慧民航技术总体单位发展定位,以建设国内领先的民航技术创新中心和产业发展中心为目标,当好新时代智慧民航建设"技术总师";凝练"一批项目",开展大调研、大走访、大研讨,以智慧化应用需求为导向,凝练一批重大科技攻关项目;配套"一个机制",建立"揭榜挂帅"制度,针对凝练出的重大项目,发布科研榜单,由"项目长"挂帅,开展集智攻关;实施"一项计划",为民航科技创新示范区(以下简称示范区)43个实验室遴选青年科技领军人才"种子选手";启动"一轮改革",确定4类24项共66个改革任务,提升科技治理水平,推进数字化转型,打造智慧园区;举办"一场论坛",在民航局人教司的指导下,成功举办首届智慧民航科技创新论坛,集众智、谋大计,展现"技术总师"作为;联结"一群伙伴",与中航集团、中国商飞、中国航发、中电科、中石化、华为、腾讯、浪潮等开展或深化战略合作,打造协同创新优质"朋友圈"。

## 一、围绕智慧民航,深耕重点研究领域

以"五个一"和"四个智慧"为指引,结合"十四五"规划编制,调整优化重点研究领域布局。一是围绕智慧民航建设抓总体、重集成。作为中国民航科技创新的"拓荒牛",基于长期植根民航的深刻理解,主动作为,研究打造基于民航生产运行全场景的智慧仿真模型。依托示范区平台设备和模拟验证机场,构建仿真验证环境,开展智慧民航技术总体规划、新技术研究、成果转化及规范标准制定等工作。二是聚焦重点研究领域耕其深、作于细。开展航站楼协同运行、陆侧综合交通协同运行研究,服务智慧出行;形成"门到门"行李运输整体解决方案,助力智慧物流;开展机场全域协同、场面运行智能管控、终端区联合运行、无人机空中交通管理等技术研究,研制航企运控、通航智慧运营等系统,保障智慧运行;推进监管信息数字化和监管手段智能化,引领智慧监管。促进客舱内零部件国产化、轻量化,聚焦航油航化和飞机零部件防火适航审定、空管设备认证测试评估、航空运输危险品鉴定、通航作业

设备测试评估，增强行业技术支持能力。三是深化新技术研究扬优势、锻长板。加强"云大物智移"等新技术研究，促进优势领域与新技术深度融合，对机场智能运控、行李处理、空管自动化和机场跑道异物探测等系统进行升级换代，加快防跑道侵入、DCV行李处理、集成/远程塔台等系统转化应用，积极研制新的优势技术产品。

## 二、强化体系协同，提高自主创新能力

坚持系统思维，整合内外部创新要素，发挥示范区平台极核作用，提升创新体系整体效能。一是以示范区建设为龙头，建强实体平台支撑体系。按照"四个工程"要求，加快示范区建设，科技研发区A2地块塔楼、裙楼主体工程将于12月封顶，其他地块将于年内开工建设。先行启动急需科研设备招采安装，争取边建设边应用，早日发挥作用。建设全线正加快进度，力保A2区明年底整体达到使用条件，为一期工程分批建成投运夯实基础。二是以优质"朋友圈"为纽带，构建外部开放协作体系。深化对外科技交流，引导建立自立自强核心圈、协同创新生态圈、产业发展辐射圈。与中航集团开启战略合作；与黑龙江监管局共建全国首个非现场监管技术实验基地，问题检出率提高了16个百分点；与浪潮、腾讯、奇安信开展务实合作。依托示范区，与中国商飞、中国航发、华为等共建高水平联合实验室。三是以数字化转型为主线，打造内部高效组织体系。以科研管理流程为中心，以示范区智慧园区建设为重点，实施数字化转型，建立全域数字管理运行模式。强化科研中心创新策源地功能，提升企业创新能力。建立内部科研资源共享"两个清单"，提高创新攻关与转化协同效率。

## 三、面向生产一线，开展集智攻关行动

把握方向，明确重点，创新管理，改进服务，大力推进智慧民航关键核心技术集智攻关。一是密集开展调研走访，找准攻关方向。按照"打造面向生产一线的民航科技创新体系"的要求，密集走访各地区管理局、空管局、机场集团和航空公司，深入运行一线了解技术需求，得到了广泛支持，收集到一大批建议，成立工作专班，与各单位建立常态化技术交流机制。二是组织深入专题研讨，明确攻关重点。坚持需求导向，以产品化、工程化应用为目标，凝练出20多个重大科技攻关项目。聚焦智慧机场，开展机场数字孪生、机场全域协同技术攻关；围绕智慧空管，重点突破终端区一体化协同运行、远程/数字塔台技术；服务智慧航企，积极开发航班地服保障、航企运控技术；推进智慧监管，加快非现场监管数字平台、控制区人员管理平台等技术成熟应用；助力智慧通航，开展基于北斗三代的低空飞行器管控、通航机载应急救援装备技术研究；立足适航审定，开展飞机用润滑油和液压油测试技术、新型航空替代燃料快速审定、飞机零部件防火性能仿真验证技术攻关。三是大力推行"揭榜挂帅"，激发攻关动力。优化科研管理，改革评价体系，针对凝练出的重大科技攻关项目，发布科研榜单，由"项目长"挂帅出征，以签订揭榜合同为起点，对研发过程实行里程碑节点管理。

## 四、强化政治担当，锻造战略科技力量

深刻认识民航科技创新鲜明的政治性，坚持围绕重大需求、建设高端平台、提升国际影响，锻造民航战略科技力量。一是服务国家重大战略需求。突破航空润滑油关键适航测试试验装置与技术，解决了航空润滑油国产化"卡脖子"问题。完成国产1号生物航煤适航审定，华越灭火器成功装机，我国首个除冰废液处理及再生系统投运，为服务"双碳"目标贡献力量。推进北斗民航应用，建成通航北斗飞行信息服务平台，北斗三代通航监视通信系统全球首发。承担国家重点研发计划课题"机场智能无障碍保障技术应用研究"，支持北京冬奥会民航运输保障。积极参与国产民机设计优化和试飞取证，服务"两机专项"。二是筹建国家智慧民航技术创新中心。发挥长期技术积累优势、多领域创新成果优势和示范区重大平台优势，抓住成渝建设具有全国影响力科技创新中心契机，牵头筹建国家智慧民航技术创新中心，联合外部优势力量，组建新型研发机构，搭建创新平台，促进成果转化，打造智慧民航科技攻关"航母战斗群"。三是提升中国民航国际话语权。近期，由民航二所无人机技术研究团队牵头的一项ISO国际标准已获立项，实现了中国民航提升国际话语权的重大突破。"十四五"期间，民航二所将重点在相关领域加强共性技术和标准研究，提高适航审定和航空物流运输安全、通航作业、航材应用等技术支持能力，积极参与或主导国际标准制定，持续助力中国民航提升国际话语权。

## 五、突出党建引领，强化人才关键支撑

民航高质量发展的核心是人才驱动。要把党的领导融入科技治理全过程，做实党建生产力，倍增"第一资源"作用。一是坚持党委把方向、管大局、促落实。既要看清楚过去为什么能成功，更要弄明白未来怎样才能继续成功，围绕智慧民航建设，全面落实民航局党组部署，在创新资源统筹、重大项目攻关、成果示范应用等方面，抓战略前瞻、抓全局体系、抓统筹协调，建强领导班子、带好队伍、培优文化、涵育生态。二是促进基层创新创造活力充分涌流。围绕集智攻关、园区建设等工作的关键节点和突出难点，因时应势提炼党建"任务项"，在"战场"前沿筑建阵地，深入开展创先争优。党务部门抓好统一谋划、标准制定、过程控制和结果运用，勇于树帜亮剑，带头吹号冲锋。三是以"三大行动"强化人才关键支撑。开展"优才行动"，推进"11311"科技人才培养，建立核心和骨干人才"1+N"发展模式；实施"种子计划"，针对示范区实验平台，遴选培养青年科技领军人才"种子选手"；打造"知识工程"，升级"导师制"，更新知识库系统，以知识输出共享促进科研协同，支撑人才全生命周期发展。

智慧民航建设其时已至、其势日兴、其效可期，民航二所将始终牢牢把握高质量民航科技支撑能力总目标，当好新时代智慧民航建设"技术总师"，以智慧展现科技之美，让科技尽显智慧之光，用智慧塑造新时代中国民航壮丽气象。

（刊载于2021年12月3日《中国民航报》）

# 风正扬帆再启航

## ——记首都机场集团公司开启高质量发展新征程

中国民航报

2021年1月19日，首都机场集团公司2021年工作会议暨安全工作会议如期召开。这是一个非同寻常的时间节点。进入2021年，站在"两个一百年"奋斗目标历史交汇点上，面对世界百年未有之大变局，国门人的心中澎湃着"而今迈步从头越"的熊熊激情。

这是一场非同寻常的工作会议。"风樯动，龟蛇静，起宏图"。它总结5年过往，铭刻"十三五"时期国门奋斗者的光辉足迹；它开启5年新篇，为"十四五"时期国门人把握新形势、奋进新征程、引领新发展统筹布局、指引方向。

这是一个非同寻常的全新起点。"十四五"末进入世界一流机场集团行列的目标已经明晰，"1-4-3-4-1"总体工作思路持续深化，高质量发展的理念深入人心。"数风流人物，还看今朝"。国门人迈出了建设新时代高质量民航的坚实步伐。

### 新阶段：站在更高的发展起点上

企业的持续发展总要与国家的战略、时代的脉搏、行业的进程同频共振。党的十九届五中全会根据我国发展阶段、发展环境、发展条件的变化，作出了"十四五"时期经济社会发展要以推动高质量发展为主题的科学判断。2021年全国民航工作会议系统性地指出，中国民航已进入发展阶段转换期、发展质量提升期、发展格局拓展期。

作为全球最大的机场集团之一，作为担负着特殊使命的国门，首都机场集团公司的前行道路迎来了一个机遇与挑战并存，机遇大于挑战，挑战前所未有的发展机遇期。

纵然挑战前所未有，经过"十三五"的内涵式发展，站在"十四五"新赛道上的首都机场集团公司俨然拥有了更为强劲的竞争力。

讲政治勇担当。过去的5年，首都机场集团公司高质量完成党中央、民航局党组交办的一系列重大政治任务，特别是举全集团之力，在不到5年的时间里，顺利完成了大兴机场建设投运。

战略引领更加有力。在习近平总书记视察大兴机场建设并提出"三大关切"之后，首都机场集团持续实施新机场、双枢纽、机场群"三大战略"。如今，新机场战略开局顺利，大兴机场投运一年余，运营和发展态势超过预期；双枢纽战略稳步推进，首都机场5年来新增国际和地区航点29个，大兴机场目前有31家航企入驻；京津冀机场群战略初见成效，区域内各机场分工日趋合理，实现了均衡发展。

安全服务品质迈上新台阶。首都机场集团公司坚持"对安全隐患零容忍"，全集团未发生航空地面事故；机场原因事故征候万架次率为0.034，远远低于0.08的目标值。

四型机场建设成果丰硕。首都机场集团公司把四型机场建设纳入改革发展工作统筹部署，率先编制《四型机场建设指导纲要》等顶层文件，以标杆建设为工作重心，以成员机场为落实主体，全力推进实施，成绩斐然。

改革创新已成热潮。首都机场集团公司确定了"1+9+N"改革任务布局，聚焦主责主业转型发展，推进改革改制，制定改制方案；因企施策实施"进改退"，科技创新投入持续加大。

"红色引擎"动力十足。5年来，首都机场集团公司始终高度重视党建工作，落实全面从严治党总体要求，深入学习贯彻落实习近平新时代中国特色社会主义思想，增强"四个意识"，坚定"四个自信"，做到"两个维护"，形成了"1－2－1－1"党建工作总体思路，以党建凝聚发展力量。

过去的一年，面对突如其来的新冠感染疫情，首都机场集团公司坚持政治引领，统一目标，集中发力，聚焦客货防控、员工防控、紧急运输3条主线，实现了客货防控零失误、员工防控零感染、紧急运输零投诉"三个零"的目标，为集团公司从更高的发展起点奔向新的发展目标保驾护航。

## 新理念：秉持持续深化的总体工作思路

"进入世界一流机场集团行列"——这是首都机场集团公司"十四五"时期的总发展目标。新发展阶段和新发展目标，需要有新发展理念作为前行指引。

2021年全国民航工作会议提出了"十四五"时期"一二三三四"民航总体工作思路，将"打造三张网络"升级为"构建完善三个体系"，将"补足四个短板"升级为"开拓四个新局面"。结合发展新形势，首都机场集团公司围绕落实"十四五"时期民航总体工作思路，进一步深化了"14341"集团总体工作思路内涵。

一方面，首都机场集团公司在实施"三大战略"时，将以落实民航局"构建完善三个体系"要求为主线，构建集团功能完备的现代化机场体系、高效联通的航空运输网络体系和安全高效的生产运行保障体系；另一方面，首都机场集团公司明确打造世界一流，全面开拓协同发展、智慧民航、资源保障、治理体系和治理能力"四个新局面"，助力多领域民航高质量建设。

秉持持续深化的总体工作思路，未来5年，首都机场集团公司锚定高质量发展目标。

北京"双枢纽"基本成熟。将首都机场、大兴机场均建设成为大型国际枢纽，网络品质、运营品质、中转品质显著提升，初步形成"独立运营、适度竞争、优势互补、并驾齐驱"的发展格局，国际竞争力位居世界前列。

机场群建设成效显著。推动京津冀机场群整体服务水平、交通智能化、运营管理达到国际领先水平，推动江西、吉林、内蒙古、黑龙江等成员机场群逐步形成共同发展新局面，基本实现"目标一致、定位差异、运营协同、管理一体"的机场群发展目标。

四型机场建设达到国际先进水平。增强成员机场公共基础设施综合功能，着重关注国家战略、地方发展、广大旅客和航空公司的核心诉求，更好地担当"四个服务"国企责任；制定高标准的评价指标体系，推动其在国内的广泛应用并成为国际标准的参考系。

创新能力显著提升。初步构建以用为主、产学研用全面贯通的创新链条。创新技术体系、创新产品产业、创新生态建设、创新制度机制，着力构建三级体系、实施"两化"转换、搭建两个平台、完善一套制度。

国际竞争力显著增强。实现主业实力和影响力持续扩大，盈利能力、运营效率等明显提升，国际合作交流持续深入，拥有一定的国际规则制定话语权和世界知名的品牌影响力。

## 新征程：把握高质量发展的关键所在

贯彻新发展理念是首都机场集团公司"十四五"的基本遵循，构建新发展格局是集团公司未来5年的努力方向。"举一纲而万目张"。在高质量发展的新征程中，首都机场集团公司将牢牢把握发展的关键所在。

把安全运行作为集团公司高质量发展的基本要求。以"04333"新安全工作思路夯实安全发展基础，即：树立"安全隐患零容忍"核心思想，守住机场安全"四个底线"，构建以"三个敬畏"为内核的作风建设体系，强化安全文化建设，夯实安全"三基"，坚持安全"三抓"工作方法。

把"三大战略"作为首都机场集团公司高质量发展的战略引领。深化"新机场战略"，推进"双枢纽战略"。持续推进首都机场提质、大兴机场上量，推动北京两场提升枢纽品质。以京津冀世界级机场群建设为核心，实施"机场群战略"。搭建一体化平台，充分发挥京津冀世界级机场群的示范引领和辐射带动作用，完善"1+4"机场发展格局。

把深化改革作为首都机场集团公司高质量发展的根本动力。坚持加强党的领导，充分发挥党委领导作用。坚持聚焦主责主业，优化业务布局。突出机场作为公共基础设施的本质属性，推动机场管理机构由经营型向总部管理型转变。加快剥离国有企业办社会职能，解决历史遗留问题，精干主业、"瘦身健体"、提质增效。

把技术创新作为首都机场集团公司高质量发展的内生动力。补短板，加大科技创新投入，打造高水平人才队伍；强能力，以"用"带动产学研用链条的打通，全面提升科研队伍的自主创新能力；出产业，形成具有机场特色的自主知识产权核心产品；见效益，发挥企业的创新主体作用，引领行业技术创新，带动产业发展。

把四型机场作为首都机场集团公司高质量发展的重要抓手。建成系统实用的安全管理体系，完善的安全科技研发和管理创新体系，将安全业绩提升至国际先进水平；形成一批可复制、可借鉴、可推广的重点绿色项目，提高节能降耗、低碳环保水平；完善机场群智慧云平台同质化应用，形成资源聚合中心与业务创新中心；推动人文理念、服务、环境和活动为一体的人文机场生态圈构建基本完成，推动各成员机场服务进入全球同层级机场前列。

蓝图绘就，大幕开启，风正帆悬启新航。国门人将拿出真抓实干的狠劲、久久为功的韧劲、全力以赴的拼劲、锐意改革的闯劲，奋力开拓首都机场集团公司高质量发展的新格局、新境界、新篇章。

（刊载于2021年2月4日《中国民航报》 记者 刘韶滨）

# 勇担时代使命 强劲创新引擎

## ——访中国民航信息网络股份公司董事长黄荣顺

中国民航报

　　2021年是中国民航信息网络股份公司（以下简称中国航信）上市20周年。一路走来，中国航信始终紧紧围绕国家和行业发展需要，大力实施创新驱动发展战略，深入推进供给侧结构性改革，持续加强关键核心技术攻关，为推动中国民航的高质量发展作出了重要贡献。连续多年"中国十大创新软件企业"和"中国软件业收入百强企业"的荣誉褒奖，是中国航信不忘初心、砥砺前行的见证。

　　日前，中国航信召开了首届科技创新大会，总结回顾"十三五"时期公司在科技创新方面取得的主要成绩，研究部署"十四五"时期科技创新重点任务，科学谋划中国航信科技创新工作新征程。

　　既要盘点收获，又要播种希望。站在新起点，中国航信的科技创新面临着哪些新的形势和挑战，如何更好发挥科技创新对公司发展的支撑引领作用，"十四五"期间又将如何实现企业科技创新目标？围绕这些问题，本报记者采访了中国航信党委副书记、股份公司董事长黄荣顺。

　　记者：在中国航信首届科技创新大会上回顾总结"十三五"，您提到中国航信的科技工作取得了可喜的进步，科技创新能力得到了显著提升，多方面实现了明显突破。"明显突破"主要是体现在哪些方面？

　　黄荣顺：我认为，首先是科技创新意识的增强，这源于中国航信的初心和使命。我们始终重视科技创新，从战略发展的高度强化科技创新。"十三五"期间，中国航信累计投入经费超46亿元，期末研发投入强度超过15%，达到国内同类企业领先水平。其次是科技创新体系的完善。过去5年，我们持续优化研发体系布局和人才队伍结构，完善科技创新制度建设，获得了北京市企业技术中心、北京市设计创新中心、北京市民航大数据工程技术研究中心、民航科技创新应用技术开发基地的认定，获批建立民航旅客服务智能化应用技术重点实验室。与此同时，在规范科技工作方面，通过出台多个科技研发相关制度，进一步优化了工作流程。

　　多措并举，多管齐下。在这样的环境中，我们的科技创新成果不断丰富，在航空、机场、渠道业务及结算清算等领域，持续打造了一批具有行业影响力和国际竞争力的创新产品。比如，在助力航空公司数字零售化转型方面自主建设的航空公司数字化零售平台（TRP），已与国内17家大、中型航空公司合作；在构建智慧机场产品体系方面，我们推出了机场协同决策系统（A-CDM），在深圳、青岛等10余家千万级机场投产，均获民航局最高等级A级评定；"人脸登机""机场行"等一系列创新产品的应用，有效提升了机场运行效率和旅客服务能力。在着力破解智慧出行难点痛点方面，行李全流程跟踪系统"航易行"获民航局认定，并与36家航空公司、21个机场开展合作；全流程无纸化出行解决方案"航信通"与39家航空公司合作，并在234个机场部署实施。

记者：可以看到，过去的5年，自立自强是中国航信发展的关键词。在持续开展的重大科技项目攻关中，一批关键核心技术取得了新的突破。您认为背后最重要的推动力是什么？

黄荣顺：确实如此。我们为彻底破解"卡脖子"难题，付出了艰苦的努力。比如说，在开放系统建设方面，公司自主设计研发的新一代航班管理系统在全部50家主机航（hosting航空公司）客户投产应用，这标志着中国航信系统建设能力已经达到了国际先进水准。在核心应用软件自主掌控方面，建成具有自主知识产权的国际运价计算系统（Pricing）和国际运价变更搜索系统（Reshop），使中国民航彻底摆脱了运价领域长期受制于人的困境。另外，在打造以云计算平台和大数据技术平台为核心的基础技术平台升级方面也取得较好的成绩。

之所以能够坚持自主创新，离不开国资委、民航局等上级单位的指导和支持，离不开创新机制的不断完善，更离不开一支能拼敢闯的人才队伍。5年间，中国航信的研发队伍进一步壮大，人员结构持续优化。其中，科技研发人员数量占员工总数的50%以上，研究生学历以上人员1 700余人（占比16%），高级职称以上人员181人，享受国务院政府特殊津贴人员4人。通过大力实施科技领军人才、高水平创新人才选拔机制，我们培育了一批创新优势明显的人才群体，制定并发布了一系列人才激励机制，薪酬分配重点向一线技术骨干倾斜。

记者：长期以来，中国航信服务行业需求，是行业高质量发展的重要支撑力量。目前我国已经基本实现了从航空运输大国向单一航空运输强国跨越的目标。您认为，中国航信的科技创新工作面临着哪些新形势和新挑战？

黄荣顺：现在看来，伴随国内外形势的深刻变化和信息技术的迅猛发展，中国航信的科技创新面临着"三期叠加"的形势。

一是公司处于突破核心技术的攻坚期。中国航信运营的旅客服务系统作为中国民航的"中枢神经"，核心模块亟须突破瓶颈。

二是公司处于行业变革、客户转型的关键期。国内大型航空公司正逐步进入世界一流航空公司梯队，能否支持并引领公司核心客户参与国际竞争、跻身世界一流成为中国航信无法回避的挑战。同时，国际航协倡导的NDC、One Order等新标准、新理念正被全行业接受和认可，国内航空公司纷纷启动数字化转型，对系统供应商的产品能力和服务质量提出了更高要求。

三是公司处于新兴技术颠覆传统业务的挑战期。众多高技术企业、新兴技术初创公司逐渐借助其技术优势和先进理念不断向传统民航IT领域渗透，并已经与多家航空公司和机场开展深入合作，市场竞争形势严峻。

记者：在新形势下，面对这些发展中的新挑战，您认为中国航信应该从哪些方面入手，进一步补齐短板？

黄荣顺：眼睛向内，我们清醒地认识到自己存在的问题主要有：科技创新主动性、自觉性仍待进一步提高，科技创新步伐仍待进一步加快，科技创新成果转化成效不够显著，研发体系仍待进一步优化。此外，协同创新模式仍待进一步探索，高水平科技人才队伍仍待进一步夯实。

记者：2021年是"十四五"时期的开局之年，也是布局之年。中国航信在这一阶段的科技创新发展目标是什么？

黄荣顺：科技创新始终是中国航信的初心使命。进入新的发展阶段，我们将按照公司"一二四四五"总体工作思路，继续坚定不移实施创新驱动发展战略，持续增强科技创新意识，聚焦智慧民航建设主线，深化科技体制机制改革，营造良好创新环境，以重大关键技术自主创新为牵引，以重大科技项目和创新平台为依托，提升科技创新能力，努力将中国航信打造成为行业信息化建设的主力军、信息服务领域的国家队、世界一流综合信息服务企业。

记者：在"十三五"时期和"十四五"时期的历史交汇点看向未来，中国航信将从哪些方面重点发力做好科技创新工作，为顺利实现"十四五"时期的发展目标开好局？

黄荣顺：冯正霖局长在今年的全国民航工作会议上指出，"十四五"时期，高质量发展是我国民航发展的必然选择。冯局长强调，要进一步明确民航战略作用、发展路径、能力手段、治理效能的工作着力点和主攻方向。要以智慧民航建设构建新的竞争优势，把推进智慧民航建设贯穿行业发展的全过程和各领域。

结合民航局"十四五"时期的"一二三三四"总体工作思路，中国航信部署了"六个一"的科技创新工作重点：聚焦一条主线、实施一个计划、推进一项工程、优化一套体系、打造一所智库、培育一批基地。

一条主线，就是智慧民航建设。我们要持续提升行业智慧化发展的支撑能力，争做智慧出行建设的带头人，智慧物流建设的开拓者，智慧运行、智慧监管建设的参与者。

一个计划，就是中国航信要充分发挥科技创新平台、重点项目、创新团队以及科技人才的带动作用，全面启动科技创新能力提升计划，力争在"十四五"期间打造和培育多个高水平科技创新实体、若干科技创新领军人才和科技创新拔尖人才。

一项工程，即核心技术攻关工程，彻底突破关键技术瓶颈，进一步提高公司自主创新、产业化和国产化能力。

一套体系，中国航信要持续优化公司内部技术资源布局，进一步整合科技资源，着力优化完善科技研发体系，实现对公司长远发展的技术引领。

一所智库，中国航信要进一步强化航信研究院在政策、行业、市场研究的智库作用，将航信研究院打造成为"政、产、学、研、用、金"深度融合的研究机构。

一批基地，中国航信要主动联合行业重要客户和技术优势企业，共建一批高水平的科技创新产品联合实验基地。在推动行业数字化智能化转型方面，探索5G、区块链、物联网、AR、VR、数字孪生等新技术落地并最终实现产品化。

2021年7月，民航局、科技部联合发布了《中国新一代智慧民航自主创新联合行动计划纲要》，明确提出"到2025年，针对民航科技短板，实现一批关键核心技术装备自主可控，瞄准科技发展前沿，着力构建智慧民航系统的技术体系与运行架构，重点支撑智慧机场、运输服务等领域进入国际先进行列"。

新时代赋予中国民航新的历史使命，也提供了重大机遇和宽广舞台，更对中国航信提出了更高的要求。作为民航信息化建设的主力军，中国航信要抢抓发展机遇，筑牢发展根基，加快发展步伐，不断做强做优做大。

（刊载于2021年10月20日《中国民航报》 记者 韩磊 王宇戈）

# 勇立潮头　迎接挑战
# 打造高品质世界级航空枢纽

上海机场股份有限公司　余宙

上海打造全球卓越城市，突出改革开放桥头堡作用，需要上海机场更好地匹配。上海打造全球卓越城市提出要形成5个中心，其中之一就是成为全球的航运中心。

## 百年未有之大变局
## 上海机场迈入发展新时代

近年来，我国经济的快速发展带动了中国民航业的同样发展迅速。到疫情前的2019年，中国民航运输总周转量已连续16年位居世界第二，上海航空旅客吞吐量连续4年保持全球城市第4位，上海浦东机场货邮吞吐量连续12年保持全球机场第3位。应该说，中国民航已经牢固确立民航大国地位，上海机场也已成为全球最繁忙的机场之一，正朝着高质量民航、全球核心枢纽的目标坚实迈进。

我国已经进入一个发展的新阶段，将贯彻新发展理念，构建新发展格局。民航业是国家重要的基础性、先导性产业，其作用将在国家和城市的新一轮发展中更为凸显。上海机场作为重要的基础设施，需要以更高的层次承载更多对国家、区域、城市发展的使命。同时世界处于百年未有之大变局中，外部形势错综复杂，不可控突发事件时有发生，需要上海机场保持战略定力的同时，积极应对灵活调整。

国家发展现代产业体系，构建国内国际双循环发展格局，需要上海机场更好地支撑。我国"十四五"规划指出，今后一个阶段将加快推进制造强国、质量强国建设，构建现代产业体系；加快培育完整内需体系，加快构建以国内大循环为主体、国内国际双循环相互促进的新发展格局。强化交通基础设施是我国经济转型发展的支撑与引领。与其他交通方式相比，民航的优势在于运送速度快、运输安全、国际性强等，更加契合新兴产业、现代化制造业、现代化服务业的需求。习近平总书记指出，"民航业是国家重要的战略产业""新机场是国家发展一个新的动力源"。上海机场承载了全国1/4左右的出入境旅客和近1/2的出入境货物，门户客货复合型航空枢纽的作用十分突出。为更高层次地服务好落实好国家战略，上海机场还需要在客货运能、运行效率、转运辐射、与其他交通运输方式的衔接融合等方面不断完善拓展，提升在全球航空枢纽中的地位与能级，支撑好国家新的产业布局战略。

上海打造全球卓越城市、突出改革开放桥头堡作用，需要上海机场更好地匹配。

上海打造全球卓越城市提出要形成5个中心，其中之一就是成为全球的航运中心。同时，上海作为国家走出去的最好跳板、引进来的前沿阵地，在城市"十四五"规划中提出，要在新发展格局中要打造成为国内大循环的中心节点、国内国际双循环的战略链接。上海机场是城市的窗口和经济引擎，目前上海机场不仅每天运送30多万人次的进出旅客，更是以1%不到的货物运输重量实现进出上海关口近40%的货物价值量。为匹配未来全球卓越城市地位，更好支撑上海作为中心节点和战略链接以助力我国国民经济循环更加顺畅，链接国际国内要素、产能、市场和规则的战略地位，需要上海机场建成更开放的全球枢纽门户，为城市发展强化高效便捷的综合交通支撑；也需要进一步服务好自贸试验区、临港新片区、长三角绿色一体化发展示范区，加强港区联动，为上海乃至全国经济发展赋予新的能量。

长三角世界级机场群的建设，需要上海机场更好地引领。长三角一体化发展是党中央作出的重大决策部署。城市现代化要交通先行，现代化的区域城市机场群是一体化发展的重要支撑，而其中的国际航空枢纽是引领带动的核心。习近平总书记在出席大兴机场投运仪式时强调，大兴机场建设是推动京津冀协同发展的骨干工程。长三角地区是民用机场分布最为密集的区域，但各个机场在规划上缺乏统一布局，在功能定位上有所重叠，在一体化运营上少有交集。国家"十四五"规划和《新时代民航强国建设行动纲要》都提出要建设一系列世界级机场群。长三角机场群是其中之一，而要建设系统运行、融合发展、优势互补、互利共赢的世界级机场群，作为其中的龙头，上海机场需要担当更多的责任。

新冠感染疫情对行业影响巨大，也对未来发展节奏带来极大变数。2020年伊始，突如其来的新冠感染疫情给世界经济带来了极大的打击，航空运输业是受疫情影响最严重的行业之一。为有效防止疫情境外输入，我国民航严格控制了航空公司国际、地区的航班数量，这使得在全国机场中国际航班占比最高的浦东机场受到影响最为突出。目前浦东机场每天的国际、地区进出港航班大约为40架次，入境旅客人次数不到2 000人次，差不多是2019年的7%左右。

更为严峻的是，疫情对民航的影响会有多深远还难以预计。疫情远未结束，在多地发生反复，在此情况下，全球范围内国际飞行限制不会放松，尤其是我国为守住来之不易的抗疫成果，对放开国际航线将极为审慎。同时航空公司经营艰难削减投入，以及疫情对人们商务、旅游习惯的改变，都将影响民航复苏的节奏。根据IATA的预测，要到2024年，全球民航才能恢复到2019年水平。面对疫情影响这个突发事件，如何因势利导积极应对，在危机中育新机，是摆在上海机场面前的新问题。

## 于变局中开新局
## 打造高品质世界级航空枢纽

应对疫情挑战，上海机场在国家和民航局的政策支持下与领导下，大力推动复工复产，积极支持国内航企将国际闲置运力安排在国内航线上，支持国际航线不载客运输航空货物，航班恢复初见成效。今年4月，以国内航班为主的虹桥机场国内航线航班架次和旅客吞吐量超过了2019年同期水平3%～4%，浦东机场国内航线航班架次和旅客吞吐量超过了2019年水平的1/3。

同时，按照国家、行业和城市发展对上海机场的要求，新时代上海机场将以更高的站位、更新的理念引领发展，走高品质发展的道路，谋划建设更开放的全球枢纽门户，强化上海机场在国家、城市、区域发展的支撑引领责任。

战略统筹，规划引领，更高站位定义新时期新枢纽。承接国家与城市发展对上海机场的定位与要求，上海机场需要对发展战略作出新的调整，更高站位服务好国家城市发展战略。同时，与上海机场衔接的外部条件将会在未来几年发生重大变化，上海机场要从机场规划、建设、管理各个环节，积极置身世界级航空枢纽竞争，着力成为连接国内国际运输的枢纽节点、全球机场体系中的核心节点、国家机场布局中的中心节点。

一是根据浦东综合交通枢纽规划，浦东机场将实现从长三角地区综合交通网络末梢向重要节点的转变。到2025年，浦东综合交通枢纽将衔接北上沪通铁路、南下沪乍杭铁路、通过机场连接线连接沪杭沪宁高铁、通过沪苏湖铁路连接苏南地区，整个浦东机场的辐射面和辐射能力大幅提升，发展空间更加广阔。依托综合交通，上海机场将重新拟定枢纽航线网络拓展策略，与各方一起不断优化流程，积极推动便捷高效空铁、空海、空陆的多式联运，助力航空枢纽迈上新台阶。

二是依托好、服务好中国（上海）自由贸易试验区临港新片区的开发，成为全球航空领域港区联动港区互促的典范。设立中国(上海)自由贸易试验区临港新片区，是中央进一步扩大开放的重大战略部署，与以往的自贸试验区相比，临港新片区有更高的定位，有更丰富的战略任务。浦东机场南侧有24.7平方公里划入新片区范畴。航空港与自由贸易区的结合，既是相互支撑，也是相互促进，空港为自贸区人流、物流出入境带来极大便捷，自贸区亦巩固和增强了空港的枢纽能级。上海浦东机场将与自由贸易试验区临港新片区在设施布局上共同规划，在出入境旅客、货物进出区内的流程上共同创新，推动港区的无缝连接，实现最高效率的港区联动。

三是产城结合，规划打造航空产业集聚的新时期航空城。在临港新片区浦东机场片区中，有4平方公里区域规划为开发与航空紧密相关产业的核心区。抓住自贸区新片区开发的政策机遇，全面推进临港新片区浦东机场南侧区域开发建设，聚焦航空服务、航空物流、航空制造等产业领域，集聚一批国内外航空产业骨干企业和创新企业，拓展国际商务、会展等延伸服务功能，培育以自贸区临港新片区为核心的世界级的浦东机场航空城。

互联互通，区域协同，更大格局融合长三角机场群。作为长三角城市群的核心城市和"一带一路"建设桥头堡，上海将率先落实长三角一体化战略，更加主动承担国家使命。上海机场将主动作为，以提升上海国际航空枢纽功能和区域机场群国际竞争力为引领，牵头推动《长三角民航协同发展战略规划》的落地，与长三角各机场建立更紧密的合作关系，共同推进"空域管理协同、机场运行协同、地面交通协同、旅客服务协同"等多维度合作，充分发挥各种交通方式的比较优势和协同作用，推动区域内各机场的合理分工定位、差异化经营，构建分工更明确、功能更齐全、合作更紧密、联通更顺畅、运行更高效的长三角机场群体系。

紧密协作，共同推动南通新机场的建设。《长江三角洲区域一体化发展规划纲要》明确提出，规划建设南通新机场，成为上海国际航空枢纽的重要组成部分。这一重大基础设施是推进区域协同发展的主要抓手之一，带动了长三角整个江北地区发展，也为上海市打通了北拓空间。这种跨行政区域的战略协同在中国民航还是首创，上海机场集团将胸怀长三角一体化发展的大格局，主动作为，创新机制体制，与南通市委市政府双方共同规划设计、共同投资建设、共同运营管理，搭建上海机场新的枢纽架构。

科技创新，智慧发展，持续注入新技术新优势。当前新一轮科技革命和产业变革深入发展，但全球范围内民航运输管理包括机场管理，出于对安全性可靠性的担心，相对其他产业，新技术带来的变革要小得多。事实上，航空运输可以是新技术广泛应用的行业之一，机场是高新技术可以集中应用的主要领域。我国在很多领域新技术的场景应用世界领先，上海机场也需要增强科技创新能力，推进新技术的广泛运用，变革传统管理方式，形成领先的智能化管理体系。比如，打造飞行区运行管理超级大脑，推动飞行区保障车辆无人驾驶等，构建世界一流的基于数字化的全自动人工智能飞行区运行体系；加快生物识别、智能安检、自动行李处理、室内导航、全自动登机系统的运用，构建基于大数据的全流程自助航站区服务体系；推进新能源利用，优化能源结构，提升航站楼能效，运用新技术加强污水、碳排放、噪声治理，构建基于物联网云计算的绿色机场环保体系等，把上海机场打造成为新技术运用的标杆，引领智慧运行体系的新趋势，在新一轮技术革新中进一步加大其在全球机场运行标准的话语权。

（刊载于2021年7月15日《中国民航报》）

# 不忘初心　坚守情怀

## 以数字化转型持续推动深圳机场高质量发展

深圳市机场（集团）有限公司

在没有成熟经验可鉴和先例可循的情况下，深圳机场秉承深圳城市创新基因，发扬"敢闯敢试、敢为人先、埋头苦干"的特区精神，以数字化转型驱动智慧机场建设，引领四型机场高质量发展，进行了一系列大胆探索，已经走过了3年的数字化转型发展历程。

惟改革者进，惟创新者强，惟改革创新者胜。在"十四五"开局之年，深圳机场将站在更高起点开启新一轮数字化转型，并把数字化转型作为落实深圳机场"十四五"发展战略的重要推动力，作为对标世界一流、打造世界一流机场产业集团的重要推动力，作为落实高质量发展、实现治理体系和治理能力现代化的重要推动力、更加全面系统支撑集团"客、货、城"业务发展战略。

以习近平同志为核心的党中央高度重视数字化发展，明确指出要加快数字中国建设，促进数字经济和实体经济融合发展。这是适应我国发展新的历史方位，站在战略全局的高度，着眼实现高质量发展和全面建成社会主义现代化强国作出的重大战略决策。2018年以来，深圳机场立足国际航空枢纽发展新定位，紧密携手华为，在国内民航系统中第一个全面系统地开启数字化转型。在没有成熟经验可鉴和先例可循的情况下，秉承深圳城市创新基因，发扬"敢闯敢试、敢为人先、埋头苦干"的特区精神，以数字化转型驱动智慧机场建设，引领四型机场高质量发展，进行了一系列大胆探索，已经走过了3年的数字化转型发展历程。

### 深圳机场
### 数字化转型的3年实践成效

3年来，深圳机场数字化转型深入人心，机场治理能力现代化水平全面深化。

深圳机场首次将智慧化作为集团战略选择和发展的重要支撑，全面融入顶层设计，落实到部门具体工作，深入员工行动，取得了前所未有的广泛认同；树立起整体变革的理念，通过实施IT治理变革，整合分散IT组织，实现数字化从规划、建设到运营的一体化；有效打破"烟囱式"IT架构，建立了以"云平台"为核心的"1+5"数字化新平台，超过40个业务系统实现云上部署，全力支持战略规划落地和业务变革重塑；坚持"同一个空港，同一个梦想"理念，统筹机场公安、空管、口岸等驻场单位，打造智慧机场共商共建共享的新模式。坚持示范引领的理念，以"打造数字化的最佳体验机场"为愿景，保持适度超前，智慧机场建设蓝图逐步兑现。

3年来，深圳机场数字化转型有力支撑业务，机场安全、运行和服务水平全面提升。

深圳机场以全场景为目标，对安防系统实施全区域数字化改造，通过视频拼接、3D融合、人员轨迹及人体特征分析等技术，构建智能化安防体系，打造"安全一张网"，实现安全更可靠；以航班流为核心，通过建设智能运营中心（IOC）、运行指挥平台（A-CDM）、1.8G无线通信专网、地面保障作业系统，建设高效协同的大运控体系，打造"运行一张图"，实现运行更顺畅；对旅客出行各环节进行线上线下、全链条数字化改造，通过线下一张脸、线上小程序，打造"服务一条线"，实现服务更便捷、更有温度。新冠感染疫情暴发后，深圳机场在全国率先启动智慧无感检疫模式，率先利用无感红外测温设备，实现精准监控和防疫大数据研判，得到世卫组织专家组、国务院联防联控机制联络组的肯定。

3年来，深圳机场数字化转型驱动高质量发展，行业示范引领作用全面凸显。

深圳机场以"智"提"质"，通过智慧机场建设，形成了一批示范项目，有力提升了发展品质。民航电子临时乘机证明目前已推广至全国234个民用机场，并被交通运输部推荐在更多交通行业使用；机位资源智能分配项目被国际航协（IATA）发布推广，建成全球首个"智慧机场"主题展厅，全国智慧机场建设现场会在深圳机场举办，民航局专门发布深圳智慧机场建设经验，"打造数字化最佳体验机场"项目荣获"全国质量标杆"，在行业内率先推进信息系统设备安全可控的国产化替代进程，大力开展自主创新，累计申请著作专利10余项。在数字化支撑下，航班放行正常率连续29个月突破80%，创历史纪录。同时，在数字化转型和新旧技术架构融合中，保持了IT系统的运行稳定，树立了非原生数字化企业和大型机场数字化转型的成功案例。

看似寻常最奇崛，成如容易却艰辛。从概念到落地，深圳机场作为国内数字化转型和智慧机场建设的"先行者"，努力为全国民航行业做探索、做标杆、做示范。3年极其短暂，但在数字化技术快速更新迭代的背景下，深圳机场3年的数字化实践却极不平常。回顾3年来的探索实践，深刻地体会到：

一是数字化转型是新形势下发展的必由之路，要旗帜鲜明、坚定不移。要把数字化转型作为全面贯彻新发展理念和实现深圳机场高质量发展的重要举措，把推进数字化融入民航治理体系和治理能力现代化，融入"高质量民航"、四型机场建设，始终不折不扣落实党中央决策部署，充分把握行业特色与机场实际，坚定不移地向前推进。

二是数字化转型要始终坚持"以人民为中心"的理念。"以人民为中心"落实在深圳机场就是以客户和员工为中心，以满足旅客的多样化出行需求为宗旨，始终从服务旅客和员工的视角来系统推进各项工作。数字化转型的落脚点，就是让机场的运行更顺畅、安全更可靠、服务更贴心、管理更有效、发展更具品质，最终让旅客的获得感成色更足，幸福感更可持续，安全感更有保障。

三是数字化转型是涉及全局的开创性变革，要包容开放、统筹推进。数字化转型既是"一把手"工程，更是全员参与的群众工程，是一场从思维到行动的变革，需要"自上而下"统一认知、统一行动。同时，要以更开放的心态、更包容的胸怀，加强与民航各单位的联动，打破壁垒，推动数据开放共享、系统共建共用。

## 深圳机场
## 数字化转型的未来思考

从无到有的路容易惊艳世人，从有到好的路更为艰难。"十四五"时期，深圳机场数字化转型迈入"深水区"。数字化转型是深圳机场在更高起点、更高标准上全力付出的必答题。今天，传统行业数字化转型已经成为热潮，深圳机场数字化转型之路如何才能走得更好，这是机场管理者必须冷静思考的问题。

第一，再逼自己一把，大胆进入数字化转型"深水区"。最容易走的路，往往是下坡的路；最艰难的路，则是强逼自己走出舒适区的路。在日新月异的数字化时代，深圳机场数字化转型取得的成绩是暂时的、短暂的，过去浅尝辄止的数字化，正在被深层次的数字化转型所取代。我们必须要时刻保持归零的心态，不断增强忧患意识，不为盛名所累，不为赞歌所惑，摒弃"小富即安"的自满心态，以敢于啃硬骨头、敢于涉险滩的决心，义无反顾推进数字化转型向"深水区"纵深突破，激荡起高质量发展的浪潮。

第二，主动求变，紧紧拥抱数字化转型变革新机遇。数字产业化、产业数字化已经成为国家"十四五"发展的战略支点，数字化成为人们生产、生活方式的常态，每个人都接受着数字时代带来的改变。深圳机场是为社会公众服务的平台，必须从"被动应变"转为"主动求变"，主动拥抱数字化变革，实现数字化发展。数字化的本质是企业内部管理方式和管理体制的变革，变革和创新越主动、越深入、越全面，变革的效果就越好。

在主动求变的过程中，一是必须明确方向路径，在方向上要支持机场发展战略，实现能力提升；二是要结合机场的实际来变，结合业务和管理模式，构建适应深圳机场发展的体系和系统；三是要始终关注创新，以创新实现从跟随到引领，以创新解决发展问题；四是要脚踏实地，不能好高骛远，以价值创造支撑持续的变革。"变"的目标是要"通"，理念要通、流程要通、业务要通、数据要通；"通"的目标是"达"，达成目标、达成战略。

第三，倡导融合，做数字化转型真正的"懂行人"。数字化是实现深圳机场高质量发展的手段和工具，数字化转型的最终目标是支撑业务，需要更加关注效率和效能。不能为了"转型"而"转型"，为了"数字化"而"数字化"。数字化转型能走多远、走多深，归根结底是业务转型的深度和广度，关键在于识别业务场景需求的能力。没有在持久专注的业务领域长期耕耘，不可能发现核心业务的场景化痛点，更难以挖掘数字化转型的价值。要做到真正的"懂行"，从管理者到全体员工，唯有深度参与、将业务需求与技术应用深度融合，才能形成真正创造价值的场景化解决方案。

第四，久久为功，深刻理解数字化变革的艰辛和风险。数字化转型是持续的、渐进的转型变革，不可能一蹴而就。作为一项复杂的系统工程，要保持定力，坚持一张蓝图干到底。一切变革不可能立竿见影，也不可能一劳永逸，数字化转型变革面临巨大的挑战，也存在一定的反复性，要深刻理解变革的艰辛，客观看待变革和创新的风险。深圳机场数字化转型是在年旅客量突破5 000万人次的规模下展开的，涉及新技术应用和旧系统改造，各种技术相互交织，面临建设与运营同步推进的双重压力，被喻为"高速路上换轮胎"。在变革过程中，一是要把握风险，守好安全底线，做好应对预案；二是要坚定信念，立足未来，始于当下，将变革做深做细；三是要珍视数字化转型和智慧机场建设的大好局面，把握机遇，久久为功。

第五，价值导向，正确认识数字化转型的巨大投入。一方面，民航是信息系统应用最早、最全面的行业，也是最重视规则、标准的行业，信息化和数字化的投入必不可少，特别是在空间物理资源紧约束条件下，通过数字化转型系统性提升智能管理水平具有很高的价值。另一方面，所有发展中的问题都源于发展的质量不高、发展不平衡，所有需要把握的发展机会都需要通过高质量发展实现，数字化转型就是要补齐过去发展质量不高、不平衡的短板，通过深圳机场高质量的发展实现数字化转型成本的分摊。

## 深圳机场
## 更高起点开新局

惟改革者进，惟创新者强，惟改革创新者胜。在"十四五"开局之年，深圳机场将站在更高起点开启新一轮数字化转型，并把数字化转型作为落实深圳机场"十四五"发展战略的重要推动力，作为对标世界一流、打造世界一流机场产业集团的重要推动力，作为落实高质量发展、实现治理体系和治理能力现代化的重要推动力，更加全面系统支撑集团"客、货、城"业务发展战略。深圳机场将与合作伙伴一道，永葆"闯"的精神、"创"的劲头、"干"的作风，牢记转型初心，坚守数字化情怀，坚定不移地持续推进数字化转型，持续引领智慧机场建设，为民航四型机场建设贡献更多"深圳智慧"和"深圳经验"，努力续写更多"春天的故事"。

（刊载于2021年3月18日《中国民航报》）

# 展望篇

# 坚持系统观念 推动民航高质量发展

中国民用航空局发展计划司 庞东亮

"十四五"时期将开启全面建设社会主义现代化国家新征程，也将开启"一加快两实现"新时代高质量民航战略新征程。我们要把坚持系统观念贯穿行业安全发展的各领域和全过程，加强前瞻性思考、全局性谋划、战略性布局、整体性推进，统筹国内国际两个大局，办好发展安全两件大事，坚持行业一盘棋，更好发挥行业各部门、各方面积极性，为实现新时代高质量民航战略目标开好局、起好步。

党的十九届五中全会将坚持系统观念确定为"十四五"时期我国经济社会发展必须遵循的五个原则之一，这是以习近平同志为核心的党中央坚持系统谋划、统筹推进党和国家各项事业的实践过程中，始终坚持的具有重要理论和战略指导意义的基础性思想和工作方法。民航业作为系统特征显著的国家重要战略产业，必须准确把握坚持系统观念所蕴含的马克思主义世界观和方法论，自觉将坚持系统观念贯穿推进"十四五"时期民航高质量发展、建设高质量民航的全过程和各环节。

## 坚持系统观念是马克思主义理论的基本观点

坚持系统观念是辩证唯物主义的基本观点。从系统观念的思想起源来看，辩证唯物主义是系统观念的理论基础和指导思想，系统观念涉及的整体与部分、量变与质变、一般与个别、综合与分析、运动与平衡、形式与内容、连续性与间断性等辩证唯物主义哲学范畴，是对客观世界普遍本质的概括和反映。辩证唯物主义认为，事物是普遍联系的，事物及事物各要素相互影响、相互制约，整个世界是相互联系的整体，也是相互作用的系统。坚持系统观念，就要用整体的、有机的、系统的观点去认识客观世界一切事物，把握客观世界的系统规律。

坚持系统观念是历史唯物主义的基本观点。马克思认为，社会关系就是"一切关系同时存在而又相互依存的'社会有机体'"。对于社会的经济形态，它也是一个有机的整体。生产力与生产关系的辩证统一构成了生产方式，而生产关系的总和构成了社会的经济形态。马克思在《政治经济学批判》这本历史唯物主义的名著中，运用系统观念剖析了资本主义社会这种历史上最发达和最复杂的生产组织。马克思指出，"我们得到了结论并不是说生产、分配、交换、消费是同一的东西，而是说，他们构成一个总体的各个环节、一个统一体内部的差别。一定的生产决定一定的消费、分配、交换和这些不同要素相互间的一定关系。不同的要素之间存在着相互作用。每一个有机整体都是这样。"

综上所述，坚持系统观念是马克思主义理论的基本观点，是马克思主义世界观与方法论的有机统一，坚持系统观念就是要坚持辩证唯物主义和历史唯物主义，善于从客观世界和人类社会的本质和内在联系去把握客观规律，去认识问题、处理问题。

## 坚持系统观念是我们党在革命、建设、改革各个历史时期的基本工作方法

在新民主主义革命时期，毛泽东同志十分注重运用整体性、相关性、结构性等系统观念来领导中国革命实践。毛泽东同志在《中国革命的战略问题》中关于战争全局的论述，体现了系统观念的整体性原则；关于战争与国情、战争与年代的论述，体现了系统观念的相关性原则；在《论持久战》中关于中日战争的结构性分析，体现了系统观念的结构性原则。这些原则相互联系、相互作用，成为我们党领导人民取得新民主主义革命胜利的重要法宝。

在新中国建设时期，毛泽东同志运用统筹兼顾的系统观念指导社会主义建设。他在《论十大关系》中强调，"我们历来的原则，就是提倡顾全大局、互助互让"，提出必须兼顾国家、集体和个人利益，最广泛调动全体人民的积极性。在《关于正确处理人民内部矛盾的问题》一文中，毛泽东同志将系统观念概括为"统筹兼顾、适当安排"，统筹兼顾的出发点是统筹全体人民的利益，统筹兼顾的总目标是建设社会主义伟大事业。

在改革开放时期，邓小平同志在领导全国人民进行伟大改革实践中，在制定经济、政治、科技、教育等方面的方针政策时，处处体现着系统观念：全方位改革，两手抓、两手都要硬，整体推进的思路完全符合系统观念的整体性思想；加速产业结构调整步伐体现的是系统观念的结构性思想；鼓励一部分人先富起来，先富带动后富，最终达到共同富裕，与系统观念的协同思想完全一致。"三个代表"重要思想和科学发展观也都蕴含着丰富的系统观念，指导着我国改革开放和社会主义发展实践。

党的十八大以来，面对错综复杂的国际形势和艰巨繁重的国内改革发展稳定任务，以习近平同志为核心的党中央团结带领全党全军全国各族人民统筹推进"五位一体"总体布局、协调推进"四个全面"战略布局，统筹改革发展稳定、内政外交国防、治党治国治军，统筹稳增长、促改革、调结构、惠民生、防风险、保稳定，统筹新冠感染疫情防控和经济社会发展，党和国家各项事业取得历史性成就。在新时代的伟大实践中，习近平总书记始终坚持系统思维，强调要"加强顶层设计和整体谋划，加强各项改革关联性、系统性、可行性研究"，提出"十个指头弹钢琴"，"要坚持整体推进，增强各项措施的关联性和耦合性，防止畸重畸轻、单兵突进、顾此失彼。要坚持重点突破，在整体推进的基础上抓主要矛盾和矛盾的主要方面，采取有针对性的具体措施，努力做到全局和局部相配套、治本和治标相结合、渐进和突破相衔接，实现整体推进和重点突破相统一"。

## 坚持系统观念必须把握的几个原则

一是整体性原则。整体性是系统最为鲜明、最为基本的特征之一，民航业作为国家重要战略产业，坚持系统观念首先要把握其整体性特征。民航业是由航空运输系统、机场系统、航空保障系统、空管系统等各个子系统共同构成的大系统，这些子系统按照行业运行规律相互联系、相互作用，产生比各个子系统之和更大的经济和社会效用。反过来，各个子系统一旦脱离了大系统，就成了无源之水、无本之木，不能发挥其应有的作用。坚持系统观念的整体性原则，就必须树立全局意识，充分发挥行业各个子系统的积极性，广泛汇聚发展共识、凝聚多元主体合力，共同推进行业高质量发展。

二是竞争协同性原则。系统内部要素之间以及系统与环境之间，既存在整体同一性又存在个体差异性，整体同一性表现为协同因素，个体差异性表现为竞争因素，通过竞争和协同的相互对立、相互转化，推动系统的演化发展。就民航业的各个子系统而言，相互之间既存在竞争又存在协同，既存在对立又存在统一。航空运输系统的顺利运行需要机场系统、航空保障系统、空管系统等协同配合，机场系统、航空保障系统、空管系统的垄断属性又在一定程度上制约着航空运输系统的发展。系统的竞争协同性，要求我们必须坚持重点论和两点论的统一，善于把握主要矛盾和矛盾的主要方面，在推进行业发展过程中，既要有顶层设计和总体目标，也要坚持具体问题分类指导，注重把握不同子系统工作的速度、力度与节奏。在决策中既不能单兵突进，也不能平均用力，而是需要在竞争协同的原则下有效地突出重点，促进分类指导、上下联动、整体推进、重点突破局面的形成。

三是开放性原则。系统具有不断与外界环境进行物质、能量和信息交换的性质和功能，系统向环境开放是系统得以向上发展的前提，也是系统得以稳定存在的条件。在当前构建以国内大循环为主体、国内国际双循环相互促进的民航新发展格局绝不意味着民航系统会走向封闭。从民航的行业特点看，民航业是对外开放程度较高的行业，是实现全球人员往来和货物流通的主要方式。当前，虽然逆全球化、单边主义不断涌现，但经济全球化仍是历史潮流，各国分工合作、互利共赢是长期趋势，国际经济连通和交往仍是世界经济发展的客观要求。坚持系统的开放性，要求我们必须坚持"走出去"与"引进来"相结合，更好利用国际国内两个市场、两种资源，实现更加强劲更可持续的发展。

## 坚持系统观念，推动民航高质量发展

一是要加强前瞻性思考。当前，我们正处于新时代高质量民航战略进程"转段进阶"的关键节点，行业发展的外部环境面临深刻复杂的变化，面临的机遇和挑战也有新的发展变化。站在新发展阶段的历史起点上，我们要善于运用马克思主义的立场、观点和方法，辩证地看待行业发展的历史成就、当前形势和未来趋势，认清大势、把握方向，深刻分析新发展阶段、新发展理念、新发展格局对行业发展提出的新要求，深刻分析外部竞争格局深刻演变，内部不充分、不平衡给行业发展提出的新挑战，深刻分析新技术、新业态、新模式给行业发展带来的新机遇，着眼实现"十四五"行业发展目标，锚定新时代高质量民航战略目标，推动实现"十四五"时期行业高质量发展。

二是要加强全局性谋划。牢固树立大局意识，自觉从大局看问题，统筹推进航空运输系统、机场系统、航空保障系统、空管系统等各子系统的工作，各子系统也要把本系统、本部门的工作放到行业安全发展的大局中进行定位和谋划。要综合考虑行业发展的内外部环境，统筹安全与发展、安全与效益、安全与正常、安全与服务的关系，始终坚持稳中求进的工作总基调，把确保行业安全发展的大局贯穿行业的各领域和发展的全过程，防范化解影响行业安全发展的重大风险挑战。

三是要坚持战略性布局。坚持把短期目标、中期目标与长期目标相统一，紧紧围绕实现高质量民航战略目标，抓主要矛盾和矛盾的主要方面，保持战略定力，聚焦制约行业发展的重点领域和关键环节，着力固根基、扬优势、补短板、强弱项，在提升行业核心竞争力、提升行业资源保障能力、提升行业治理能力、提升行业创新能力等方面进行战略布局，实现战略突破。同时也要主动融入国家战略、服务国家战略，充分体现国家重要战略产业的支撑作用。

四是要坚持整体性推进。要处理好整体与局部、当前与长远的关系，统筹兼顾，整体施策。坚持"安全隐患零容忍"，守住航空安全底线；牢牢把握扩大国内航空需求这个战略基点，推进行业高质量发展；加大基础设施补短板力度，提升行业资源保障能力；持续深化改革，不断提升行业治理能力和创新能力。只有坚持整体性推进，才能实现行业各领域、各环节协调发展，安全、发展、效益、服务、正常同步提升。

"十四五"时期将开启全面建设社会主义现代化国家新征程，也将开启"一加快两实现"新时代高质量民航战略新征程。我们要把坚持系统观念贯穿行业安全发展的各领域和全过程，加强前瞻性思考、全局性谋划、战略性布局、整体性推进，统筹国内国际两个大局，办好发展安全两件大事，坚持行业一盘棋，更好发挥行业各部门、各方面积极性，为实现新时代高质量民航战略目标开好局、起好步。

（刊载于2021年1月14日《中国民航报》）

# 奋进"十四五"
# 奏响多领域民航发展建设新篇章

中国民航报

"十四五"时期是我国全面建成小康社会、实现第一个百年奋斗目标之后，乘势而上开启全面建设社会主义现代化国家新征程、向第二个百年奋斗目标进军的第一个5年。

2021年全国两会闭幕后不久，《中华人民共和国国民经济和社会发展第十四个五年规划和2035年远景目标纲要》正式发布。19篇、65章、192节的"十四五"规划纲要，立足新发展阶段，贯彻新发展理念，构建新发展格局，为深入推动高质量发展擘画宏伟蓝图。

作为国家战略先导产业，民航业的发展既是国家"十四五"规划的重要内容，也是国家"十四五"目标实现的重要支撑。在对标与衔接《中华人民共和国国民经济和社会发展第十四个五年规划和2035年远景目标纲要》《交通强国建设纲要》《国家综合立体交通网规划纲要》《"十四五"现代综合交通运输体系发展规划》的基础上，2022年初，中国民用航空局、国家发改委、交通运输部联合印发《"十四五"民用航空发展规划》。

立足我国民航从单一航空运输强国跨入多领域民航高质量建设这一新的历史方位，如何在服务构建新发展格局中更好地发挥民航战略产业作用？如何贯彻落实"一二三三四"民航总体工作思路？如何以改革创新破除发展障碍？在全国两会上，来自民航业的代表委员对这些话题进行了深入思考。

## 立足服务构建新发展格局

随着近年来民航战略产业作用进一步凸显，从中央到地方都越来越深刻地认识到航空运输在扩大循环规模、提升循环效率、提高循环质量方面的比较优势，越来越深刻地认识到机场网、航线网在促进各要素自由流动和高效聚集，助力区域经济融入全球产业链、供应链、价值链的价值作用。各地政府在制定"十四五"规划时，纷纷把发展民航业作为发挥各地区位优势、加快形成新发展格局的有力支撑。

在2022年全国民航工作会议上，民航局局长冯正霖强调，"十四五"期间，民航各单位要主动对接地方诉求，加强与各地区域发展规划衔接；要优化民航产业总体布局，更加注重提升机场基础保障能力、注重客货运并举、注重国际枢纽打造、注重综合交通枢纽建设、注重基本航空服务、注重通用航空发展，提升民航产业的战略承载能力；要充分发挥好中央和地方积极性，统筹利用好各方优势资源，努力形成民航业与区域经济社会深度融合、相互支撑、相互促进的协同发展新局面，为构建新发展格局作出新贡献。

近年来，全国政协委员、民航局原副局长李健将通航发展作为提案的关注重点，陆续提出了推进国家空域管理体制改革、完善飞行服务保障体系、扶持新业态发展等建议。今年，李健再一次提交了有关通用航空发展的提案。"当前加快构建新发展格局，发展通航对于促进产业、消费升级意义和作用重大，是我国经济发展新的增长点。通用航空投资少、见效快，而且能很好地满足出行'最后一公里'的需求，特别是在山区等地。国际经验表明，通用航空产业投入产出比为1：10，就业带动比为1：12。通航飞机从最初级运动类飞机到高端公务机，产业链条长，服务领域广，带动作用强。"李健向记者表示。

作为一名业外人士，全国政协委员、网易公司首席执行官丁磊也注意到了低空经济的巨大潜力。他建议，可基于四川、海南、湖南等地低空开放试点经验，逐步扩大低空开放范围，将通用航空机场建设纳入新基建；鼓励更多企业、技术、资本投入通用航空产业发展，支持发动机、航电等关键零部件的自主制造，形成产业链集群；大力培育通用航空产业关键人才，设立专项补贴基金，提升对全球优质产业人才的吸引力。

发展数字经济是把握新一轮科技革命和产业变革新机遇的战略选择，数字经济健康发展有利于推动构建新发展格局。全国政协委员，中国民航信息集团有限公司党委书记、董事长崔志雄表示，"十四五"时期，中国航信将锚定"行业信息化建设的主力军、信息服务领域的'国家队'、世界一流综合信息服务企业"的战略目标，把握好国家大力推进数字经济建设的发展机遇，充分发挥自身在行业信息化建设、数字化转型等方面积淀的技术优势、业务优势、科技人才优势，推进民航与综合交通、相关产业、区域经济社会协同发展，为扩大循环规模、提高循环效率、增强循环动能、保障循环顺畅、降低循环成本发挥基础性作用，强化对促进数字经济发展和保障国家信息网络安全的战略支撑，为国家产业链和供应链安全夯实信息服务基石。

《上海市国民经济和社会发展第十四个五年规划和二〇三五年远景目标纲要》提出，围绕更好促进国内国际两个市场、两种资源联动流通，统筹重点突破与系统集成相结合、对内开放与对外开放相促进，着力强化开放窗口、枢纽节点、门户连通功能，充分发挥虹桥地区引领长三角更高水平协同开放的作用，到2025年基本建成虹桥国际开放枢纽。

着眼于上海市提出的"强化开放枢纽门户功能"的定位与目标，全国政协委员、均瑶集团董事长、上海吉祥航空股份有限公司董事长王均金表示，"十四五"期间，吉祥航空将继续坚持深耕上海主基地的发展战略，深入参与长三角机场群协同发展。全国政协委员、春秋航空股份有限公司董事长王煜则表示，春秋航空将为国际市场的复苏积极作准备，等国际航线逐步恢复后，集中力量恢复上海至东南亚和东北亚地区的航线。

## 紧扣"一二三三四"民航总体工作思路

根据行业发展规律和"十四五"民航发展阶段性特征，民航局坚持继承与创新相结合，将总体工作思路调整为"践行一个理念、推动两翼齐飞、坚守三条底线、构建完善三个体系、开拓四个新局面"，这是牵引"十四五"民航高质量发展的新的举力之纲。

"构建完善功能健全的现代化国家机场体系、系统布局效率运行的航空运输网络体系和安全高效的生产运行保障体系，是对'打造三张网络'的再升级，着眼于推动民航发展形态从解决'有没有'的问题向'好不好''强不强'转变。"李健对"构建完善三个体系"进行了解读。

基础设施是建设高质量民航的重要支撑。"十四五"期间，民航将继续加大投入力度，加快枢纽机场改扩建，着力提升枢纽机场综合保障能力。2021年，成都天府国际机场建成投运，成为驱动成渝地区双城经济圈建设和高质量发展的新引擎。在今年全国两会上，全国人大代表，重庆市人民政府参事，重庆机场集团原党委书记、董事长谭平川把建言献策的目光聚焦在"成渝世界级机场群建设"的议题上："2020年和2021年，成都双流国际机场和重庆江北国际机场的旅客吞吐量在全国机场排名中分别居第2位和第4位。与此相对应的，2021年，成都市的GDP增长了8.6%，重庆市的GDP增长了8.3%，民航对两地经济的带动作用显而易见。当前，重庆市上下正在有序推进新机场的前期工作，将力争'十四五'期间在重庆新机场相关工作上取得突破，努力构建'市内航空双枢纽协同、成渝四大机场联动'的世界级机场群。"

航线网络是民航提供运输服务的重要呈现。"十四五"期间，中国民航以网络建设为抓手，加快构建完善国内航空运输网络体系、国际航空运输通道体系、航空枢纽功能体系三大体系。

"加快构建完善航空运输网络体系，航空公司责任重大。一方面，我们将深挖支线航空潜力，盘活中小机场资源，充分利用联程中转的运作模式，打造西南地区连接全国、连通国际的'熊猫枢纽'；另一方面，要抢抓消费升级的机遇，通过客货运齐飞，以'熊猫之路'融入'一带一路'，构建东成西就、南北纵横航班波，助力成都打造国际门户枢纽城市。"全国人大代表，四川航空集团有限责任公司党委书记、董事长李海鹰表示。

"十四五"期间，海航集团将以整体"一张网"为核心，聚焦海南、北京、广深、成渝构建"两主两辅"核心枢纽，打造覆盖全球、国内国际高效互动、兼具网络张力和南北季节性调节功能的大型枢纽网络构架。低成本航空公司与全服务航空公司实现模式互补，在国内市场上分工协作，在京津冀以北京、天津建成连接关内关外的环渤海湾门户枢纽，立足成都、重庆、西安、郑州打造进藏入疆、贯通东西的四大节点，依托上海、昆明、南宁、福州、乌鲁木齐等建设区域性门户基地。

万里航程从油开始。作为行业重要的保障单位，中国航油在"十四五"时期聚焦打造"科技航油"的目标，充分发挥大数据、云计算、物联网、人工智能、区块链、5G、北斗定位系统、工业互联网等新一代网络信息技术优势，以客户为"导向"、以数据为"驱动"、以平台为"基础"建立数字化转型的发展体系，为中国航油发展注入科技新动力，打造数字化新引擎。"'十四五'期间，中国航油将努力提高基础设施软硬件自主可控替代率、业务应用系统自主可控率；提升生产环节自动化程度，实现数据全量采集，提高业务流程数字化率和数据共享复用度，形成创新、协同、高效、开放的航油数字生态。"全国政协委员，中国航空油料集团有限公司党委书记、董事长周强表示。

## 改革创新破除发展障碍

受疫情冲击、高铁等运输方式竞争、旅客需求与结构变化、行业发展需求与资源保障能力不足的矛盾突出等因素影响，"十四五"期间，民航发展面临环境难、约束大等困难与挑战。面对新形势、新任务、新挑战，只有进一步深化民航改革，着力破除制约行业发展的体制机制性障碍，努力转换发展动力、优化发展结构、转变发展模式，形成更好满足高质量民航战略需要的治理体系和治理能力，才能高水平地实现"十四五"发展目标。

长期以来，规章制度不适用、监管尺度过严、审批效率偏低等问题犹如鱼刺卡在通航企业的咽喉，令他们举步维艰。从2017年起，李健积极协调民航局，组织各司局针对通航监管问题开展全覆盖式专项督查，形成了1.5万余字督查报告，汇总问题193个。在民航局党组的大力支持下，这些问题被分解到各司局，每月进行政务督办，并制成"鱼刺图"张贴在民航局机关大厅，接受社会监督。

经过近一年努力，这些限制通航发展的瓶颈壁垒不仅全部被打破，而且促成了60余项有利于通航发展的政策措施出台。在这些政策的推动下，通航发展提速：2021年，通用航空飞行118.2万小时，同比增长20.1%；无人机企业达1.27万家，实名登记无人机约83万架，飞行时间达到千万小时量级。

踏上全面建设社会主义现代化强国新征程，国有企业唯有深化改革、持续改革，才能更好地担负起国有企业的责任与使命，改革是必由之路、活力之源。作为民航央企，东航集团发挥改革先导、突破、重塑的重大作用，克服疫情影响，冲破束缚、突破藩篱，推动深化改革向深层次挺进，不断落地落实。

2021年6月，东航物流在上交所主板挂牌上市，标志着东航成为首家实现航空客运和航空物流两项核心主业"双上市"的国有大型航空运输集团。通过混改，东航物流的活力明显增强。东航集团旗下的中国联合航空作为混改试点和"双百企业"，深耕三项制度改革，积极优化成本结构，重塑基地航线网络结构，加快商业模式落地，在改革的重点领域和关键环节取得突破。值得一提的是，东航集团还于2021年12月成功参股中国物流集团，为畅通国内国际双循环，加快调整业务结构和产业布局，助力构建安全、可靠、高效的现代流通体系发挥民航央企的积极作用，从抓好自身改革，迈向了着手参与国资国企系统改革。

作为一家主基地在改革开放前沿阵地深圳的民营航空公司，东海航空将改革创新贯穿公司发展的始终，向创新要活力，向改革要动力。"尤其是在当前民航业寒冬时期，改革是我们唯一的出路。"全国政协委员、东海航空董事长黄楚标告诉记者，"为落实《'十四五'民用航空发展规划》，我们将出台如下举措。一是深入开展管理提升活动。对标厦航、春秋航空等业内标杆，完善管理制度体系，连续实施'2022年管理基础夯实年''2023年管理效能提升年''2024年管理水平提升年'3年行动计划，推动公司管理水平迈上新台阶。二是推动三项制度改革。打通员工晋升发展通道，开展全新的专业任职资格评聘工作，健全员工薪酬分配机制，薪酬与公司、部门绩效直接挂钩。提高公司经营领导班子和部门负责人工资总额与考核结果挂钩比例，真正实现'干部能上能下，人员能进能出，薪酬能升能降'。三是持续优化组织架构。推动'三定'（定岗、定编、定员）工作落地，严控和压缩部门层级，实行扁平化管理，做到'瘦身健体'，提高执行力。"

展望"十四五"，多领域民航高质量建设的时代号角已经吹响，民航业在国家经济社会发展中的战略作用必将更加凸显。新形势需要新担当，新征程呼唤新作为。民航人将立足服务构建新发展格局，把思想和行动统一到"十四五"民航总体工作思路上来，更好地发挥民航战略产业作用，在全面建设社会主义现代化国家的新征程中勇往直前。

（刊载于2022年3月10日《中国民航报》 记者 刘韶滨）

# 服务双循环：我们向着新征程汇聚磅礴之力

中国民航报

加快构建以国内大循环为主体、国内国际双循环相互促进的新发展格局，是"十四五"规划纲要草案提出的一项关系我国发展全局的重大战略任务。站在历史交汇点上，民航作为国家重要的战略性产业，应该如何答好立足新发展阶段、贯彻新发展理念、构建新发展格局的时代命题，在全面建设社会主义现代化国家的新征程中发挥基础性、先导性作用？

全国两会期间，本报记者采访了民航业内的多位代表委员。代表委员们就服务双循环的时代命题纷纷提出务实之策，更表示要聚发展之力，助力民航在全面建设社会主义现代化国家的新征程中贡献更大的力量。

## 安全是民航服务双循环的坚实基础

"过去5年，我国经济社会发展取得历史性成就"——政府工作报告中对"十三五"时期发展成就的论断引起了代表委员们的共鸣。

在我国经济社会发展的"十三五"答卷中，民航也交出了亮眼成绩单。"十三五"时期，面对严峻复杂的国内外形势和风险挑战，在党中央、国务院坚强领导下，民航业实现持续安全飞行"120+4"个月的安全新纪录，实现运输百万小时重大事故率、亿客公里死亡人数的两个"零"；民航旅客运输量连续15年稳居世界第二，我国已经基本实现从航空运输大国向单一的航空运输强国的"转段进阶"。"十三五"时期成为中国民航安全纪录最好、发展增量最大的5年。

"这是中国民航坚决贯彻落实习近平总书记对民航工作的系列重要指示批示精神，一个航班一个航班地盯，一个环节一个环节地抓出来的，也是全体民航人攻坚克难、砥砺奋斗而来的。"不少代表委员深有感触地说。

民航服务双循环新发展格局，安全是基础，也是保障。"民航业必须牢牢守住安全底线，坚持系统思维，把风险防范思考得更深入一些，注重堵漏洞、强弱项，下好先手棋、打好主动仗，有效防范化解各类风险挑战，为民航高质量发展、多领域民航高质量建设，为民航服务构建新发展格局打牢安全之基。"全国政协委员、民航局原副局长李健说。

"牢固树立安全第一的思想，对安全隐患'零容忍'，将'三个敬畏'根植于生产运行全链条。""坚决落实'外防输入、内防反弹、人物同防'，慎终如始抓好疫情防控，抓好航空安全。""切实把应急能力建设落实到安全运行的每个环节。""一定要正确处理安全与发展、效益、正常、服务的关系。"

"坚守'三条底线'，加强'三基'建设，抓好'三个敬畏'宣传教育活动。""要强化国产高端技术在民航地面保障安全生产运行方面的应用，整体提升民航领域科技兴安、科技强安的水平。"来自机场、航空公司及航油、航信等保障单位的全国两会代表委员纷纷表示。

安全是发展的前提，发展是安全的保障。政府工作报告中提出的"统筹发展与安全，建设更高水平的平安中国"，将在民航业坚决落实落细。

## 创新是民航服务双循环的不竭动力

"坚持创新驱动发展，加快发展现代产业体系""坚持创新在我国现代化建设全局中的核心地位"……作为五大新发展理念之首，"创新"依然是今年全国两会的关键词之一。

创新是发展的第一动力。近年来，科技革命风起云涌，民航作为技术密集型产业，以科技创新推动高质量发展的特征更加明显。航材共享平台建设取得实质性突破，客票交易系统实现国产化，管线加油车和5万升以下加油车实现了国产替代，ADS-B空管运行进入全面实施阶段，民航客机全球追踪监控系统全面覆盖我国国际和地区航班……自"十三五"以来，科教创新成果不断涌现，为民航高质量发展注入了源头活水。

民航服务构建新发展格局，创新是动力，也是畅通循环的关键。今年初，"十四五"民航总体工作思路明确提出"智慧民航建设有新突破"。驱动行业创新发展，智慧民航建设是主线。

东航是国内航企信息化、数字化方面的先行者之一。自2009年明确"数字化是航空公司最高形态"理念以来，东航开启了信息化建设的"黄金十年"，驶入了信息化建设的快车道。进入"十四五"时期，东航将聚焦旅客数字化出行平台建设，形成"新出行、新产品、新零售、新生态"4个新能力；聚焦"数字孪生技术"建设，提升公司运行生产指挥体系和安全管理闭环体系效能；聚焦内部精细化管理建设，不断提升数据分析应用能力，实现科学决策、管理赋能。

新型基础设施建设是智慧民航的基础和底座，是"钢筋水泥""四梁八柱"，为智慧民航提供重要支撑。"中国航信将持续推进智慧出行，实现无感畅行服务品质新跨越。同时，继续推动智慧物流，实现航空物流信息互联互通，开启航空货运物流智慧化建设新征程。"全国政协委员、中国民航信息集团有限公司董事长崔志雄说。

中国民航大学曾参与民航局关于智慧民航建设的整体规划制定工作，并早在2016年就开始了航空运输大数据研究生的培养。全国政协委员，中国民航大学副校长、教授吴仁彪透露，围绕智慧民航建设，中国民航大学计划成立两个跨学院的研究院，分别聚焦四型机场和智能装备，以及通用航空和无人机领域。同时，大力开展人工智能方面的研究生培养工作，引进高水平带头人及团队。

## 扩大内需是民航服务双循环的战略基点

自"十三五"以来，民航聚焦高质量发展，不断完善国内航线网络，着力调整发展结构，引导航空公司深耕支线市场，实现干支相互促进的良性循环。"十三五"期间，我国中西部机场旅客吞吐量增长55.7%，高于全国增速7.9个百分点；支线机场旅客吞吐量增长123.7%，高于全国增速76.9个百分点。

民航服务构建新发展格局，扩大内需是支撑，也是战略基点。数据显示，目前我国人年均航空出行次数只有0.47人次，远低于世界平均水平的0.87人次。从乘机人数看，我国还有10亿人没坐过飞机，国内市场潜力巨大。有效激活二、三线城市航空出行潜在需求，将在扩大国内循环规模、提升国内循环效率、提高国内循环质量等方面发挥重要作用。

"必须变革与创新，通过全面深化改革扩大有效供给，提升能够全面满足潜在需求的持续发展能力，这是中国民航适应新发展格局的根本要求。"全国政协委员、中国航空油料集团有限公司董事长周强认为。

经过"十三五"发展，我国航线网络的"大动脉"国内干线航空网络已经较为完善，而"毛细血管"支线航空还存在发展规模小、网络连通不足等问题。全国人大代表，重庆机场集团党委书记、董事长谭平川表示："重庆机场集团将全力推进支线机场发展，推进黔江、巫山、武隆机场航线恢复及开发，积极引入航空公司投放运力，争取加大至京津冀、长三角、粤港澳大湾区、成渝地区等枢纽机场的航线航班密度，进一步促进与重庆江北机场的干支联动发展。"

打造"干支通、全网联"航空运输网络，通用航空是重要领域。"十三五"期间，民航局不断深化通用航空"放管服"改革，优化短途运输企业营商环境，满足偏远及交通不便地区民众的航空出行需求。2020年即使遭受新冠感染疫情的影响，全国短途运输依然取得较快发展，21个省开通运营71条短途运输航线，全年飞行1.3万小时、运输旅客5.7万人次，分别是2015年的3倍、4.2倍和13.3倍。

不少代表委员认为，要进一步深化"放管服"改革，深化空域改革，简化工作流程，释放通航发展活力，千方百计扩大国内航空市场需求，更好地服务构建新发展格局，推动"十四五"民航高质量发展。

## 航空物流是民航服务双循环的重要领域

在全球化背景下，国内循环与国际循环是相辅相成、不可分割的。构建新发展格局，必须推动国内国际双循环相互促进。而国内循环和国际循环都离不开高效的现代流通体系。

航空物流业是服务国家重大战略、促进经济结构转型升级、深度参与国际合作、推动经济高质量发展的重要支撑。自2020年以来，中国民航坚持"优环境、补短板、调结构、强供给"，系统推进航空物流业转型升级和健康发展，航空货运能力大幅增强，为保供应链、物流链稳定，服务构建新发展格局贡献了民航力量。

在新一轮全球产业重构背景下，如何提高我国航空物流供应链体系的全球竞争力和抗风险能力？围绕促进航空货运发展，民航局将从优化机场设施、完善货物运输服务、推动信息互联互通、发展货运中转业务等8个方面，全面推进航空物流综合保障能力提升试点工作，探索航空物流发展新路径。

着力构建自主可控、安全高效的航空物流体系，在打基础、利长远、着力提升航空货运发展质量上多下功夫，是充分发挥民航战略产业作用、构建新发展格局的重要领域和发力点。

"国家、地方等各级政府与物流快递、航空公司等各类企业应通力合作，共同推动货物空铁联运的基础设施规划建设。"全国人大代表，四川航空集团有限责任公司党委书记、董事长李海鹰说。

"希望国家相关部委支持批准成渝地区协同构建空港型国家物流枢纽，支持成渝两地共同培育航空货运公司，从航权、时刻等方面支持两地开辟'一带一路'沿线国家等重点区域全货机航线。"谭平川说。

## 产业协同是民航服务双循环的"加速器"

在现代交通运输体系中，航空运输具有高效便捷、机动灵活、带动力大、国际性强的特点。依托机场发展枢纽经济，成为各地政府实现经济转型升级的重要抓手。

自"十三五"以来，民航围绕推进京津冀协同发展、长三角一体化发展、粤港澳大湾区建设等国家重大战略，深入推进与世界级城市群发展相适应的世界级机场群协同发展，对我国城市群建设以及区域经济一体化发展，起到了积极的助推作用。

全国政协委员、东海航空有限公司董事长黄楚标建议，"十四五"期间，要以粤港澳大湾区为试点，探索解决机场群空域拥堵、资源整合不佳等问题，建立统筹协调、统筹管理、共商共建等机制，创新机场群建设运营模式，形成目标同向、优势互补、措施一体的发展格局。

"优化区域经济布局，促进区域协调发展"，需要构建完善功能健全的现代化国家机场体系，更加注重机场间的协同效应，更加注重以机场为核心的航空服务覆盖范围。需要民航产业与上下游产业、其他交通方式融合发展，与地方经济社会发展深度融合，形成服务构建双循环新发展格局的合力。

民航服务构建新发展格局，产业协同能助力跑出"加速度"。以海南为例，海南资源要素流通更依赖航空运输，独特的地理位置决定航空运输在海南自贸港建设发展过程中将发挥至关重要的作用。全国人大代表，海航集团党委委员，海航创新股份有限公司党委书记、董事长廖虹宇表示，要推动民航产业协同发展，推动民航业与上下游产业和其他交通方式、与地方经济社会发展深度融合。海航将对接长三角经济圈、粤港澳大湾区、海南自贸港等国家战略中的民航发展定位，进一步优化航线布局网络，统筹机场综合交通枢纽和机场群建设，推进高铁、高速公路与机场无缝衔接的综合立体交通体系建设。

李海鹰认为，要按照国家建设现代化高质量国家综合立体交通网"全国123出行交通圈"和"全球123快货物流圈"的发展目标，加快建设世界一流民航基础设施，真正发挥机场群增量地面保障资源的客货运输服务能力。

## 真情服务是民航服务双循环的亮丽底色

作为一家积极探索大众化低成本航空发展之路的航空公司，近年来春秋航空平均票价始终保持比行业低30%左右，旅客数也从2015年占全民航的2.98%提高到2019年的3.39%，份额逐步提升。"要让普通百姓享受到民航发展的红利，'飞入寻常百姓家'"。全国政协委员、春秋航空董事长王煜说，春秋航空将紧紧围绕京津冀、长三角、粤港澳大湾区等国家战略，布局更多的点对点航线。

春秋航空的发展是我国航空市场出现可喜变化的缩影。目前，我国低成本旅客运输量增长87.6%，占比9.5%。

"制定促进共同富裕的行动纲要，让发展成果更多更公平惠及全体人民。"今年政府工作报告如是表述。长期以来，民航坚持"发展为了人民"的理念，就是坚持以人民为中心，使人民群众共享民航发展成果，从民航的真情服务中增强美好生活的获得感、幸福感、安全感。

随着进入新发展阶段，我国扎实推进全体人民共同富裕，人民生活品质不断提升，对航空服务以及提升服务品质的需求日益增长。人民对美好航空出行的需求从"有没有"向"好不好"转变。

真情服务将为民航服务双循环涂抹亮丽底色。东海航空将立足"出行即服务"，应用旅客出行定制化和一键化技术，加强与旅游、购物、餐饮等服务企业合作，设计更多品类的"航空+"服务产品，提升旅客出行体验，提升服务品质。"民航业在服务方面要进一步突出特色化的优质服务，增强人民幸福感，实现分类安检、智能中转等，让'机场—飞机—机场'也成为旅行的一部分，让飞机不再是单纯的出行工具。"廖虹宇说。

中国经济社会已经取得了辉煌的成就，全面实现现代化还有相当长的路要走。站在新的历史交汇点上，民航业将继续担当作为，求真务实，汇聚起服务构建双循环新发展格局的磅礴之力，为多领域民航高质量建设而奋斗，在全面建设社会主义现代化国家新征程中作出更多的民航贡献！

（刊载于2021年3月12日《中国民航报》　记者　肖敏　陈轩棋）

# 科技赋能　建设智慧民航

中国民航报

2021年6月，以"科技赋能　智慧民航"为主题的智慧民航科技创新论坛在成都举行。论坛发布了科技部与民航局共同签署的《中国新一代智慧民航自主创新联合行动计划纲要》。

在此次论坛上，多名院士专家分别就智慧社会、数据治理、民机技术、系统科学等作了专题演讲，本报对部分演讲内容进行了摘编，以飨读者。

## 民用飞机先进技术展望

**中国工程院院士　中国商飞首席科学家　吴光辉**

我今天从飞机的角度谈一谈怎样适应未来民航的发展。

第一，随着智慧民航的建设，大飞机的发展前景光明。习近平总书记说："我们要做一个强国，就一定要把装备制造业搞上去，把大飞机搞上去，起带动作用、标志性作用。中国是最大的飞机市场，过去有人说造不如买、买不如租，这个逻辑要倒过来，要花更多资金来研发、制造自己的大飞机。"同时，国家也提出对未来转型的新要求、新业态，包括对科技人员的"四个面向"。在"十四五"和到2035年的科技规划中对大飞机、民用航空、枢纽建设、通航，都有很好的长远规划。这些国家战略转型是民航未来发展的一个机遇。

第二，全球的科技进步带来了很好的机遇。高技术产品更新换代速度加快，一代一代的新材料、新电子、新技术，包括卫星通信等，对大飞机、民航有很大的影响。同时，各发达国家纷纷实施"再工业化"，美国重返装备制造业，欧洲和美国都提出了新的航空发展方向。此外，新一代信息技术和制造业的深度融合、跨界融合交叉技术，将给民航、民用飞机提供新的机遇。

第三，我国未来民机的发展，产品谱系会进一步健全。国家民机未来发展一定是谱系上的完善，同时还会出现超音速客机。产品谱系的发展会对我们新技术的发展产生推进作用。

第四，产品市场的竞争格局产生新的变化。第二次世界大战后，全球有58个飞机制造商，大约有88款喷气式客机，最后只有波音和空客发展得比较好。日本做支线机也很困难，我国ARJ21现在已经交付给客户50多架飞机，日本MRJ和ARJ21同期启动，但MRJ到现在连试飞都没做完。

第五，国际复杂形势会催生新挑战。对我们来讲，有产业链、供应链安全稳定问题，还有一个自主问题。实现关键新技术、新材料等的自主可控，就是要建立安全稳定的供应链。

第六，疫情对民航业的影响。我认为，疫情过后，航空业会有一个暴发性的增长，一定会对我们的业态产生新的影响。

第七，对未来航空发展非常有信心。商飞预测，2039年我国民用飞机将会达到接近1万架，全球将会超过4万架。按照这个发展速度，最早在2025年，最晚在2030年，中国会成为航空运输第一大国。将来在飞机市场、航空市场，我们也将成为第一，智慧民航建设将为未来民航的发展打下基础。

下面介绍一下民用飞机发展趋势和核心技术。商用飞机不同阶段发展的指标要求不一样。未来智能飞机是技术升级加融合技术，一个是航空技术的提高，比如气动减阻、新型动力、降噪、新型发动机、新型材料、航电、多电这些技术的发展。第二个是融合技术，比如区块链、5G、北斗导航。很多跨界多学科结合，打造"六性指标"，就是安全性、经济性、环保性、舒适性、智能性、快捷性。

另一个就是在先进智能制造方面，我们实现了"六个一"，第一个"一"是全球第一个工业园区，第二个"一"是5G全连接工厂，第三个"一"是基于5G的新型工业互联网平台，第四个"一"是5G的工业创新应用场景，第五个"一"是5G工业创新智力成果，第六个"一"是全产业链的5G制造创新生态。

在智慧运营方面，例如说等效的目视飞行，充分利用合成视景系统在图形化显示、精确导航、多维度态势感知等方面的优势，提升低能见度进近、着陆和起飞的能力。在滑行阶段，AeroMACS加5G、红外、雷达感知、北斗，实现车、人、障碍物、飞机间的避撞。在巡航阶段实现对飞机周边态势的感知、行为的预测、航道的切换、实时的增强、自动决策有人干预、无人飞行有人值守灵活的航路管理等。在进近落地阶段，实现跑道周边态势的感知、进近的安全评估、复杂环境下着陆等，还有雷雨精确规避等。

还有就是我们如何准确地判断尾流，缩短起降间隔时间。比如红外能不能测尾流，然后有粒子流的测试，使间隔缩短。在民机智能的运营维护方面，飞机在空中有问题，系统就能智能监测到，飞机一落地，备件就到了，马上更换，不会影响下一个航班，这些基本上都可以实现。在通航方面，无人货运将来有很大的发展空间。

第三个方面是对未来产品的预测。可以预见到2025年可能会有超音速飞机出现。同时，新能源方案也会对航空业产生影响。面向大众的城市化的出行和飞行，会出现多样化的立体交通，远途采用超音速、大型飞机，短途采用"城市飞的"或无人汽车。

航空业发展到现在，人类对于飞行梦想的追求从未停歇。大飞机承载着国家和人民的梦想，相信未来民航一定会有更好的发展。

# 从智慧社会看智慧民航

**中国工程院院士　北京理工大学校长　张军**

今天我交流的题目是"从智慧社会看智慧民航"，分别从智慧社会的发展、智慧的科技赋能和智慧民航的展望3个方面进行交流。

智慧社会的典型场景包括智慧交通、社会治理和应急管理。智慧交通核心的顶层境界就是自主化。在共享交通模式和智能信息技术的基础之上，城市出现了全新的交通理念，即"出行即服务"。"出行即服务"的关键宗旨是以人为本，在这种模式下，未来交通的出行链、信息链、服务链将实现"三链合一"。第二个新的交通理念是人车路协同，即使没有红绿灯，行人、车辆仍然能够自行组织穿过马路。另外，以"平安、智慧、绿色、综合"为主旨的空间立体交通作为一种新的城市规划模式也在如火如荼发展。

那么，我们依靠什么来实现这些应用？答案是智联网。

智联网的构架无论从横轴看还是从纵轴看都可以包括4层，从纵轴看包括感知、网络、计算与服务，从横轴看包括新材料与多功能器件、物化电融合与微系统集成、能源信息的一体化与个体群智混合演化。

对于感知，现在被称为无感嵌入，主要涵盖个人可穿戴和工业可穿戴，个人可穿戴的一个例子是一个人戴上手表就可以知道体内的微生物情况，这叫作非侵入式生物相容。在航空领域，生物传感可用于机场快速安检，监视雷达可用于场面活动监视，气象雷达能够做高空气象探测，这些应用能够使得航空感知多尺度、复合化和精细化。

对于网络，在航空领域备受关注的是天空地一体化网络，通过宽带泛在网与天临空地的一体化可以看出，航空网络的未来是宽带、泛在、灵活与可伸缩的。

对于计算，我们要特别重视社会计算。民航常旅客就是我们最基本的一个社会计算。如果民航的出行能实现社会计算，我们的智慧民航才能真正做到"出行即服务"。

对于服务，核心是知识发现与推理，继而提供最好的服务。以交通的智慧服务为例，可以分为3个方面，第一方面是多元融合与分级调整，第二方面是按需匹配与跨界使用，第三方面是多样化的人机交互。由此可见，航空服务的未来是由群体级到个人级的一种消费和服务。

从智联网架构的横轴看，新材料与多功能器件具有非常重要的意义，例如纳米柔性器件能够阻燃、防除冰，嵌入式量子芯片能够实现可靠、高精度的飞机健康检测，自愈合复合材料具有耐损伤、自愈合、成本低廉、安全可靠的特点，可以用于飞机的电子皮肤。物化电融合与微系统集成包括耐高温、微型轻量、储能性能佳的聚合物介电材料和结构简单、成本低廉、环境友好的摩擦电微马达，这些新技术使得汽车在行驶过程中自身就可以发电。此外，物联信息的获取需要精细化探测、高精度管理。很多航站楼可以采用再生能源实现能源信息一体化以及跨域协同。

下面讲讲中国民航为什么要向智慧民航方向发展。

民航局局长冯正霖在2019年民航发展论坛上指出智慧民航包括4个方面的基本特征，即"全面感知、泛在互联、人机协同、全球共享"，这与智联网是一脉相承的。中国民航未来要打造立足于智慧出行、智慧物流、智慧运行、智慧监管这4个场景的智慧民航系统，从而实现"五个一"的民航发展目标。

有了智联网后，我们要有新型的载运工具，要有新型的智能基础设施和我们下一代的智能运行服务。

载运工具包括空天飞机，集飞行器和太空运载工具及航天器于一体，打造真正意义上的地球村。还有翼身融合飞机及新能源飞机。

智能基础设施主要包括航空宽带通信，即机场AeroMACS、航路LDACS和下一代卫星通信。还有空事卫星系统AVISAT，去年北航发射了我国第一颗空事卫星，开启了空事卫星的新时代。北斗民航应用是国家的重大战略，现在北斗的所有技术程序都完成了，正在推进北斗卫星导航标准成为国际工业标准。

下面讲讲智慧运行，第一个是智慧机场。机场一定要用好地下空间，解决场面人、车、机混行问题。另外一个就是要做到"三无机场"，无人、无车、无干扰，真正享受共享服务。同时，航站楼也要实现全方位的旅客智慧服务，推进四型机场建设。

第二个是智慧空管，其核心在于基于性能的五维空管，如果基于性能实现得好，航空器间隔就可以缩小，使得整个空管真正做到自主安全高效。另外还要实现有人/无人航空器的混合运行。空管以后要做到"无为"运行，达到自主运行的最高境界。

第三个是智慧航企，包括智能排班、智能调度、电子飞行包等，要做到运行更安全、更精细、更科学。另外，要对每个飞行员建立智慧画像，提供更聚焦的智慧服务。

第四个是智慧监管，核心要数据做加法，流程做减法，融合做乘法，运维做除法，包括数字化的监管、大数据监管以及无人机的监管，要无治而治、无安而安。

第五个是智慧出行，包括无等候安检、飞行编队等新业态，实现全流程的定制化、个性化、多样化智慧服务。

最后是智慧物流，包括水—陆、公—铁、空—地的联运，以后无人机加入后，就可以实现空天地一体的立体化物流目标。

## 数据治理新功能　智慧民航新发展

中国工程院院士　中国电科首席科学家　陆军

此次智慧民航科技创新论坛确定了战略目标：到2035年、2049年，在国家的领导下，在民航局和科技部的引领下，各单位团结起来解决民航的科技产业现代化问题。但民航的科技产业到2049年能不能实现世界一流？这还是有难度的。

从智慧产业体系来说，我国民航科技产业经过长期发展取得了很多成绩，但客观来说美国、欧洲仍处在领先位置。怎么打破美国、欧洲科技产业体系非常关键，我们一方面要实现科技产业的现代化和世界一流，另一方面还要解决当下产业体系比较弱的问题。

我们能否通过自身的努力，将先进的民航科技产业体系建立起来？这个问题需要回答。我认为我们有这个能力。国家发展的大环境是天时，民航领域推进现代化一流建设是地利，希望能够与在座单位合作，实现民航内循环体系，这不仅是科技问题，更考验大家的智慧。解决好这一问题，才能实现民航智慧发展的总目标。

我主要分享3个方面内容。一是我们的实践。中国电子科技集团有限公司是国防战线的主力军，有46个国家研究所、22万名员工、11名院士，有11个上市公司，世界500强排名第383位。

现在我们覆盖了系统装备、信息平台、集成电路以及基础研究等电子信息全领域，在行业领域里自顶到底包含全要素。我们现在突出"军工电子主力军，网信事业国家队，国家战略科技力量"三大定位。

在民航方面，40多年来我们一直在为中国民航信息化事业努力，从1975年建设雷达终端到1985年参与空管1号工程，从华北流量管理系统到建设全国流量管理系统，从参与大兴机场建设到打造智慧淮安机场样板工程，中国电科始终与中国民航同心同行。2018年，中国电科与民航局签订了战略合作协议，2019年吴曼青院士参加了中国民航发展论坛。最近双方又签订了深化战略合作框架协议。

现在不仅在民航层面，我们还全面支撑推进国家治理。去年疫情期间，我们做了几件事。第一，大家现在手机里的健康绿码是我们集团公司首创的。去年1月20日，我们快速推出了"绿码"，运用大数据精准管理。在司法实践的过程当中，通过大数据支持，实现了智慧司法。在城市治理和社会管理中的数据治理方面，我们也开展了很多实践。

民航的未来，瞄准的是2035年、2049年两大目标，但是"十四五"尤为重要。我认为，到2035年民航要实现现代化。现代化的民航是成体系的，而且这个体系自主可控，科技产业都要实现这样的目标。到2049年，民航要实现世界一流。这两个目标的实现难度是很大的，肯定要把数据治理作为最关键的要素，实现智慧民航数据治理体系。

现在我们的处理能力、算力已经很强了，数据非常多。但海量数据并不代表海量智慧，只代表我们有资源，混乱的数据并不能代表智慧。数据要变成智慧，从无序要变成有序，从简单的有解要变成全局性的优解，而数据是智慧的桥梁。

民航要在数字政府、数字经济、数字社会里面践行智慧民航的建设。智慧民航建设一定要落实到我们自主可控的科技产业体系中，要变成下面8张图，包括全景视图、能力视图、运行视图、信息视图、系统视图、服务视图以及标准视图，最后这个视图还得要不断演化，这样才能实现。那么，还要有一整套工程实现的理论，包括系统论、控制论、信息论和协同论。

我们提出了智慧民航数据治理的解决方案，是一个三层两翼的架构，中心就是信息处理，要抓住数据处理，底层是民航建立的智联网，上面是智慧开放的应用。所有美好愿景要实现，都在智慧开放应用上，同时网络安全和运行维护也必须在。

在治理新思路方面，中国电科希望能够团结国内所有电子信息行业的产学研单位和政府，方方面面团结起来解决这个问题。

一是达到数字政府的要求，民航局要实现整个民航的智慧治理，不仅仅是内循环，还要与世界交流，要引领世界发展。我认为，"十四五"到2035年主要是以内循环为主，但是同时要考虑外循环。提供出行安全便捷的飞机只是一个载体，整体的运行体系能力才是第一。

二是数字社会，这里主要讲民航业务单位。比方说大兴机场，我们做了机场里整个业务流程的梳理优化，大兴机场不仅仅是民航围墙内的事，临空经济区也要发展，要上升到数字社会这个层次。

在信息手段应用之后，业务流程变化非常多，从飞机落地到起飞，所有的系统都要能结合起来，我们现在集成方式要从传统的以智能中间件为核心的框架结构转向微服务架构。服务要素里面关键的还是数据，数据集成起来不仅支撑机场的管理服务，还要支撑地区运营管理。

民航局数字治理的全域逻辑必须做顶层规划。所以，我认为各个地区都要融合在民航局的整个治理体系中。我认为共商、共建、共治、共享很重要，这里面最关键还是要构建民航数据资源应用体系，应用能力强了之后，我们就能支撑全行业的智慧治理。

中国电科愿意联合一切创新力量，为我国的智慧民航建设作出贡献，为我们2035年能够形成自主可控的民航科技产业创新体系、实现真正一流的民航科技产业体系作出贡献。

## 从更高起点谋划智慧民航未来

**国际宇航科学院院士　中国航天系统科学与工程研究院院长　薛惠锋**

钱学森曾说过，不同的学科只是人类从不同的角度去认识和改造客观世界。物理学是从物质运动的角度、社会学从社会演进的角度、系统科学就是从系统的角度去认识客观世界，以系统为研究对象。正如1 000个人眼中有1 000个哈姆雷特。每个人对民航都拥有各自的观察视角和认知体系。

如果把民航业作为一个系统，就要考察民航系统的系统结构、系统功能和系统环境，这就要求我们不能"就民航论民航"，而是要"跳出民航看民航"，用大系统观剖析和解读它，以"会当凌绝顶"的战略高度一览民航众山小。从系统环境来看，民航业属于一个更大的系统——交通系统——之中，空中交通与地面交通、海洋交通、太空交通共同构成了一个复杂的交通体系。就在上个月，美国有5个州与NASA签约，考虑将空中交通融入现有交通体系之中，这为能够垂直起飞的"飞行汽车"前期试验创造了条件，开始让原本相对独立的地面交通与空中交通朝着一个更加体系化的方向发展。当我们聚焦到空中交通系统的时候，其中包括了各类飞行器，从用途看，民用航空又与军用航空、通用航空一同构成了空中交通系统。让我们将视角再次聚焦到民航系统本身，它是一个囊括了几十亿人，成千上万家航空公司、机场、飞机及零部件制造商、服务商和政府监管部门等多主体、多要素、多层次的开放的、复杂的、巨大的民航系统，是典型的人—机—环境系统工程，需要综合考虑人（旅客等）、机器（飞行器等）、环境（航线资源等）等核心要素的布局与优化。

自改革开放以来，我国航空运输市场始终保持强劲的增长趋势。目前，我国境内运输机场（不含香港、澳门特别行政区和台湾地区）达到240多个，民航旅客周转量在综合交通运输体系中占比已达到1/3，成了继铁路之后的第二大交通运输市场。据国际航空运输协会预测，中国有望在2024—2025年跃升为全球最大民航市场。随着民航行业的规模不断扩大、安全水平不断提升，民航运输服务实现了由小到大、由大到强的历史跨越。面向未来，民航局发布的《新时代民航强国建设行动纲要》为我们清晰指明了民航高质量建设的目标和重大战略部署。以目标导向、结果导向、问题导向来看待民航系统，我们可以看到，民航业正在经历转型发展的攻坚期，正从大规模生长的1.0时代过渡到高效益发展的2.0时代，从注重规模走向注重效益，从小众化走向大众化，从局部化走向国际化。

如果将民航1.0时代的发展成效看成一颗颗美丽的珍珠，那么民航2.0时代就要将精美的珍珠连成一串美丽的"项链"，让民航实现1+1＞2的整体效能最大化、最优化，实现民航高质量的建设目标。串起项链的线是什么？在我看来，就是科学、理性、公平、合乎法则的组织管理模式。

既然我们看到了民航业发展的"彼岸"，就需要立足当下，找到"此岸"与"彼岸"的差距，方能对症下药，药到病除。从技术层面看，航空发动机等核心部件的"卡脖子"问题没有解决，大数据、人工智能缺乏底层算法等一直没有突破。但是我今天的重点并不在这些问题上，而是从管理入手。在我看来，智慧民航的核心并非在于技术，技术问题最终也需要诉诸管理。所以，管理是能够串起珍珠的那根"线"。

只有在发展中解决了民航的问题，民航高质量建设才更有底气，脚步才能更加铿锵。

第一，空中管制成了"万能借口"，军用和民用的航线资源矛盾尚未解决。第二，数字建设成了"万能钥匙"，各子系统间的耦合矛盾仍未解决。第三，用户体验成了"万年难题"，需要化解用户体验与经济效益的供需矛盾。

"现实如此，并非理应如此"。从更高起点上布局民用航空的发展，需要坚持系统观念、运用系统思维，让分散化、碎片化、层次繁多的千千万万个体系融为一体。这呼唤一种新的科学方法和管理方式。

30年前，钱学森指出："新的科学方法是什么？我想，那就是我多次讲的，从定性到定量的综合集成法，这是目前我们研究处理像社会这样一种开放的特殊复杂巨系统的唯一有效的方法。"这不仅有理论的创新，更有实践的突破。概括起来，有"三大里程碑"。

一是从实践探索到理论创新。1978年，钱学森等人具有划时代意义的思想理论文章《组织管理的技术：系统工程》问世。

二是从工程系统到社会系统。1986年，钱学森在十二院的前身之一航天710所创办了"系统学讨论班"。在这个班上，他创造性地提出了"从定性到定量综合集成方法"。

三是从科学大师到思想巨擘。1990年，《自然》杂志发表了钱学森等人的《一个科学新领域——开放的复杂巨系统及其方法论》。

在钱学森智库的努力下，"钱学森综合集成研讨厅"已发展形成了"六大体系、两个平台"的完整架构，涵盖思想库体系、数据情报体系、网信体系、模型体系、专家体系、决策支持体系，以及机器平台、指挥控制平台。这套体系将有助于统筹军用、民用、通用航线资源，统筹国资、民企、外企航运服务，统筹天上、空中、地面运输工具，打造未来的"天空之城"。

一是打造"空中交通管理驾驶舱"，实现军用、民用、通用航线资源全域统筹、全局最优。二是建设"民航战略管控驾驶舱"，实现国资、民企、外企航运数据"集大成、得智慧"。三是构建"技术体系管控驾驶舱"，着眼未来的太空旅行和洲际飞行，实现天上、空中、地面运输工具深度融合。

（刊载于2021年6月17日《中国民航报》）

# 民航的"绿色智慧"

## 中国民航报

"零碳未来"离我们还有多远？从世界范围来看，如今，全球脱碳进程已进入加速期。我国自2020年9月提出"双碳"目标以来，"碳达峰""碳中和"连续两年被写入政府工作报告，"可持续发展""减碳"等理念已深入人心，各地各部门均出台了行动方案、时间表和路线图。与其他行业一样，绿色低碳同样是民航业面临的生存与发展问题。今年初，民航历史上第一部以"绿色发展"命名的规划——《"十四五"民航绿色发展专项规划》（以下简称《规划》）——印发，明确提出要以实现碳达峰、碳中和"双碳"目标为引领，推动民航发展全面绿色转型。让民航绿色发展"底色"更浓、"成色"更足，中国民航正在探索一条绿色发展新道路。

### 新技术 从源头治理减少排放

最近，"创新型减碳"受到不少人的关注。事实上，通过创新的技术、工艺、方法等，实现低碳、零碳甚至负碳排放，也是民航业为实现"双碳"目标而选择的减碳路径。

从全球范围来看，与能源、化工、钢铁等排放大户相比，航空业的碳排放具有增速快和跨区域两个典型特征，是降碳减排的难点和重点，这也与航空运输主要依赖燃油有很大关系。因此，我国各航空公司、空管部门等围绕飞行进行了一系列减排实践。

如今，"绿色飞行"已成为各航空公司不约而同的选择。截至2021年底，全行业共有运输飞机4 054架，比2020年底增加151架，其中客运飞机新增139架。为了让飞行更节能，各航空公司积极引进燃油效率较高的新型客机替代油耗更大的老旧机型，提升了我国民航机队整体燃油使用效率。2021年10月12日-12月10日，东航及旗下上海航空在上海始发前往北京、广州等国内航点的13条精品航线、共780余个航班上实现燃油的"全生命周期碳中和"；南航实施精益飞行，细分计划、起飞、巡航、下降、滑入各阶段，从19个节油点监控每个航班、每个飞行动作，实现飞行全流程精细化管理；九元航空的飞机采用新式国产座椅，每个座椅可减重约2千克，一架飞机180多个座椅减重近400千克……发动机节油升级改造、为飞机加装翼尖小翼、为飞机减重等举措都在帮助航空公司有效降低飞机燃油消耗，减少碳排放。

随着可持续航空燃料生产技术不断成熟，使用可持续航空燃料也成为减少碳排放的绿色发展路径之一，且潜力巨大。2011年，国航加注由中国石油与霍尼韦尔UOP合作生产的航空生物燃油，进行了首次可持续航空燃料验证飞行；海航于2015年3月21日完成了国产生物航煤国内首次商业载客飞行，于2017年11月21日使用国产生物航煤进行国际首次跨洋商业载客飞行，这两次飞行使用的都是中石化炼制并经民航局适航审定的1号生物航煤。在"双碳"目标下，可持续航空燃料应用已是大势所趋。

为了让飞行更顺畅，空管部门也在全力以赴：协调优化空域结构，加快推广ADS-B、四维航迹等新技术，通过协同决策系统（CDM系统）提升管制运行效率，节能减排效果显著。记者了解到，京广空中大通道今年5月19日全面建成启用后，北京至香港、深圳、珠海、澳门等地航班单程可缩短约125公里里程，全年可缩短约318万公里里程，节省燃油约1.7万吨，减少碳排放约5.4万吨。

在国内，各大机场也正加快节能减排步伐。以行业最高标准打造的绿色机场——北京大兴机场和成都天府机场，在诞生之初就确定了绿色低碳的基调。北京大兴机场停车楼投建的太阳能光伏发电项目投用后，预计每年可节约标准煤1 080吨，减少二氧化碳排放3 040吨；成都天府机场可实现241个机位飞机APU替代设备全覆盖，空侧电动车比例超80%，陆侧充电桩数量达2 300余个。

"为了打赢蓝天保卫战，国内各航空公司和机场采取多种创新措施因地制宜、各有所长。"中国民航大学助理研究员吕继兴告诉记者，"其中一些优秀范例可以逐步推广开来，以我国民航的发展体量，积少成多，节能减排效果将十分显著。"

## 新系统 协同联动打造绿色民航

实现碳达峰、碳中和是一场广泛而深刻的经济社会系统性变革。强化5G、北斗、大数据、人工智能等数字技术对民航绿色发展的赋能，能够推动民航业发展方式转变，引领行业高质量发展的新常态。

在"双碳"目标下，大数据节能减排对民航业发展起到巨大作用。在南航，其自主研发的航油大数据管理应用平台"航油e云"正持续发挥效能——通过物联网技术整合航班加油数据，2021年，"航油e云"实现航班加油时间节约17%；研发节油大数据平台、飞行员EFB节油助手，创新全运行链条节油技术，一年累计为其节省航油约8.3万吨。东航2021年6月在波音777机队正式启用的电子飞行记录本（ELB），实现了中国民航首次正式以ELB取代纸质飞行记录本。据测算，如果东航全机队实施ELB运行，每年节省的人工和纸张、印刷成本可达2 000万元以上。

先进技术是点，而数字手段则能将点连成线，强化各环节协同联动。如今，系统数字化转型正不断拓展绿色民航的内涵和外延，推动民航业实现可持续发展。

实现了空管、航空公司、机场等信息共享、高效协同、态势感知、智慧决策的机场协同决策系统（A-CDM），通过数字化将物流信息平台系统、旅客分布系统等机场内部业务系统与空管CDM系统、空管TOMS系统等外部系统的信息集成至统一平台，提升了机场航班放行效率和地面资源利用率，实现了更节能、更高效的航班运行。目前，我国已有41个千万级（含）以上机场以及一些中小机场建成使用A-CDM系统。2019年，全国27个机场的放行正常率大部分超过80%；22个机场平均地面滑出时间较上年缩短，郑州、贵阳等12个机场缩短超过1分钟。运行效率的提升，让民航发展更加绿色低碳。

在吕继兴看来，绿色发展理念已经融入民航高质量建设的各领域和全过程。"通过航空器节能减碳、提高空管效率、绿色机场建设等，建成了从地面到空中、从场内到场外、从生产到管理、从行业到产业的绿色发展新模式。"

如今，在绿色理念助推下，我国机场正朝着客货流、能源流、数字信息流适配统一的方向前进。在首都机场附近的西湖，1 350平方米的光伏发电板漂浮在水面上。这个"光伏+储能+应用"一体的项目，设计容量为81.84千峰瓦，储能容量为400千瓦时，预计全年发电量可达9万千瓦时，可供10个高杆灯工作2 500小时，节约的电量折合电费约10.2万元，能有效帮助首都机场调节峰谷用电。与此同时，首都机场持续优化行李、捷运、照明等系统运行模式，推行行李系统分区节能运行模式，2021年系统能耗较2020年下降21.5%，单件行李平均能耗下降13.9%。最近投运的鄂州花湖机场则是采用BIM和数字化技术建设的机场，将设计图纸、标准图集、验收规范、施工方案等信息整合到一个BIM中，建成了4 000多个模型，项目精细化管理使工效提升了2.67倍、工期缩短了2个月。济南遥墙机场通过优化航站楼空调系统、精细管理泛光照明系统等，根据客流量分布情况实现了对航站楼内设施设备和能源消耗科学管理。

## 新未来 智慧赋能可持续发展

"十四五"时期，绿色低碳是民航业增强生存力、竞争力、发展力、持续力的重要内容。

近年来，民航局先后印发《关于加快推进行业节能减排工作的指导意见》《民航贯彻落实〈打赢蓝天保卫战三年行动计划〉工作方案》《关于深入推进民航绿色发展的实施意见》《"十四五"民航绿色发展专项规划》等文件，指导民航节能减排工作。与此同时，民航局陆续出台了《绿色航站楼标准》《民用航空飞行活动二氧化碳排放监测、报告和核查管理暂行办法》《绿色机场规划导则》《民用机场绿色施工指南》《民用机场航站楼能效评价指南》《航空承运人不可预期燃油政策优化与实施指南》等规范标准，推动行业实现绿色转型。

数据显示，"十三五"末，中国民航燃效水平较2000年提升近30%，累计减少二氧化碳排放约3.6亿吨；中国机场电气化率近60%，场内新能源车辆占比16%，飞机APU替代设备安装率、使用率均超过95%，机场光伏项目年发电量超2 000万千瓦时。"推动绿色发展上线，才能为'十四五'时期甚至未来更长一段时间内我国民航业的发展打造更大发展空间。"吕继兴说。

2022年初，民航局印发《智慧民航发展路线图》，明确将"绿色低碳，集约高效"作为智慧民航建设的六大基本原则之一，各阶段的发展目标也都包括绿色发展内容。如在2025年五大建设目标"运行效率大幅提升"中提出了"可持续发展能力明显提升，单位周转量航空碳排放下降5%"的目标要求，在2030年建设目标中提出了单位周转量航空碳排放明显下降，2035年则是要全面支持民航可持续发展。

攻关绿色核心技术，探索绿色运行方式，壮大民航绿色产业，航空公司、机场等正积极打造"民航＋绿色低碳"生态圈。在2021年ESG报告中，国航、东航、南航、海航4家航企均在绿色发展板块提出并重点强调了"双碳"目标。国航披露了实现"双碳"目标的创新性举措——"净享飞行低碳行"，旅客可以自愿选择通过飞行里程或现金支付的方式，参与国内植树造林等碳减排项目，自主实现碳中和飞行；东航着力于航空运输服务过程中的环境和能源管理；南航提出了七大碳中和行动，着重通过优化航路走向缩短飞行距离与飞行时间，减少油耗；海航则大力推进绿色发展相关自主研发能力的增强。

北京大兴机场不仅积极推动APU替代设施建设以及新能源车辆应用，还搭建了蓝天保卫战多系统协同平台，持续加大节能减排力度，打造绿色机场新标杆。今年2月，上海机场集团出台了《绿色机场建设规划（2020—2035年）》，提出了上海机场碳达峰目标、路径和主要任务，构建绿色机场评价体系并制定标准，打造"资源节约、环境友好、运行高效、低碳绿色"的机场，助力上海机场加速进入低碳"新赛道"。

"民航业的绿色转型是一个过程，要稳中求进、逐步实现，不可能一蹴而就。目前我国民航业正处于数字化转型过程中，之后才能实现信息化，最后实现智慧化。"吕继兴表示，"产业与行业互相牵引，才能打造良好的绿色民航发展空间。有实践操作，就会促进相应规范标准制定，并将其推广到世界范围，提升我国民航绿色国际标准制定能力，进一步助力我国实现从单一领域高质量民航到多领域高质量民航的跨越。"

（刊载于2022年8月3日《中国民航报》 记者 张人尹）

# 创新驱动 让发展之路更智慧

中国民航报

当前，世界进入以信息生产和传播为核心的新知识经济时代，新一代信息技术加速迭代升级、融合应用，数字经济引领生产要素、组织形态、商业模式全方位变革，科技创新已经成为事关国家命运的重大战略。党的二十大报告提出加快建设交通强国、网络强国、数字中国，加快实施创新驱动发展战略，这为我国"十四五"时期以及更长一个时期推动创新驱动发展、加快科技创新步伐指明了方向。智慧民航建设是"十四五"民航发展的主线，更是民航高质量发展的主要方向。在此背景下，第二十届民航信息化发展论坛于11月2日在京举办。本届论坛以党的二十大精神为指导，以"创新驱动发展 共建智慧民航"为主题，就立足新发展阶段、贯彻新发展理念、构建新发展格局，推动高质量发展开展研讨和对话。论坛嘉宾分享交流，集思广益，共创未来。

## 信息化 筑牢航空安全根基

当前，我国已基本实现了从航空运输大国向航空运输强国跨越的目标。在这样的背景下，中国民航信息集团有限公司副总经理荣刚认为，过去单纯增加传统要素投入的方式已经难以满足新形势下行业发展的要求，运输规模持续增长与资源保障能力不足的矛盾仍将是行业面临的主要矛盾。要想发展好，必须通过智慧民航建设，破解行业发展难题。

随着智慧民航建设工作持续推进，越来越多的信息系统建成投用，不仅丰富了民航信息系统功能，还提升了旅客服务效率和品质，使民航业务更智慧、服务更人文。与此同时，这些部署在网上的信息系统也不得不面对来自网络的各种威胁和攻击。在中国民用航空局空中交通管理局副局长杨海红看来，如果不重视网络安全，就无法抵御有组织的网络攻击，极有可能导致大规模的运行秩序混乱，影响人民的正常生活。对空管而言，将影响行业运行秩序乃至运行安全，从而危及旅客生命财产安全。

由于业务和技术不断发展，安全管理所涉及的范围越来越大，加之各类法律法规、标准不断出台，对民航信息安全能力建设提出了更高要求。腾讯民航行业安全负责人杨忠表示，网络安全从早期的附加品变成了继网络、计算、存储之后的IP第四大必备品，也成了数字化、信息化、智慧化发展的必要条件之一。

如何利用信息化手段保障网络安全？杨海红介绍，民航局空管局高度重视网络安全工作，将网络安全与飞行安全放在同等重要的地位，空管系统网络安防技术能力持续提升，通过建立安全保护大数据平台，汇聚空管生产系统日常安全监测、网络攻击威胁监测、安全威胁情报等多方、多渠道数据，全面感知网络安全威胁，利用大数据融合分析中心的先进办法和强大算力，在网络安全防、查、管、控4个方面逐步形成具有空管行业特色的方式。

真正给网络装上"防火墙"，给数据流动戴上"安全帽"，才能确保行业信息化发展行稳致远。中国民用航空局第二研究所（以下简称民航二所）依托云防护平台为民航单位提供云防护服务。民航二所提出了"群防群治、情报共享"的理念，深入研究行业一些信息系统的网络安全特征，并在此基础上搭建行业专属的云防护平台。该平台主要分为两个部分：一是民航盾，即为用户提供防护的部分；二是民航云防护态势感知，即综合挖掘分析，对行业整体态势感知提供威胁情报的部分。民航二所高级工程师马勇介绍，通过这一平台，可有效抵御黑客入侵、网页篡改、数据泄露、服务攻击等攻击行为。

## 数字化 助力智慧机场建设

智慧民航建设是行业实施创新驱动发展战略、实现产业高质量发展的重要推动力和主攻方向。今年1月，民航局印发《智慧民航建设路线图》，提出了构建民航大数据管理体系，深化民航大数据场景应用，加强跨部门、跨领域、跨层级数据共享交换和衔接汇聚，打造智慧民航数据底座等工作任务。

而在此之前，2021年11月，民航局发布了《关于打造民用机场品质工程的指导意见》，全面推行现代工程管理，以实现机场工程的数字驱动、生产智能、管理智慧、运行顺畅为目标，打造民用机场品质工程，塑造中国机场建设品牌。

民航局机场司副司长马志刚表示："规划设计是机场的'基因工程'。今天的建设决定了明天的运行，建设的质量直接决定了未来机场运行的安全水平。智能建造是新一代信息技术与工程建造融合而成的新型工程建造模式，将为机场运行注入智慧的基因，决定了机场的未来。"

例如，举世瞩目的北京大兴国际机场工程全面践行数字化建设理念，其创新应用"空地一体化"的全过程运行仿真技术，实现了设计与建设、设计与运营的有效对接。

大兴机场通过智慧化建设取得了一系列成果，包括旅客全流程无感通行、行李全流程跟踪，以及多种交通方式无缝衔接，搭建了统一信息交通平台等。大兴机场信息管理部副总经理刘冠表示，这些成果在让旅客实现快捷出行的同时，也提高了机场整体运行管控效率。

这样的例子还有不少。鄂州花湖机场作为新基建的试点工程，打造了国内首个一次性交付实体工程和数字模型的机场项目，完成BIM（建筑信息模型）1 500余个、构件2 000万余个，首次在机场建设中实现机场全场、全专业的模型融合，证明了智能建造的价值，为行业树立了信心。

在昆明长水机场改扩建工程设计阶段，相关人员针对航站区与工作区的复杂地形，以及接近70米的地势落差，采用BIM进行全方位的地形剖析，分析了全场用地的规划建设条件，研究了建筑物、道路、排水等一系列设计策略；同时，在规划设计阶段就考虑到多种运行因素，将BIM与其他专业分析工具相结合，完成了人流、车流、噪声、节能、应急疏散、施工时序等专业的模拟分析，根据分析结果对设计进行调整，进一步提升了设计品质。

随着新技术和数据不断推动旅客服务的飞速发展，无论是业务创新还是流程创新，机场内各系统之间的业务正前所未有地相互关联起来，旅客出行各环节之间的协同也变得越来越重要。中国民航信息网络股份有限公司机场数字化产品事业部产品总监浦黎介绍，中国航信正在利用人脸识别、大数据等技术，基于合规的旅客授权，为机场提供面向旅客的精准服务能力。这些能力的整合将使未来机场旅客服务或机场全流程出行服务实现全面变革，是很重要的发展方向。

此外，机场间、机场与航企之间、机场与相关民航单位之间的协同也变得越来越重要。例如，跨航企中转旅客需要跨机场的数据互联、流程衔接、业务协同、服务贯通的创新型服务，这对未来民航旅客服务发展也至关重要。所以，浦黎认为，行业不仅需要做到机场内的协同一体化，也需要做到跨机场的协同一体化。机场内和机场间的数字化协同将真正为旅客便捷出行和增值服务提供重要的平台技术支撑。

## 智慧化 培育航空物流发展新动能

近几年，新冠感染疫情对民航业冲击较大，客运周转量和运输量自2020年以来下降明显，但货邮周转量和运输量受影响相对较小，甚至逆势增长，航空物流业迎来了快速发展时期。数字化转型既能为物流企业发展提供更多选择，也能为企业升级创造更多价值。

东方航空物流股份有限公司（以下简称东航物流）在"十四五"期间提出了数字化转型的目标，助力公司成为最具创新力的航空物流主提供商。东航物流科技信息部总经理王岩表示，公司要将核心系统作为数字化建设的突破口。该系统不再是单个处理系统，而是要实现物流订单、监控、资金流一体化，实现物流链生产效率最大化，并协同上下游企业，逐步实现全流程数字化。

航空货运作为现代物流业的重要组成部分，为国际贸易提供便捷、高效的物流服务。机场则是航空货运链条上的重要节点，承担着货物集疏运、安全检查、信息传递、航班保障等重要任务，信息化、数字化应用为机场航空货物业务安全高效运行提供了重要支撑，推动行业不断发展。

郑州新郑国际机场长期以来十分重视航空货运数字化建设。河南省机场集团货运公司副总经理雷红丽介绍，郑州机场先后投资建成了涵盖基础硬件网络、业务操作系统、数据交换总线和对外服务的航空货运数字化体系。

得益于近年来的数字化建设，郑州机场实现了快速发展。2013年，郑州机场正式启用货运系统，标志着信息化的开端；2015年，郑州机场实现了海关信息系统的数据互联；2020年，电子货运试点项目得到批复，郑州机场成为行业内唯一的电子货运试点机场。伴随着信息化程度不断提高，郑州机场年货邮吞吐量也保持了高速增长，从2013年的25.6万吨增加到2021年的70.5万吨，国内排名第六。

回首过去，自1999年创办以来，民航信息化发展论坛在23年里举办了20届。这期间，民航业坚持规划引领，统筹谋划推进，健全平台机制，将信息化发展融入民航安全、运行、服务各个领域。近年来，空管"三中心"正式投运，全国民航流量系统全网运行，民航运行数据共享已经覆盖了行业内311家单位，40个机场试点"易安检"服务，智慧监管体系加快建设，运行保障能力不断提高，旅客出行体验持续提升，民航信息化发展取得了令人瞩目的成绩。当前，持续加快信息化发展，是行业应对疫情、加快复苏的重要举措，更是民航实施创新驱动发展战略、提升核心竞争力的必然要求。

（刊载于2022年11月16日《中国民航报》 记者 陈轩棋）

# 数字赋能　低碳发展
# 空中丝路越飞越宽广

中国民航报

　　腾空而起、直上云霄，辐射全球、咫尺天涯。如今，一条条"空中丝绸之路"正惠及"一带一路"各参与国人民。

　　在2022年9月4日召开的第四届"空中丝绸之路"国际合作峰会上，与会嘉宾围绕"数字赋能、低碳发展——'空中丝路'产业升级新动能"主题开展了富有建设性的对话研讨。"空中丝绸之路"如何助力"一带一路"沿线国家的经贸合作？智慧民航、绿色民航如何建设？低空消费前景如何？我们都能够在峰会上找到答案。

## 架起开放之桥　助力经贸合作

　　2013年9月和10月，国家主席习近平分别提出建设"新丝绸之路经济带"和"21世纪海上丝绸之路"的合作倡议，即"一带一路"倡议。2017年6月14日，习近平主席在会见卢森堡首相贝泰尔时首次提出"空中丝绸之路"概念，明确支持建设郑州—卢森堡"空中丝绸之路"。

　　"空中丝绸之路"是"一带一路"倡议不可或缺的一部分，也是其内涵的自然延伸，更是促进国际经济互惠、多边交流和可持续发展的重要载体。推进"空中丝绸之路"建设，是中国民航参与共建"一带一路"的核心任务。今年4月7日，民航局与国家发改委联合印发《"十四五"时期推进"空中丝绸之路"建设高质量发展实施方案》，在更广阔领域为民航高质量发展赋能。

　　近年来，"空中丝绸之路"建设深度融入"一带一路"建设和双循环新发展格局。面对新冠感染疫情对我国民航业的冲击，"空中丝绸之路"在抗击疫情、航空运输、临空经济发展等领域依旧取得了显著的成绩。

　　2014年，河南民航发展投资集团有限公司成功收购欧洲最大全货运航空公司——卢森堡货航——35%的股权，制定以郑州为亚太物流中心、以卢森堡为欧美物流中心的双枢纽战略，开通郑州—卢森堡国际货运航线，开启了"一带一路"、由路升空的河南模式。河南民航发展投资集团有限公司党委书记、董事长张明超介绍，郑州"空中丝绸之路"从"两点一线"起航，先后开通8条航线，连通美国、中国、欧洲世界前三大经济体的空中经济廊道，有力推动了中原内陆腹地走向开放前沿。目前，河南已经与200多个国家和地区建立了经贸关系，进出口总额多年保持中部地区首位，郑州机场货运吞吐量跻身全球机场40强。

"自疫情发生以来,豫卢两地守望相助,携手抗疫。'空中丝绸之路'稳定运营,不停飞、不断航。全货机频频亮相机场,双向运输大量医疗救援物资,为稳链保供作出了积极贡献。"张明超说。

郑州—卢森堡航线也被卢森堡首相贝泰尔誉为"欧洲的生命线"。卢森堡驻华大使俞博生表示:"虽然疫情对我们产生了较大影响,但疫情防控期间中卢之间的'空中丝绸之路'成为我们的生命线,向欧洲运输了重要的医疗物资。"

无独有偶。塞尔维亚驻华大使玛娅·斯特法诺维奇亦高度评价了中塞"空中丝绸之路"发挥的重要作用:"疫情防控期间,航空货运在运送医疗设备和疫苗方面发挥了重要作用。在疫情最严重的时候,塞尔维亚与中国之间运营了100多架次航班,帮助我们抗击疫情,挽救了人民生命。"

2017年9月15日,海航航空集团旗下海南航空控股股份有限公司成功开通北京—捷克布拉格—塞尔维亚贝尔格莱德航线;2020年,该航线受全球新冠感染疫情影响暂停运营。今年7月16日,北京—贝尔格莱德航线复航,塞尔维亚总统武契奇携财政部部长、交通部长出席贝尔格莱德当地的接机仪式,对复航表示祝贺和欢迎。"两国实现直航对于密切双边关系具有重要意义,直航促进了人员往来和货物流通,推动了服务业发展。"在玛娅·斯特法诺维奇看来,中塞直航不仅有利于两国之间的合作,也将给区域经济发展以及中国与西巴尔干国家之间的合作带来积极影响。

## 数字、低碳双引擎 产业升级新动能

数字、低碳是智慧民航发展的双引擎,也是"空中丝绸之路"产业升级的新动能。

当前,民航数字化进程不断加快,旅客综合出行时间持续缩短。无感安检、快速通关、便捷中转、行李门到门服务等同步实现跃迁式发展,民航出行各环节数字化转型成效显著。与此同时,人工智能、区块链、5G、物联网、数字人民币等技术加速应用,使民航出行服务持续创新。中国民航信息网络股份有限公司副总经理荣刚介绍,该公司旗下产品航旅纵横的用户数已经达到1亿人以上,用户可以享受到精准、精致、精细化的全流程定制服务,内容涵盖旅客行前行后等全流程,民航业服务网络化、自主化正在从规划走向现实。

"多行快,纵行远"。如今,民航旅客出行需求更加多样化,更需要全行业围绕旅客行前、行中、机上等全流程和物流运输全过程定向发力,实现民航出行高质量发展。荣刚表示:"在我们看来,就是要立足智慧民航建设成果,高质量实现多次联运。为实现这一目标,中国航信已经在民航局的支持下启动了中转业务再造,搭建中转旅客服务平台,将全国的枢纽机场、支线机场、通用机场之间的航空网络连通,并同步优化离港、安检、登机、智慧引导、智慧服务、中转衔接、异常处理等环节,提供通关便捷、衔接顺畅的联运体验,助力'干支通,全网联'目标实现。"

如果说数字化是推动民航产业升级的必要手段，那么绿色民航则是行业发展的必然趋势，也是迫切需要，更是民航企业的责任所在。

2020年，我国首次提出"双碳"目标，即力争实现2030年前碳达峰、2060年前碳中和。2021年，国际航空运输协会提出，全球航空运输业将在2050年实现净零碳排放。同年，国际机场协会欧洲峰会宣布，其成员机场将在2050年之前实现净零碳排放，其中90个机场承诺在2030年前实现净零碳排放。

实现"双碳"目标是一场广泛而深刻的变革。民航业是我国首批被纳入全国碳交易市场的八大重点行业之一，民航局制定了全面系统创新驱动、效率优先开放融合的《"十四五"民航绿色发展专项规划》。

在本届峰会上，由中国航油集团国际控股有限公司执行董事、总经理冯海先生发起倡议，"空中丝绸之路"国际合作联盟携手全球生态可持续发展联盟，正式举办"零碳机场及园区"全球30人论坛（以下简称"30人论坛"），主动融入碳达峰、碳中和带来的深刻变革，推动行业绿色发展。"30人论坛"成员包括民航绿色产业相关组织及个人，其中不乏世界500强知名企业和前沿科技领域专家。"30人论坛"在峰会上启动"净零空中航线"及"零碳机场及园区联合实验室"等试点项目，推进建设机场本身碳中和、飞机运行碳中和以及旅客旅行碳中和示范工程。

此外，中国航油还与英国石油公司航空部（Airbp）签订了"净零空中航线"战略合作备忘录，将通过技术创新、运营优化、生物航油混掺、碳交易等措施，打造"净零空中航线"，建设生物航空港，逐步扩大生物航油应用规模。

绿色发展是全球民航业共同的课题。国际民航组织亚太地区办事处主任马涛表示："全球合作从未如此重要。"他建议世界各国通过立法支持民航业脱碳并促进投资，鼓励绿色设施应用和创新；飞机和航空发动机制造商应迅速研发出革命性技术以减少航空器的二氧化碳排放；机场需要做好为航空燃料提供清洁能源的准备，燃料生产商则需要加大力度生产可持续航空燃料。

空客中国公司客户服务战略、业务发展及运营副总裁胡永东的演讲则展现了飞机制造商的努力："在设计方面，我们努力提高飞机的燃油效率，研发新一代发动机。在供应链方面，我们采用对环境影响较小的原料，倡议和动员上游供应商一起打造绿色供应链。在生产领域，我们遵循国际ISO制造标准，尽量节约能源，以减少在制造、生产领域对环境的影响。"

## "通用航空+人工智能" 推动新一轮消费革命

古代丝绸之路是贸易往来的象征，惠及沿线各国广大消费者，今天的"空中丝绸之路"，也正在消费端发力。中国航空学会理事长、中国航空工业集团公司原董事长林左鸣在峰会上提出了五轮消费革命的观点。在他看来，我国改革开放40多年经历了四轮消费革命：第一轮是家电进家庭，把中国带进了电气化时代；第二轮是购买商品房；第三轮是智能手机进家庭；第四轮是私家车进家庭。他认为，接下来的第五轮消费革命可能由"通用航空+人工智能"引领。

林左鸣设想，今后很多家庭都可以购买无人机这样的消费型通用航空产品。"现在我们到超市买东西，需要拎袋或者推车装东西。今后我们去超市，只需要一架具备面部识别功能的无人机跟着我们飞，它不仅能载货，还能把我们买的东西运回家。"在他描绘的消费场景中，人们看到了更多通用航空器的身影。

"随着无人机的广泛应用，无人机在通用航空领域的优势越来越多地呈现出来。"中国民航科学技术研究院民航运行技术研究所所长、民用无人机检验中心主任陈新锋介绍，2019—2021年，使用无人机进行电网巡线从50%的作业替代率提高到了90%。在农林植保方面，新疆、河南、黑龙江等农业大省（区）的无人机作业渗透率达到了90%。

通用航空在物流领域的应用也与我们的生活息息相关。设想未来快件、外卖不再由快递员、外卖员挨家挨户送上门，而是靠无人机送到各家的阳台或窗台。林左鸣认为，要让这样的消费场景变成现实，重要的是构建大众低空通航天路网。低空通常是指与正下方地平面垂直距离在1 000米以内的空域，根据不同地区特点和实际需要可延伸至3 000米以内空域。

针对这一空域，北京临空国际技术研究院院长马剑畅想了飞行驿站的应用前景。飞行驿站具备灵活、快速、低成本的特点，在满足特定飞行器基本飞行需求的前提下，航空娱乐、飞行训练、航空研学、应急救援等多种业态融合发展，成为一种新型航空综合体。与传统的通用机场相比，飞行驿站投资较少，审批及建设更加快速，其在空中交通、物流运输、文娱游乐、教育培训、信息服务等九大消费服务场景有着广阔的应用前景。

"希望我们不仅有万米高空的民用航空，还有千米之下的通用航空。未来通用航空'空中丝绸之路'建设将围绕'一带一路'国内六大经济走廊，地面采用'房车+通航'的模式，在'海上丝绸之路'则采用'游艇+通航'的方式，打造新的消费场景。"马剑认为，通用航空是建设"空中丝绸之路"的"最后一公里"，未来通用航空在完善立体交通、航空业与其他产业融合等方面都将起到重要作用。

当前，全球经济正在疫情下缓慢复苏。作为国家竞争力的重要支柱，航空业在困局中开辟新局，不断加强中国与世界的互联互通，深化国际经贸合作。在共建"一带一路"的持续引领下，在携手应对疫情给全球发展带来的冲击和挑战中，中国与世界的联系将越来越紧密，"空中丝绸之路"将越来越宽广，必将为世界人民带来更多福祉。

（刊载于2022年9月21日《中国民航报》 记者 陈轩棋）

# 融合发展 构筑大空管时代

中国民航报

空中交通管理是高科技密集和新技术集成行业，也是保障民用航空安全高效运行的"神经中枢"，必须全面贯彻新发展理念，深入实施创新驱动发展战略，从而更好地服务行业发展，服务国家战略。

在全球空中交通最繁忙、保障能力最强的地区——粤港澳大湾区，中国民航保障了2亿人次的年运输量，到2035年这一数字将达到3亿人次。民航旅客出行需求的增加、新出行方式的出现，对空中交通管理提出了更高要求。在近期召开的2022年（第三届）民航空中交通管理科学技术交流会上，有关业内人士和行业专家表示，未来，融合发展将成为空管行业的大势所趋。

## 无人驾驶航空器备受关注

飞行器的出现缩短了洲际出行时间，航空器的出现则拉近了人类与宇宙的距离。

随着航空航天技术不断发展成熟以及成本的降低，邻近空间和亚轨道运行已呈现出常态化和商业化趋势，航空航天的边界正在变得模糊。

除了让人类的探索脚步迈向更远，飞行技术的发展也让运输效率不断提高。目前，全球正发生着一场以无人驾驶交通为代表的运输模式变革，其发展孕育着巨大的潜能和动能。在美国、欧洲的交通发展愿景中，无人驾驶航空器都占有一席之地。在我国，今年6月发布的《"十四五"通用航空发展专项规划》也明确提出，拓展无人机应用领域，引导建立市场化、社会化服务保障体系，大力发展新型智能无人驾驶航空器驱动的低空新经济。鼓励载人无人驾驶等新型航空器的发展，带动城市空中交通快速发展。支持具备条件的地区加快推进无人驾驶航空试验基地（试验区）建设和运行。

大型无人机的出现，将把运输行业的效率提升到全新高度，这一点在物流领域表现得尤为明显。2020年8月，一架大型无人机从宁夏起飞，约一小时后抵达内蒙古，并降落在目的地机场。这是顺丰旗下大型无人机首次完成载货飞行，让大型无人机应用于物流场景成为现实。对物流产业来说，从有人飞行到无人飞行，迈出这一步非常重要。对于市场前景广阔的中国，大型无人机应用于航空物流领域，能有效解决我国偏远地区交通不畅、物流不便、成本高昂、运输效能低下等问题。

尽管大型无人机在生鲜农副产品、医疗用品、应急保障以及高附加值产品运输方面具有重要作用，但要想让其真正释放市场潜力、发挥商业价值，其实还有很长的路要走。其中很重要的一点就是，如何保障无人机在航路上与有人驾驶航空器保持同等安全水平。这不仅需要无人机突破感知/避撞（DAA）等核心关键技术，还需要从场面运行、终端区域、航路航线3个层面真正将其纳入现有空管体系。

对此，国家空域技术重点实验室主任、研究员，中国工程院院士陈志杰认为，在空域管理方面，无人机需要解决3个方面的核心问题：无人机如何应对感知/避撞能力降低？怎样通过技术让无人机驾驶员或者管理者更直观地感知飞行距离、时间、速度等关键信息？有人驾驶与无人驾驶融合的着力点在哪里？

在这3个核心问题中，前两个主要涉及技术发展，第三个则侧重于运行管理。"目前，我们在空域管理方面，将运输航空、军事航空等分开进行规划。然而，从无人机驾驶航空需求方面来看，未来我们必须进行统筹考虑，推行空域统一管理，增强空域管理的整体性，实现分层治理。推动更多航天技术、设施、能力和信息服务民航空管，构建空天地一体化的民航控制系统，实现体系创新，服务全球空管发展。"

## 低空空域发展前景广阔

天空是一个立体空间。与地面交通相比，空中交通显然具有更大潜力。"我们都知道低空空域是一个非常有前景的空间。未来，无人机以及飞行汽车等新型载运工具将在低空空域发挥更大作用。"南京航空航天大学通用航空与飞行学院副院长张洪海预测。

与大型无人机瞄准物流运输市场不同，城市地空交通的需求更加多元。在张洪海看来，"大型城市人口密集、需求更大，具有巨大的经济价值和社会价值。特别是在城市地面交通拥堵不断加剧的今天，如何提升交通出行体验是一个世界难题。目前，大家都在进行地下空间开发，但地下空间资源也是有限的。我们认为，未来，城市交通发展势必向上开发，而对0～500米空间的开发利用已经成为热点研究方向。"

城市空中交通即UAM（Urban Air Mobility），目前，欧美地区已将其纳入先进城市空中交通范围。"由于城市空间有限，UAM的发展基本上是构建以垂直起降为主，以点到点、门对门运输为主的全新立体交通系统。"张洪海表示，一般来说，UAM航空器应该具有自动化程度高、智能化程度高的特点，是未来城市空中交通大众化、规模化、智能化发展的主要工具，因为只有这样才能催生低空经济，产生效益。

如今，不少国家已经开展了UAM方面的实验与探索。例如，韩国计划在2025年建成城市高速公路，划设相关专用空域，引入城市空管系统；巴西则表示将建设更加可持续的城市空中交通生态系统；法国建立了首个垂直机场，计划于2024年巴黎奥运会期间提供相关服务。对于这一前沿领域，中国也在积极布局。2019年，中共中央、国务院印发《交通强国建设纲要》提出，加强新型载运工具研发。瞄准新一代信息技术、人工智能、智能制造、新材料、新能源等世界科技前沿，加强对可能引发交通产业变革的前瞻性、颠覆性技术研究。强化汽车、民用飞行器、船舶等装备动力传动系统研发，突破高效率、大推力/大功率发动机装备设备关键技术。2021年，国务院印发《国家综合立体交通网规划纲要》，提出推进城市群内部交通运输一体化发展，明确要研究布局综合性通用机场，疏解繁忙机场的通用航空活动，发展城市直升机运输服务，构建城市群内部快速空中交通网络。

虽然发展前景良好，但UAM的发展也面临很多挑战。其中很重要的一点是，UAM航空器在城市内部运行时如何保障安全？"UAM产业的发展一定要先有流量，大流量、大规模、大众化才能取得效益。与此同时，作为一种城市交通系统，此类直升机和无人机也必须满足绿色、低碳要求。试想一下，如果直升机一直在头顶上嗡嗡作响，民众肯定无法接受。最重要的一点是，我们需要制定与之相适应的交通规则——一个安全、高效、经济、绿色、规范的城市空管体系。"张洪海说。

## 空中交通或将迎来大空管时代

在人工智能、大数据以及5G等技术的支持下，今天的空中交通网络正变得更加精密化、精细化。随着更多交通载运工具进入大众出行市场，空中交通或将迎来大空管时代。

在大空管时代，融合发展是关键。"无论是大型无人机还是城市地空直升机，其空中管理都是从隔离运行开始的，最终一定会演变成融合运行。"张洪海表示，"发展阶段不同以及航空器自动化程度不同，决定了管理方式不同。一开始，无人机是遥控的、手动的。但随着技术进步，无人机将实现自动起降、智能自主运行。在流量方面，其需求一开始可能比较小，但在商业化运营之后，一定要实现大规模运行。即便达不到地面交通的规模，其也将成为地面交通的有效补充。目前，我们正处于起步阶段，在探索、在研究、在发展。"

与现有民航运输产业相比，大空管时代需要有针对性地解决一些问题。比如，如何解决"城市峡谷"问题？换句话说，在0～500米的城市空间内，怎样才能建立一个全天候的、精密的、不受城市楼宇等建筑干扰的信息管理和指挥系统。再比如，在这些载运工具接入民航运输系统后，如何实现安全高效的管理和运行？就特点来说，空中交通具有很强的计划性和可控性。然而，UAM的特点是实现高密度、大规模、多样化飞行，其灵活、机动的特点如何与现有的空管规则融合、优化，也是一项很大的挑战。

由此可见，融合运行的空中交通是一个全新体系，与传统民航空管系统有很大不同。在张洪海看来，"在城际、城乡发展时，融合运行需要考虑军地民协同"。然而，想要充分展现其潜力，还要考虑航空与地方政府、地方产业的融合。

科技的发展与进步给空中交通管理带来了新可能，也带来了很多前所未有的挑战。对于这些挑战，我们必须用新的发展理念和创新驱动发展战略去应对。

社会发展在提出难题的同时，也不吝于提供解决方案。事实上，与过去相比，我们拥有更多技术手段去应对日益多元的局面。例如，在信息方面，2020年，北斗3号全球卫星导航系统189项性能指标、技术验证全部通过国际民航组织导航系统专家组会议审议，标志着北斗3号全球卫星导航系统为全球民航提供服务的能力得到国际认可。当越来越多的国产核心技术取得突破，越来越多的新技术、新设备投入应用时，中国民航也在更大、更多元的市场上，为更多旅客提供便捷、顺畅的出行体验。

（刊载于2022年8月24日《中国民航报》 记者 王艺超）

# 四维航迹：精细化管制"黑科技"

## 中国民航报

新冠感染疫情暴发前，繁忙的空中交通与指数级增长的出行需求让航空业上下游开始探索技术升级与变革。四维航迹就是在经度、纬度、高度和时间的基础上，通过硬件与软件升级改造，实现了数据本身更加精准、数据传输更加迅速、数据使用执行统一标准。近年来，空客公司分别在欧洲和中国开展了四维航迹探索及实践，让基于四维航迹的运行更加成熟可靠。

### 精确数据 安全可控

按照传统的飞机运行指挥模式，管制员需要语音告知飞行员具体指令。飞行员在收到管制员指令后复诵，管制员再监听飞行员复诵，以确保指令准确，如此一来一回至少需要超过10秒的时间。然而，在采用了四维航迹技术后，整个流程将大为不同——在地面，管制员只需点击鼠标即可将发布指令；在空中，这条指令会直接传到飞机上，飞行员可以在屏幕上看到更标准的数字指令。这种技术不仅可以降低因口误而发错指令的概率，在出现问题时也更容易及时进行更正。

四维航迹技术的核心在于时间精确可控，采用基于经度、纬度、高度和时间4个维度的精确数据，能够让飞机运行更安全。通过对航班起飞、爬升、巡航、近进、着陆等全阶段进行精细化控制，四维航迹运行能够实现"定点定时"飞行，时间精度从分钟级乃至10分钟级，提升至10秒容差之内。

对于市场体量快速发展的民航业来说，这样的"提速"意义重大。多项数据显示，疫情发生前，空中交通的繁忙程度呈指数级提升。2015—2019年，中国民航运输总周转量、旅客周转量、货邮周转量逐年上升，连续5年民航运输增速维持在10%以上。以2019年为例，全行业运输航空公司完成飞机起降496.62万架次，比上年增长5.8%。

在此背景下，提高自动化水平是避免大面积航班延误、降低成本的有效路径之一。近年来，基于四维航迹的运行是民航局以及民航局空管局非常重视的新技术应用之一，也是智慧民航、智慧空管建设的具体应用场景之一。自2016年以来，在民航局、民航局空管局等行业主管部门的指导下，多家民航相关企业进行深度合作，经过3年多的产学研用协同攻关，研制出了一系列四维航迹信息处理系统（ATN数据链处理系统、四维航迹管制自动化系统等）。与此同时，为验证该技术的系统能力和管制运行程序，2016—2018年，空客公司与中国联合项目团队以及管制运行单位开展了多层次、全方位的模拟仿真验证工作。

### 技术升级 受益良多

在运行时，航空器之间需要根据所在高度保持适当的安全距离。由于空管部门、机场、航空公司以及航空器等采用的信息参照不尽相同，管制员在进行指挥时必须将数据传输与损耗所带来的信息滞后考虑在内，为安全距离留出空间。在四维航迹技术的支持下，每架飞机的数据能够被提前确定下来，这不仅能够提高空中交通的可预测性，也能更好地保障飞行安全。除此之外，根据优化后的路线飞行，飞机还可以减少燃料使用，在降低成本的同时减少二氧化碳排放。

"航路间隔的优化需要空管部门、机场、航空公司、航空器之间共享航迹动态信息。统一使用四维航迹进行管理，能够极大地提高安全裕度，提升管理效率，让飞机运行更加安全。"空客公司相关项目负责人告诉记者。

对于飞行来说，四维航迹的价值在于为所有系统提供相同的数据参照。在推算出四维航迹后，航空器飞行管理系统（FMS）会将相关数据传送给空管、航空公司运控中心以及流量管理系统等，保证所有相关方在闭环内参照相同数据。依据现行标准，四维航迹技术最多可计算128个航迹点。

在飞行过程中，飞行管理系统接收到管制数字化指令（CPDLC）后，将结合飞机实时数据动态更新预测航迹，从而增强航迹预测能力，实现对飞机的精准预测和控制。而在精准预测和控制背后，则是复杂的系统工程，涉及机载航电系统、地空数据链与空管信息系统等升级改造。值得一提的是，空客公司已开发出了符合适航要求的航电系统（FANS-C）。有了配备FANS-C系统的飞机，地面的空中导航服务提供商（ANSP）将能够更准确地预测交通流量。

对于空管保障部门来说，四维航迹飞机数据能够为管制容量释放更多空间。据悉，四维航迹飞机数据将被应用到各种管制自动化工具中，为指定空域甚至更远区域的交通监控、组织和排序服务，有效降低管制员的工作强度。

"四维航迹技术不仅能够让管制员更加了解飞行员的意图，还可以增强冲突探测、交通态势感知、容量与需求平衡、复杂性管理等能力。"空客公司相关项目负责人表示，"例如，在冲突探测中，两架飞机可能在场面滑行、航路飞行等过程中发生冲突。地面空管人员在获取两架飞机的四维航迹数据后，可及时比对分析，提前预判可能出现的问题，及早指挥避让，从而大大提升安全裕度。此外，对多架飞机的态势感知，涉及流量管理、容量与需求平衡，这不仅是对单一飞机的管理，更是对飞行体系的宏观把控。"

### 国际合作 未来可期

对于民航业来说，四维航迹是未来发展的大势所趋。

目前，流量管理系统已经将经度、纬度、高度和时间4个维度的数据纳入考量。然而，由于数据精度不高、传输速度较慢等制约，其在应对大面积航班延误时仍显得力不从心。与之相比，四维航迹技术可为该系统提供更精确、更及时的数据，对完善流量管理系统大有裨益。

不过，眼下四维航迹运行尚不成熟，想要其充分发挥作用，仍需各国共同努力。目前，欧美和亚太各国已对四维航迹理念达成一致。在第十二届全球航行大会上，国际民航组织发布了航空系统升级组块计划ASBU，将高效航迹列为四大组块之一，四维航迹作为关键绩效领域的重要部分，计划在2028年前分4个阶段逐步实现。

为进一步验证四维航迹的可靠性，欧洲于2017年启动SESAR 2020 PJ-31 DIGITS超大规模四维航迹验证飞行项目。该项目关注的重点是四维航迹的实时传输，通过分析找到实现空管信息交互的更好方案。项目启动后，共有6家航企的91架空客A320飞机参与了验证运行，累计航班量超过2万架次，记录的航班ADS-C信息超过140万条。

在国内，2019年3月，空客公司参与并支持中国民航成功完成亚太地区首次初始四维航迹运行验证项目。在此次验证飞行中，具备四维航迹飞行管理能力和通信能力的空客A320飞机由天津滨海机场起飞，前往广州白云机场，抵达后再返回天津。飞行航线途经六大管制单位，全程3 800多公里。整个过程中，机载系统、地面系统以及空地数据链通信系统工作正常，空地飞行管制按计划顺利实施。此次验证飞行充分验证了四维航迹技术的空地数字化协同管制、空地航迹共享等能力，并在3个航路点进行了航空器定时到达（RTA）能力测试，偏差均控制在5秒以内，实现了飞行"定点定时"。

在推进四维航迹运行技术上，中欧双方一直携手并进。试验飞行成功后，以四维航迹和地空通信数据链为主题的技术研讨会等活动不断开展，中欧双方充分交流各自的经验。未来，我国智慧空管建设将以四维航迹管理为基础，建立以航迹管理为核心的先进空管运行模式，提升战略、预战术、战术层面的流量管理能力，推进航班全生命周期精细化管控，提高安全水平，实现扩容增效。

（刊载于2022年4月13日《中国民航报》 记者 张人尹）

# 数智驱动 推进民航持续高效安全发展

中国民航报

《智慧民航建设路线图》提出，通过构建"民航+数字产业"共同体、"民航+先进制造"产业链和"民航+绿色低碳"生态圈，推动数字产业的全面参与和广泛融合，吸纳数字产业新技术，是赋能民航高质量发展、开拓数字经济增长点的主要路径。

2022年7月13日，由中国民航报社有限公司主办，中国电信集团有限公司、北京中兵智航软件技术有限公司协办的第六期"民航智见"线上会议开播。本期会议聚焦"数智驱动 推进民航持续高效安全发展"，共同探讨数字产业及其新技术在民航行业的角色以及与民航行业的深度融合，邀请了来自民航局机场司、民航局运行监控中心、民航局空中交通管理局、中国兵器工业集团、北京中兵智航软件技术有限公司、首都机场集团有限公司、中国电信集团卫星通信有限公司、中国商飞客服公司、长沙黄花国际机场等单位的业内外嘉宾作主题演讲。

## 以数据为核心
## "思路+平台"深挖潜力

数字经济的核心是数据。数据共享是数据化的特征，它是数字经济发展的重要保障，只有实现数据共享，才能发挥数据化的作用。无论是搭建民航数据平台还是智慧空中交通管理，都需要以数据质量为核心，优化业务逻辑和业务流程，从而最大限度发挥数据的价值。

**中国民用航空局运行监控中心副主任 张勇**

民航运行数据管理是民航局赋予运行监控中心的一项重要职能。近年来，我们不断加强数据汇聚和治理，挖掘要素资源价值，促进民航协同运行的数据化、智慧化发展。

自2018年民航局批复同意建设中国民航运行大数据中心工程以来，运行监控中心在行业内外各相关单位的大力支持和配合下，不断践行"共商、共建、共治、共享"工作理念。在"搭平台"方面，中国民航运行大数据中心已成为行业信息交换的"高速公路"，基于A-CDM和机场集团数据平台促进运行数据从机场端汇聚到行业大数据平台，空管局正式启用全国民航流量管理系统，国内主要航空公司积极推动数字化转型。在"促共享"方面，依托共商机制，数据共享范围从主要运行单位拓展至运输航空各运行单位，从航班运行主线拓展至相关保障环节，从运行领域拓展至其他数据领域。在"强应用"方面，不断提升运行数据服务能力推动各运管委建设航班计划动态调整的统一平台，推进航权、时刻以及预先飞行计划数据融合，开展运行品质飞行评估分析工作，初步建立航班运行效率指标体系。

未来，智慧民航协同运行不仅聚焦各运行单位共同参与的航班保障过程，更应贯穿民航运行各阶段、全链条，不断优化各类保障资源配置。我们要在逐步实现广域覆盖感知、深度网络互联的基础上，通过数据融合赋能行业智能协同响应和智慧高效运行。从运行安全来看，智慧民航协同运行对感知和处置全局性系统性安全风险提出了更高要求，要全面增强运行安全风险监控能力，切实提高应急处置协同联动能力，不断强化网络信息和数据安全防护能力。从运营效益来看，在行业恢复发展的爬坡过坎关键时期，要助力航空运输网络扩容增效、航空运输能源节约利用、旅客出行便捷顺畅。从运行效率来看，需要实行更加全面的运行源头资源管理，建立更加健全的运行协同机制，实现更加科学的效率分析应用。

### 中国民用航空局空中交通管理局技术中心副主任　李欣

民航局于2018年提出建设"强安全、强效率、强智慧、强协同"的现代化空管系统目标并在今年初印发的《智慧民航建设路线图》中明确了围绕"四强空管"建设，构建安全稳、效率高、智慧强、协同好的新一代空中交通管理系统，实现广域覆盖感知、深度网络互联、数据融合赋能、智能协同响应和智慧高效出行，提升空中交通全局化、精细化、智慧化运行能力和服务水平的要求。在"四强空管"建设中，要正确处理"四强"之间的关系，特别是要突出智慧空管的关键作用，不断深化、优化空管发展的目标方向和发力重点，将智慧空管作为四大组成部分之一纳入智慧民航总体框架。

智慧空管有5方面发展目标（特征），即弹性敏捷适变、数据汇聚赋能、广泛协同交互、融合一体运行、科学智能决策。因此，智慧空管可初步定义为融合新一代信息与智能技术，具备弹性敏捷适变、数据汇聚赋能、广泛协同交互、融合一体运行、科学智能决策能力特征的未来空管系统。智慧空管的建设思路是通过智慧技术赋能智慧设施、智慧管理、智慧安全，共同支撑智慧运行和智慧服务。与目前的空管系统相比，未来智慧空管在运行上将发生五大变化：一是从基于资源向面向需求转变，二是从基于经验向基于数据转变，三是从基于协调向基于协同转变，四是从基于分布向基于融合转变，五是从基于人工向基于系统转变。这五大运行转变将推动衍生出面向多元需求的运行、基于数字化的运行、基于多方协同的运行、面向ATM一体化的运行、面向高度智能化的运行这5类智慧空管运行模式。

智慧空管的建设与发展是一项复杂系统工程，不可能一蹴而就，应循序渐进、充分调研、全面论证，根据技术成熟度，积极试点探索并稳妥推进，不断迭代，适时调整，以契合民航发展实际需求，安全、稳妥、高效地建设智慧空管。

**北京中兵智航软件技术有限公司总经理　肖震**

民航具有跨时空、跨领域、多利益主体的行业特点。随着民航规模越来越大，很多系统性问题日益凸显，在安全、质量、效率、效益等方面的提升空间逐渐被压缩。在此情况下，如何解决复杂业务逻辑下各业务模块的操作协同问题，是民航在数字化转型过程中需要认真思考并解决的重要问题。

类比动物的神经系统，我们提出了在数据中心基础上建立包括流程中心和知识中心的协同中枢，实现整体业务的知识学习和业务动作的行动统领，实现对上传指令的统一分析，再基于指令控制发出行动指令，整体上使行动收到系统级别的最优效果。

未来，智慧民航发展将以数据质量为核心，优化业务逻辑、业务流程，从而最大限度发挥安全数据的价值。而释放数据价值，助力民航数字化转型是螺旋式上升过程。第一步是操作规范化，民航的标准化工作做得非常好，操作手册、法规、标准包括技术标准都比较成熟，而且有非常清晰的表达，为数据处理奠定了良好基础。第二步是数字化，将业务流程、操作过程梳理出来。第三步是智能化，进行风险预测、状态检评、风险预测、智能决策等。第四步是全息化，可实现跨部门、跨领域、跨地域协同推演，运用模拟训练、虚实结合等手段。

# 以安全为底线
## "政策+技术"防微杜渐

外来物是指在机场活动区内无运行或者航空功能并可能构成航空器运行危险的无生命的物体。而跑道侵入是指发生在机场的对飞机跑道安全产生不利影响的事件。为了防范航空器损伤、轮胎扎伤导致的航班延误、中断起飞、跑道关闭等风险，外来物专项治理、防止跑道侵入等始终是为机场安全运行提供坚实保障的重要环节。

**中国民用航空局机场司安全处副处长　梁满杰**

对机场运行安全来说，最核心、最重要的风险环节是跑道安全，主要包括跑道的适航性保障、跑道侵入防范、道面外路防范等。从不安全事件发生的频率和概率来看，在以上环节，外来物损伤航空器事件占比最高。

目前，我国机场外来物防范存在以下不足。一是防范基础仍不牢固，未营造群防群治的文化氛围；二是风险感知能力不强，未有效发挥SMS的功能和作用，部分机场SMS建设滞后；三是新技术应用水平低，未实现道面运行全天候有效监测。

为了加强外来物防范，民航局近年来高度重视外来物探测技术等机场新技术推广应用，成立了机场新技术应用领导小组，陆续出台了《机场新技术名录指南》《关于促进机场新技术应用的指导意见》《机场新技术推广应用管理办法》等文件。今年，民航局在对机场外来物管理规定与运输机场外来物损伤航空器确认报告规则整合的基础上，发布了《运输机场外来物防范管理规定》，进一步规范了外来物预防、外来物巡查和发现、外来物损伤航空器事件确认和报告、外来物信息收集分析和利用，以及外来物防范评估与持续改进等工作。

除此之外，我国也加大了外来物探测产品研发应用力度，多家院所和企业先后研制了不同类型的外来物探测设备。政策环境、社会标准、运行规范、频率使用与投入成本5个方面都影响着外来物探测产品的研发和应用。截至目前，已有北京首都机场、北京大兴机场、成都天府机场、鄂州花湖机场等多个机场部署了相关设备并开展验证或者试用工作。

未来，在政策引导和技术发展的双重作用下，我国民航外来物防范水平将迈上新台阶，为四型机场和智慧民航建设奠定坚实的安全基础，更好地保证飞行安全。

**首都机场集团有限公司质量安全部副总经理　孙立志**

民航业的发展要基于技术引领实现安全运行服务品质不断提升，开展基于大数据风险预警办法的研究，可以提高风险防控能力，提升风险监测预警质量，防范事故发生，实现从事后到事前、从开环到闭环、从个人到组织、从局部到系统的安全管理。

跑道侵入是机场安全管理的核心风险。为了研发一套基于大数据计算技术的跑道防侵入系统，首都机场、航科院共同分析历史案例，制定关键系统流程，最终解决了运行数据环境壁垒、数智化程度低、大数据精度偏差导致告警可信度不足等问题，成功研发了跑道防侵入系统。

该系统主要采用车辆定位、飞机定位、电子围栏等技术，构建了跑道防侵入大数据计算模型，将传统的人为监管模式转化为机器监控、人为处置的智能管控模式，针对两个场景和"四个防范"，通过科技手段实现风险主动防范，有效提升跑道防侵入安全能力。

机场群跑道侵入智能监测与告警联动方法、基于边缘计算技术的跑道安全自主决策系统与装备、多源异构数据处理与信息协同感知技术等4项关键技术助力该系统融入民航业务流程，预警速度从秒级提升至毫秒级，突破了高并发、大流量下海量异构数据的实时运算瓶颈。

## 以通信为基础
## "卫星+通信"万物互联

在民航运营环节，通信工作发挥着关键作用，通信技术的运用直接关系到民航业的发展。提高民航通信技术能力，有助于提高民航各部门通信效率，保障民航运行安全与高效。因此，需要客观认识民航通信技术现状，把握发展趋势，进而促进民航安全运行与发展。

**国家北斗地基增强系统总师、中国兵器工业集团首席科学家　蔡毅**

迈向5G时代，北斗系统正在加速与新技术的深度融合发展。在民航领域，北斗为无人驾驶航空器的飞行提供定位与完好性增强服务，从而实现了有人驾驶航空器、无人驾驶航空器与无人驾驶车辆联合的无缝衔接一站式运输。

目前，北斗建成了北斗星基增强系统，北斗局域增强系统亟待开发。未来，这两个系统将与北斗大系统共同支持飞机在航行中、起飞着陆时的具体飞行动作。北斗的星基增强和北斗的局域增强使用简单且免费，完全自主、独立、可控，覆盖范围大，可靠性强，能够共同提供完好性增强服务。

北斗的本质是实现时空数字化，而民航是一个与时间、空间强相关的行业，这个强相关行业需要把物理空间与数字空间连接在一起，这就是北斗对物理空间与数字空间连接的最大贡献。例如，把无人车、无人机与有人机结合在一起，可以发展出干线、支线客户门对门运输，以及空地一体的多式联运等。其中，北斗局域增强系统和北斗星基增强系统不可或缺，其提供的定位和完好性增强服务包括时空数字化、大数据、自动驾驶等科技，支撑民航空地一体多式联运服务，最终实现有人机、无人机与无人车联合的无缝衔接一站式运输，为民航数字经济高质量发展注入新活力。

**中国电信股份有限公司卫星通信分公司协同销售部副总经理　宋玉海**

基于卫星通信的航空通信服务在民航安全运营领域发挥着至关重要的作用。《智慧民航建设路线图》强调的智慧出行、智慧空管、智慧机场和智慧监管四大抓手，均需要基础的通信网络和信息化平台提供支撑。中国电信结合航空通信市场具体需求，制订了一套天地一体、云网融合、宽窄统筹、前后兼顾、自主可控的民航运行安全整体解决方案。

在天地一体方面，中国电信持续推动卫星网络与5G-ATG网络有机融合。在云网融合方面，中国电信充分发挥云和大数据能力优势，建设航空通信综合运营平台。在宽窄统筹方面，中国电信相关服务可同时满足宽体机和窄体机运营需求。在前后兼顾方面，中国电信可提供驾驶舱和客舱通信的一体化解决方案。

未来，中国电信将不断改善天地一体、云网融合的信息化基础设施，联合行业主管部门和产业链上下游合作伙伴，共同构建航空通信产业生态，赋能民航智慧安全运行。

## 以生产为目标
### "飞机+机场"智能制造

新型智能生产技术的开发和应用是民航向数字化、智能化转型的关键。在各种新兴技术的支撑下，传统的制造技术与物联网、大数据、云计算等技术进行了全面融合，能够更好地保障民航制造业产品在整个生产周期的质量，无论是民机制造还是机场建设都正在加快数字化转型，逐步实现产业数字化。

**中国商飞客服公司运行支持技术研究所所长　彭焕春**

国产民机随着技术发展，不断朝更安全、更经济、更舒适、更环保的方向发展。《智慧民航建设路线图》的发布，对民机主制造商提出了更高要求。中国商飞希望通过数智驱动，践行以客户为中心的服务理念，实现服务朝好、快、精的方向发展。

随着近两年的数字化转型和创新探索，中国商飞逐步梳理出数据化驱动、平台化支撑、智慧化赋能的方法。数据化驱动主要围绕中国商飞运行支持指挥中心开展，通过数字化转型和创新驱动，将运行支持指挥中心打造成为国产民机运营的监控中心、数据中心和指挥中心。平台化支撑的典型案例是中国商飞FLYWIN平台，该平台主要围绕飞机动态状态监控、维修任务管控、资源调度和生态合作3个方向，供应链协同、工程维修支持、多方协同和商务履约4个板块设计。除此之外，智慧化赋能表现为未来国产民机运营数字服务所具备的客户画像化、运营无纸化、飞行便捷化、监控实时化等8个特征。

对于国产民机，安全是前提，产品是根本，能力是关键，规模是基础，创新是未来。中国商飞下一步将重点关注互联飞机技术、大数据分析与治理技术、人工智能和机器人技术、VR/AR以及智能终端技术等，以数字化转型与技术创新作为提升国产民机核心竞争力的重要手段。

**长沙黄花国际机场分公司副总经理　常希娟**

湖南机场集团以民航局相关规划和《智慧民航建设路线图》为指引，制定了"12348"发展战略，把智慧机场作为四型机场建设的关键抓手，发挥数字化转型的引擎效应，推动智慧机场建设向纵深发展。目前，以数字化转型为驱动的长沙机场"数智如意"初具雏形，共同驱动实现机场的高效安全发展。

一方面，"数智如意"在于治理和盘活数据资产，数据是驱动数字化转型的能量，是数字孪生技术应用的关键；另一方面，"数智如意"在于打造数字孪生机场，通过泛传感器、图像识别等技术，打造了一个真实世界的数字孪生机场，实现了运营跨场景、跨空间、跨对象、自组织的AI协同。除此之外，"数智如意"在于让旅客畅享服务品质。我们以5个"1+N"为总体框架，基于机场空侧的A-CDM、路侧的T-CDM、旅客的全流程服务以及行李的全流程管理等多个系统建成了长沙机场总体运营管理平台，融合打通航班流、旅客流、行李流、货运流，提供一站式应用服务。

"数智如意"让运行更高效，让服务更优质。数字化不仅是技术提升，而且是整体业务能力的全面提升；不仅是单一技术应用，而且是业务驱动的合理技术应用；不仅是系统重构，而且是信息化的持续改进和提升；不局限于信息部门，还应上升到企业战略，调动所有人员共同参与。

（刊载于2022年7月27日《中国民航报》）

# 数字化转型助力智慧机场建设

中国民航报

截至2021年底，我国共有颁证运输机场248个、颁证通用机场370个。在量变显著的同时，我国机场也发生了巨大的质变。枢纽机场的竞争力持续增强，支线机场的覆盖范围不断扩大，各类机场的战略作用愈发凸显，机场设施的建设水平世界一流，运行的安全水平全球领先，服务的品质质量显著提升，运营的治理体系日趋完善，发展模式也在不断转型升级。

在第三期民航智见线上会议上，各与会代表以"智慧"为关键词，围绕"数字化转型助力智慧机场建设"这一主题，集思广益，凝聚共识，共同探讨了机场数字化转型和智慧机场建设的新思路、新方法、新路径，为机场高质量建设与发展提供了更好的思路与经验。

## 四型机场建设需要智慧驱动

智慧是四型机场的重要内涵之一，是品质工程建设的奠基石，是措施，是手段，是创新的关键驱动力。在四型机场建设中，平安、绿色、人文、建设水平的提升，都离不开智慧的驱动力。

### 中国民用航空局机场司副司长 马志刚

推动智慧机场建设，要明确定位，力求系统谋划；抓住需求，力图把握根本；围绕绿色，力促节碳减排；稳中求进，力保持续升级；确保安全，守住发展底线。

智慧建设首先要明确一个问题——为什么要搞智慧化？这是智慧建设的出发点和落脚点。智慧建设的根本目的是让机场更好建、更好用、更好管，让机场更安全、更绿色、更人文，能够真正实现"人享其行、物畅其流"。从一个机场的全生命周期来看，智慧建设首先要把相当大的精力用在机场总体规划上，用在航站楼规划设计上。一个规划设计有缺陷的机场，运营期再考虑智慧机场建设，大概率提升是有限的，可能事倍功半。

在建设过程中，应该把智慧用在基本功上，体现"人的智慧"，而不仅仅是工具的智慧。智慧机场的建设重点在于发挥智慧，找到症结所在，使用身边的信息化工具解决问题，从而提高工作和管理效能。真正有用、有效的智能系统，都是以结合实际需求和解决实际问题为根本导向的。在智慧机场建设中，切忌出现噱头工程，中看不中用。

绿色发展是高质量发展的普遍特征，节约环保是绿色发展的重要内涵。实际上，仅仅一个碳排放指标，就可以衡量机场建设和运行的效率、效益。因此，今后我们的许多工作应当切实关注绿色、减碳目标。此外，在智慧建设过程中，要充分考虑新技术成熟度对网络和信息安全的影响，要像重视航空安全那样重视信息安全。

踮着脚尖的人站不稳。智能建设、智慧建设需要稳扎稳打，持续优化完善，逐步迭代升级。调查发现，机场出现旅客信息系统瘫痪的情况，基本都是由于系统设计有逻辑缺陷，甚至不符合基本的设计规范。说起来很智能，一不小心就失能，经不起一点点风雨的教训非常深刻。因此，智慧建设在强调高智能的同时，首先要坚持"稳"字当头，确保其稳定性，在逻辑上必须可靠。

智慧机场建设是一项长期持久的系统工程，需要我们真正发挥智慧，找准定位，求实务本，精益求精，持续递进，建设真正智慧的机场，让机场的智慧服务旅客、服务人民。

**中国民用航空局运输司国内航空运输处处长 郜扬**

目前，国内有"干、支、通"3个航空网络，3个网络融合的关键点就是中转。但行业内的中转服务尚未形成统一标准和共识，各航空公司、机场分别制定中转服务标准和服务内容。而且从行业整体角度来看，民航中转服务存在很多有待完善的地方，如中转航班服务水平有待提升、中转旅客信息共享缺乏渠道、中转市场潜力有待挖掘等。因此，推广中转便利化服务势在必行。

首先，中转便利化服务能够提升旅客的出行体验，通过打造品牌，让旅客认可中转服务，认可民航出行；其次，中转便利化服务既有利于航空公司，为其提供更多新旅客，提高航空公司客座率和经济效益，又有利于机场，为其建设枢纽机场提供助力，提高航空网络通达能力；再次，其对于整个行业的发展也将起到极大促进作用。通过中转数字化平台的开发，地方政府知悉中转旅客能够带动当地消费、拉动地方经济，从而促进地方政府加大对民航业的投入力度，最终形成多方共赢的局面。因此，民航局去年印发了《民航旅客中转便利化实施指南》《民航局创新"干支通，全网联"服务模式实施意见》等文件，其中《民航旅客中转便利化实施指南》目前正在进行修订，第二版刚刚在行业内完成征求意见，待补充完善后即将印发。同时，今年3月，民航局批复了内蒙古鄂尔多斯机场开展"干支通，全网联"先行试点工作，云南、新疆的试点方案也正在编制和申报过程中。

推广中转便利化服务离不开中转信息化、数字化平台建设。目前，中转数字化平台"通程航班服务管理平台"和"中转旅客服务平台"能够涵盖民航中转涉及的所有业务与保障流程。通程平台不直接面向旅客，旨在为行业主体单位搭建通程航班签约和合作平台；而中转平台旨在整合行业内外消费资源，为中转旅客提供"人享其行"

的中转服务。两个平台相辅相成，一是通过大数据分析，把中转平台上需求比较大、旅客对效率要求比较高的出行需求转化为通程航班模式，提升航班保障级别和服务保障水平；二是共同为民航中转旅客提供"有服务、有标准、有保障、有温度"的中转服务。

总而言之，推广中转便利化服务主要是聚焦"通、畅、广"3个点。"通"指的是提高支线机场，尤其是三、四、五线城市的通达性，通过中转的方式，让更多旅客放心选择民航出行。"畅"是指帮助旅客在中转期间"解放时间""解放双手"，更好地享受旅程，不仅能走得了，还要走得顺畅。"广"则是践行"民航+"互联网发展思维，结合旅游、购物、餐饮等综合资源，建设以民航中转为核心的多业态服务平台。

## 智慧驱动机场需要技术引领

智慧化让机场运行更加顺畅，也让安全更有保障。人需要休息，但机器设备可以做到24小时在线，从而为机场安防安保、跑道监测、车辆运行等提供更多资源。技术的研发是智慧机场发展的关键。

### 新华三集团智慧民航首席解决方案专家 翟志东

我们认为整个智慧机场运行体系建设可以分成3个阶段。第一阶段是信息化阶段，通过对业务流程进行梳理，把海量数据汇总起来，最终建设一套自动化的业务系统，产生海量数据。第二阶段是数字化阶段，可以对信息化产生的各类海量数据进行自动采集、治理、融合，建设完成底层的基础设施或数字化底座。第三阶段是智慧化阶段，面对数字化阶段产生的大量数据，通过大数据、人工智能等技术手段赋能。

新华三集团智慧机场解决方案的整体框架可以分成"1+8+N"，即一个智慧机场整体解决方案，更多的是面向新建机场、新建航站楼等大型场景，同时结合民航机场的业务类别总结了8个方向。智慧化改造一定要以解决核心问题为目标，如在运行领域，如何在保障安全的同时提升整体效率。我们在深度调研后制订了智慧运行解决方案，以打造运行生命体为整体思路，通过新华三集团自身优势，解决部分现有业务难题，如通过移动终端、图像识别技术、传感器、车载终端、RFID、ADS-B等一系列技术手段或协议做到全景视频、飞行轨迹、车辆监控、节点采集、机坪监控、行为分析等针对飞行区感知层面的智慧化，结合云平台、绿洲平台做到协同决策、态势分析等。

### 新华三集团智慧民航资深解决方案专家 刘铖

数据中台是机场突破数据赋能、迈向智慧机场的重要支撑。作为大数据技术的融合体，数据中台可以帮助企业实现数据纳管、数据治理、数据开发、数据共享，沉淀数据资产，实现快速赋能，解决数字化转型过程中数据层面的一系列问题。

在数据中台建设中，一方面要注重数据方法论的指导，以"数据、数治、数融、数享"方法论指导具体实践；另一方面要注重数据中台工具的选择，采用一站式、轻量化、松耦合的数据中台工具，实现围绕数据"接、存、管、用"的数据融合集成和运营。除此之外，实施理念也是数据中台建设关注的重点，我们提出了"六个坚持"，即坚持以业务为核心驱动，坚持标杆型应用优先，坚持业务梳理和规范制定，坚持行业经验引导，坚持开发和后续的持续迭代，坚持正视和化解实施过程中的冲突。

新华三集团提出的机场数据中台整体解决方案，旨在从具体实践出发，通过融合集成平台，实现对机场自有数据、行业数据、外部数据的全面接入、融合与纳管；通过数据运营平台强大的功能，实现数据治理、数据开发、数据管理，打造数据资产管理中心，向上业务联动，全面赋能机场生产系统、分析应用及BI报表分析等，并支持驾驶舱、移动端、PC端等形式多元化呈现，对外则提供稳定、高效、统一的数据共享服务能力。通过建设机场数据中台，为机场打造可信、稳定、可靠的数据支撑底座，实现以数据中台为核心的业务数据化、数据资产化，系统化实现机场"驭智赋数"的数字化转型，全面服务智慧机场建设。

### 腾讯智慧交通民航业务总经理 张振远

在数字化转型过程中，传统思维通过中台业务流程组件化实现复用、降低成本的做法已经无法满足数字化基础设施建设的新要求。目前行业急需资源可伸缩、能力随生态升级、业务流程随时灵活调整的数字底座，以应对未来的不确定性。

作为数字交通基础设施和行业应用生态的连接器，交通OS能够提供一系列全新工具，向下连通交通基础设施和系统，向上支撑丰富的行业应用，实现低门槛开发，为行业提供一个标准化、产品化的开放平台。

事实上，机场做的很多工作都是资源调配，关键在于实时与可计算，既要保障决策的实时性，也要把能力集中在后台，通过深度学习的方式理解和辨析。通过多元数据融合感知、建模、计算、仿真推演，实现基于孪生场景的三维可视化动态掌控及决策辅助，为机场管理、调度、应急和服务筑牢基础。

在民航机场领域，腾讯的初衷依然是做好数字化转型助手，扮演好连接器、工具箱和生态共建者的角色，面向未来构建崭新业态。

腾讯提出构建服务、人文、商业"三位一体"共生发展的旅客服务体系，并围绕旅客体验、旅客服务帮助客户做好旅客服务和人文建设。未来，腾讯将继续与合作伙伴一起利用数字化技术助力民航产业数字化升级，打造平安、绿色、智慧、人文机场。

**西安悦泰科技有限责任公司总经理助理 张鹏**

什么是智慧机场？我认为指的是机场各业务环节、各流程以及各服务主体的有序协同，以及机场的信息串联和共享。近年来，我们对支线机场的安全运行管理非常关心，认为需要实现对支线机场运行的持续监管、对支线机场的持续服务、干支协同3个目标。因此，满足各机场提出的需求是重点。在云端，我们做好需求收集、开发和实践工作，同时经过云端，把应用和解决方案下发到各个机场，这样就形成了下面提需求、云上统一满足的模式，解决了各支线机场运维能力不足与机场建设投资短缺的问题。

悦泰公司的优势在于能把机场建设与软件研发相结合，软件研发的产品又能够实际应用到机场运行中去。我们深耕机场领域多年，积累了大量机场信息化建设经验，也熟知行业难题，我们将在智慧机场建设浪潮中持续探索和钻研。

## 技术引领智慧机场实践

智慧机场是智慧民航建设的一个子集。各机场在《智慧民航建设路线图》的统一要求和指导下，在多个机场领域采用数字化的理念方法，推动业务变革，与民航各单位协同发展，共同落实民航高质量建设要求。

**北京大兴国际机场信息管理部总经理 高宇峰**

用一句话来说，数字化转型就是在业务数字化思维引领下，以数字化技术能力为支撑，对业务模式和管理模式进行优化、变革、创新，通过新一代数字科技的深度应用，实现对生产力的解放或者激活，创造新的价值。

在智慧机场建设中，大兴机场搭建了19个平台，包括9个应用平台、6个技术平台、4项基础设施，共有68个系统，还建设了FOD、周界安防、楼宇自动化、消防监控等多个系统和平台。这些系统和设施覆盖大兴机场全区域，为全业务领域提供支撑。

参考业界先进经验，我们认为数字化需要流程驱动、数据驱动和智能驱动。流程驱动在信息化时代必不可少，在数字化阶段更是一个基础条件。大兴机场将成立公司级的数字化转型领导小组与下设机构，总体牵引数字化转型。数据驱动的核心目标是以数据驱动决策，也就是基于事实和反映事实的数据进行科学的管理变革。开航后，大兴机场成立了数据管理团队，下一步将不断深化数据治理，搭建数据中台，逐步落地数字孪生应用。在智能驱动层面上要以数据驱动为基础，利用人工智能技术实现业务场景自动化、无人化和智能化，最终实现业务全智能化运营。

机场的数字化转型要从战略发展层面做好顶层管理设计，明确业务板块内容，逐步拆解和细化，构建并不断优化业务架构，使IT架构与业务架构对齐。在业务与IT融合的"稳态+敏态"架构中，抓住业务痛点，寻找场景，寻求突破，逐步扩大范围，实现业务能力全面提升。

**广东省机场管理集团有限公司数字科技部部长 黄志锋**

数字经济的发展极大地改变了消费者的行为模式，从纸质机票到电子客票，再到手机定位等，消费者更愿意为个性化、定制化的服务买单。机场在未来的数字化转型过程中，要结合《智慧民航建设路线图》，以数据、算力、算法3个层面为着力点开展相关工作，着力提升旅客出行体验，包括便捷舒心的出行体验、全程无忧的行李服务等。

数字化转型对机场来说在提升体验、提高效率与模式创新方面创造了新的价值。近年来，广东省机场管理集团按照民航局要求搭建了全省机场一体化综合运行平台，推动了生产运行数据融合，实现了集团所属各单位的智慧监管和协同运行。以广州白云机场为例，其在A-CDM系统建设方面取得了进步，打造了运控方面的"最强大脑"，运行效率和品质大幅提升。

按照民航局要求，广东省机场管理集团旗下所有机场均实现了无纸化便捷出行，广州白云机场推出了"OneID"全流程自助服务，自助设备的部署规模、使用效率在国内大型机场中位居前列。积极应用"易安检""一证通关"和行李全流程跟踪等新技术，致力于提供无接触、无感知的出行体验。

就广东省机场管理集团数字化转型方面的实践而言，我们认为在推进机场数字化转型过程中，应当加强顶层设计，以业务流程数字化和数据治理为抓手，以场景为支撑，以应用为导向，积极推广新技术，强化组织保障，加快培育数字化人才队伍。

（刊载于2022年6月15日《中国民航报》 记者 张人尹）

# 立足新阶段　开创新局面

## ——2021年民航空管系统工作会议暨安全工作会议纵览

中国民航报

### "十三五"圆满收官

安全保障能力实现历史性跨越。年度保障航班起降架次突破1 000万，年均事故征候万架次率较"十二五"下降30%，为民航持续安全飞行"120+4"个月作出重要贡献。

服务质量实现历史性突破。航班正常率连续3年超过80%，从"十二五"末的68%跃升至88%，进一步提升了人民群众航空出行的满意度。

综合实力显著增强。累计完成投资172.47亿元，较"十二五"增长56%。"10+3"大通道建设完成过半，航路航线里程达到23.7万公里。

科教工作成果丰硕。5年累计投入科研资金1.5亿元，2项科研成果获得国家科技进步二等奖，38项科研成果获得省部级奖励，一批新技术在全国"落地开花"。

系统治理迈步向前。主要领域改革框架和总体方向基本确立，改革试点在中南、西北等地区取得阶段性成果，一些重要领域和关键环节改革取得了重大突破，一体化管理能力不断增强。

开放交流合作取得新进展。与17个国内外顶尖企业、高校建立战略合作关系，港澳台地区工作取得积极进展，国际多双边关系不断巩固。

党的建设全面推进。不断加强党对空管事业的全面领导，全面从严治党向纵深迈进，政治生态持续好转，群团工作进一步加强。

### "十四五"扬帆起航

空管系统将着力构建完备的安全管理体系、高效的运行服务体系、可靠的技术保障体系、一流的人才队伍体系、全方位的军民融合发展体系、科学的一体化管理体系、开放的交流合作体系和规范的党建工作体系，全面推进空管系统治理体系和治理能力现代化。

要全面把握新发展阶段。要聚焦高质量民航战略"转段进阶"目标和民航高质量发展任务，围绕"一二三三四"民航总体工作思路，对标对表"构建完善三个体系""开拓四个新局面"的发展要求和民航"十四五"规划总体部署，充分发挥空管的运行中枢功能，更好地服务民航高质量建设。

要认真贯彻新发展理念。要把创新作为第一动力，全方位推进理念创新、机制创新、管理创新、技术创新，不断增强发展动能。要把协调作为提升整体实力的着力点，推进不同地区、不同单位、不同专业之间，以及全局与局部、国内与国际、服务通用航空与运输航空等各方面协调发展。要把绿色发展作为刚性约束，以减少航空器燃油消耗和碳排放为重点，加快新技术应用，优化资源配置，转变发展方式，摒弃高成本、高消耗、低效率的发展模式。要把开放发展作为必然要求，开阔对外开放的眼界和思维，积极开展更深层次、更宽领域、更高水平对外合作。要把共享发展作为根本目标，坚持共建共享，使全系统、全行业和广大人民群众共享空管发展成果。

要积极服务新发展格局。要服务好扩大内需战略，积极融入全国民航产业布局。要坚持供给侧结构性改革的战略方向，提升综合保障能力，推进发展质量、速度、效益相统一。要充分利用国内国际两种资源，以智慧空管为引领，加强关键核心技术攻关。

## 2020 主动作为　打赢打好三场战役

2020年是民航空管发展极不寻常的一年。面对新冠感染疫情的严峻挑战和艰巨的改革发展任务，民航局空管局党委团结带领全系统广大干部职工认真贯彻落实民航局党组决策部署，克服重重困难，主动担当作为，始终把运行安全、疫情防控和扶贫攻坚作为最重要、最紧迫的政治任务来抓，以坚定的信心和战胜困难的勇气，全力打赢打好了空管运行保卫战、疫情阻击战、扶贫攻坚战3场战役。

**以"三个敬畏"为内核，抓好特殊时期安全运行**

一年来，全系统从严落实民航局26条措施和空管局27条措施，以最强政治担当牢牢把握空管安全主动权。扎实开展"三个敬畏"主题教育，深入开展"抓作风、强三基、守底线"安全整顿活动，加大对国际航班等输入性风险防控力度。

空管系统狠抓人员资质能力建设，完成各专业资质能力排查6 298人次，开发管制员初始选拔测试系统，及时发布管制业务管理通告、无线电通话用语和雷达管制移交等操作指引。建立健全无线电干扰协同排查机制，及时处置航空无线电干扰事件。加强应急管理体系建设，完善应急手段，健全应急机制，及时采取值班人员战略封闭备份、梯队接替和应急接管等一系列有力措施，圆满完成了全国两会、上海进博会等重大保障任务，确保专机和重要飞行万无一失。

**抓住疫情窗口期，加快保障能力提升**

2020年，空管系统持续优化空域结构，京广大通道建设加快推进，海南、杭州、南疆地区空域调整方案顺利实施，全年共新辟航线25条，净增扇区24个，较好满足了民航发展需求。

面对疫情不利影响，全系统按下项目建设"快进键"，跑出复工复产"加速度"，28个重点工程全面复工，青岛新机场空管工程、信息和网络安全管理系统工程等重大项目按计划推进；"三中心"工程、成都新机场空管工程整体竣工，大兴空管实现"双塔"运行；全年政府性基金整体执行率达到95%，连续5年保持90%以上，获得民航局高度认可。

一年来，全系统持续推进全国流量管理系统研发，在东北地区率先启动试验运行；持续提升设备保障能力，推进设备分级管理和台站无人值守；加快气象保障能力提升，推进全国民航天气雷达网一期建设，深化管制气象融合，机场预报准确率达到92%。

**强化改革创新，提高协同发展质量**

2020年，全系统试点开展管制岗位复训改革、首席预报员聘用以及通导岗位优化工作，有效激发队伍积极性和创造性。持续深化所属企业改革，初步搭建资本运营平台，完成7家非公司制企业改革。

空管系统加快智慧空管建设步伐，广泛推广CDO/CCO、ADS-B等新技术，开展点融合系统、机场地图数据库应用等试点工作，推进GBAS等国产自主卫星导航技术应用和PBCS监控平台建设，CDM信息点播系统服务范围扩展到134座机场，大兴机场具备了基于A-SMGCS四级和三类B盲降的低能见度运行能力。

空管系统及时调整国际交流合作方式和策略，广泛参与线上国际会议。与柬埔寨正式移交气象情报发布职责，中日韩流量管理协同试验平台正式上线运行，中俄联合体成功申报全球空间天气中心。

**发挥一体化优势，持续提升系统治理效能**

2020年，空管系统顶层设计进一步完善，研究出台《推进空管系统治理体系和治理能力现代化的指导意见》，勾画了未来一段时期现代化空管体系建设的"四梁八柱"。组织编制空管系统"十四五"规划和各专项规划，发布CAAMS实施路线图，为做好未来工作打下坚实基础。

一年来，在疫情防控中，全系统各级单位坚持"一盘棋"思想，上下联动、众志成城，迅速建立了生产运行和综合防控两条防疫战线。深化法治空管建设，"手册空管人"和法定自查工作稳步推进，全年出台各类规范制度58部，制度体系更加科学完备。健全工资总额决定机制，薪酬管理科学化、规范化水平进一步提高。加强人才队伍建设，启动3个"百人计划"。创新培训模式，举办7期"智慧空管大讲堂"，有序组织"管制+1"学生复课，开展线上国际化管理人才培训。

**一以贯之，全面加强党的建设**

2020年，空管系统以政治建设为统领，全面加强党对空管工作的领导。弘扬抗疫精神，凝聚抗疫力量，40名先进个人、22个先进集体获得交通运输部和民航局表彰。

2020年，空管系统巩固深化"不忘初心、牢记使命"主题教育成果，举办党校常规班、主题班、在线教育8期。坚持"三个围绕"抓党建，评选表彰了66个全面从严治党示范点党支部，开通优秀党支部书记讲台栏目，抓紧抓实企业党建工作，党建质量提升3年规划圆满收官。

空管系统深化党风廉政建设和反腐败工作，开展"党风廉政建设专题教育周"活动，召开空管系统警示教育大会。加大新闻宣传力度，有效传递了空管正能量。

## 2021奋发进取　为"十四五"发展开好局起好步

2021年总体工作思路：以习近平新时代中国特色社会主义思想为指导，深入贯彻党的十九大和十九届二中、三中、四中、五中全会精神以及全国民航工作会议精神，立足新发展阶段，贯彻新发展理念，构建新发展格局，全面落实新阶段"一二三三四"民航总体工作思路，对标高质量民航"一加快两实现"战略进程，聚焦高质量发展要求，围绕"四强空管"建设总目标，全面推进现代化空管8个体系建设，统筹抓好常态化疫情防控和空管安全发展改革各项工作，为"十四五"发展开好局、起好步。

2021年主要工作目标：杜绝空管原因造成的民用航空飞行事故，杜绝空管原因造成的民用航空地面事故；力争航班正常率稳定在80%以上，空管原因导致的不正常航班数占计划航班数比例不超过3%；政府性基金整体预算执行率达到80%以上。

**坚定不移　抓好空管安全工作**

要始终坚持安全第一思想不动摇，牢牢把握安全主动权。

强化安全生产责任落实。坚持党政同责、一岗双责，严格落实各级党委安全主体责任，不断完善党委议安全和领导下基层工作机制，进一步细化各单位安全主体责任、领导责任、监督责任和岗位责任，实现职责清晰、追责有据、失职必究。始终坚持严的导向，对恶意违章、习惯性违章、信息瞒报的情况严肃处理。

不断强化"三基"建设。持续深化"三个敬畏"主题教育活动，重点做好青年职工、新入职员工教育引导。狠抓关键岗位资质能力建设，不断加大培训资源投入力度。完成全系统管制检查员换届选拔，制定管制员资质能力排查指导办法。持之以恒加强班组建设，筑牢安全生产第一道防线。

提升安全管理能力。完善安全风险防控和隐患排查双重防控机制，加大对安全隐患突出、运行风险较高单位的检查指导力度，加强对跑道侵入、空中小于间隔等重点领域风险防控。提升"五种关键设备"运行风险防控和"五类环境问题"治理能力。加强应急管理体系建设，规范各单位应急预案。

**精准发力　提升空管运行品质**

始终坚持以人民为中心的发展思想，持续推动质量变革、效率变革，以更加优质高效的空管服务回应行业内外关切。

持续提升运行效能。加快推进全国流量管理系统运行准备工作，持续完善运行机制和系统功能，加强气象信息融合，确保新系统顺利启用，加快构建统一平台运行、统一时隙分配、统一数据交换、统一工作流程的流量管理新格局。着力提升空管运行精细化管理水平，科学评估扇区容量，合理把控航班增量，提升容留匹配度。

不断改善服务质量。健全航班计划调减机制，主动协助航空用户动态调整航班计划和飞行路线，不断提升大面积航班延误处置水平。持续改进两小时会商机制和流量复盘机制，不断深化管制气象融合，提升复杂天气精准预报能力。持续优化管制指挥，使航班尽量保持经济巡航高度和速度。

**多措并举　提升综合保障能力**

坚持质量第一、效益优先，持续深化供给侧结构性改革，着力补短板强弱项，不断筑牢空管高质量发展根基。

加快专业能力建设。加快"双目"运行模式推广和数字化管制服务试验运行，进一步规范航空器跑道占用时间。围绕"三大"运行模式转变，积极开展通导岗位优化试点，规范"技术主任席位"设置，完善设备分级管理、分级响应机制，推进智慧台站建设。加强民航通信网运行管理，完善ADS-B管制运行服务，提升空管自动化水平，不断深化无线电干扰协同排查机制。

增强空域资源保障能力。开展北京终端区保障能力评估，持续优化终端区空域结构和班机航线走向，提升华北地区临时航线使用率，更好发挥大兴机场动力源功能。加快推进"10+3"空中大通道建设，做好海上大通道、沪昆大通道空域方案规划设计。推动京广大通道建设，打通京津冀往返粤港澳大湾区的空中大动脉。组织好成都、青岛终端区空域优化及外围航线优化调整工作，确保新机场顺利投运。

深入实施"空管强基"工程。推进空管信息和网络安全管理系统工程、数据中心、民航天气雷达网、地空数据链台站建设，加快广州、西安、兰州等机场改扩建空管工程建设步伐。加快实施《民航高空管制区调整方案》，做好太原、合肥、南昌、厦门、武汉、南宁、昆明、兰州高空管制中心建设前期准备工作。

**攻坚克难　提升科教创新水平**

创新是第一动力，要把科技自主自强摆在重要战略位置，统筹布局基础研究和关键核心技术攻关，为"四强空管"建设提速增效。

把智慧空管建设摆到更加突出位置。紧盯国际前沿技术，深入开展SWIM、点融合系统等技术研究应用。积极探索人工智能、大数据等技术在空管领域应用，推进技术革新与装备升级，加快实现数字化转型。继续推进CCO／CDO常态化运行、S模式雷达数据应用、数值天气预报和跑道状态灯建设。开展北斗卫星导航系统监测评估，加快自主卫星通信导航技术应用。

提升自主科技创新能力。筹建空管规划技术研究院，有效整合行业内外资金、项目、人才、技术资源，打造空管高精尖技术人才摇篮。深化与中电科、中商飞、中港湾等单位战略合作，引导企业高校加大研发投入，促进产学研融通创新。开展关键技术联合攻关，加快推进覆盖地空一体化的综合性研究验证工作。

加快人才队伍建设。加强干部队伍建设长远规划，建立更加科学的干部培养机制。加强管制员职业生涯规划，延长职业生命周期。持续完善"管制+1"培养模式，加大经管文法等综合管理类人才招聘力度。创新人才培养模式，加快实施3个"百人计划"。

**多管齐下　提升系统治理效能**

发挥一体化管理优势，统筹资源配置，完善制度机制，进一步增强发展动能。

加强战略规划引领。科学编制空管"十四五"规划和各类专项规划，做好未来一段时期空管发展的顶层设计。增强不同专业、不同层级、不同地区之间发展的系统性和协调性，继续加大援藏力度，提高全国空管整体发展水平。

持续推进"法治空管"建设。积极参与空管立法和标准建设，持续健全空管系统规范制度体系。深入推进法定自查和"手册空管人"建设，真正做到权责边界清晰、办事规范高效。

持续提升精细化管理水平。各单位要把"过紧日子"要求落到实处，各项支出务必精打细算，把每一笔钱都用在刀刃上。要大幅压缩非急需非刚性支出，严控"三公"经费、会议费和培训费等支出。

### 着力深化空管改革　扩大对外开放

服务新发展格局，在工作中注重把握节奏、更加讲求策略，在保障安全的前提下持续推进空管改革和高水平对外开放。

按照民航改革总体部署谋划好"十四五"期间空管改革工作。进一步推进一线岗位精细化管理改革工作。继续落实空管收费改革任务，做好非航空性收费项目梳理规范工作。加快提升国资国企改革成效，制订实施空管系统企业改革3年行动方案。

进一步加强对外开放合作。与周边国家地区开展全方位、多层次、宽领域务实合作，继续推进跨国境流量管理、对外援建天气雷达和雷电探测系统、全球空间天气中心建设等重点项目。积极参与国际民航事务，推进中国技术标准国际化和国产技术装备"走出去"，提升国际合作项目质量。

### 推进全面从严治党向纵深迈进

深入贯彻新时代党的建设总要求，坚持和加强党的全面领导，为现代化空管建设提供坚强保障。

不断提升党建质量。加强政治建设，持续深化"不忘初心、牢记使命"主题教育，巩固脱贫攻坚成果，做好建党100周年各项工作。加强干部队伍建设，落实党员教育培训规划。

持之以恒正风肃纪。始终坚持严的主基调，坚决减存量，重点遏增量，进一步巩固反腐败斗争压倒性胜利。多种形式强化廉政警示教育，扎实抓好日常监督，组织开展专项治理"回头看"。

做好群团工作。加强基层班组建设，积极开展具有空管特色的劳动和技能竞赛，激发广大职工立足岗位、建功立业的工作热情。健全职工关爱服务体系，稳步推进"智慧工会""智慧团建"。

（刊载于2021年1月28日《中国民航报》　记者　韩磊　高雅娜）

# 以信息化培育新动能 助力民航高质量发展
## ——第十九届民航信息化发展论坛观点聚焦
### 中国民航报

为助力"十四五"民航信息化工作开好头、起好步、布好局，赋能民航高质量发展，更好地服务民航高质量建设，12月8日，第十九届民航信息化发展论坛在江苏南京召开。在论坛上，来自民航政府管理部门、地方政府部门、民航企事业单位、机场、航空公司、科研机构、国内信息化领域知名企业的领导、专家共聚一堂，围绕"十四五"时期智慧民航建设、数字化转型、5G应用、新基建、网络与信息安全、信息化与疫情防控等议题展开专题讨论，为民航信息化发展带来更多有益的启示和借鉴。

## 我国智慧机场建设发展的现状与未来
### 中国民用航空局机场司司长　张锐

2021年是四型机场进入全面推进、转段进阶的跨越年，也是打造民航机场品质工程的开局年。目前主要呈现出3个变化：一是工作方向从深化认识转向具体实施，更加强调落地性；二是工作思路从搭建框架转向细化分解，更加强调系统性；三是工作重心从示范先行转向全面推进，更加强调整体性。与此同时，我们也深刻认识到在推进智慧民航建设和四型机场建设的过程中还存在着4个方面的挑战：一是理念认识不够深入，工作推进存在挑战；二是政策标准供给不够全面，制度保障存在挑战；三是管理模式不能完全匹配，融合应用存在挑战；四是科技创新还不能够完全支撑，自立自强存在挑战。

围绕四型机场建设、打造品质工程的要求，下阶段的工作将重点从5个方面推动发力，全面深化智慧机场建设。一是围绕政策体系发力，做好框架完善。二是围绕标准体系发力，着力加强标准供给。三是围绕推进体系发力，促进全员参与。四是围绕创新体系发力，补强科技基础。五是围绕合作体系发力，强化工作协同。

## 智慧民航建设的思考和认识
### 中国民用航空局发展计划司副司长　包毅

民航业要实现数字化转型，发展和治理方式向智慧化转变，要在理念创新、机制创新、流程创新、技术创新上多下功夫、多做文章。

理念创新，就是要把以人民为中心的发展思想贯穿治理的全过程、各方面，从管理理念向服务理念转变，从经验决策向数据化决策转变。机制创新，就是围绕行业供给质量，聚焦发展中的短板和痛点难点问题，强化顶层设计。流程创新，就是充分发挥数据作为生产要素的关键作用，改变"烟囱式"的项目组织和系统建设方式，坚持创新驱动和资源开放共享。技术创新，就是要依托新技术手段，以提高效益、效率为目标，围绕"面向服务、去中心化"整体统筹，合理安排前台、中台、后台的功能定位职责任务，实现数据治理、开放共享、深度挖掘、功能复用，为治理方式由人工粗放管理向机器智能管理转变创造技术条件。

## 以智慧民航建设为主线 推动江苏民航高质量发展

**江苏省交通运输厅党组成员、副厅长 汪祝君**

近年来，江苏民航全面贯彻落实民航局的各项要求，积极落实智慧发展主线，充分结合机场改扩建工程管理运营等方面，在智慧民航和四型机场建设方面进行了一些探索，也积累了初步经验。

"十四五"期间，江苏智慧民航建设考虑的总体目标是建设国际一流的现代化民航基础设施体系，努力实现"出行一张脸、物流一张单、通关一次检、运行一张网、监管一平台"，数字感知、数字决策、精益管理、精益服务的能力能够大幅提升。总体思路可以概括为"1234N"。"1个中心"是成立省低空飞行管理服务中心；"2个系统"是省域空港疫情防控智慧化管理服务系统和全省民航一体化大数据系统；"3个平台"是智慧民航协作平台、智库支撑平台、空域优化研究平台；"4个示范"是四型机场示范、智慧民航示范、智慧通航示范、数字民航经济示范；"N个项目"是内容涵盖大数据平台、探索5G应用、智慧决策、管理服务、数字孪生等领域的N个项目。

## 共同推进全国民航协同运行系统建设

**民航局运行监控中心党委委员、副主任 田振才**

按照"十四五"民航智慧运行发展规划，运行监控中心将民航运行大数据中心作为基础依托，将协同运行平台作为重要支撑，将运行监控机制作为重要工作抓手。目前，运行监控中心已经启动了全国民航协同运行系统的建设工作。

预计将分3个阶段完成全国民航协同运行系统的建设。到2022年，广泛调研征集系统建设的需求和技术方案，组织研编推出必要的规划，深化五大功能设计，率先完成航权、时刻、预先飞行计划"三网融合"，依托民航运行大数据中心工程并做优化完善，实现运行数据共享覆盖运输航空各运行主体。2023—2024年，集中精力打造全国民航协同运行系统，逐步形成支撑生产运行能力，分期向区域和机场两级运管委、航空公司和空管单位推广部署。到2025年，全国民航协同运行系统全面投产应用，民航智能化运行协同能力显著提升。

## 民航数字政府建设探索与实践

**民航局信息中心公共服务系统建设处处长　李欣莹**

民航数字政府建设是贯彻党中央关于"加强数字社会、数字政府建设，提升公共服务、社会治理等数字化智能化水平"的有力抓手，是落实民航局党组关于深化民航改革工作，推进智慧民航建设的重要举措。

首先，我们把推动综合办公的移动化和安全可靠化发展作为切入点开展相关探索。今年上半年，我们建设完成了民航局首个面向全体公务人员协同共享的移动办公平台——民航e政。在探索民航办公移动化的同时，我们积极地实践民航综合办公的智能化，研发了新一代的民航智能办公平台。

其次，我们以"互联网+政务服务"为抓手，探索为群众办实事的真情服务渠道，深化民航"放管服"改革为契机，提升行业行政审批服务的效能，建立了民航局统一行政审批服务平台。

最后，为了加强对公众行为态势的感知，增加我们的公共服务能力，近年来，我们深化了民航局门户网站信息公开、行政办事、互动交流三大功能领域方面的应用，全方位扩大民航局的社会影响力。

## 数字化引擎助力中国民航新发展

**腾讯智慧交通民航业务总经理　张振远**

面对未来新发展，要围绕行业新生态，腾讯要做的事情就是助力数字化引擎，改变和改善传统信息化发展模式，推动中国民航新发展。

首先我们打造了"One ID"，连接机场的服务。在航前，把城市的一体化交通体系进行充分融合，根据时间和偏好做了出行方式的推荐；在航班到达之后，连接了城市的生态。同时，实现了机场里面服务的漫游。对于经营主体，"One ID"平台给机场用户甚至航空公司用户提供更多和旅客接触、提供完整服务实现价值增值的变现机会。

我们打造了一个产品叫交通OS，就是连接了所有不同的物理设备、应用系统和数据进行标准化后，向上承载行业的生态，中间聚集了大数据能力、算法能力、AI能力等。

腾讯有个能力是数字孪生，除了全局可视化的能力之外，还有对未来的可预算可推演。我们在机场里可能面临一些安全威胁，比如机坪剐蹭，有了数字孪生之后就会极大提升安全管理水平，避免类似事件的发生。

## 智慧民航的旅客出行——现在和未来

**中国民航信息网络股份有限公司机场业务部产品总监　浦黎**

近几年，随着移动互联网、生物识别、人工智能、大数据以及物联网新技术不断引入，从一站式的购票，到手机值机、网上值机，再到差异化安检，还有刷脸登机，技术正在为旅客的出行带来更多的便捷。

首先是最核心的旅客出行通关环节，包含了当前发展比较快的4个主要领域，分别是旅客便捷出行、托运行李服务、智慧安检建设以及中转旅客服务。另外两个环节分别是旅客的出行购票环节和空中运输环节。在购票环节中很重要的发展方向是如何整合除了机票以外各种上下游资源，为旅客提供一个丰富多元的出行服务产品，以及直观、生动、精准的产品展示和便捷的一站式购买体验。空中运输环节当前最核心的一点在于低空宽带通信正在试点和普及，将改变机场旅客信息隔离状态。基于此，我们可以构建一个丰富的机上民航线上应用和服务内容。

## 云网融合，5G赋能四型机场高质量发展

**中国电信集团有限公司交通物流行业事业部总裁　沈尔健**

中国电信秉承生态的发展理念，基于自身的云网融合、安全可信的数字化能力优势，也联合我们的产业合作伙伴，打造整个民航的新基建。电信依托于5G云网等综合优势，提供端到端的应用服务，主要是通过云网边端高效协同的云网协同体系打造整体底座。

在网络层面，我们做了5G IDC的总体部署，我们也推出5G"致远、比邻、如翼"的三类网络方案，对民航行业应用适配了三种网络。"致远"模式主要是应用于广域客户，适配机场的运营保障监控以及包括移动办公和应急处理的相关场景；"比邻"模式主要用于开放区域，比如机场移动的视频传输、站坪和特种车辆的监控等场景；"如翼"模式要求极高的低时延和极高的数据安全保障，所以机场涉密的数据传输、空港的运行以及操作驾驶等建议用这种模式作为网络底座。

## 智慧民航建设构想与实践

**民航局第二研究所科研中心主任　何东林**

智慧民航体系覆盖全流程一体化，其特征包括全要素的多元的智能感知、空间一体化的互联互通、覆盖航空全流程的数字孪生体以及面向多元主体的智慧协同。

智能感知包括面向旅客、货物等多个业务主体以及机场设备设施通过多种手段实现业务交互的感知、物联终端的感知和物理传感的感知。通过天基网、空基网、地基网建设，结合地空宽带通信系统以及5G新的互联技术，打通整个网络，实现真正的空间一体化互联互通。面向民航多个业务实现航空数字孪生体，以大数据的方式汇聚空管、航

空公司、机场等运行单位相关的数据，通过区块链的技术保证业务主体数据安全性，实现安全加密的共享，通过人工智能的方式实现一些自主学习，最终搭建一个云端航空数字孪生体。面向航企、机场、空管等多个主体搭建统一的智慧协同平台，实现风险控制和动态监控以及保障资源的一体化，最终实现面向多元主体的智慧协同。

## 华为对智慧民航的思考与实践

**华为技术有限公司中国政企交通业务部民航解决方案总工程师　张志龙**

华为通过自身转型的实践积累以及结合服务于各个行业的数字化转型的价值沉淀，总结出来了数字化转型的方法论，具体表述为愿景图、全景图和路线图3张图。

华为公司在民航领域深入与运营主体的合作，将基层实践与顶层规划、顶层设计相结合，由点到线、由线到面、由面到体推动数字化转型和智慧化演进。在单个运营主体层面，通过数字化转型，打造了一些智慧机场、智慧航企、智慧空管的样板。在单个机场以平台层面通过数字化转型实现了机场运管委协同决策的数字化、智能化，实现单体机场为平台，航企机场高品质的协同。在机场集团这个层面，通过数字化转型实现以整个机场群为平台的各运营主体网络化的协同，实现更大区域、更大层面的高品质协同。

## 中电莱斯智慧机场解决方案及实践

**中国电科莱斯信息技术总监　鲍科广**

近些年，我们牵头中电科的11家单位，共同打造了电子、元器件级别到设备、系统这样一个整体解决方案来推动我们机场信息的国产化。最终是要打造一个按需定制的智慧机场解决方案，通过电科智能平台作为底座，集成核心产品为智慧运行包括服务、安全、货运提供最佳体验，做到大机场全覆盖，满足中小机场最优化（包括小型机场和通用机场）的需求。

2019年，我们与东部机场集团签订了战略合作协议。2021年，我们共同指定淮安机场作为试点和示范机场，把淮安机场打造为中小型的智慧机场的样板和国产化的样板。

在建设过程当中我们秉持几个思路。一个是空管和机场的思路，充分利用机场数据和空管数据，特别是流量管理的数据，来提升机场的生产效率。另外，通过这个项目能够实现淮安机场全流程的管控服务，空中、地面态势感知的一体化，包括视频感知。

## 构建数据安全赋能体系　护航民航业数字化转型

**天融信科技集团战略咨询中心总经理　王鹏**

随着技术的不断深入和发展，我们发现一个问题，安全的内部依赖关系越来越复杂，也就是这种依赖关系是联动的，网络安全和数据安全的问题越来越深化到整体。

在未来，安全该怎么保证？我们给出的一个思路就是要把安全作为数字化业务的内核之一，未来保护数据安全将成为民航业数字化转型的重要基础。在数据安全建设中，我们认为当前阶段亟须解决的是重要数据以及个人信息。尤其在民航运行过程中，大量的个人信息不断流转，如何让我们合法合理地流转和利用，这是我们需要探讨的问题。

以数据为中心的安全赋能体系本身包括几个大方向，最重要的是要有一个安全的监管机制，这个监管不仅仅是上级单位或者监管单位对数据所有单位进行监管，也包括单位内部上下级之间、不同部门之间的互相监管和监督，这是促进数据安全正常有效发展的过程。

## 中兴通讯5G ATG引领空地高速互联

**中兴通讯股份有限公司ATG产品总经理　刘伟伟**

中兴通讯5G ATG（Air to Ground）方案是在5G协议规范基础上，针对航空高速移动、广覆盖等特性进行定制化开发，通过在地面建设对空覆盖专用基站，构建一张地空立体覆盖的专用网络，有效解决高空立体覆盖问题，实现地空高速数据传送。

5G ATG具有频谱效率高、带宽大、时延小、较卫星方案覆盖距离短、成本低的特点。该方案在为后舱旅客提供机上娱乐、机上办公、定制服务及广泛的行业应用的同时，也可为前舱提供实时气象监控、黑匣子数据回传等服务。

中兴通讯已与国内外各大航空公司、运营商及行业合作伙伴开展深度合作。后续，中兴通讯将继续积极推进5G机上无线互联、智慧客舱建设等方案应用的落地，助力全球民航信息化发展建设。

## 孪生赋能业务　数智驱动转型

**北京中兵智航软件技术有限公司副总经理　肖震**

数字化、网络化、智能化是工业4.0时代的发展趋势。数字化转型将沿着优化运营、创新产品和服务，最终实现业态转变这一路径进行。在组织内部，可以围绕价值导向、赋能主线、数据驱动、体系推进层层分解，以组织文化、组织模式和通过新基建实现数字化治理的方式，自上而下落地。

中兵业务逻辑孪生方法，是以数字化基础设施建设、结构化业务分解为基础，以系统工程、业务逻辑模型化和知识工程为支柱，最终体现在业务价值提升方面。与军工领域类似，民航行业存在众多深业务逻辑的操作过程，因此业务流程数字化是行业内未来机器自主决策的基础，而业务数字化分解则是与数字化基础设施建设同等重要的起步环节。

## 智慧民航时代的网络安全新挑战

**深信服科技股份有限公司安全规划专家　赵国全**

民航是国家关键基础设施，去年我国的旅客运输量超过4亿人次。为了支持各类民航信息系统的正常运行，空管、航企、机场应用了很多信息化技术去支撑信息化业务系统的稳定运行。在这些信息系统里就包括运价、航油、收费、旅客等相关敏感信息，而这些信息被国内外黑客组织垂涎已久。国内外很多安全机构都开始加大对云安全的安全防护研究。因此在防护过程中，我们需要对新业务、新网络进行重新定义和赋能。云安全是非常大的范畴。目前，深信服秉承着开放共享心态，把平台向所有厂商开放，希望通过一种"平台+组件+服务"的形式把各种安全服务能力进行有效整合，基于业务做定制化打包，这样就可以让业务上线即安全。

## 打造融合底座，构筑智慧机场生态绿洲

**新华三集团民航行业总工　张晓阳**

2020年初，民航局发布了《推进四型机场建设行动纲要》，使得机场建设从过去注重数量、总量、增量的量优式发展，转变为注重质量、效率、效益的质优式发展，这是机场发展模式的重要转变，智慧机场就此成为四型机场建设的创新动力。

智慧机场如何建，新华三基于机场业务流程和先进技术应用，构建了智慧出行、智慧运行、智慧货运、智慧安防、智慧商业、智慧能源、智慧运营、智慧交通等八大集成业务平台，为机场各个关联方提供实时、共享、统一、透明的应用服务，实现全方位、全业务的智慧化管理，全力打造符合时代要求的先进智慧机场。新华三发布的机场智能数字平台，以底层的基础设施、云平台、绿洲平台为机场融合底座，结合业界优秀的生态合作伙伴，以绿洲平台为基础打造机场行业套件，面向智慧出行、智慧运行、智慧货运等八大方向，共筑智慧机场的生态绿洲。

## 信息技术在飞机维修领域中的应用

**中国民航科学技术研究院运行技术研究所所长、教授级高工　陈新锋**

民用航空领域具有天然的数字化特征，正迎来数字化转型的广阔蓝海。这当中，机务维修作为民航运行重要环节和运行安全重要保障，其信息化水平是民航行业数字化转型的重要一环，将直接影响民航数字化转型整体效能。

中国民航科学技术研究院长期从事民航安全和发展的科学技术研究，为民航局的决策和监督管理工作提供技术支持，同时向民航企事业单位和航空产品制造厂（商）提供科技服务。在机务维修数字化转型中，航科院从机务维修领域中对信息技术的迫切需求入手，积极开展信息技术研究与行业应用工作。此次，航科院旨在分享在机务维修领域成熟应用且效果显著的信息技术，包括利用电子认证技术，构建维修电子记

录信任体系，推动实现维修生产无纸化和数字化；利用物联网技术，实现维修器材高效感知，提高维修工作效率，减少人为差错；利用区块链技术，建立维修数据追溯机制，打通维修行业数据流通瓶颈，将联合行业相关方共同构建维修行业大数据共治共享生态。

## 数字领航，智绘未来，踏上数字飞行区转型新征程

**重庆江北国际机场有限公司副总经理　吴波**

重庆机场深入推进智慧机场数字飞行区的建设，依托云计算、大数据信息新技术，基于物联、数联、关联、互联为核心的数字孪生、智慧机场平台，实现全链条、全流程、全场景、全要素、全生命周期的数据融合和智能应用，为机场高质量发展提供有力的抓手和强力的驱动。

重庆机场从机坪实际运行出发，结合智慧机场建设，打造"一网统管，一屏统览，一触即发，一键联动"的"四个一"智慧飞行区运行模式。确定了"1+3+N"的建设模式，实现智慧飞行区转型，依托大数据、人工智能和5G等新技术建立统一的机坪运行监管智能大平台，涵盖机坪智慧运行、智慧安全和智慧管理3个领域，实现人员"细"监管，打造车辆"精"管理，设备方面，满足设备"快"调度，为机坪运行业务提供技术支撑。同时，对未来的系统建设进行规划，包括智能应急管理平台、围界智能巡查系统等，实现飞行区管理由传统向数字化完全转型。

## 持续创新背后的东航数字化能力

**中国东方航空股份有限公司信息部副总经理　李志军**

2020年和2021年这两年对民航业来说是非常艰难的时期。2020年6月，东航推出了"周末随心飞"这款产品，当时销售非常火爆。2021年，整个行业还是处于易变性、不确定性、复杂性、模糊性并存的大环境中。这么复杂多变的环境要求航空公司进行持续的创新，这些创新不一定能带来多大的效益，但至少提升了应对变化的能力。例如，东航后续推出的"前程万里""东方万里行""东航引荐人计划"等。在这个数字化时代，如果没有数字化的基础能力，业务单位的所有想法都是无法实现、无法落地的。

未来，东航在推动数字化转型方面也做了顶层设计。东航集团目前推出了"3+5"的产业布局。"3"就是全服务航空、大众化航空、航空物流3个主业，"5"是指5个板块：东航技术、食品、科创、资本、资产。后续，东航会持续提升数字化能力，与行业内的兄弟单位进行密切协同，同时希望与行业内外的优秀企业展开深度合作，共同推进中国民航的高质量发展。

## 成都天府智慧机场建设

**成都天府国际机场建设指挥部机电工程部总经理　杨建伟**

各机场对智慧机场的建设思路和出发点不一样，侧重点也就不一样。

有些机场更加侧重机场安全，智慧机场的建设就会以机场安全为基础；而有些机场侧重非航收入，其智慧机场建设是围绕旅客增值服务进行的；还有些机场优势在于货运，那么这类机场就会围绕货运建设智慧机场。

成都天府国际机场智慧机场建设目标是以5G、物联网、大数据、可视化、智能分析等新技术新应用作为支撑，以数据为核心，提升机场管理及服务水平，提升旅客体验。未来，机场竞争除传统客货吞吐量、航班量、收入外，数据也是一个主要竞争指标，数据也将成为公司的核心价值。建设智慧机场，并不是简单建设几个系统或者十几个系统那么简单，各个系统的功能只是智慧机场的最终体现。围绕天府国际机场智慧机场建立的六大基础平台，作为其整个智慧出行的支撑和延续，以旅客体验、生产安全、运行管理为线索，打造一个以大数据为载体的机场生态圈。

## 华夏航空支线领域数字化转型探索

**华夏航空股份有限公司CIO 蒋涵如**

华夏航空是国内唯一长期专注支线运营的航空公司，支线航线占比90%以上，支线航点覆盖率超过50%。国产民机ARJ21为其后期主力机型，目前已交付3架。作为主要商业模式的通程航班，目前已与30多家航空公司开展合作，合作的通程航班产品超过10 000个。

支线航空一直面临着两大挑战，即安全运营压力和单一航线盈利能力不足。因此，华夏航空在2018年启动的数字化转型有3个主要的目标：提升航空公司运营能力、推动支线航空商业模式创新、提升支线航空领域安全运行能力。

商业模式创新方面，华夏航空在中国航协、中国民航高质量发展研究中心指导下，开展航空通达性的数字化分析，并对能提升通达性的解决方案——通程航班网络数字化进展进行持续探索；在支线航空安全能力提升方面，华夏航空与支线机场及国产民机共同搭建可视化协同平台，共同为国产民机安全运行助力。

## 数字化引领物流行业发展

**菜鸟网络出口物流事业部首席技术官　陈伟才**

当前，我们亟须对全球供应链传统的物流领域进行数字化升级。这里提出数字化转型的"三化"目标：生态化、数字化、数字化。第一，要构建全球一张网，这张网是统一的组网协议、统一的物流决策协议。第二，要做统一的物流决策，在包裹从中国飞到全球200多个国家或地区的飞行过程中，要具备实时决策能力甚至多目标能力，有些决策是基于成本的，有些是基于时效的，有些基于用户体验的。第三，要全球合规，因为不同国家有不同要求，美国有IPR，欧洲有GDPR，包括哪些包裹是禁止运输的、哪些是限运的，都要提前弄清楚。第四，要做好全球关务包括通关，在包裹运输过程中，关务是比较传统的设施。菜鸟过去5年的努力基本上做到秒级通关，包括智慧安检，很多商品是要进行深度安检的。第五，是全球数智化，包括应用RFID、IoT设备。今年"双十一"，菜鸟无人车有200多辆投入使用，在极大提高用户体验感的同时，降低包裹运输到每个消费者手中的成本。

未来，菜鸟的使命是实现全球72小时必达。相信在大家的努力下、在航空干线的努力下，未来几年，局部地区或国家很可能率先实现这一目标。

## 新一代AI生产力平台

**北京旷视科技有限公司大交通部技术总监　王锐**

AI正在加速各行各业的商业创新，同时也对AI企业提出了更大更艰巨的挑战。旷视科技为满足各行业对AI的各种需求，推出了新一代AI生产力平台。AI生产力平台定位为一种新的生产工具，可满足智能化时代企业个性化需求，提供定制化服务，从根本上实现"深度学习、简单开发"。

基于AI生产力平台，企业可充分、高效利用AI，构建新业务、新场景、新能力，实现全面的智能化转型。

旷视科技以自有的AI生产力平台为核心，衍生出了"云、边、端"各种AI硬件设备，为机场行业的旅客一脸通关、候机楼视频结构化、飞行区域视频结构化、员工通行门禁等场景输出整体解决方案，通过AI助力民航四型机场建设。

（刊载于2021年12月17日《中国民航报》　记者 李暄 郭子超）

# 探索高质量发展路径 服务构建新发展格局

## ——第四届民航中小机场与区域经济发展论坛观点聚焦

中国民航报

中小机场是民航机场网络的组成部分，是民航高质量发展的重要基础，也是区域经济发展的重要支撑。值此建党百年之际，如何实现红色旅游与航空运输协同发展？如何构建中小机场发展新格局？6月16—17日，以"厚植红色基因 奋进时代航程"为主题的第四届民航中小机场与区域经济发展论坛在山东临沂召开。来自民航政府管理部门和地方政府各部门、航空公司、机场、行业协会、院校、科研机构等相关企事业单位的领导、专家代表齐聚一堂，共同探讨中小机场与区域经济融合发展的新形势、新任务、新思路。本报特摘编20位嘉宾的演讲内容，以飨读者。

### 持续推进区域各机场统筹协调发展

**山东省副省长、中国工程院院士 凌文**

近年来，山东民航机场建设取得长足发展。今年4月，菏泽牡丹机场建成通航，山东运输机场达到10个，形成"两枢八支"民航运输格局。2019年初，山东省委、省政府确定实施全省机场资源整合，组建成立山东省机场管理集团有限公司，大力推进对各机场的一体化管理、协同化运营，在干支结合、多机场治理体系与区域经济融合发展等方面进行了积极探索，特别是中小机场在特色化发展方面取得显著成效。

民航业是交通强省建设的重要组成部分，山东省委、省政府将坚持智慧民航发展主线，持续加大改革创新和投入力度，持续加快民航基础设施建设，持续优化完善国际国内航线网络，持续推进区域各机场统筹协调发展，打造现代化的山东半岛机场群，为民航高质量建设作出山东贡献。

积极探索红色旅游与航空运输协同发展新路径是本次论坛主要任务之一。山东省机场管理集团倡议发起成立红色机场联盟，深化革命老区航空服务，促进红色旅游与航空运输深度融合发展，充分体现民航局对中小机场的关怀，是支持革命老区民航发展、实现老区人民航空梦的具体举措。

### 中小机场应追求特色发展

**中国工程院院士，中国建筑设计研究院总建筑师、名誉院长 崔愷**

中小机场航班少、客流小、空窗期长、运营成本高，也有进出便捷、瞬时客流多、滞留时间长、消费欲望强、交通方便的特点。因此，中小机场应追求特色发展，充分利用机场空间打造有特色的消费场所，开拓航空体验科普活动和市民观景活动，提高服务水平，增加服务项目，打造站景一体化、城站一体化的空港特色景区，提高文旅运营能力。

航站楼不应是一个大屋顶，而应具备在布局、空间、服务消费场所方面的系统特色。这一特色应接地气，反映本土文化和自然特征、气候特征，将文化创新与特色发展结合起来。

## 重视中小机场服务国内大循环的关键作用

**民航局发展计划司司长　韩钧**

"十三五"时期，中小机场建设发展取得了积极成效。"十四五"时期，应从服务构建新发展格局的角度出发，落实"十四五"时期"一二三三四"民航总体工作思路，高度重视中小机场服务国内大循环的关键作用。应着力推进中小机场建设，推动机场布局和保障能力取得新突破；注重航线航班培育，努力拓展和完善国内航空运输网络；创新机场管理运行模式，为中小机场持续健康发展注入新活力；强化政策支持，为中小机场高质量建设发展提供基础保障。

## 科学谋划中小机场"四型"建设

**民航局机场司副司长　张锐**

面对"十四五"时期中小机场发展的新任务、新要求、新挑战，要准确理解四型机场发展理念，科学谋划中小机场"四型"建设；要加强示范引领，激发中小机场"四型"建设内生动力；要建立评价指标体系，引导中小机场"四型"建设方向；要搭建合作交流平台，形成多方推动中小机场"四型"建设联合动力。

## 助力革命老区高质量发展　助推华东民航高质量发展

**民航华东管理局党委书记　唐伟斌**

作为"两战圣地"的红色沂蒙，革命先辈在这里前赴后继、英勇战斗，立下了不朽功勋，形成了伟大的沂蒙精神。民族解放来之不易，新中国来之不易，今天的好日子来之不易。

对华东民航而言，要继续深入学习贯彻习近平总书记关于党史学习教育的重要论述和党中央、民航局党组决策部署，传承红色基因，牢记初心使命，发挥辖区内中小机场在民航高质量建设中的重要作用，发挥其作为区域经济发展引擎的重要作用，助力革命老区高质量发展，助推华东民航高质量发展。

随着党史学习教育的走深走实，华东局结合"我为群众办实事"活动，在探索中小机场发挥动力源作用、总结革命老区红色机场与区域经济良性互动发展方面，开展了一些有益尝试，取得了一些初步成效。

我们将认真学习借鉴各地的好经验、好做法，进一步提升华东地区中小机场航空产业集聚、航空物流发展、临空经济区建设水平。我们将以此次论坛为新的起点，围绕"十四五"时期"一二三三四"民航总体工作思路，努力探索华东地区中小机场与区域经济融合发展新模式、红色旅游与航空运输协同发展新路径，推动区域经济又好又快发展。

## 构建功能健全的现代化国家机场体系

### 中国民航报社党委书记、董事长，中国民航宣传教育中心主任　刘杰

自2002年机场属地化改革以来，多元化的运营管理模式极大地调动了各地发展中小机场的积极性。各级政府管理部门的高度重视和支持，以及各地经济社会发展，为中小机场的发展提供了更广阔的空间、更强劲的动力和更坚实的根基。

新时代呼唤新理念，新使命需要新作为。当前，中小机场不仅是我国民航机场网络的重要节点、推动大众化航空市场发展的基础支撑，也是我国综合交通运输体系的重要一环，以及区域经济转型发展的重要抓手。"十四五"时期民航总体工作思路中明确提出，要构建功能健全的现代化国家机场体系。中小机场是其中不可或缺的组成部分。

在疫情防控常态化背景下，全国航空运输需求不断增长，尤其是激活国内运输市场的各项政策陆续出台，都成为促进中小机场快速发展的有利因素。因此，在识变、应变、求变中找准定位和方向，中小机场定能成为推动新时代民航高质量建设和区域经济高质量发展的主力军！

铭记光辉历程，续写奋进征程。身处中国共产党百年华诞的历史节点，多领域民航高质量建设的时代号角已经吹响，民航业在国家经济社会发展中的战略作用必将更加凸显。

## 引导中小机场与区域经济深度融合

### 山东省机场管理集团党委书记、董事长　李兴军

山东省机场管理集团成立以来，在促进中小机场差异化功能定位和特色化运营发展上进行了积极探索，引导中小机场特色化发展，与区域经济深度融合。

"十四五"及今后一段时期，山东民航运输发展综合竞争力将大大增强。一是运输规模迈上新台阶。到2025年，力争全省机场旅客吞吐量达到1亿人次以上，货邮吞吐量达到100万吨以上。二是机场体系呈现新格局。加快机场基础设施建设，全省民用运输机场达到12个，构建"三枢九支"的发展格局。三是运行服务品质达到新水平。四型机场建设深入推进，人民群众航空出行更加便捷、高效、舒适、美好。四是航空产业集聚新优势。"环鲁飞"全省畅达，通用航空产业集聚区初步形成，济南、烟台、临沂等临空产业集聚形成规模，成为当地经济高质量发展的一个新增长点。五是民航发展引领新开放。全省航线网络对"一带一路"国家、欧美等战略市场的连通能力大幅提升，山东机场成为打造国内国际双循环新发展格局的重要战略节点。

## 打造高质量航空产业集群

**临沂市市长　任刚**

机场是拉动区域发展的有力引擎，是推动对外开放的重要窗口，也是展示城市形象的靓丽名片。我们将以此次论坛为新起点，深入研究国内外先进经验，在比较中学习，在借鉴中提高，在探索中创新，加快推动临沂航空产业做大做强。

我们将抓住国家新时期支持革命老区振兴发展的重大机遇，积极推动鲁南经济圈、淮河生态经济带、淮海经济区等区域协同发展，加快构建涵盖机场、高铁等多种交通运输方式的区域性综合枢纽，继续实行航线补贴，努力为更多航空公司在临沂开通国内国际航线、布局航空物流通道提供便利。

我们将坚持港城一体，高起点编制临空经济区发展规划，以投资50亿元的新航站楼建设为契机，重点发展航空保障服务、航空器制造维修和金融、会展、物流等相关产业，努力打造高质量航空产业集群。希望各大航空公司在临沂开通更多航线，加大航班密度，开发红色旅游精品路线，放置过夜航班，设立基地公司，在更宽领域、更深层次实现合作共赢。

## 红色旅游助力革命老区开启新航程

**江西省机场集团有限公司副总经理　黄肇春**

2022年5月，民航局相继发布《巩固拓展脱贫攻坚成果全面推进乡村振兴实施意见》《关于促进民航业与红色旅游深度融合创新发展的指导意见》两个重要文件。在多重利好政策叠加之下，红色旅游机场、中小机场的发展迎来了空前良好的契机。

我们建议民航局加大对红色机场的基础资源配置，规划构建"快进""慢游"的红色旅游航空运输网络，提高红色旅游目的地的便捷性、通达性；建议民航局在与文旅部共同出台的指导意见基础上，加强与各省市地方政府的联动。推动各地方政府出台落实红色旅游与民航业深度融合发展的相关支持性文件，强化顶层设计，提供政策保障和支撑；建议航空公司在红色旅游地区机场加大运力投放，创新红色旅游产品开发与营销，以更加灵活的营销方式、更加优惠的运价开拓红色旅游市场；建议机场之间也要加强红色旅游航线运营协作，加强宣传、营销、服务等方面的资源共享。

## 将四型机场建设融入中小机场国际航站楼设计

**民航机场规划设计研究总院有限公司高级工程师　吴波**

要建设平安机场，严守安全生命线。在中小机场国际航站楼建设中要设置人员信息实名制管理系统，即旅客身份证识别系统。该系统可以更好地保障航站楼旅客的安全，将网上通缉、涉毒、涉恐危险人员阻挡在航站楼之外，起到提前预警防控的作用，进一步提高机场反恐防爆能力。

要建设绿色机场，实现可持续发展。在中小机场国际航站楼建设中，要注意自然采光和通风。进出港大厅要有玻璃幕墙，铝板幕墙上要设计菱形窗洞，屋顶上条形天窗让光线最大限度透入，减少日间人工照明；菱形窗洞可开启高侧窗实现自然通风，减少建筑物的能源消耗，减少运营成本，实现低碳高效运行。

要建设智慧机场，推动转型升级。BIM技术一是具备设计的协调性，二是实现了施工流程的模拟性，三是实现了建筑性能的优化性，有效化解了设计与施工期间的空间冲突和时间冲突，为航站楼全生命周期信息化管理奠定了坚实的基础。

要建设人文机场，实现和谐发展。国际航站楼一层外围结构大面积采用玻璃幕墙，旅客进出港流程均沿外墙环绕布置。旅客在排队等候通关时，可以透过宽敞明亮的玻璃欣赏到室外美丽的景色，缓解旅客的出行焦虑。

## 未来支线航空作用更加凸显

**中国民航大学科技创新研究院院长　杨新**

我国现阶段支线机场需要根据现有流量特征，对机场功能进行定位，以寻求适合自身特点的发展之路。

大型枢纽机场附近的支线机场，应主动承担疏散功能；处于区域中心的支线机场，应积极开通中转航班，扮演"中转站"的角色；处于工业园区的支线机场，可以采取"客货并举"的经营方式；流量小、城市化特征不明显的支线机场，应积极探索与通航共同合作；旅游型支线机场，可与有需求的城市发展点对点航线。通过建立干支结合、联程共享的航线网络，将支线机场与邻近区域枢纽机场高频次连接，充分利用区域枢纽的航线网络优势，实现从"点对点"到"点对网络"的转型升级。

航空公司在发展初期，可尝试"中小机型+密集快线+区域枢纽+中转联程"的模式，集中有限资源加速市场培育，不宜分散开通过多航点。

地方政府应建立科学、系统、精准的航线补贴机制，建立并完善多样化补贴政策，制定促进支线航空发展的配套政策，开展与航空公司多模式合作，规划枢纽机场周边第二机场建设。

行业主管部门应加强政策引导，积极扶持支线机场和支线航线，制定国产飞机的运行监管与扶持政策，设计合理的机场发展指标体系，改变支线航空补贴的配套政策。

未来一二十年，我国航空运输业仍将处于黄金发展期，支线航空的战略地位和作用将会更加凸显，支线航空发展面临着新机遇。

## 挺起民族 装备制造业的脊梁

**威海广泰空港设备股份有限公司营销中心总经理　罗瑜**

威海广泰是我国第一家专业从事空港装备制造的企业。因此，从诞生之日起，我们就注定了与国际老牌厂商进行激烈竞争的命运，并被打上了鲜明的中国烙印。威海广泰的创业初心，就是要填补国内空白，就是让中国人造出自己的飞机电源车。

威海广泰虽然是民企，但我们的党工团组织已经发展成为公司真正的中坚力量，在企业发展中发挥了很重要的作用。据统计，在我国，由于威海广泰的存在，进口设备的价格在国内市场普遍下降了20%～40%，国外品牌被迫大幅度改善产品的售后服务质量，设备的供货周期平均缩短了90天，售后配件供应的时间平均缩短了60天，产品的质保期也大大提高了。

想要彻底打破国外品牌对中国市场的垄断，关键的核心技术就必须掌握在自己手里。威海广泰公司一路走来，无论是空港地面设备的牵引车、平台车、静变电源、气源车、除雪车，还是消防装备板块的快调车都是国内首台；还有电动50吨飞机牵引车、14吨和35吨平台车，更是世界首台。这些都是威海广泰自主研发的。

威海广泰的使命是"坚守民族装备制造业，为保障人们的美好生活作贡献"。相信在党和国家的大政方针指引下，威海广泰人会始终把自己的信仰和情怀传承好、发扬好，为挺起民族装备制造业的脊梁作出更多的贡献。

## 为国产民机运营贡献〝成航力量〞

**成都航空有限公司副总经理　周勇**

2016年6月28日，ARJ21飞机在成都航空实现商业运营，开启了国产商用飞机示范运营新纪元。成都航空开启了空客机队和ARJ21机队航线干支结合、市场互补、相互支撑、协同发展之路。

成都航空致力于推动ARJ21飞机枢纽化、快线化运营实践，形成多点低频的支支互联、单点高频的干支网络。第一阶段为示范运营阶段，包括改进机型、建立市场模式、构建航线网络；第二阶段为巩固提升阶段，包括提高日利用率、完善商业运营模式、建立保障产业链；第三阶段要达到"五个领先"，包括安全管理领先、日利用率领先、市场效益领先、特业人员领先、保障能力领先。

我们希望为国产民机运营贡献"成航经验"和"成航力量"，谱写新时代高质量民航的新篇章。

## 航旅融合助力革命老区红色旅游高质量发展

**西部机场集团延安机场有限公司总经理　饶晓宇**

民航业与旅游业的发展是相辅相成的，航线通达程度是吸引红色旅游旅客的重要因素，地方旅游发展将带动更多的游客选择航空出行。

延安有非常丰富的旅游资源。全市留存历史遗迹5 808处，革命纪念地445处，珍藏文物近7万件。延安是中国红色旅游的资源富集区，有全国保存最完整、面积最大的革命遗址群，被授予"中国红色旅游景点景区"称号。

据统计，2019年，来延游客7 308万人次，较上年增长15.2%。红色旅游事业的发展为航空运输提供了巨大的市场。2019年，延安机场旅客吞吐量突破68.6万人次，较上年增长77.5%，创造了通航以来最好成绩；2021年，旅客吞吐量预计将达到75万人次。安全、快捷、便利的航空运输为红色旅游事业的发展提供有力支撑，民航在红色旅游成长建设和发展壮大中的作用日渐凸显。

延安机场坚持以服务地方社会经济发展为己任，坚持新发展理念，不断完善航线网络，探索落地"航空+旅游"融合发展模式，用心铺就红色旅游天路，给延安民航事业带来了新的发展契机，促进了延安市旅游业的蓬勃发展，取得了阶段性的发展成果。

展望未来，延安机场将牢记"人民航空为人民"的宗旨，继续加大航线开发力度，在服务产品多样化、人民出行便捷化等方面进一步支持地方红色旅游项目发展，带动地方经济发展转型升级，助力地方社会经济实现腾飞。

## 优化整合航空资源促进我国红色旅游发展

**中国民航管理干部学院马克思主义学院副教授　赵颖**

航空资源优化整合的目的是提高航空运输系统的效率，对旅游发展的促进是非常直接的。

要在枢纽机场群发展中明确各机场的市场定位，优化航线航班，增加航点，加强枢纽城市与红色旅游城市的连通，扩大航空资源辐射范围；加密航班，提升旅游聚集能力，促进长途红色旅游的发展。要在红色旅游地区整合各种方式的航空运输资源，尤其要加强"干支通"深度融合，可以连通景点，提升交通便利性，增加客流量；推行通程航班，可以优化旅客体验，提升旅游品质，促进区域红色旅游发展。

比如，为使上海国际航空枢纽成为"最具影响力的世界级航空枢纽"，与周边机场组成长三角世界级机场群，要按照各机场的市场定位来优化航线资源。通过优化，南通机场国内除商务航线以外的其他航线航班（含支线机场旅游航班）的班次、出港座位数提升了将近3倍，在成为上海航空枢纽重要组成部分的同时，释放了国内支线航空需求。为了解决旅游景点较为分散的问题，山西实现了通航短途运输常态化运营，目前开通了8条航线，初步构建了山西通航短途运输航线网络。

## 创真情服务品牌助力老区振兴

**重庆新大正航空科技有限公司执行董事　余霆**

重庆新大正航空科技有限公司的一线人员80%来自革命根据地。他们到城市就业，土地统一流转到合作社和规模化农牧业公司。土地有收入，且乡村土地实现集约化发展，为乡村的一二三产业融合发展创造了有利条件。

好的设备能提高生产效率，提高产品质量，还能节约人力成本。我们紧跟党的步伐，传承先辈红色革命精神，结合现代化创新发展，响应国家科教兴国战略，大力发展科技创新、智慧创新。

不同客户对材料的要求不同，不同材料的使用范围与用途也不一样。材料的供应需要自然的馈赠，例如航空服务中的纸巾，便来自革命老根据地森林的馈赠。严格按照规程进行作业，是保证服务质量和服务进度的基本条件。

好的服务环境和好的社会自然环境带来的不仅是经济的增长，同样也是心灵的愉悦。怀着敬畏之心与自然和谐相处，相信绿水青山就是金山银山。

## 实践智慧机场建设要统筹兼顾

### 中国民用机场协会副秘书长　孙德富

智慧机场建设的基本原则是坚持统一规划，分步组织实施；坚持以需求为导向，机场量身定做；坚持数据协同共享，打破信息孤岛；坚持规划发展适当超前，确保投入合理。

智慧机场建设要统筹兼顾。机场集团应立足长远、统筹规划信息基础设施建设，采取先大后小、以大带小的方法，分步推进转型升级，实现数字化、智能化、智慧化。中小机场要合理评估投入产出，规划建设必要的信息基础设施。智慧机场建设既要善于运用新技术，又要充分利用行业共享资源，使用低成本、模块化的信息基础设施，有效降低升级改造和运营维护成本；要加强信息基础设施网络安全防护，构建自主可控、安全可信的机场基础设施体系，制订应急预案，确保机场信息系统安全、稳定、可靠。此外，中小机场在智慧机场建设方面，要逐步建立以机场运行为核心的大数据信息平台，实现覆盖旅客出行全流程、货物运输全链条、运行监控全系统、机场管理全领域的目标。

## 中小机场如何进行数字化转型

### 上海民航华东凯亚系统集成有限公司智慧运行产品负责人　刘乐

打造全感知、全连接、全场景的智慧新机场，应让生产数字化、服务数字化、流程数字化，用大数据提高系统、人与物之间的连结性。

针对中小机场的特点，即旅客吞吐量不大、航班时刻分布不均匀，业务链条与大机场一致但信息化程度不高，业务处理灵活度要求高，在进行数字化转型时应将旅客流、行李流与航班深度融合，建立"小、精、美"的运行与旅客服务生态。

未来，中小机场将以数据为基础，整合航班、旅客信息资源等信息，实现机场运行全景可视化；要整合飞行区、航站楼的服务和资源，在运行智慧、地面保障、行李跟踪等方面，构建一体化的协同运行模式；还应打造机场全业务大数据中心和数字大脑，打通机场业务流程的全信息链条。

## 鄂州机场智慧建设实践

### 湖北国际物流机场有限公司信息技术部部长　刘鸣秋

鄂州机场本期工程按满足2030年旅客吞吐量150万人次、货邮吞吐量330万吨目标设计，建设东、西两条跑道，各长3 600米、宽45米，飞行区等级为4E，可实现双跑道独立运行。在设计之初，鄂州机场在智慧机场建设方面就进行了丰富的实践。

在数字建造方面，鄂州机场是第一个全阶段应用建筑信息模型（BIM）技术的项目；第一个基于BIM的造价管理改革试点，将BIM要求写入工程招标文件进行合同管理；第一个自主研发基于BIM的全生命周期数字化施工综合管理平台（PLM）项目；第一个预装式110千伏变电站项目。

在智慧应用方面，鄂州机场是第一个全场全时全域应用智能跑道系统的机场；第一个开展全场无人驾驶研发应用的项目；第一个自主研发室内、室外全流程模拟仿真系统的机场；第一个利用超大屋面开展光伏应用的机场。

## 碳达峰和碳中和目标下中小机场的发展机遇

**航联咨询（北京）有限公司专家　黄小强**

随着民航绿色机场建设相关工作稳步推进，预计民航机场将在2030年前提前达到峰值。尤其是中小机场可能更早达峰，在顺势开展碳中和工作中具备优势。

中国民航目前已拥有全世界最年轻的机队，在航空燃油效率与碳强度方面已处于全球领先水平，在航空器技术和可持续生物燃油没有决定性突破的前提下，依靠自身节能与减排的潜力均非常有限。2030年前达峰难以实现，且很有可能高位达峰，必须提前布局碳中和工作。

总体来说，民航业未来碳排放缺口较大，但如果进行行业内部细分，民航机场的碳排放优势可以作为较成熟的碳抵消项目通过交易的方式提供给航空公司。未来碳排放价格增长趋势明显，市场前景广阔，中小机场应提前布局民航机场碳排放监测报告和核查工作，将现有节能减排项目转化为碳抵消产品。

（刊载于2021年7月15日《中国民航报》　记者　程婕）

# 坚持"以人民为中心" 践行真情服务理念

## ——民航航班正常和服务质量工作会观点聚焦

中国民航报

2021年5月27—28日，民航航班正常和服务质量工作会暨雷雨季节运行保障工作部署会在昆明召开。会议总结了"十三五"期间民航航班正常和服务质量的工作经验，科学谋划"十四五"时期民航航班正常和服务质量思路，研究部署今年航班正常和服务的重点工作。

会上，来自民航西南地区管理局、民航中南地区管理局、南航、首都机场集团公司、中国航信等单位的相关负责人围绕民航航班正常和服务质量工作介绍了经验和做法。本报对部分发言进行了摘编，以飨读者。

### 提升航班运行品质 树立西南服务标杆

**民航西南地区管理局副局长 吴小兵**

"十三五"时期，西南民航共计完成运输飞行1 030.7万小时，较"十二五"增长74.3%；航班正常率为81.31%，较"十二五"上升3.53个百分点；放行正常率为86.72%，较"十二五"上升2.63个百分点。西南地区航班正常率在运输量大幅增长的压力下，依然保证了各项指标的稳定增长。

自"十三五"以来，西南民航航班正常和服务质量工作坚持新发展理念和稳中求进工作基调，坚持科学监管理念，以谋实策、出实招、求实效为准则，利用大数据平台，推进智慧监管；完善重点监管机制，强化精准监管；运用多元化监管手段，推动体系建设；不断提升监管效力，有效解决了监管难题，有力推进了西南民航运输的高质量发展，实现了航班正常治理能力、服务质量管理水平的明显提升。

第一，引入大数据，提升监管效能。西南地区航班正常和服务质量监管工作一直面临着监察人员力量薄弱、监管对象多、监管形势复杂的严峻趋势。自2017年开始，西南局就开始引入"数字监管"理念，通过加强数据监控，建立航班正常通报机制，严格按照民航局《航班正常考核指标和调控措施》和《民航西南地区管理局运通会航班正常考核工作程序》，充分运用航班正常数据系统，建立航班正常数据周通报、月通报、年度报告机制，不断完善西南地区航班正常考核机制；创新监管模式，开展精细化管控，云南监管局借鉴安全绩效管理理念，开展航班正常绩效监管试点工作，定期监控辖区航企和机场多个航班正常性关键指标，创建了昆明机场不同航季运行状态图经验数据模型和辖区航企航班正常裕度经验数据模型，昆明机场航班正常性多年来保持较高的水平，2020年放行正常率排名全国十大机场第三，始发正常率排名第四；利用系统测评，提升考核评估效能，四川监管局联合"飞常准"利用CAPSE系统，从2019年开始开展民航四川地区服务质量满意度测评工作，有针对性地开展服务质量管理工作的改进提升，打造四川民航服务品牌。

第二，"盯组织、盯系统"，推动体系建设。在推动智慧监管、精准监管的同时，西南局持续以"盯组织、盯系统"为监管核心，督导辖区各单位完善航班正常和服务质量体系建设。大力推进机场运管委建设，督促成都、昆明、重庆、贵阳四大机场，建立、完善运管委机制，要求辖区内百万级机场参照千万级机场运管委模式建立百万级机场协同工作机制。以点带面推进服务质量体系建设，在辖区各单位推动安全管理体系（SMS）在服务管理方面的应用。建立航班正常和服务质量检查员库，进一步拓展航班正常和服务质量监管工作的"宽度"和"深度"，搭建局方和企业的交流平台，培养辖区航班正常和服务质量管理人才。西南局自2019年开始搭建航班正常和服务质量检查员库，在全辖区聘任了42名航班正常和服务质量检查员，充分调动辖区各航空运输单位的力量。

第三，积极应用新技术，鼓励创新发展。在加强监管的同时，西南局鼓励支持辖区各单位引进新理念、新思路，开创航班正常和服务工作新局面。空管部门聚焦难点、深挖潜力，多方面、多角度提高空管服务品质，提升空管服务保障能力；全力推进"保腾芒"一体化高质量运行，2020年腾冲、保山、芒市三地机场航班正常率分别为91.26%、86.17%，92.43%，较上年分别增长6.14%、5.42%、5.11%；鼓励通程航班，创新发展模式，消除中转航班重复值机、重复安检、重复托运等痛点，大幅提升航司客座率与干线机场枢纽功能；关注重点工作，鼓励新技术新应用，创新监管模式，关注"三基"建设。

2021年，西南局将践行"发展为了人民"的理念，按照民航西南地区总体工作思路，重点提升运行效能，不断完善航班正常体系建设；加强数据应用，强化考核机制；推进新技术应用，完善服务链条；推广通程航班，提升民航服务的通达性；推进体系建设，完善服务风险防控；完善检查员制度，搭建交流平台。以新气象新作为展现西南运输人应有的责任与担当，不断强化智慧监管、精准监管，创建高质量监管模式，促进西南地区航班正常和服务质量的持续、健康发展。

## 践行真情服务理念　推动智慧民航建设

民航中南地区管理局副局长　刘卫民

近年来，中南民航在粤港澳大湾区协同运行、差异化安检和RFID机场端建设等3个方面的工作中取得了出色成绩。

为落实"在粤港澳大湾区探索开展区域级多场运管委协同运行模式试点"的部

署，中南局以航班正常为牵引，推进粤港澳大湾区运管委协同运行，将广州、深圳、珠海3个机场运管委协同运行试点作为今年的重点工作推进。

一方面，通过成立航班正常工作领导小组、精准调控、科学治理、科技引领、严格监管等手段，建立了齐抓共管的工作机制，有效增强了航企运行保障能力、空管服务保障能力，提高了机场运行效率。自2019年以来，中南地区民航航班正常性"三率"均高于行业平均水平，大面积航延均得到了妥善处置。

另一方面，粤港澳大湾区运管委协同运行稳步推进。机场运管委协同决策作用进一步突显，中南辖区9个千万级机场均已完成运管委建设和重构，效率提升明显；多场运管委协同运行工作正有序开展，目前正积极探索粤港澳大湾区航空气象协同发展模式，有效协调落实粤港澳大湾区运管委协同运行工作分工，积极推进粤港澳大湾区运管委协同运行。下一步将结合近期华南地区雷雨天气对航班运行影响较大的实际，开展实操演练，在实际操作中检验运管委协同运行机制。

2019年，民航局批复旅客差异化安检模式研究试点，广州、深圳两个机场成为首批试点单位。随后，中南局积极引导辖区武汉、海口等机场陆续开展"易安检"试点工作。2020年疫情防控期间，中南局坚持以"提质增效"为工作目标，指导各试点机场充分发挥"易安检"全自助、停留短、检查快、接触少的特点，减少了旅客肢体接触、脱口罩频次，不仅提高了安检效率，还最大限度保障了旅客与员工的健康和安全。

以深圳机场为例，差异化安检模式研究方向为受检对象的差异化，主要面向大数据支撑下的常旅客、公安数据信息筛查下的低风险旅客。在国内候检区设置两道闸机，实现对旅客的分类分流。第一道闸机主要对人像进行采集及旅客乘机资格确认，防止无证人员非法进入。第二道闸机设置在安检快捷通道前端，旅客可以"刷脸"通行。自2018年12月1日试运行以来，已有超300万人次信用良好的常旅客享受了差异化安检服务，较普通旅客安检过程缩短近40%，放行效率也比普通安检通道提升60%，旅客过检体验和安检保障效率显著提升。旅客可使用微信小程序预约深圳机场"易安检"服务。"易安检"小程序自2019年10月28日正式上线以来，截至2021年5月中旬，共查询到旅客申请注册信息94 075条，其中绿名单旅客29 073名（占比超过30%），累计有超过184万人次的旅客享受了"易安检"服务。

2020年初，民航局启动全民航旅客行李全流程跟踪系统试点工作，广州、深圳、武汉机场和南航等被确定为首批试点单位。同年11月，民航局下发《关于加快推进千万级机场旅客行李全流程跟踪系统机场端建设的通知》，确定2021年底建成的目标。中南局指导各监管局积极推进RFID机场端建设项目进度，辖区航企和机场按计划加快建设，逐步实现旅客对行李的全流程跟踪。深圳机场已率先接入"航易行"平台，实现深圳机场行李数据与其他机场、航空公司行李数据实时交互；广州机场T2航站楼在建设期间已完成值机、安检、分拣等7个环节RFID相关设备建设，于2020年在行李到达转盘加装RFID读取设备，实现行李全流程追踪；武汉机场早在2008年T2航站楼行李系统建设中便已引入RFID技术，其T3航站楼在

2017年启用时已利用RFID技术实现行李全流程跟踪，目前已完成与"航易行"平台的互联互通，行李正确分拣率达到99.8%；南航在48个国内外场站实现行李全流程跟踪，成为亚洲第一家、全球第三家取得IATA行李追踪全网络合规认证的航空公司。

旅客行李全流程跟踪系统是今年民航局公布"我为群众办实事"任务清单的任务之一。目前中南地区各机场都按照计划积极推进，争取今年底实现千万级机场端的建设目标，实现行李运输全程跟踪，让广大旅客享受到更高品质的民航服务。

## 打造中国服务新标杆

**首都机场集团公司副总经理　杜强**

首都机场集团公司始终坚持"以人民为中心"，坚守真情服务底线，积极应对新发展阶段人民群众航空出行需求，以及大数据、物联网、智能化的发展趋势，始终把满足人民群众对美好生活的向往作为奋斗目标，努力打造以真情服务为内核的"中国服务"新标杆。"十三五"期间，集团公司成员机场ACI旅客满意度平均值从4.87持续提升至4.95，8个干线机场平均航班放行正常率从明显低于行业均值提升到高于行业均值2.1个百分点。

作为管理着53个大中小型机场的集团化公司，首都机场集团公司围绕真情服务，以人文机场建设为引领，更新发布两版《人文机场建设行动指引》，形成明确的服务目标和人文机场评价指标体系，系统推进服务管理制度建设、能力培养、质量控制、痛点管理、绩效改进，逐步形成了较为完善的服务管理体系和管理模式。

在制度建设方面，首都机场集团公司以《服务管理规定》《服务短板排查整改管理办法》《服务投诉管理规定》为抓手，确保成员机场严格落实局方各项法规要求；在能力培养方面，关注成员单位培训管理体系及关键服务岗位人才培养，每年定期组织专项培训；质量控制一切从旅客感受和体验出发，建立起包括民航专业服务评价、ACI评价、第三方服务测评、年度服务评价等多维度、多视角的服务监督评价体系，全方位及时获取旅客服务意见，找准服务问题和提升方向；通过质量监控，各单位把服务风险、服务投诉、监察问题，以及旅客最关注、反映最突出的重点服务环节、关键问题作为主要改进方向，形成服务短板库；强化绩效传导，激励鼓励各成员机场在服务质量上百花齐放。

在推进便民服务举措落地方面，首都机场集团公司重视加强统筹和示范激励，成员机场力求突出特色、做精做细，匠心打造更多符合旅客需求的服务产品。北京两场加快旅客值机、行李托运、联检、安检、登机等全流程服务的无感化设计，全程无须打印及出示登机牌；"一证通关+面部识别"在多个机场普及，首都机场、大兴机场均已完成值机、托运、安检、登机等环节的"一脸通关"测试工作；全面洞察老年人需求，打通"数字障碍"，推出定制服务，推行全程优先，创新特需服务，完善服务标准，为老年人提供便利服务；树立"全面健康+服务"理念，实施健康机场战略，探索科技赋能防疫；推出行李送到家、空铁联运、行李全流程跟踪、隔离区内中转和退改签等服务，丰富服务产品。

近几年，在民航局、空管局的大力支持下，在航空公司与驻场单位的协同配合下，首都机场集团公司成员机场持续加强运管委建设，不断提升运管委组织协调及协同运行能力，航班正常水平显著提升。为有效保障北京终端区及辖区内"两市三场"整体航班运行安全、平稳、有序，有效应对特情，自2020年起，首都机场集团公司统筹京津三场，协同华北空管局共同开展《北京终端区"两市三场"特情协同机制》的研究工作，力求实现特殊运行条件下"两市三场"运管委同步启动、同步调整、同步放行。同时，首都机场集团公司与民航局运行监控中心协调联动，共同开展课题研究，形成机制程序，努力打通成员机场集团支线机场航班调时权限。目前，5家成员机场集团已结合自身实际开展"以干带支"的区域运管委运作机制研究，拟定操作程序，力争在雷雨季试点开展支线机场航班调时工作。

2021年，首都机场集团公司要在毫不松懈抓好常态化疫情防控的同时，以航班正常工作为牵引，持续提升民航服务质量。一是认真落实民航局2021年"民航服务质量标准建设年"主题活动要求，台账式管理梳理出69项具体任务，高标准逐项推动落实，保障主题活动效果。二是认真开展党史学习教育，聚焦"实"字，认真推进"我为群众办实事"实践活动，出实招、办实事、解难题，确保集团公司研究确定的9件实事取得实效。三是强化雷雨季航班正常保障，认真落实本次会议精神，督促成员机场进一步深入推进协同联动，着力提升协同运行水平和效率，努力打好航班正常保卫战。

## 不断满足广大人民群众对美好出行的向往

**南方航空股份有限公司副总经理　章正荣**

2020年，南航航班正常率达89.88%，较上年提升6.56%，达到20年以来的最高水平。今年第一季度，南航的航班正常率达到93.27%，继续保持行业领先水平。南航主要做了以下工作。

一是实行大运行，强化集中管控。成立南航运行管理委员会，按照"集中管控，高效决策，沟通顺畅，系统联动"的基本原则，组织开展航班运行工作，加强组织领导。建立AOC和GOC两级集中运行平台，联合决策效率和属地运行效率大幅提升。推进核心运行资源统一管控。成立新的运行指挥中心，构建责权清晰、沟通顺畅的三级运行决策和流量协调体系；成立飞行总队，推进大机队管理；加强运力统一管理，实现机务维修"十九证合一"，使各维修基地能够相互异地支援。持续完善运行管理工作制度，推进运行标准统一，常态化运作"日运行讲评、月讲评会、季度全会"的运管委会议制度。加快信息化建设，搭建统一智能化工作平台，提升运行决策和调控能力。

二是持续实施航班正常提升工程，深挖运行保障潜力。积极开展航班正常提升策略研究，持续针对运行领域的重点难点问题进行研究攻关。狠抓关键环节，挖掘保障潜力，班班计较、分秒必争，一抓提前关门，二抓快速推出，三抓地面滑行，四抓内外协调，五抓快速过站，六抓航延处置，进一步提升航班保障效率。

三是积极参与机场运管委建设，提升协同决策效率。强化运管委驻席职责，提升整体应急处置能力；公司中南流量室、气象中心以及站调全部进驻广州白云机场运管委大厅；高度重视机场运管委的课题研究工作，选派骨干力量深入参与，为相关研究课题的落地提供了参考支持。

在真情服务方面，南航也取得了出色成绩。

一是全链条协同，精细管理保障航延服务。在航延服务中，南航致力于实现信息传达，紧扣航延情况下的信息告知是旅客服务的第一需要，多环节加强信息告知；实现改签便利，全面推广航延改签联动机制，有效减少大面积航延现场旅客积压；实现服务亲和，重点提升行李、特殊旅客、中转旅客、高端旅客等服务水平，优先为残疾人、老年人、孕妇、无成人陪伴儿童等需要特别照料的旅客提供亲和服务，实现补偿快速，全面推广航延赔付电子化，并增加了里程、代金券等多样化方式，实现旅客航延赔付自助操作。

二是全渠道退改，实现"便捷改期，极速退票"。南航自2017年以来重点推进全渠道客票自动退改的业务升级，率先实现全渠道自动退改，在业内首设全渠道退改中心。旅客无论是在南航官方渠道，还是在机票代理点、第三方平台上购买的南航机票，都能在南航App、微信公众号、"南航e行"小程序快速办理退票或改期业务，实现便捷退改、资金安全、费用透明、极速到账。2020年，南航全年全渠道共为1 041万人次提供了便捷的退票服务，其中通过自动审核实现"秒到账"的人次占比达到68.01%。随着功能升级，从2021年至今，自动化人次占比达到73.99%。

三是全流程追踪，实现行李"会说话，智慧行"。南航依托自主研发的行李全流程追踪技术，针对旅客个性化出行需求，持续打造差异化的行李服务产品。目前，南航行李全流程追踪系统服务范围已覆盖48个国内外场站，涉及超200条航线，每日超过1 400个航班，日均受益始发旅客超24万人次、始发行李逾6万件。通过改造行李分拣系统，将行李分拣系统对行李造成的损坏风险降到最低，在广州等14个场站的行李提取转盘加装可视化屏幕，让等待行李的旅客从可视化屏幕了解员工作业情况。使用统一的优先行李牌、中转标识牌，推广落实行李分舱装载，提升高端行李优先交付率。上线"行查移动"App及电子赔偿系统，旅客可通过"行查移动"工作站实时完成行李晚到、破损、电子签字、在线赔偿、打印单据等操作，每位旅客处理时间从20分钟缩短至2分钟。

四是全方位创新，推广"食尚南航，绿色飞行"。为实现"精准配餐，营养健康，满足旅客对美好生活的向往"的目标，南航严格落实民航局要求，在确保航空安全的前提下，进一步提高防疫工作标准，创新机上配餐服务模式，升级餐食品质。

## "三驾马车"引领厦航服务行稳致远

**厦门航空有限公司副总经理　黄国辉**

近年来，为深化服务质量管理体系建设，厦航创新提出SRP服务质量管理体系，也就是厦航服务质量管理的"三驾马车"。

第一个机制是服务质量管理机制，确保服务战略全面落地。服务战略是服务质量管理的根本目标。2012年，厦航成立了公司层面的服务质量委员会，这成为厦航服务战略决策的中枢机构。由公司领导担任服务质量委员会主任，统筹分子公司、地服、营销、空乘、配餐、货运、财务、人力等31个主要服务单位和业务支持单位，下设办公室在地面服务保障部。服务质量委员会充分发挥"机制引擎"作用，以顶层设计为引领，以服务战略为方向，以组织架构为保障，从管理机制上构建大服务格局，使顶层设计和日常工作有效衔接，确保服务战略有效落地，为服务质量管理提供坚强的组织保障。

第二个机制是服务过程管理机制，确保合理分配服务资源。服务工作点多面广，如何统筹各个环节确保全流程高质量，必须建立一套行之有效的过程管理机制。而这一过程管理机制是通过信息系统落地的。我们自研开发了厦航服务质量管理系统，统筹服务全流程相关资源的分配，实现服务全链条相关单位线上管控。这个信息系统建立了3级服务质量管理网络，包含质量地图、投诉管理、服务评价、服务监察、服务风险五大模块，拥有14项服务质量管理功能，实现服务过程智能化管理。厦航各级管理人员可使用门户办公、移动办公平台实时监控质量数据，处理重要事项，接收服务预警，有效提升服务管控的智能化水平。这个系统还获得了福建省科学技术进步奖。

第三个机制是服务绩效评价机制，确保服务质量闭环管理。为全面客观评价服务质量管理工作，2020年我们开航空服务质量评价之先河，研究建立了"服务质量全面评价指标体系"（以下简称"指标体系"）。"指标体系"针对航空公司服务特点，分解出"顾客感知"的6个质量维度，以及"服务提供"的5个质量维度，设置422条评价指标，对13家服务单位开展服务评审，并制定《厦航服务质量全面评价结果评级实施办法》，将评价结果纳入各单位绩效考核，服务绩效与各单位的"面子"和"里子"挂钩，服务质量实现真正意义上的闭环管理。

"三驾马车"实现战略引导、资源分配、绩效保障"三位一体"，分别对应三大服务质量管理机制，引领厦航服务行稳致远，不断擦亮特色服务品牌。

一是打造安全健康服务。厦航积极落实民航局防疫工作要求，充分发挥国有企业的"主力军"和"排头兵"作用。疫情防控期间，我们创造了多个行业第一，在厦航的"严防死守"下，厦门口岸输入病例始终保持低水平。

二是赋能云端绿色服务。厦航作为全球首家与联合国开展可持续发展合作的航空公司，不断以实际行动践行可持续发展理念，推出"厦航农庄"品牌，打造可持续发展客舱新场景，推出"云端"绿色客舱产品，制订了波音787机型合理加注机上饮用水方案，积极建设节能环保洁净客舱。

三是创新特色营销服务。厦航以福建、北京为战略市场，进一步加大运力投入，不断完善航线网络，把"精、尊、细、美"的服务带给更多旅客，推出"京闽快线"品牌，推出"白鹭驰援卡""白鹭尊医卡""白鹭尊师卡"以及学生优惠产品"全学飞"，推出"飞要"系列营销服务产品，为旅客提供覆盖"吃、住、行、游、购"的多样化服务。

进入后疫情时代，厦航在确保安全第一、严格疫情防控和做好基础服务的前提下，将重点做好精准服务，满足高、中、低端不同旅客的个性化需求；持续挖潜国内中转服务，助力国内市场大循环；不断丰富特色服务，进一步推出精品航线和拳头产品；积极创新智慧服务，加快推进大数据、人工智能、"无纸化"出行等技术的运用，为旅客提供更便捷的出行体验。

此外，厦航也将持续抓好航班正常工作。自4月以来，强化外部协同，及时调减航班，派员入驻机场运管委，加强信息共享和决策协同，落实面对面会商机制，积极配合各机场运管委调减航班。建立了日、周、月航班计划优化机制，提高计划编排科学性。建立了"一日三会"制度，由运控部门牵头，飞行、营销和地服等单位值班领导参加，加强对每日天气研究和运行态势研判。认真开展航班综合治理活动，眼睛向内查找短板，提升航班保障效率。优化航延信息发布流程，第一时间发布和更新航班调整信息。充分授权一线员工快速处置三大类、17种航班不正常情况下的旅客诉求，提升服务问题解决效率。

## 以航班正常为牵引　助力旅客美好出行

**西安咸阳机场股份有限公司常务副总经理　马中华**

自2020年新冠感染疫情发生以来，西安机场紧密围绕民航局工作总体要求，一手抓疫情防控，确保机场防疫零失误，一手抓复工复产，助力运输生产全面向好，以持续筑牢安全底线为基础，以抓好航班正常工作为牵引，以推进最佳中转机场建设为核心，以持续提升机场服务质量为抓手，全力增强旅客出行的安全感、获得感、幸福感，主要开展了以下工作。

一是以运管委提质升级为动能，提升航班正常性。西安机场运管委是西安民航协同发展的重要成果。近两年来，我们成绩清零再出发，与西北空管局一起倡导和推动运管委2.0转型升级。2020年，运管委各成员单位顶住疫情防控、复工复产和单跑道运行的安全、运行、服务压力，相互扶持，奋力拼搏，共同创造单跑道运行日均603架次、单日最高692架次的纪录，全年复产率高于行业平均水平6.6个百分点，放行正常率达到92.65%，排名十大机场第一。运管委转型升级着重突出运行效率和组织效能"两个重点"，着重发挥运管委统筹协调和成员单位主体责任"两个作用"，从推进体系融合、拓展职能定位、攻坚发展难题、增强协同效能、促进智慧民航建设5个方面精准发力，全面推动协同发展向更深层次迈进。

二是以民航高质量发展为内涵，打造最佳中转机场。今年初以来，西安机场中转业务量持续保持两位数增长，截至5月底共保障中转旅客225万人次，占比升至15%，增速高出机场平均客运增速近20个百分点。

西安机场围绕最佳中转机场建设，聚焦国内中转市场精准发力。一是着眼于构建高效完善的航线网络，满足中转旅客出行需求。按照民航局中转便利化指南要求，在西北管理局的主导推动下，我们充分发挥区位优势，深化供给侧结构性改革，连接国内168个航点、295条中枢轮辐式航线网络。二是着眼于调整航班结构，优化中转衔接时间，提升中转效率。近年来，各方凝聚共识、统筹谋划，用活用足民航局"精准控、精细调"政策，围绕中转能力提升、航班波设计，用好增量、盘活存量，调整航班结构，优化运行时刻，中转衔接机会每周增加2 500余个，中转衔接有效率大幅提升。三是着眼于旅客差异化的中转运价需求，降低旅客出行成本。我们主动联合各航企，协同开展跨航企产品合作，打破传统运价协议模式，实现跨航企中转航班拼接，在降低单位旅客出行成本的基础上有效拉动航企总体运量，实现航司、旅客双受益。四是着眼于提升跨航企中转保障效率，缩短中转衔接时间。会同航企制定中转服务标准和保障手册，实现全服务航企和廉价航企的跨航站楼跨承运人中转全覆盖，MCT缩短至同楼50分钟、跨楼90分钟。日均处理跨航企行李1 200余件，占中转行李总量的45%以上。五是着眼于创新中转服务产品，满足旅客个性化需求。在国内率先发布"无忧中转"服务产品，有效解决航班变动导致中转错失的退改签问题。首创"智慧中转"和"急速中转"，为中转衔接时间不足的旅客提供智慧化、一对一服务。联合东航和国铁集团共同推出空铁联运产品，为旅客提供一站式空铁组合服务，实现空地无缝衔接。

三是以服务品牌建设为引领，聚焦旅客乘机新体验。西安机场紧盯疫情防控工作不松懈，按照常态化防疫要求，严格落实民航局疫情防控技术指南，以机场为战场，建立空中、航站楼、公共区3道关口，构筑从前站登机到抵离机场全流程的5道防线，动态更新航班处置流程23版；紧盯特殊旅客服务暖出行，以举办第十四届全运会和第十一届残运会暨第八届特奥会为契机，全力推进落实道路交通改造、航站楼运行流程优化、安检保障资源扩充等67项重点项目改造；紧盯大众旅客服务显真情，围绕旅客多样化、个性化需求，打造以真情服务为核心的"西悦行"旅客服务品牌，推出包含畅行服务、快线服务、中转服务三大类14项内容的服务产品包。

第十四届全运会第十一届残运会暨第八届特奥会也将在陕西举行。西安机场将坚持"人民航空为人民"的宗旨，严守运行及空防安全，提高保障效能，提升服务品质，用"最好形象、最优服务、最佳状态"全力迎接全运、全情投入全运、全员服务全运，以实际行动迎接中国共产党成立100周年。

## 为跨航企旅客中转提供综合解决方案

**中国航信机场业务部产品总监　浦黎**

根据民航局2019年的统计，国内干支机场间的直连航线覆盖率为25.6%，支线与支线机场间的直连航线覆盖率仅为0.6%。随着我国机场建设的不断推进，随着更多新机场的投运，这个比例可能进一步降低。这也就决定了，在直连航线和航班时刻资源有限且越来越多新建机场投运的情况下，民航中转业务和中转旅客服务的重要性将愈加突显。中转业务对于民航的发展、对于航企和机场业务的拓展、对于民航面向旅客的真情服务都具有重要意义。

中国航信积极响应民航局号召，分析中转业务，进行系统开发，整合了机场中转旅客服务系统、离港主机、离港前端、行李跟踪等系统和软件，形成了中国航信"慧中转"机场中转旅客服务和行李直挂整体解决方案。其目标是：涵盖旅客中转全流程，以信息化手段增强机场中转服务能力，扩大民航中转业务，提升旅客出行便利性，改善旅客中转服务体验，并正在与民航分销、移动App、NDC等系统和方案进行连接和融合，实现旅客中转航班和服务的多渠道一站式线上预订。

在民航局的指导和推动下，"慧中转"解决方案打通了跨航企中转的核心技术屏障和流程断点，为跨航企中转业务提供了关键能力。这些关键能力包括：对中转旅客和行程的自动化识别和标注；在始发站，使用值机软件为跨航企中转行李打印联程行李牌并派发相应中转行李报；在中转站，对中转旅客和行李保障业务的信息化支撑；聚合全国机场中转服务能力，形成中转服务能力底座。

下面我简要介绍一下当前"慧中转"解决方案的核心流程。首先，通过后台的大数据比对，我们实现了对跨航企旅客的精准识别。在始发站，在衔接的航班和机场能够提供跨航企行李直挂服务的情况下，机场值机人员在办理相应旅客的值机手续时，离港前端将明确提示值机人员可以为此旅客提供行李直挂服务，离港前端可以为旅客打印联程行李条，拴挂联程行李标签。同时，离港系统会向下站发送中转行李报文，从业务层面和数据层面确保旅客行李直挂业务的顺利开展。

在中转站，我们为机场和航企提供了中转服务信息系统，为相关保障部门实现广义中转旅客的中转航班衔接监控、旅客和行李监控、航班中转保障电子化工单、机场中转统计分析，并打通安检和登机等旅客通关环节，进一步提高机场和航企的中转保障能力和保障效率，缩短机场的MCT。

为了让旅客更好地获得机场的相关服务，我们为跨航企中转旅客搭建了线上服务平台，并提供了微信小程序。同时，我们正在把这些线上服务能力与NDC、机票分销、自助值机、自助行李托运等业务和系统相融合，为旅客提供更加便捷的线上服务体验。

在整个旅客中转流程中，我们以"航易行"全流程行李跟踪解决方案为基础，针对中转业务进行强化，实现了对中转行李关键保障环节的监控、拍照和状态确认，实现了行李状态直达旅客，从而消除了中转行李运输过程中责任追溯的难点和痛点，也缓解了旅客的行李焦虑。

当前，民航旅客中转有多种实现模式，包括：以旅客为中心的"自行中转"模式，以航企联程机票为核心的"联程中转"，以及以机场增值服务为中心的"机场跨航企中转"。我们认为，未来的民航中转将是更加方便、灵活、高效的"一站式中转"，是航企、机场共同参与，整合航企的航线组合销售能力和机场的中转服务能力，为旅客提供一站式购票、全覆盖行李直挂、无缝中转衔接服务的综合性业务解决方案。这需要民航局的指导和推动，需要航企、机场的积极参与，需要法规和标准的规范，需要涵盖从虚拟航班建立到一站式客票销售、再到全流程服务保障的全过程，需要打通多个民航信息系统，并以信息技术平台的方式为创新性的中转业务提供全面支撑。中国航信正按照民航局的指引搭建涵盖航班管理、客票销售、行李直挂、信息通达、服务贯通的综合性中转服务平台，为民航中转旅客服务的发展和创新提供坚实的信息系统支撑。

## 5G空地云网赋能智慧民航建设

**中国电信集团有限公司副总经理　张志勇**

日前，《中国民航新一代航空宽带通信技术路线图》正式发布，明确以5G为代表的新一代航空宽带通信系统的建设应用，是构建智慧民航系统的重要基础和技术支撑。中国电信将以此为契机，积极推进国家新基建和高质量民航重要战略，全面推动民航领域的新基建，通过云网融合赋能民航转型，为智慧民航带来数字时代新动能。

立足新发展阶段，为成为领先的综合智能信息服务运营商，"云改数转"成为中国电信"十四五"时期的重要发展战略。其本质是以客户为中心，筑牢云网融合数字化底座，内外并举赋能千行百业数字化转型，以科技创新驱动客户高质量发展。站在"十四五"开局的新起点，中国民航"要求实施以智慧民航建设为牵引的发展战略，构建新的竞争优势"。为此，中国电信将紧紧围绕智慧民航建设需求，不断提升数字化供给能力，深度融合，构建生态，为用户打造创新驱动、云网融合、安全可信、和合共生的5G服务，实现数字化、智能化、智慧化，让5G技术在民航行业落地生根。

5G时代是云网共生共长的时代，云网融合是信息基础设施的演进方向。在云资源上，中国电信位居中国混合云市场第一、全球运营商云市场份额第一，依托全球领先的云资源优势，为产业数字化转型夯实泛在智联、云网融合的基础设施底座；在云能力上，搭建PaaS（平台即服务）及云算力平台，形成了"2+4+31+X+O"的云战略布局（内蒙古、贵州，京津冀、长三角、粤港澳、川陕渝和31个省份以及海外），可以承载数亿用户，具有百万级并发能力，实现连网即连云；在云合作上，推进垂直行业5G定制网建设，打造云网融合基础设施，构建了丰富的应用生态，支撑客户转型升级；在云安全上，通过网络原生安全和可信云，构建端到端安全能力体系，打造端网云一体化的安全能力，保障云网基础设施安全。中国电信将以"5G+云网融合"为牵引，创造数字基础设施新供给，为民航行业注智赋能。

未来航空移动通信技术正朝着宽带大容量、全球一体、高性能的趋势发展。面对构建国际一流的现代化民航通信基础设施体系诉求，中国电信坚持与民航行业共生、共建、共享，从而为应用创新和产业创新提前培育土壤，加大投入力度，加快创新步伐，真抓实干，为中国民航构建天地一体、全球覆盖、地面机场5G专网与空中ATG网络无缝衔接的空地网络，这也是中国电信实现陆海空天全场景全覆盖的重要一环。

为真正解决民航旅客上网服务的迫切需求，中国电信与航科院跨界合作，中国电信投入电信频率100兆赫资源，融合航空移动频率10兆赫，采用混合组网方式，结合天翼云资源为中国民航定制5G ATG空地云专网，在确保网络安全和信息安全的基础上，由专业公司为全民航提供空中互联网和智慧民航服务。具体可实现视频院线、直播资讯等智慧娱乐服务，订票改签、辅助空中医疗等智慧客舱服务，以及行李跟踪、商旅预订等智慧出行服务，同时也将实现实时QAR、飞行仿真等智慧飞行应用，客舱视频、人脸识别等智慧安防应用，以及5G气象、地面指挥协同等智慧运控应用。中国电信5G定制网还可以覆盖机场、空管、航空公司、监管等运行场景，与民航行业一同打造更加丰富的行业应用，服务民航系统建设。

中国电信已经启动5G ATG网络建设，计划今年第三季度完成建网，实现全国网络覆盖，机载设备同步完成适航。单架飞机峰值带宽高达1吉比特/秒（Gbps），实现在万米高空中看视频、看直播、发红包、刷抖音、炒股票、玩游戏……尽享"网上冲浪"，真正让老百姓用得上、用得起、用得好！

中国电信殷切期望与中国民航深度合作，完善空中互联网生态，形成多方共赢局面，真正践行民航真情服务理念，落实"我为群众办实事"的重要任务。在中国民航的大力支持下，中国电信将积极汇聚变革动力，融合创新，加快建设步伐和应用生态建设，携手民航同仁，共塑"5G+智慧民航"的美好未来！

## 主动迎接数字时代 挖掘旅客真实需求

**飞友科技有限公司CEO 郑洪峰**

2020年疫情初期，飞友科技开始免费向行业公开大量数据，支持行业快速恢复，准确预测旅客量恢复高峰，并配合中国航协提振行业信心。下面将展示一些基于最新调研数据的需求分析。除通过数据尝试分析用户对民航服务的未来需求外，我们还关注如何满足这些需求，在数字化时代到来的时候，我们将如何真正实现数字化转型。

首先通过最近半年内的调研数据来发掘旅客的真实需求。通过这些数据，我们发现老百姓对于时间的节省具有强烈诉求，接下来我将围绕这一诉求展开分析。

通过对旅客认为机场需要持续提升的服务能力的调研和分析发现，排名靠前的服务能力均与时间相关联。旅客最关心的是与自己关系最密切的乘机流程。我们把乘机流程拆散，可以看到旅客对安检智能化的需求最强烈，其次是身份智能识别和行李。对于值机、登机的智能化，民航局一直在积极推动，如2019年民航工作的总体要求和主要任务中提到，鼓励人脸识别、自助值机、自助托运、智能问讯等系统建设，千万级机场自助值机旅客占比力争达到70%以上。行业服务体系对外开放，已经让老百姓受益，也减轻了机场的负担。旅客非常期望民航系统能认识自己，这很可能创造出很多新的商业模式。下面我们针对前四项，对关键部分的数据再深度解读一下。

首先是安检。从旅客使用抽样调查来看，各个机场安检智能验证水平存在很大差距。智能安检的确能快速缩短排队时长。其次是引导，旅客对安检和登机口的路线指引需求比较强烈。中国的机场越来越大、越来越复杂，如何让旅客不迷路，节省时间也是一个重要挑战。排名第三的是航班动态，这里面包含很多原本没有实现数字化的部分，如引导、安检排队时间、乘机指南等。排名第四的是辅营收入，这反映了老百姓对机场内的消费有需求，如商贸、餐饮、娱乐、交通出行等。

用旅客数据分析未来服务的一些趋势可以判断出：民航通过在更短时间内将旅客和货物运达来实现服务价值，这也是提升民航竞争力的核心发力点。但是，为了节省更多时间，民航更大的压力来自底层运行逻辑。

2020年2月24日，《国家综合立体交通网规划纲要》发布，核心菱形顶点和菱形内的机场将承担未来15年一倍以上的航班与旅客增量，相当集中，我们需要提前做好准备。

我们对主要顶点数据都进行了分析。就整体保障水平、高峰服务架次、宽体机利用程度而言，在跑道数量相同甚至不占优势的情况下，我国空管对大型国际枢纽机场、"一市两场"和机场群的运行保障能力基本已经处于世界一流水平。

从准点率、滑行效率、过站效率等运行品质指标来看，各类对象在不同子指标上仍存在一定的差距。如一些超大型机场航班准点率相对较低，平均滑入时间相对较长；大湾区机场群虽然整体来看离港准点率较高，但进港准点率、过站效率仍较低，因此场面运行品质仍有待提升。在空域结构及使用效率方面，从单一机场到机场群的终端区运行环境仍存在一定的改善空间。

所以，对于我国而言，未来15年，航班量会持续快速增加，集中在核心机场群，民航节省用户时间的服务本质受到严峻挑战。

用户对未来民航服务的诉求应该借数字化转型实现。数字化转型需要完成3件事。一是位置，要重新在数字化的环境中设想自己在世界上的位置，而不是专注于对已做之事进行数字化。通过为客户创造新的突出价值来实现数字化转型，而不是盲目"抄作业"。二是生态，要有海权思维，而不是坚守陆权思维，知道企业必须真正拥有的东西，做好向所有人开放的准备。放弃传统的收入来源，通过生态系统创造价值，满足最基本的客户需求。三是组织，数字化转型可以帮助企业打破旧的分配机制和组织架构，数字化可以更好地支持按劳分配绩效方式，通过连接实现新价值。

（刊载于2021年6月3日《中国民航报》 记者 刘韶滨）

# 2021共融共享 开创"十四五"通用航空发展新局面

## ——第三届民航通航发展大会观点聚焦

### 中国民航报

"十四五"时期，是全面建设现代化国家的起步阶段，是建设多领域高质量民航的关键阶段，是实现"十四五"规划目标的重要阶段。对通用航空来说，就是要立足新发展阶段找定位，贯彻新发展理念明方位，构建新发展格局显作为。10月13日，第三届民航通航发展大会在内蒙古自治区乌海市开幕。大会以"共融共享 开创'十四五'通用航空发展新局面"为主题，围绕通用航空产业"十四五"发展规划深度解读和政策展望，就如何将通用航空产业打造成为区域经济增长极，通用航空短途运输如何与全域旅游融合发展，通用航空如何为地方经济社会发展注入新动力等议题，开展主旨演讲和高峰对话。

### 凝心聚力 务实创新
### 实现"十四五"通用航空高质量发展

**中国民用航空局运输司副司长 商可佳**

"十三五"期间，民航局秉持"放管结合、以放为主、分类管理"的监管理念，深化"放管服"改革，以通航专项规划为引领，围绕创新通航发展政策、提升通航保障能力、改善通航运营环境、拓展传统通航服务领域、支持新业态发展等方面，刀刀向内，多措并举，开创了通用航空发展的崭新局面。5年间，通用航空发展环境得到显著优化，市场活力被持续激发，通用机场、通航企业、通用航空器、运行服务等发展均呈现新格局，短途运输、低空旅游、航空运动、应急救援等服务领域呈现新气象，各类通航主体的满意度和获得感都有明显提升。

我国通用航空"十四五"开局喜人，传统业态稳中有进、新兴业态蓬勃发展。截至9月底，我国传统通用航空企业达到577家，无人机经营性企业12 109家，较上年增加13.4%、28.94%，全国可兼顾通用航空服务的运输机场247座，通用机场351座，航油保障覆盖率超过90%。前三季度，通航完成飞行总小时84.6万小时，较上年增长25.8%，较2019年同期增长8.6%。无人机累计飞行作业126.3万小时。通用航空服务经济社会发展能力全面增强。

2021年2月，冯正霖局长在民航局通用航空工作领导小组第六次全体会议上提出"定支点""找定位""明方位""显作为"新时期促进通航发展的十二字诀，这些要求既是"十四五"时期推动通航持续快速发展的目标和原则，也是凝心聚力突破瓶颈制约，实现通航高质量发展的方法和路径。

2021年上半年，国务院和军方有关部门精准识别出"低空空域管理改革相对滞后""通用机场选址建设审批环节多周期长""安全与发展尚未找到平衡点"和"保障机制不健全"4个方面的问题，并提出解决这些问题的若干对策性建议。

在新的历史起点上，民航局将按照新时期"一二三三四"民航总体工作思路，守牢安全底线，落实"定支点、找定位、明方位、显作为"工作要求，聚焦短途运输、公益服务、新兴消费、无人机应用、传统作业等五大重点领域创新思路，务实工作，为构筑功能完善的通用航空体系夯实基础，发挥通用航空对支撑多领域民航高质量建设、服务经济社会发展、构建新发展格局的重要作用。

一是大力发展通航短途运输。从构建干支通航线互联、运输和通航机场互通的国内航空运输网络、普及通程航班服务方面提出一系列具体任务要求和工作举措。

二是提升公益应急服务水平。"十四五"时期，通用航空公益应急服务要以"标准服务、融合管理"为着力点，在"拓场景、建范式、促融合、重实效"上做文章。

三是推动新兴消费扩容提质。"十四五"时期，通用航空要以满足多样化消费需求为目标，兼顾"大众化"与"个性化"产品。加快发展以低空旅游、航空运动、航空科普文旅研学等普惠型通用航空新兴消费，精准对接需求。

四是积极支持无人机广泛应用。"十四五"时期，无人机应用仍然要坚持包容审慎监管原则，着力"促创新、优治理、育生态"。

五是巩固传统通航作业优势。"十四五"期间，传统通航作业要坚持巩固优势，着力"优质量、强协同、拓领域"。一方面，健全通航农工作业标准体系，规范作业质量管理；另一方面，做强做大龙头企业，鼓励内部创新，加强产业协同合作，提升服务广度深度，进一步拓展工农业作业新领域、新场景、新业态。

## 守正创新　深化改革
## 进一步推进通用机场建设与发展

中国民用航空局机场司副司长　马志刚

近年来，在民航局党组坚定推进通航改革发展的总体部署下，我国通用航空迎来了快速发展，通航活动逐渐活跃起来。有关通用机场建设与发展应从以下几方面进行思考。

第一，持续深化管理改革，通用机场迎来蓬勃发展。围绕如何建设并发展好通用机场，中国民航持续开展着实践和探索，前后大致经历了3个阶段。第一阶段是探索起步期，通用机场参照运输进行管理。第二阶段是改革实践期，通用与运输机场管理制度分离。第三阶段是当前深化改革期，通用机场管理制度正在全面重构。这一阶段，民航局成立通航领导小组，明确了放管结合、以放为主的指导思想，制定了通航业务和法规总体改革"两个框架"。截至目前，全国在册管理的通用机场总数已达到356个，其中颁证机场85个，备案机场271个。

进入"十四五"时期，通用机场管理政策进一步加速出台。几个月来，我们起草完成《通用机场管理规定》；启动《通用航空机场设备设施》的废止程序和《通用机场建设规范》的修订工作；完成《通用机场选址指南》3个行业标准的起草和征求意见，不断推进通用机场管理改革走向深入。

第二，充分认清发展形势，把好通用机场改革主线。首先，要对当前发展阶段有清醒的认识。必须坚持从中国民航实际出发，充分参照借鉴国际有关经验，循序渐进，逐步蹚出适合中国通用机场建设发展的路子。其次，要对发展环境有深刻的认识。进入发展新阶段，我们面对的主要问题已经演变为各方面管理制度能否有效衔接、配合和协同的问题，各方机制亟待理顺、调整和优化的问题。最后，要对发展基础有积极的认识，让地方政府和社会各方更有意愿、更有动力建设、发展通航事业。

第三，坚持守正创新，坚定不移深化通用机场管理改革。

一是以支撑改革为导向，做好推动改革的研究性基础工作。一方面进一步开展机场分类分级课题研究，深入挖掘美国、欧洲等国家在机场分类、投资建设、运营监管等方面的有益经验；同时，充分参考国内农村公路、铁路专用线等管理模式，为通用机场管理改革广泛提供思路。另一方面，按照局党组的指示批示，开展通用机场的深入摸底调研工作，为通用机场管理改革打好基础。

二是以推动改革为目标，做好引领破题的关键性专项工作。要结合国务院通航专项督查工作平台，进一步理顺地方人民政府、民航管理部门和军事管理部门对机场场址审核的协同机制，简化工作流程。要推动重点标准规范的研编，加快《通用机场建设规范》《通用机场选址指南》等标准的审查出台，加快《通用机场场址审查办法》《通用机场使用手册编制范本》《民用机场命名规则》等管理办法的编制工作，并指导相关协会出台通用机场团体标准。

三是以形成机制为手段，做好固化成果的长效性法治工作。开展《民用机场管理条例》的修订，将从法规层面，为通用机场管理改革提供上位法支撑。抓紧研编《通用机场管理规定》这部关键规章，进一步优化机场分类管理，探索基于机场建设规模划分管理，探索基于运营性质划分监管；调整行政资源配给，把该放的放开，把该管的管住。同时，逐步打造"1+N"的通用机场规章体系，将行业技术要求与地方政府管理制度协同融合，为行业提供充分指导，不断规范通用机场的建设、运营与发展。

## 深入推进低空空域管理改革
## 和低空飞行服务保障体系建设

**中国民用航空局空管行业管理办公室副主任　陈向阳**

低空空域管理改革和低空飞行服务保障体系建设问题是通用航空发展的重要保障，也是目前制约通用航空发展的重要方面。

回顾我国低空空域管理改革历程，大体经历了3个阶段。

第一个阶段，改革工作的启动。2008年，国家空管委在长春、广州和海口管制分区开展了低空空域改革试点。2010年11月，国务院、中央军委下发了《关于深化我国低空空域管理改革的意见》。2014年11月底，国家空管委在北京召开了全国低空空域管理改革工作会议，总结试点情况，对下一步工作进行了部署和安排。

第二个阶段，改革工作的深化。2017年国家空管委批准，在四川开展低空空域综合管理改革试点。试点是以地方政府为主导、军地民三方共同参与的，取得了4个方面的创新突破：一是空域管理由军民航分块管理向"军地民"协同管理转变；二是实现了低空空域划设"新跨越"；三是推开了低空目视自主飞行"新模式"；四是探索出了"放管服"结合"新路子"。

2018年，民航局制定下发了《低空飞行服务保障体系建设总体方案》，加快构建行业社会共建、军民融合发展、服务高效便捷的低空飞行服务保障体系。"十四五"期间，低空飞行服务保障能力将得到快速提升，为通航发展提供强有力的支撑。

低空监视能力方面。民航各有关单位将按照《民用航空低空空域监视技术应用指导意见》，逐步实现低空管制空域、监视空域通用航空北斗飞行动态服务，绝大部分通用航空器将在"十四五"末完成安装绑定。

通航情报服务能力方面。民航各有关单位将全面组织开展通用航空情报资料收集整理工作，协调解决目视航图相关要素公布的脱密处理，成熟一项、公布一项。

低空气象服务能力方面。各气象保障单位将不断丰富通航气象服务模块内容，持续推动低空气象观测信息的共享与服务，加强通用机场气象信息的收集和交换。

便捷服务方面。构建国家级——区域级——通航飞行服务站三级低空飞行服务保障体系。从军民航融合的角度，联通飞行服务体系和军航管制单位，低空空域用户只需通过"一个网络、一个平台"实现计划提交、受理、审批、服务、保障和运行。

关于低空空域管理改革和低空飞行服务保障体系建设，对于下一步工作，有几点思考和建议。

一是把低空空域管理改革推向深入。按照集中统管、军民融合，管用分离、联合运行的基本思路，以实现空域资源集中统管为目标调整领导管理体制，以推进军民融合深度发展为路径优化运行管理体制，以加快供给侧结构性改革为抓手重构空域资源配置模式。

二是做到法治的"立"与改革的"破"相统一。立法是推进改革的重要措施和巩固改革成果的有力保障，空管改革的成果需要以法律的形式加以巩固。

三是低空飞行服务保障体系建设应当循序渐进。体系的建设更是需要加大基础性投入，需要充分发挥现有的空管系统、通用机场的作用，实现和完成各类信息的收集、交换、制作和发布。

四是低空飞行服务保障体系建设需要协同推进。首先要加强民航系统与地方政府的协同。其次要加强军地协同。统筹考虑国家重点防卫目标、军事航空发展、运输航空发展、通用航空发展以及社会公众空域使用需求。

五是低空飞行服务保障体系建设应用采用一体化技术。要共同研究制定面向未来的一体化通信导航监视技术发展与实施路线，以应对未来一体化的空中航行系统面临的挑战。

## 华北地区通航的发展趋势与变革方向

**民航华北地区管理局副局长　陈广承**

结合工作内容,从对华北地区通航飞行监管的实际出发,相关体会如下。

一是通航飞行安全。通过数据进行分析,我们得出了华北地区通航企业的安全飞行状况的一些特征,那就是飞行量很小的通航企业发生事故的可能性较高。原因是有相当一部分通航企业有点类似"包工头"公司,飞行任务很少,以很低的价格参与投标,中标后用最低的成本去临时凑齐飞行机组执行任务。因此,要加强通航企业的淘汰制度,降低事故发生率。

二是发展问题。华北地区通航飞行的种类可以分成几大类。第一类是"自由生长"类,可以自负盈亏,包括运动娱乐、公务机、飞行训练;第二类是"政府补贴"类,需要政府持续进行补贴才能够维持,包括短途运输和灾备;第三类是无人机作业,近年来无人机发展速度迅猛,无人机作业正在大量替代人工作业。在华北辖区内,北京周边的地区以开展公务机为主,不适宜其他通航种类发展;内蒙古呼伦贝尔和锡林郭勒地区,以及河北省的南部的飞行训练正在蓬勃发展;河北衡水、内蒙古乌兰察布、山西大同正在发展通航运动娱乐;内蒙古呼伦贝尔和鄂尔多斯的市内通勤航空发展情况良好,客流量呈现提升的态势,通勤航空的发展需要政府的大力扶持。

在通航机场建设方面,华北管理局组织各处在8月汇总研究了现有规章规范,推出了通航机场建设的"样板间计划"。通过向地方政府提供示范实用通航机场类型,传递正确信息,告知小而多才是目标、大而单一是无法促进发展的。同时,华北管理局的极大地简化了各地通航机场建设的审批事项和流程。从2019年到现在,华北辖区内的A类通用机场增长了1个,但是B类通用机场从13个增加到了37个。总的来说,辖区内各省市的通用机场数量偏少。

接下来谈一下通航飞行的空中交通管理。空管的本质是"红绿灯",但是不是所有的路口都需要红绿灯。

无人机是通航的一部分,主要是两大分类。一类是无人飞机(固定翼无人机),一类是无人多旋翼飞行器,两者在飞行高度、飞行速度、导航方式、起降场地等方面的区别很大,在管理上需要有所区别。目前,各地都在积极筹办无人机试验空域。各方在申请无人机试验空域时,需要开展低空通信、监视方式、导航增强、电子围栏、地图数据库等相关的新基建。

## 通用航空与高质量民航

**中国通用航空协会筹备组组长、中国航协通航分会会长　丁跃**

我国通航发展大致可分为3个阶段。1951—1978年,通用航空的基本特点与当时国家实行的中央政府集中领导、国家资源统一计划调控的管理体制相一致。通用航空虽然没有列入国家专项计划,但是在国家特殊政策的支持下,集中了有限的人力、财力和技术力量，积极参与社会主义建设，在服务民生和经济发展中发挥了巨大作用，也为恢复和重建新中国通用航空产业奠定了坚实的基础。

从1978年党的十一届三中全会到2011年为第二阶段。根据邓小平同志"民航一定要企业化"的精神，民航脱离军队建制，归国务院直接领导。这个时期通用航空的基本特点是由计划经济下的政企不分、行政与经营不分，逐步向重视市场经济加强经营管理方向转变和过渡，一些部门和地方兴办通用企业相继成立。

从2012年起，国家相继发布促进通用航空发展的一系列政策举措，内外部环境逐步得到改善，通用航空重要战略地位更加明确。2016年5月，国务院办公厅发布《关于促进通用航空业发展的指导意见》，对加快通用航空发展做出战略性部署。

2020年1月，新冠感染疫情暴发，中国航协向全国通航企业发出全力抗击疫情倡议，得到各企业的积极响应。各地通航企业以高度责任感，纷纷向各级政府请战。截至2020年3月23日，共有141家通航企业使用1 002架航空器执行了354次疫情防控任务，累计飞行2 332小时、7 089架次，运送各类药品和物资89吨，开展航空喷洒作业3 237次，执行空中巡查任务926架次，执行空中拍照作业等1 259架次。其中湖北地区的43家通用航空企业使用128架航空器执行了71次疫情防控任务，累计飞行508小时、510架次，运送各类药品和物资78.4吨。

通用航空也是整个民用航空业的基础，目前我国运输航空已经居世界第二，我国的运输飞机数量和旅客运输量已与美国差距不大。但美国的通用航空器有23万架，通航机场超过1.9万个。纵观民航发达国家，通用航空都有相当规模，其中英国、德国、法国、巴西的通用航空器数量均超过2万架，巴西通航机场超过4 000个。相对于运输航空，通用航空被认为是人类交通运输的"第四次革命"。

民航"十三五"规划提出要实现覆盖全国县级行政单元的航空服务系统，通用航空短途运输更是对解决点到点航线网络具有重要意义。只有惠及全民的、繁荣的通用航空，才能真正实现多领域民航高质量建设。

## 打造内蒙古西部区域通用航空低空"翼游"目的地

**乌海市委常委、宣传部部长　孟培云**

内蒙古西部具有打造低空"翼游"目的地的独特优势。

一是区域辽阔、高差较小，适宜低空"翼游"。内蒙古西部乌海市、阿拉善盟、巴彦淖尔市、鄂尔多斯市四盟市总面积达42.4万平方公里，平均海拔高度为900~1 500米。以乌海市为集散地，发展低空"翼游"，向西可以"翼游"阿拉善秘境，开启一场穿越乌兰布和、腾格里和巴丹吉林的沙漠之旅；向东可以"翼游"鄂尔多斯草原，开启一场与草原的约定之旅；向北可以"翼游"黄河，开启一场母亲河的寻根之旅。

二是景观多元、反差强烈，较易引发低空"翼游"需求。内蒙古西部地区是一个文化旅游的"超级IP"。这里有蜿蜒北上、泽润河套的母亲河，浑厚旷达、刚毅坚韧的贺兰山，苍茫神秘的乌兰布和、腾格里、巴丹吉林沙漠，广袤无垠的鄂尔多斯草原，更有秀美多姿、浪漫多情的乌海湖。

三是基础设施完善、发展潜力较大，为低空"翼游"提供了有力保障。内蒙古西部地区有乌海、东胜、临河等集聚度较高、承载力较强的中心节点城市和康巴什、乌兰、巴彦、巴彦高勒等个性鲜明、内涵独特的特色城镇；区域内形成了山水湖城沙草等多种各具风情的景观景点景区；乌海国际沙漠葡萄酒文化旅游节、中国书法艺术节、阿拉善沙漠英雄会、巴彦淖尔河套文化艺术节、鄂尔多斯国际那达慕大会等在国内外享有盛誉。

发展区域低空"翼游"是通用航空实现自我超越、自我发展的优项选择。在绿色、生态、低碳、高效要求的大背景下，发展通用航空，织密支线网络，加强"空地"合作，通过航空助推地方经济发展，最终实现双赢是必然选择。

发展区域低空"翼游"需要多主体参与、多城市联动。打造内蒙古自治区西部区域低空"翼游"目的地是一项全新的工作，必须强化地方政府、航空公司、旅游公司"三方"，乌海市、阿拉善盟、巴彦淖尔市、鄂尔多斯市"四地"合作、全力推动。地方政府在规划引领、政策保障、资金扶持、基础设施配套等方面发力，航空公司、旅游公司在线路确定、飞行运营、景点打造、文化营造、人才培养、优质服务等方面努力，"三方""四地"齐心协力、共同尽力，把内蒙古西部低空"翼游"事业做起来、做成功。

为此，我们倡议：一是高层推动，尽快建立内蒙古自治区西部区域低空"翼游"联络协调机制；二是乌海市愿意承担乌海市、巴彦淖尔市、阿拉善盟、鄂尔多斯市四地合作牵头责任；三是组建相应工作机构，就建立内蒙古西部低空"翼游"目的地开展实质性商谈合作，尽早让旅游业插上通用航空腾飞的翅膀。

## 推动通航高质量发展　助力内蒙古民航"两翼齐飞"

**内蒙古机场集团公司副总经理　张军**

近年来，在自治区政府、民航局各级领导的积极推动和大力支持下，内蒙古机场集团勇于实践"两翼齐飞"发展战略，通过创新"中心机场"运营管理模式、深化"全网通"战略落地，使通用航空融入民航运输航空网络，助推内蒙古航空运输通达能力进一步提升。

截至目前，内蒙古机场集团运营管理乌拉特中旗、新巴尔虎右旗和镶黄旗3个通用机场。

对于内蒙古机场集团而言，在水草丰美的河套平原茁壮成长，经历了失败、探索、重生的艰难曲折后，为中国通用航空短途运输贡献了一份"内蒙古方案"。

一是试点"中心机场"运营管理模式。即：将盟市某一支线机场确定为中心机场，盟市内其他通用机场由中心机场进行属地化管理，对管理人员和关键岗位专业技术人员进行统一储备、培养和补充。

二是推行"全网通"运营模式。"全网通"即"通用+支线+干线"的运营模式。为整合零散的旅客需求与灵活的短途运输航班形成统一，打破通用机场从地域到信息的"孤岛效应"，真正实现航空运输的"最后一公里"。我们以乌拉特中旗通用机场为试点，做了以下4个方面的创新。"定期飞"——通航也靠谱。将灵活的短途运输改为定期飞行，固定航班、固定价格，并及时向社会公布。"上网飞"——"孤岛"不再孤。将短途运输的航班放在互联网上展示和销售，旅客可在网上一次性购买直达目的地的通程机票。"并表飞"——短途变通途。将乌拉特中旗航班时刻表与巴彦淖尔航班时刻表合并到一起，"并表"操作，解决了旅客的后续中转衔接问题。"省心飞"——让飞行更美好。通用机场始发的旅客到达中转机场后，在机坪有专人接机、引导至专用休息室，并为其办理值机及行李转运服务，旅客全程"无忧省心"。

为了更好地推进通用机场运行保障智能化进程，从2018年底开始，内蒙古机场集团通过与中航信合作，逐步实现了通用机场旅客值机办理、登机等地面保障环节"智能化""信息化"。

空防安全始终是我们管理运营通用机场的重点，目前我们已经实现了集团所辖通用机场与民用机场安检工作的"四个统一"，即：安检设备统一、安检系统统一、安检人员资质统一、安检标准统一，大幅提升了通用机场的安全运行保障能力。

## 打造通航产学研高地　助推行业高质量发展

**中国民航科学技术研究院总飞行师　吴立军**

近年来，航科院通用航空科研相关情况如下。

一是在行业决策支持方面，航科院立足通用航空行业智库，承担了国家《通用航空发展"十三五"规划》和《通用航空发展"十四五"规划》的重点任务。

二是在通航运行方面，建成全国首个（唯一）民航行业高分数据中心，致力于高分专项与技术在民航领域尤其是机场全生命周期管理中的顶层设计、标准制定、技术研究、应用示范与成果转化。建立了运行大数据中心，建立了机场群跑道侵入监控预警系统、机场地面保障协同平台、机场实时空地数字孪生平台等。

三是在无人机方面，成立了民航局民用无人机适航审定中心，支持民航局适航司制定无人机适航审定政策、支持民航局适航司开发无人机实名登记注册系统、支持民航局开发无人机运行管理系统（适航/登记模块）、开展无人机适航审定和相关研究；形成了无人机安全管理规则草案（CCAR-92）等近10项行业规章规范及管理办法。

四是在通航设备设施方面，研发生产了通航综合数据记录器、通用小型航空器非传统仪表、超高频RFID智能器材柜、机场智慧围界安防报警系统、航空器真火实训系统（应急救援）、机场应急救援管理系统、机场应急救援仿真训练系统；积极在全国各地开展通用机场可行性研究等。

五是在推进危险品运输工作方面，将继续推进通航危险品运输的相关研究，推动《通用航空危险品运输管理办法》的出台，以保障通航危险品运输的安全、高效。

六是在做好事故调查工作方面，将通过开展通航（含无人机）事故调查研究、通航典型事件专项预防研究、第三方通航运行风险评估服务、通航地形障碍物警告与飞行安全监视系统的研发等，总结通航事故调查特点，研究制定调查机制、程序。

七是在强化科技支撑服务方面，将进一步加强北斗系统在通用航空领域的应用推广，积极协助民航局研究和起草北斗系统低空空域监视应用的相关技术标准，推动企业建立适航管理体系，为民用无人机适航审定储备软硬件实力，并积极开展基于风险的无人机适航及运行审定管理工作等。

发展通用航空是一项系统性工程。未来，航科院将继续秉承建设"三出四型"科研院所的工作要求，积极面向世界通用航空发展前沿，围绕我国通用航空事业发展实际，注重科学研究与成果转化相结合，持续打造通航产学研高地，着力建设成为全国领先的通用航空行业智库。

## 信息互联助力通用航空高质量发展

**中国民航信息网络股份有限公司信息服务部党委书记、副总经理　戚前方**

"十三五"期间，国家政策鼓励通用航空产业发展，将其定位为国家战略性新兴产业。中国航信积极参与推动通航产业的发展，不仅打造了覆盖全国的人才队伍，还配套调整业务板块，将通航业务作为集团重要的新兴业务板块。

近几年，中国航信不断建设通用航空信息化基础设施，打通系统孤岛，消除数据壁垒，规范标准接口，初步形成了面向政府管理、运营管理、旅客服务的智慧协同网络。在行业管理信息化方面，努力打造通用航空管理系统，目前已成为民航局运输司落实各项管理服务政策的自动化工具；在通航消费服务方面，成功研发了"易通航"平台，实现了短途运输信息化服务的全覆盖、通用航空与运输航空的互联互通；此外，中国航信研发了面向多元化通航消费信息化服务产品，用数字化推动通航的高效运营。

2021年是"十四五"的起步之年，根据年初全国民航工作会议上提出的构建"干支通、全网联"的工作安排，中国航信大力强化技术和资源支撑，全力支持局方及行业的发展，目前已经全面完成了"通航短途运输纳入民航运输网络""中转流程便利化"等产品任务。同时，面向通航消费服务、运营保障服务信息化建设，加强政府端行业管理服务等目标，持续发力，以信息化技术，以平台服务能力，推动运输航空和通用航空"两翼齐飞"。

为了更好地助力通用航空事业的高质量发展，我们在此提3点思考。

第一方面，关于干支通全网联解决方案的思考。"干支通，全网联"是进一步完善民航运输网络，强化民航行业在大交通领域的战略地位的重大战略。目前需要继续提高通用机场的基础信息化水平。

第二方面，关于通航安全保障的思考。安全始终是民航运输的生命线，通航也不例外。目前通航的规模还比较小，大量的专业化人力配备也不现实。可以通过信息化手段代替人工方式，既可以彻底解决信息不及时、不准确所带来的安全死角，又可实现服务流程的标准化、统一化、透明化，简化操作流程，避免人为失误。

第三方面，关于通用机场的智慧化运营思考。通用机场既是通航运营的重要基础设施和服务安全支撑，也是旅客服务体验的重要触点。以机场为核心形成的吸引力中心和聚集中心，汇集着大量的保障服务单位，如加油、停场、起降、维修检查、塔台、旅客保障服务，甚至包括周边的通用航空消费产品、餐饮、住宿、周边游等。如果能够通过信息化手段，将这些不同的、孤立的客体联通、串起来，打造一站式服务，就可以将服务有效地串起来、实时地连起来，信息准确地流动起来，既能提高运营效率，也会降低管理成本。

## 达索航空助力中国通用航空发展

**达索航空中国北方区高级副总裁　马铁君**

什么是好飞机？什么是好客舱？一个好的问题会有很多正确的答案，这些答案针对特定的市场、特定的公司、特定的行业范围。"赏心悦目的飞机，才能够飞得平稳舒适。"这是达索航空的创始人马塞尔·达索的一句名言。

我们如何从客户的角度识别市场，是什么引领了这个市场？让我们关注3个特征：希望的（Dream）、需要的（Need）、想要的（Wish）。从创立之初到现在，达索航空的飞机，不仅以速度和性能屹立百年，同时，与生俱来的法式基因，向世人展现激情与优雅的完美诠释。

随着经济全球化的发展，出现很多远距离商务和见面的需求，以前可能局限在同一大洲，而现在则是对不同大洲间的远程机动性有更高的要求。达索也在关注着远程公务机市场。

达索航空产品支持机构为客户提供全方位、便捷的服务，可根据每个客户的需求量身定制具体的服务。在新机交付之前，达索航空将根据具体机型和客户的"猎鹰"运营经验，为飞行员和维修人员提供全年的新机型进入服役简报。在新机交付之后，运营商可以利用达索飞行员支持服务，使飞机顺利开始服役。这些服务包括向客户驻地派遣达索试飞员、运营飞行员或支持工程师，在最初飞行期间提供支持，或协助机组完成特定的任务要求等。

达索在中国确保具备高水平的备件库存，帮助客户迅速更换零件，从而节省大量时间，并大幅减少关税和税收。加上亚太地区其他备件中心，库存足够让运营商可以随时取用在产机型最常用的3 000种零件。自2015年初以来，北京地区的"猎鹰"备件价值已经增长超过10%，将近600万美元，使该地区总库存达到3 500万美元以上。同时，达索运用严谨周密的系统分析方法，计算出最省时的备件供应点。

几年来，达索"猎鹰"的亚洲客户服务网络不断扩大，并且持续在中国加大投入，客户支持活动水平不断提升，为国内运营商及过境客户带来了更多附加价值。达索航空对全球公务航空业的再次增长抱有很大的信心，尤其是在中国市场，公务机已经被越来越多的全球化经营的企业家和高管们视为一种"无价之宝"，一个真正有利于商业发展的工具。

## 通航短途运输最大效益化与机型最佳选择

**德事隆航空区域销售总监　马涛**

回顾中国通用航空发展现状，可以发现通航生态体系基础逐步夯实。截至2021年6月，颁证通用航空机场数量达到346个。短途通勤航线大幅增长，目前国内已开通超过120条短途运输航线，2020年国内开通了74条航线，其中比较受欢迎的航线客座率达90%。在最受欢迎的24条航线中，78%的航线是在运行9座级通勤飞机的航线。通航作业类型结构有所改变，各通用航空作业类型的飞行小时数占比依次为执照培训（55%）、工业（16%）、农业（8%）、消费（4%）、交通运输（4%）和应急（3%）。消费类市场数据开始逐年增长，航空货邮运增长过快。由于电商快速的发展，截至2020年航空快件在快递业务量中的占比从14%攀升至42%，占国内民航货邮吞吐量比例超过50%。

但当前，我国缺乏小型支线货运航空公司来满足三四线城市消费者的需要。由于我国通用航空的相对缺位，目前中国支线货机机队组成航空货运市场完全是一个干线市场，支线货运航空几乎是一片空白。同时，航空干线机场也是航空货邮运市场的末端，航空干线货邮运末端与经济发展程度、高铁的末端比较吻合。

中国高铁的快速发展给通航未来创造了不可替代的核心优势和竞争力。高铁挤压了干线市场，但高铁和通航并不冲突，也没有取代通航市场，刚好形成互补发展的市场空间。所以我们发展通航，现阶段主要以挖掘末端市场的延伸、中枢辐射的潜力。

首先，19座级飞机可以升级9座级通勤市场。中国短途通勤市场已初现成效，经过分析，其中有60%以上航线可以用19座机去升级9座机市场。

其次，19座级飞机可以填补、抢占、再细分小支线市场。支线航空并非小众市场。世界支线航空机队占机队的25%，中国支线航空潜力还很大，其中30～89座级市场中，19座级飞机需要去填补和再细分小支线市场。

最后，19座级飞机可以延伸高铁末端市场。高铁的末端无人所及，中国高铁网络图与中国旅客吞吐量排名前50的机场网络图几乎完全吻合，大量的人员集结在高铁的末端，这些人还需要分散到支线小机场、旅游集结地、通航机场。不难看出，中国通勤市场未来在高铁末端的支线机场和通航机场群——在中西部、北部、在经济欠发达地区。

## 通航短途运输与通航社会化服务

**中国民航管理干部学院通用航空系副主任　李伟**

首先，国际短途航线起初是为了解决基本航空服务和出行的公平权。美国航空市场开始开放，鼓励自由竞争，管制放松使美国的航空公司可以自由选择航线。实力雄厚的干线公司，围绕枢纽机场，建立辐射式航线，从根本上改变了干线公司和支线公司的关系。

回顾我国通用航空短途运输的初心，是为了拓宽通用航空服务。早在2011年，就在内蒙古播下了试点种子。2011年4月，民航局批准呼伦贝尔市根河林业机场作为国家拓宽通用航空服务领域试点。2011年9月15日，根河机场试点实现首航试飞，成功开启了我国通用航空拓宽服务领域的新探索。

初期，通航短途运输仅以包机形式运行，不允许公开销售，且只能通过手工方式保障。十年栉风沐雨，我国短途运输在管理制度、社会影响、区域支撑方面持续探索突破。例如，内蒙古、江西、山西等省市采用的"政府+大型企业"区域推进模式，自开通到2019年，短途运输航班累计实现飞行1万多架次，运送乘客超过3.5万人，极大方便了局部地区百姓生产生活，践行了基本公共服务均等化的目标，有效带动地方经济的发展。"干支通"通过"支通网"平台型模式的实现，通航短途运输与民航运输网络的对接，通过"干支网"实现整体"干支通"三网融合发展，干线航企、支线航企、通用航空广泛的网络合作，如联运SPA、代码共享、互售签转等多形式，才具备实现干线网、支线网、短途运输网的融合发展。

在多年的发展中，不同地区的差异化需求，需要短途运输在满足共性需求上，满足个性化需求。例如深圳及大湾区直升机摆渡、青海高高原短途运输。可以看出，短途运输的发展需要融入综合交通体系，打通交通运输网、机场网、信息网等。通航短途运输本质与支线运输相同，作为支线的毛细血管，是支线航空向更下一层级的延伸，二者服务目标、运行条件以及运营模式一脉相承。

现阶段，我国短途运输进入快轨道发展，需要更大的试验承载区、更多的资源去推动进入新阶段。目前，销售渠道、安检标准、服务保障标准、政府采购网、机场地面交通设施等多方面问题，靠单个航空公司和地方政府还难以解决，要通过更大的试验区来解决，走好、走顺。

## 通航北斗低空通信监视技术及应用

**中国民航局第二研究所科研中心副主任　何东林**

当前，通航面临低空作业环境复杂、通信方式单一、机载设备加改装应用成本高、地面监视手段匮乏等多方面问题。通航"看不见、叫不到、管不住"的问题依然存在。

从政策上看，《国务院办公厅关于促进通用航空业发展的指导意见》《民航局关于通用航空发展"十三五"规划》《低空飞行服务保障体系建设总体方案》《民用航空监视技术应用政策》《民航局关于推动通用航空北斗飞行动态信息服务平台建设与运营工作的通知》都推广应用北斗、ADS-B等新技术，研发适用我国低空空域通信、导航、监视、气象与空中交通服务需求的核心装备。

低空空域监视主要技术包括广播式自动相关监视（ADS-B）、卫星定位+北斗短报文(GNSS+RDSS)、无源多点定位系统、卫星定位+移动通信网络和根据需要可视情使用空管监视雷达信息提供低空空域监视服务等。低空空域监视按照不同用途定义可分为空中交通管制监视、国家空域安全监视、公共飞行服务监视和其他监视4种类别。

监视技术是现代民航运行及空中交通管理的重要技术基础。民航局高度重视监视新技术在民航业的应用，近年来，已运输航空领域基本形成了民航监视网络。随着我国通用航空业的迅速发展，用于低空空域的监视技术不断革新。当前，推进监视新技术在低空空域的应用已具备了基本条件。

随着我国民用航空事业的飞速发展，民航局对低空空域飞行安全问题越发重视。近年来，在军民融合发展的背景下，ADS-B技术在空域交通管制方面得到广泛应用，为安全飞行提供监视服务。"北斗＋ADS-B＋4G/5G"多模式技术体制可以实现地空/空空监视、通信高更新率、全空域、无盲区。

低空空域监视技术应用的总体目标是，构建以北斗定位信息为核心，兼容各种监视技术的低空空域监视技术服务保障体系，大部分低空空域运行的通用航空器与无人驾驶航空器实现北斗卫星导航系统定位，实现全国低空空域监视数据统一管理，为低空飞行服务保障体系提供航空器监视信息。根据通用航空活动需要实现基于北斗的多模导航运行，培育一批具有市场竞争力的设备制造商，设备研发制造水平和自主化率有较大提升，全面构建安全、有序、协调的飞行服务保障及低空监视体系。

（刊载于2021年10月22日《中国民航报》 记者 刘韶滨 郭子超）

# 民航CIO论坛：擘画蓝图向未来

中国民航报

民航信息化发展论坛创办于1999年。在首届论坛上，民航局领导提出，把信息化工作作为战略任务提上日程。从那一天起，民航信息化发展论坛便致力于建设交流平台、合作平台、传播平台、服务平台，不断成长发展，成为聚焦民航信息化发展历史最长、规模最大、各界认可、有广泛影响力的专业论坛品牌，以信息化赋能行业高质量发展。

## 钻研 支持新发展

破解民航业发展难题、拓展民航业发展空间、构建民航业发展竞争新优势，需要不断推进数据治理组织架构、政策标准、规章制度、运营管理、市场化运作等大数据体系构建相关工作，以此解决行业大数据建设过程中存在的问题。

**中国民用航空局信息中心副主任　孙立华**

目前，民航信息化正处在向数据资源引领智慧发展阶段的过渡期。党的十八大以来，信息中心按照民航局总体工作思路，统筹推进民航政务信息化建设，推动政务数据整合共享、信息技术服务、基础设施建设、网络安全保障，积极落实国家数字政府建设要求，推动各项事业发展迈上新台阶。

其间，信息中心不仅以民航政务信息化建设为重点基本建成了民航政务信息化应用体系，还按照大数据共享、大系统共智、大数据汇智的理念，建成了民航数据共享交换平台——民航数据分析平台。除此之外，信息中心还初步建成了以"一平台、两中心"为架构、自主可控的民航政务云服务平台，实现民航政务信息化由分散建设向共建共享模式转变。

"十四五"时期是信息化创新引领高质量发展的重要机遇期，这对信息中心的发展也提出了新要求，我们要重点关注民航数字政府建设过程中创新建设模式、助力提升监管效能、助力推动政务服务一体化、助力打造行政办公高效化等11个方面的内容。通过新型基础设施建设为传统基础设施赋能，立足民航数字政府应用场景，加强数字感知，完善数据治理，强化网络安全保障，支持行业创新。力争到2035年，建成纵向全贯通、横向全覆盖的行业数据共享交换体系，为民航高质量发展和智慧民航建设提供强有力的数据支撑，全面提升科技创新和技术研发能力，在行业信息化服务领域占有重要地位。

**中国民航信息网络股份有限公司副总经理  荣刚**

中航信一直是中国民航信息化建设的先行者与领导者，伴随中国民航业的快速发展而壮大，凭借技术优势和创新精神，为国内外航空用户提供优质的信息技术服务。深耕行业45年，中航信关注旅客出行的所有环节。目前，中航信的PSS（旅客服务系统）平台已经发展成为中国民航健康运行的"神经中枢"，优化民航信息化关键基础设施，为推动民航高质量发展发挥了平台底座作用。

"十四五"期间，民航局提出了智慧空管、智慧监管、智慧出行、智慧机场理念，为智慧民航建设指明了方向。中航信认为，在未来民航数字化转型中，一方面，企业要建成互联互通的行业平台，如无人机服务平台、通用航空服务平台、电子发票服务平台、差旅服务平台等，行业各单位共同助力民航的智慧发展；另一方面，企业内部要实现一体化，根据全生产领域和全生产要素等纵横相加的应用管理系统，积极研发新技术，及时满足旅客需求，昂首面对未来市场激烈的竞争。

目前，中航信已把机场相关42个节点的服务用机场预测系统管理起来，力求把机场所有业务实时连接起来，建成数字孪生机场，为未来建成元宇宙机场打下坚实基础。

**中国民航局第二研究所副所长  赖从沛**

民航二所自1958年成立以来，始终深耕民航信息技术应用创新发展，广泛深入参与民航信息化基础设施建设，主要研究领域覆盖电子信息、空管技术、航空物流、航空安全、适航审定、航空化学、通用航空、航空材料等多学科门类，拥有行李处理、空管运行、航空化学等多个方面的研究成果。民航二所的科技成果得到了机场、空管、航空公司等领域国内外300家单位的广泛应用，持续为行业安全高效运行提供技术支撑。

如今，民航二所已建成多个省级科研平台，正在向建设国家级平台的目标迈进。通过平台建设，不仅提供了更好的科研环境，而且组建了一支高层次研究队伍。其中，行李智能处理系统、机场信息集成系统、空管自动化系统的研发与建设都是民航二所积极促进民航关键设备国产化、走在向国际民航输出中国智慧道路上的关键之举。

未来，民航二所将不忘初心，以智慧民航建设为主线，围绕制约行业发展的难题开展关键技术攻关，积极开发机场数字孪生平台、防跑道侵入系统、远程塔台系统、FLYWIN国产大飞机运行合作平台等，将新技术、新理念与民航科技创新示范区建设结合起来，力争将民航科技创新示范区建设成为亚太领先、国际一流的技术创新高地和民航高新技术产业集群。

## 探索  汇聚新力量

信息化、智慧化的发展将引领民航高质量发展。民航信息化、智慧化发展已形成行业管理部门、运行主体和第三方服务商共同建设的发展格局。汇聚各方力量是建设民航大数据的基本保障。

**中国东方航空股份有限公司信息部总经理　高志东**

多年来，信息化战略一直是东航重点发展战略之一。东航的数字化发展始终紧扣数据驱动和科技赋能的核心发展理念，通过数字化手段全面支撑公司企业管理、安全运行、营销服务等领域的创新发展。

在自动化阶段，东航聚焦企业架构重塑，以流程为导向建立各业务领域闭环信息化体系，基本实现业务自动化、移动化，全面"点燃"数字化发展引擎；进入以互联网化战略实施为标志的数字化1.0阶段后，东航以数据为关键，围绕消费互联网、产业互联网和社交互联网，基于客户体验、运营模式和生态关系重塑，完成了对八大变革性业务场景的设计，实现了"互联网改变世界"；进入以云架构、新技术、"数据+算法"为核心的数字化2.0阶段后，东航从组织治理、技术转型、业务赋能3个层面明确了符合自身实际的数字化转型发展内涵和推进路径，聚焦"数据重塑商业"和"生态决定未来"，提升数据驱动效能，通过技术赋能业务创新，对内实现提质增效、降本减存，对外以新技术带来新能力、以新服务带来新营收。

当前，东航聚焦"世界一流"发展目标，正全面推进数字化转型建设，结合《智慧民航建设路线图》，正向着智慧东航不断迈进，在服务人民美好出行的同时，拥抱数字经济的全面来临。

**中国南方航空集团有限公司科技信息与流程管理部副总经理　赵磊**

近年来，南航从转组织、转文化、转方法、转模式4个方面着手，加快构建消费互联网、产业互联网、社交互联网，持续以数字化保障航空安全、提升运行效率、加强协同营销、提升服务质量、赋能生产办公、推动绿色发展，以数字化转型助推高质量发展，加快建设世界一流航空运输企业。

回首过去，无论是数据核心、数据总线建设还是云平台建设，南航始终以系统研发为重点，为未来的智能化发展奠定了基础。如今，有两个问题值得关注，第一个是开发信息系统能否解决企业的信息化问题，第二个是数字化转型到底是做什么、转什么。在数字化转型概念提出前，南航就已经围绕这两个问题开始了持续的探索和研究：2019年，启动大数据建设；2020年，启动双平台建设；2021年，开始了数字化转型新征程……

南航的数字化转型工作包括文化、组织、方法、模式4个部分，需要业务场景构建。为此，南航协同20多家业务单位，把相应业务场景描绘清楚，提出了"一图一文一表"，即战略意图、价值主张、战略举措、数字化重点工作等，编制了《智慧南航建设行动方案》。知易行难，但是只要肯相信、肯努力、肯深耕，终将在民航数字化和信息化建设中取得成果。

**中国电信集团政企交通物流行业事业部总裁　沈尔健**

在民航信息化领域，中国电信致力于形成云、网和安全3部分基础底座能力。在天翼云方面，经过10年磨砺，建成了"一云多态"和"一云多芯"的能力架构。其中，最核心的能力是自主可用、高性能和高可靠性的云网底座。就软硬件而言，中国电信已经开始了深度定制和自研。

5G定制网、5G物联网、卫星和天地一体网络是中国电信努力打造的成果。就5G定制网而言，中国电信追求的是可视、可管、可控、可经营；5G物联网可将民航上下游若干系统统一由物联网接入和管理。除此之外，高通量卫星、地空互联等技术也与民航智慧化发展密切相关。

安全是民航业的生命线，数据安全同样不容忽视。为此，中国电信通过近源防御、网络安全专家、数盾等产品，不仅可以做到态势感知的防护，还能保障民航信息化、智慧化进程中的数据安全，筑牢安全底座。

## 实践 紧跟新趋势

党的十八大以来，党中央高度重视发展以数据为关键要素的数字经济，深入实施国家大数据战略，加快建设数字中国，推进数字产业化和产业数字化。与此同时，大数据已成为国际民航竞争的重要领域，越来越多的机场开始投入到大数据建设中。

**北京首都国际机场股份有限公司首席信息官　熊英**

首都机场作为国内最重要、规模最大、运输最繁忙的大型国际航空港，一直致力于利用新技术实现业务流程自动化和信息化。

2013年，首都机场提出了智慧机场概念；2017年，首都机场制定了《智慧机场建设规划》；2020年，首都机场重点规划了"iBCIA1355战略"，以智慧驱动、提升品质、再造国门"三步走"为实施路径，明确了"五个统一"的保障原则，以确保实现五大业务的安全立体化、运行协同化、管理精细化、体验差异化和商业生态化。

为了实现数字化转型，首都机场先后建设了云服务、物联网、大数据、地理信息和网络安全五大基础能力平台，通过统一规划、统一建设、统一运维，实现了建设集约化、资源共享化、服务标准化、效益最大化，建立了支撑智慧机场运行唯一的IT基础设施服务功能平台、运维平台和运营平台。

下一步，首都机场将继续以顶层规划作为支撑战略，一方面，根据战略和业务流程变化，及时调整方向；另一方面，在规划实施过程中，定期评估推进情况，滚动更新任务清单，致力于建设一个开放、智能、易用、安全、持续创新的数字平台。

**上海机场（集团）有限公司技术中心总经理　冉祥来**

上海机场对智慧化探索已久，确立了全球智慧机场标杆建设的愿景，力求通过"18332"总体思路的指引，沿着持续改善和工程建设并重的"双驱动，三步走"发展路径，打造空地一体的数字孪生智慧航空枢纽。

目前，智慧机场呈现出数字化、无人化、智能化的发展趋势。基于此，上海机场把数字孪生作为建设智慧机场的引擎，结合网络安全保障体系和标准机制保障体系，形成上海智慧机场建设的总体框架，以数字化到智能化再到智慧化为主线，实现从经验决策向数字决策转变，从设施驱动向效率驱动转变，以持续创新推动提升上海航空枢纽能级和实现核心竞争力的跃升。

为实现2022年初步孪生、2025年初步智慧、2030年全面智慧的三阶段目标，上海机场强化顶层设计，加强组织保障，积极推进实践，以机场新基建为载体，转方式、聚重点、强效果，着重在安全、运行、服务3个方面不断提升智慧化程度，在机场各业务领域完成协同，在航空公司、空管和机场三大运行主体之间完成协同，联合实现机场场域智能管控，以"一图观天下、一线通全域、一脑智全局"形成机场数字孪生虚实融合的体系，推动上海智慧航空枢纽建设发展实现速度和质量双提升。

**广东省机场管理集团有限公司数字科技部部长　黄志锋**

按照智慧民航演进规律，智慧民航建设分为数字化技术应用、数字化转型、数字化融合3个阶段，智慧民航建设分别以问题、项目、目标为导向。而广东机场集团正在数字化技术应用中分3个阶段开展工作。在起步阶段，结束了手工办理值机手续的历史，主要以替换原有人工业务为主；在发展阶段，以新白云机场建设为起点，更加注重系统集成和信息共享；在数字化技术应用成熟阶段，以2018年白云机场T2航站楼建成为关键点，强调旅客服务的自助化、移动化、个性化应用，以及生产运行统一协同。

2021年集团数字化转型规划完成后，广东机场集团明确了数字化转型愿景和目标，落实上云、用数、赋智"三步走"战略，以"机场一朵云、运行一张图、出行一张脸、安全一张网、管理一盘棋、产业一条链"的"六个一"为目标，努力实现"数字世界一个机场，引领数字航空生态，连接数字交通与城市"的数字化转型愿景。

未来，广东机场集团将在智能建造、旅客出行、运行协同等方面持续发力，按照《智慧民航建设路线图》的要求，以支撑主业成功、推进智慧民航建设为目标，提升体验，提高效率，促进模式创新，推动机场高质量发展。

（刊载于2022年11月23日《中国民航报》　记者　张人尹）

# 展望2035

## ——智慧化融合实现全要素、全流程、全场景覆盖

中国民航报

10年后，我们将迎来怎样的社会？

在科技快速发展的今天，这个问题似乎很难得到一个准确的答案。对人们来说，科技之光已经照亮了前进的道路，未来的景象却依旧模糊。不过我们始终坚信：它伴随着我们前进的步伐将逐渐清晰，最终一幅宏大的画面将展现在我们面前。

展望2035，这是一个颇具前瞻性的话题，也让我们透过智慧民航建设，看到更多属于未来的图景。10年之后，民航出行将变得如何？《智慧民航建设路线图》（以下简称《路线图》）指出，到2035年，民航数字感知、数据决策、精益管理、精心服务能力大幅提升，智慧出行、智慧空管、智慧机场、智慧监管发展水平位居世界前列，全面形成智慧民航生态圈。

### 重塑民航业新格局

展望2035，我们将看到智慧民航建设是如何赋予民航业新发展格局的。根据《路线图》，到2035年，智慧化融合将实现全要素、全流程、全场景覆盖，全面实现"出行一张脸、物流一张单、通关一次检、运行一张网、监管一平台"，具备保障年起降3 000万架次的能力，航班正常率达到85%以上。

在智慧出行方面，全新的流程和体验将改变旅客对民航的固有印象——行业对安全的要求依旧非常高，但旅客安检已经能够实现高效且无感；海关依旧要对进出港旅客信息仔细核对，但生物识别通关让流程更加简单、快捷；"飞行"依旧是方便、快捷的代名词，而由"航空＋"服务支撑起来的综合交通出行体验则让效率的内涵变得更加多元，也让旅客的选择更加灵活多样……

智慧空管也将让航班运行效率大幅提升。无论是全面实现行业运行保障资源动态调配和优化，还是完成多主体间态势信息实时共享试验和评估，抑或是实现全国数字化管制服务以及形成航空器自主间隔保持的运行能力……所有这些，都让我们看到新一代空中交通管理系统在提升空中交通全局化、精细化、智慧化水平方面存在的巨大潜力。

作为旅客最熟悉的场所，智慧机场更是完成了"由内而外"的蜕变。从建设开始，很多新机场就已经被注入"思考"的能力，能够全面实现机场一体化数字设计、建造与运维。由此带来的改变是机场各单位能够实现更高水平的协同作业，比如通过

加强航空公司运行协同，实现中国民航航班全球运行保障的精益管理。同时，通过在全国枢纽机场广泛应用全工况无人驾驶设备，飞行区保障也实现了少人化、无人化和智能化。在这样的智慧机场中，不仅旅客的出行体验更加顺畅、无感，货物运输也有了新的突破——航空货运自动化、安检智能化全面推进，大幅提升了航空货邮的服务能力。依托货运枢纽机场构建空空中转网络，航空货运不仅提升了综合物流时效，也降低了成本。

运行的高效，让行业对监管有了更高的效能要求。到2035年，"泛在可及"是政务服务体系需要实现的目标之一。为了夯实智慧监管基础，新技术与监管工作的融合需要达到新高度，只有这样我们才能全面建成基于数据驱动和智能协同的航空资源配置管理模式，才能充分发挥数据在重大风险预测预警和及时应对、重大风险研判、重大隐患排查中的作用，支撑监管精准化。

## 为全球民航创新发展贡献中国方案

未来总是与当下存在千丝万缕的联系。展望2035，一个绕不开的问题是，我们为什么要在当下这个时间节点，推进智慧民航建设这项具有长期性、系统性、艰巨性的探索实践工作？

对业内人士来说，回答这个问题并不难，因为智慧化、数字化已经成为经济发展的必然趋势，民航业也不例外。

在国际民航领域，智慧建设的赛道上已经站满了"选手"。以新一代信息技术融合应用为主要特征的智慧民航建设正全方位重塑民航业的形态、模式和格局。为积极应对未来超大规模航空市场发展需求和环境约束挑战，不少国家和多个国际组织都计划建设旨在构建更为安全、更有效率、更加灵活、更可持续的新一代航空运输系统。例如，国际民航组织制订的全球空中航行计划（GANP）、航空系统组块升级计划（ASBU）；国际航空运输协会联合国际机场协会推出的新技术催生旅行新体验项目（NEXTT）；美国在新一代航空运输系统（NextGen）中提出的航空战略实施计划；欧盟及其相关机构提出的欧洲空管总体规划、2050+机场计划、欧洲航空愿景（Flightpath 2050）、EASA人工智能发展路线图等。与此同时，日本、新加坡等国家也在积极行动，加快民航业的创新发展。

在我国，智慧民航建设同样恰逢其时。党的十九大作出了建设交通强国、数字中国的战略部署，《中华人民共和国国民经济和社会发展第十四个五年规划和2035年远景目标纲要》专篇布局数字中国建设，明确提出了建设智慧民航任务。"十四五"规划纲要在发展现代产业体系、构建新发展格局、建设数字中国、优化区域经济布局、提升国家文化软实力、建设平安中国等篇章中，对智慧民航、世界级机场群、基础设施建设、航空货运、通用航空、国产民机等内容进行了部署。"'十四五'规划纲要涉及民航的内容共17处、约536字，充分彰显了民航业作为国民经济重要战略产业的基础性地位。"民航局发展计划司相关工作人员告诉记者。

与其他国家相比，中国对智慧民航建设的需求更为迫切。"《路线图》指出，到2035年，中国民航将具备保障年起降3 000万架次的能力。这是一个前所未有的市场体量。"上述工作人员表示，2019年，全国民航运输机场完成起降1 166.05万架次。与之相比，3 000万架次约为其2.5倍。"在国际上，几乎没有哪个市场有这样的需求。但对我们来说，这并不是一个夸张的数字。如果让14亿中国人都能够搭乘飞机出行，享受到发展的红利，我们的市场体量基本如此。在这方面，我们没有经验可以借鉴，而我们的探索恰恰可以为全球民航创新发展贡献中国方案。"

## 实现"物与物"沟通对话

技术给民航业带来的改变深刻而鲜明。谈及对未来的展望，中国民航科学技术研究院研发中心副主任杨杰告诉记者，"多年来，科技始终在改变行业运转的方式。我们从人与人的沟通，过渡到人与机器、设备的沟通。未来，依托5G、AI、物联网、数字孪生等技术，将实现设备与设备的沟通"。

举例来说，人为因素导致的信息传递错误、空管指令错误、未经审批非法侵入跑道等一直是造成机场车辆跑道侵入的主要原因。根据2021年国际民航组织报告，跑道安全至今仍是航空领域最大的安全挑战，占所有商业航空运输事故一半以上。航科院与首都机场集团公司联合研发的机场群跑道侵入智能监测预警系统，通过对跑道运行全场景、全要素、全流程进行数字化处理，基于边缘计算技术，赋予了车辆实时感知飞机与跑道运行状态的能力，车辆终端可以全天候、全时段自动追踪机场周边600公里范围内从地面到1.2万米高空数千架飞机的运行轨迹，车辆不依赖人工判断和操作，通过超高频定位与自主跑道侵入风险分析，第一时间自动对驾驶员预警，预警速度从秒级提高至毫秒级，有效杜绝了车辆造成的跑道侵入问题，实现了由人工决策向数据决策的转变，并将当前技术水平提高80%，超过世界同类系统水平。

这只是智慧民航建设一个小小的成果，科技对民航业的改造远不止此。以机场数字孪生技术为例，它不仅能够通过搭建数字模型为具体的现实业务服务，更重要的是通过高级数据以及AI技术对已有服务、流程加以优化改造，创造出新的业务。同时，依托海量数据与足够完善的模型，预测未来也将成为可能，让风险隐患在暴露之前就能够得到有效干预。

这是一个变化的时代。"开启新征程，进入新发展阶段，我们身处的是更多逆风逆水的外部环境，肩负的是开好局、起好步的艰巨任务，面对的是高质量发展带来的涉及经济、社会、文化、生态等各领域的更高要求。"民航局发展计划司相关工作人员告诉记者。科技进步展现出的美好蓝图，需要新基建与传统基础设施共同作为坚实支撑，这也正是展望未来的重要意义之一。

智慧民航是未来民航发展的大蓝图、大战役。不断深入完善的智慧民航建设，在规章标准完善、数据治理能力提升等方面，对行业提出了更多改革需求。智慧民航建设是全行业的工作，需要每一个行业主体的主导、组织与参与。只有整个行业积极行动起来，智慧民航建设才能创造良好的发展环境。

（刊载于2022年3月29日《中国民航报》 记者 王艺超）